UNIVERSAL
DICTIONARY
LANGENSCHEIDT
DIZIONARIO
UNIVERSAL

LANGENSCHEIDT
DIZIONARIO UNIVERSAL

INGLESE-ITALIANO
ITALIANO-INGLESE

LANGENSCHEIDT

BERLINO · MONACO · VIENNA
ZURIGO · NEW YORK

LANGENSCHEIDT'S
UNIVERSAL DICTIONARY

ENGLISH-ITALIAN
ITALIAN-ENGLISH

LANGENSCHEIDT

BERLIN · MUNICH · VIENNA
ZURICH · NEW YORK

Contents

Indice

Abbreviations

Abbreviazioni

The tilde (~, when the initial letter changes: ⯑) stands for the catchword at the beginning of the entry or the part that preceding the vertical bar (|).

Examples:

abdicat|e; ~ion = abdication.

china; ⯑ = China.

Easter; ⯑n = eastern.

La tilde (~, quando l'iniziale cambia: ⯑) sostituisce la voce guida intera, oppure la parte che precede la riga verticale (|).

Esempi:

abdicat|e; ~ion = abdication.

china; ⯑ = China.

Easter; ⯑n = eastern.

---

a, adj adjective, *aggettivo.*

abbr abbreviation, *abbreviazione*

adv adverb, *avverbio*

aer aeronautics, *aeronautica*

agr agriculture, *agricoltura*

Am American English, *inglese americano*

anat anatomy, *anatomia*

aut automobilism, *automobilismo*

biol biology, *biologia*

bot botany, *botanica*

Brit British English, *inglese britannico*

cf confer, *confronta*

chem chemistry, *chimica*

com, comm commercial, *commerciale*

conj conjunction, *congiunzione*

eccl ecclesiastic, *ecclesiastico*

elec electricity, *elettricità*

etc et cetera, and so on, *eccetera*

f feminine, *femminile*

fam familiar, *familiare*

fig figurative, *figurato*

for forensic, law, *forense*

gast gastronomy, *gastronomia*

geog geography, *geografia*

gram grammar, *grammatica*

interj interjection, *interiezione*

irr irregular, *irregolare*

m masculine, *maschile*

mat mathematics, *matematica*

mech mechanics, *meccanica*

med medical, *medicina*

mil military, *militare*

mus music, *musica*
naut nautical, *nautico*
o.s. oneself, *sé (stesso)*
paint painting, *pittura*
phot photography, *fotografia*
pl plural, *plurale*
poet poetic, *poetico*
pol politics, *politico*
pp past participle, *participio passato*
prp preposition, *preposizione*
pron pers personal pronoun, *pronome personale*
pron poss possessive pronoun, *pronome possessivo*
qc, q.c something, *qualcosa*
qu, q.u someone, *qualcuno*

rail railway, *ferrovia*
s substantive, *sostantivo*
Scot Scottish *scozzese*
sg singular, *singolare*
s.o. someone, *qualcuno*
s.th. something, *qualcosa*
surg surgery, *chirurgia*
tel telephone, *telefono*
thea theatre, *teatro*
v/d defective verb, *verbo difettivo*
v/i intransitive verb, *verbo intransitivo*
v/r reflexive verb, *verbo riflessivo*
v/t transitive verb, *verbo transitivo*

Pronuncia delle parole inglesi

Guide to pronunciation of English words

Vocali e dittonghi

[a:]	*a* molto lunga, più che in *mare*: *far* [fa:], *father* ['fa:ðə]
[ʌ]	*a* molto breve, più che in *paradiso*: *mother* ['mʌðə], *butter* ['bʌtə]
[æ]	*e* molto aperta e lunga, più che in *testa*: *man* [mæn], *fat* [fæt]
[εə]	dittongo composto di una *e* molto aperta e lunga e [ə]: *care* [kεə], *there* [ðεə]
[ai]	dittongo composto di [a:] e [i]: *time* [taim], *my* [mai]
[au]	dittongo composto di [a:] e [u]: *cloud* [klaud], *how* [hau]
[e]	*e* aperta e breve, più che in *bello*: *get* [get], *said* [sed]
[ei]	dittongo composto di una *e* lunga, seguita da un leggero suono di *i*: *name* [neim], *day* [dei]
[ə]	suono atono simile alla *e* nell'articolo francese *le*: *about* [ə'baut], *silent* ['sailənt]
[ə:]	forma più prolungata del suono anteriore: *her* [hə:], *bird* [bə:d]
[i]	suono molto breve tralla *i* di *fitto* e la *e* di *fetta*: *stick* [stik], *city* ['siti]
[i:]	*i* molto lunga, più che in *vino*: *need* [ni:d], *tea* [ti:]
[iə]	dittongo composto di [i] e [ə]: *here* [hiə], *fear* [fiə]
[ɔ]	suono molto aperto tralla *o* di *lotta* e la *a* di *latte*: *not* [nɔt], *wash* [wɔʃ]
[ɔ:]	*o* aperta e lunga, più che in *noto*: *law* [lɔ:], *ball* [bɔ:l] *poor* [puə], *sure* [ʃuə]

[ɔi]	dittongo composto di [ɔ] e [i]:
	point [pɔint], *boy* [bɔi]
[ou]	dittongo composto di una *o* lunga, seguita da un
	leggero suono di *u*:
	boat [bout], *bone* [boun]
[u]	suono molto breve tralla *u* di *tutto* e la *o* di *rotto*:
	book [buk], *put* [put]
[u:]	*u* lunga, più che in *fiume*:
	few [fju:], *fruit* [fru:t]
[uə]	dittongo composto di [u] e [ə]:

Consonanti

Le consonanti si pronunciano nella maggior parte dei casi quasi come in italiano. Le doppie si pronunciano come se fossero semplici.

[b]	come la *b* in *burro*:
	bag [bæg], *cab* [kæb]
[d]	come la *d* in *dare*:
	dear [diə], *ladder* ['lædə]
[f]	come la *f* in *forte*:
	fall [fɔ:l], *laugh* [lɑ:f], *coffee* ['kɔfi]
[g]	come la *g* in *gatto*:
	give [giv], *stagger* ['stægə]
[h]	suono aspirato simile a quello della *c* di *casa* dei
	fiorentini:
	whole [houl], *ahead* [ə'hed]
[j]	come la *i* in *ieri*:
	yes [jes], *use* [ju:s], *few* [fju:]
[k]	come la *c* in *casa*:
	come [kʌm], *back* [bæk]
[l]	come la *l* in *lungo*:
	land [lænd], *call* [kɔ:l]
[m]	come la *m* in *madre*:
	mean [mi:n], *summer* ['sʌmə]
[n]	come la *n* in *no*:
	night [nait], *can* [kæn]
[p]	come la *p* in *pane*:
	pot [pɔt], *top* [tɔp]

[r]	una *r* gutturale che si pronuncia soltanto quando precede una vocale:
	right [rait], *carol* ['kærəl]
[s]	*s* aspra come in *sono*:
	cycle ['saikl], *sun* [sʌn], *listen* ['lisn]
[t]	come la *t* in *torre*:
	take [teik], *letter* ['letə]
[v]	come la *v* in *valore*:
	vain [vein], *cover* ['kʌvə], *of* [ɔv]
[w]	come la *u* in *uomo*:
	wait [weit], *quaint* [kweint]
[z]	*s* dolce come in *rosa*:
	rose [rouz], *disease* [di'zi:z]
[ŋ]	come la *n* in *banca*:
	bring [briŋ], *singer* ['siŋə]
[ʃ]	come *sce* in *scena*:
	she [ʃi:], *machine* [mə'ʃi:n]
[tʃ]	come *ce* in *cento*:
	chair [tʃɛə], *rich* [ritʃ]
[dʒ]	come *ge* in *gente*:
	join [dʒɔin], *range* [reindʒ]
[ʒ]	suono sonoro corrispondente di [ʃ] che non esiste in italiano:
	leisure ['leʒə], *usual* ['ju:ʒuəl]
[θ]	non esiste in italiano:
	think [θiŋk], *oath* [ouθ]
[ð]	non esiste in italiano:
	the [ðə], *lather* ['lɑ:ðə]
'	il segno dell'accento viene sempre collocato prima della sillaba accentata, es. *ability* [ə'biliti]

Trascrizione fonetica dei suffissi

Ecco la trascrizione fonetica dei suffissi che per economia di spazio tralasceremo di indicare nelle singole voci del dizionario:

-ability [-əbiliti]
-able [-əbl]
-age [-idʒ]
-al [-(ə)l]
-ally [-(ə)li]
-an [-(ə)n]
-ance [-(ə)ns]
-ancy [-ənsi]
-ant [-ənt]
-ar [-ə]
-ary [-(ə)ri]
-ation [eiʃ(ə)n]
-cious [-ʃəs]
-cy [-si]
-dom [-dəm]
-ed [-d; -t; -id]
-edness [-dnis; -tnis; -idnis]
-ee [-i:]
-en [-n]
-ence [-(ə)ns]
-ent [-(ə)nt]
-er [-ə]
-ery [-əri]
-ess [-is]
-fication [-fikeiʃ(ə)n]
-ial [-(ə)l]
-ian [-(jə)n]
-ible [-əbl]
-ic(s) [-ik(s)]
-ical [-ik(ə)l]

-ily [-ili]
-iness [-inis]
-ing [-iŋ]
-ish [-iʃ]
-ism [-iz(ə)m]
-ist [-ist]
-istic [-istik]
-ite [-ait]
-ity [-iti]
-ive [-iv]
-ization [-aizeiʃ(ə)n]
-ize [-aiz]
-izing [-aiziŋ]
-less [-lis]
-ly [-li]
-ment(s) [-mənt(s)]
-ness [-nis]
-oid [-ɔid]
-oidic [-ɔidik]
-or [-ə]
-ous [-əs]
-ry [-ri]
-ship [-ʃip]
-(s)sion [-ʃ(ə)n]
-sive [-siv]
-ties [-tiz]
-tion [-ʃ(ə)n]
-tious [-ʃəs]
-trous [-trəs]
-try [-tri]
-y [-i]

The Italian alphabet and its equivalent English pronunciation

L'alfabeto italiano e la pronuncia inglese equivalente

a	**ma**re	as in f**a**ther but shorter
b	**b**abbo	as in English
c	**c**erto	before *e* and *i* as *ch* in **ch**urch;
	canto	before *a, o, u* almost as in **c**ake
d	**d**ado	as in English
e		has two sounds:
	b**e**llo	open as in b**e**d
	n**e**ve	there's no equivalent in English; the open stressed *e* is indicated by a grave accent: *è*
f	**f**orte	as in English
g	**g**elo	before *e* and *i* as in **g**eneral;
	gatto	before *a, o, u* as in **g**ate
h	**h**anno	not pronounced
i	v**i**no	as in mach**i**ne
l	**l**ana	as in English
m	**m**adre	as in English
n	**n**on	as in English
o		has two sounds:
	l**o**tta	open as in p**o**t
	n**o**me	closed, almost as in **o**rder; the open stressed *o* is indicated by a grave accent: *ò*
p	**p**ane	as in English
r	**r**otto	produced with the tongue against the upper teeth
s		has two sounds:
	sole	unvoiced as in ca**s**e
	ro**s**a	voiced as in chee**s**e
t	**t**utto	as in English
u	fi**u**me	as *oo* in c**oo**l but shorter

v	venire	as in English
z		has two sounds:
	prezzo	unvoiced as *ts* in ha**ts**
	mezzo	voiced as *ds* in mai**ds**
j	⎫	these letters do not
k	⎪	belong to the Italian
w	⎬	alphabet and are
x	⎪	found only in foreign
y	⎭	words

Grouped consonants

ch	employed only before *e* and *i* to retain the hard sound of *c*, e.g. *che*, *chi*, *chiamare*
gh	similarly employed to retain the hard *g* before *e* and *i*, e.g. *luoghi*, *laghi*
gl	before *i* resembling English *lli* in bi**lli**ards, e.g. *gli*, *biglietto*
gn	resemble the English *ni* in o**ni**on, e.g. *ogni*, *compagno*
qu	has the value of the English *qu* in **qu**ick, e.g. *qui*, *quelli*

A

a [ei, ə] un, una, uno

aback [ə'bæk]: be taken ~ rimanere sconcertato

abandon [ə'bændən] v/t abbandonare; **~ment** abbandono m

abashed [ə'bæʃt] confuso

abate [ə'beit] v/t (anger, pain) calmarsi; (waters) ritirarsi

abb|ess ['æbis] (ab)badessa f; **~ey** ['~i] abbazia f; **~ot** ['~ət] abate m

abbreviat|e [ə'bri:vieit] v/t abbreviare; **~ion** abbreviazione f

abdicate ['æbdikeit] v/i abdicare

abdomen ['æbdəmen] addome m

abduct [æb'dʌkt] v/t rapire

abeyance [ə'beiəns]: in ~ in sospeso

abhor [əb'hɔ:] v/t aborrire; **~rence** [~'ɔrəns] orrore m; **~rent** odioso; ripugnante

abide [ə'baid] v/t, v/i, irr attenere; sopportare

ability [ə'biliti] abilità f

abject ['æbdʒekt] abietto

abjure [əb'dʒuə] v/t abiurare; ripudiare

able [eibl] capace abile; **be ~ to** essere capace di

abnormal [æb'nɔ:məl] anormale

aboard [ə'bɔ:d] a bordo; **all ~** tutti a bordo

aboli|sh [ə'bɔliʃ] v/t abolire; **~tion** [æbou'liʃən] abolizione f

A-bomb ['eibɔm] bomba f atomica

abominable [ə'bɔminəbl] abominevole

abortion [ə'bɔ:ʃən] aborto m

abound [ə'baund] v/i abbondare

about [ə'baut] prp intorno a; vicino a; adv pressappoco, all'incirca; intorno; **be ~ to** stare per

above [ə'bʌv] sopra, al di sopra; ~ **all** soprattutto

abreast [ə'brest] allineati; **walk ~** camminare sottobraccio con qu.; **be ~ of** essere al corrente

abridge [ə'bridʒ] v/t abbreviare

abrupt [ə'brʌpt] brusco

abscess ['æbsis] ascesso m

absence ['æbsəns] assenza f

absent ['æbsənt] a assente; [æb'sent] v/t assentarsi; **~minded** distratto

absolute ['æbsəlu:t] assoluto

absolve [əb'zɔlv] v/t assolvere

absor|b [əbˈsɔːb] v/t assorbire; **~ption** assorbimento m

abstain [əbˈstein] v/i astenersi da; **total ~er** astemio m

abstinence [ˈæbstinəns] astinenza f

abstract [ˈæbstrækt] a astratto; s riassunto m; **in the ~** in teoria; [~ˈstrækt] v/t astrarre; riassumere; **~ed** [~ˈstræktid] distratto

absurd [əbˈsɔːd] assurdo; **~ity** assurdità f

abundan|ce [əˈbʌndəns] abbondanza f; **~t** abbondante

abus|e [əˈbjuːs] s abuso m; [~z] v/t abusare di; **~ive** abusivo

abyss [əˈbis] abisso m

academ|ic [ˌækəˈdemik] accademico; **~y** [əˈkædəmi] accademia f

accelerat|e [əkˈseləreit] v/t accelerare; **~ion** [~ˈreiʃən] accelerazione f; **~or** acceleratore m

accent [ˈæksənt] accento m; **~uate** [ækˈsentjueit] v/t accentuare; **~uation** f accentuazione f

accept [əkˈsept] v/t accettare; **~ance** accettazione f

access [ˈækses] accesso m; **~ible** [əkˈsesəbl] accessibile

accessory [əkˈsesəri] s, a accessorio (m)

accident [ˈæksidənt] incidente m; **by ~** per caso; **~ insurance** assicurazione f

contro gli infortuni; **~al** per caso

acclimatize [əˈklaimətaiz] v/t acclimatare; v/r acclimatarsi

accomodat|e [əˈkɔmədeit] v/t accomodare; conciliare; obbligare; alloggiare; **~ing** compiacente; **~ion** alloggio m; **seating ~ion** posti m/pl a sedere

accompan|iment [əˈkʌmpənimənt] accompagnamento m; **~y** v/t accompagnare

accomplice [əˈkɔmplis] complice m

accomplish [əˈkɔmpliʃ] v/t compiere; completare; finire; **~ed** perfetto; colto; **~ment** talento m; compimento m

accord [əˈkɔːd] s accordo m; consenso m; v/t accordare; concedere; **~ing to** conforme a

accordeon [əˈkɔːdjən] fisarmonica f

account [əˈkaunt] conto m; resoconto m; racconto m; **on ~ of** per ragione di; **on my ~** per conto mio; **on no ~** per nessuna ragione, in nessun caso; **~ for** rendere conto di; spiegare; **take into ~** prendere in considerazione; **~ant** ragioniere m; contabile m; **current ~** conto m corrente

accredit [əˈkredit] v/t accreditare

accrue [əˈkruː] v/i provenire, derivare, accumularsi

accumulate [ə'kju:mjuleit] v/t accumulare

accura|cy ['ækjurəsi] accuratezza f, precisione f; **~te** ['~it] accurato, preciso

accus|ation [ækju(:)'zeiʃən] accusa f; **~e** [ə'kju:z] v/t accusare; **~er** accusatore m

accustom [ə'kʌstəm] v/t abituare; **become ~ed to** v/r abituarsi a

ace [eis] asso m

acet|ic [ə'si:tik] **acid** acido m acetico; **~ylene** [ə'setili:n] acetilene m

ache [eik] s dolore m; v/i far male, dolere

achieve [ə'tʃi:v] v/t compiere; condurre a termine; raggiungere; ottenere; **~ment** compimento m; realizzazione f; successo m; raggiungimento m

acid ['æsid] acido m

acknowledge [ək'nɔlidʒ] v/t riconoscere, ammettere; **~ receipt** accusare ricevuta; **~ment** riconoscimento m, ammissione f

acme ['ækmi] acme f

acne ['ækni] acne f

acorn ['eikɔ:n] ghianda f

acoustics [ə'ku:stiks] pl acustica f

acquaint [ə'kweint] v/t far sapere, far conoscere; **be ~ed with** conoscere; **~ance** conoscenza f

acqui|re [ə'kwaiə] v/t acquistare; **~sition** [ˌækwi'ziʃən] acquisto m

acquit [ə'kwit] v/t assolvere; **~tal** assoluzione f

acre ['eikə] acro m (4047 metri quadrati)

acrobat ['ækrəbæt] acrobata m, f; **~ics** pl acrobazie f/pl

across [ə'krɔs] attraverso; **go ~,** attraversare; **come ~** v/i capitare

act [ækt] s atto m; v/t agire; thea recitare; **~ing** thea recitazione f; **~ion** azione f

active ['æktiv] attivo; **~ity** [æk'tiviti] attività f

act|or ['æktə] attore m; **~ress** attrice f

actual ['æktʃuəl] effettivo, vero

acute [ə'kju:t] acuto

adapt [ə'dæpt] v/t adattare; **~er** riduttore m

add [æd] v/t aggiungere; addizionare; **~ up** far la somma, sommare

adder ['ædə] vipera f

addict ['ædikt] tossicomane m

addition [ə'diʃən] aggiunta f; addizione f; **in ~ to** inoltre

address [ə'dres] s indirizzo m; v/t indirizzare; **~ o.s. to** rivolgersi a; **~ee** [ædre'si:] destinatario m

adequate ['ædikwit] adeguato, sufficiente

adhere [əd'hiə] v/t aderire; **~nt** aderente

adhesive [əd'hi:siv] adesivo; **~ tape, ~ plaster** cerotto m

adieu [ə'dju:] addio

adjacent [ə'dʒeisənt] adiacente

adjective [ˈædʒiktiv] aggettivo *m*

adjoin [əˈdʒɔin] *v/t* essere adiacente a

adjourn [əˈdʒəːn] *v/t* rimandare, rinviare

adjunct [ˈædʒʌŋkt] accessorio

adjure [əˈdʒuə] *v/t* scongiurare

adjust [əˈdʒʌst] *v/t* aggiustare

administ|er [ədˈministə] *v/t* amministrare; **~ration** amministrazione *f*; **~rative** [~trətiv] amministrativo; **~rator** amministratore *m*

admirable [ˈædmərəbl] ammirevole

admiral [ˈædmərəl] ammiraglio *m*

admir|ation [ˌædməˈreiʃən] ammirazione *f*; **~e** [ədˈmaiə] *v/t* ammirare

admiss|ible [ədˈmisəbl] ammissibile; **~ion** ammissione *f*; **~ion (ticket)** (biglietto *m* d') ingresso *m*

admit [ədˈmit] *v/t* ammettere; confessare; **~tance** ammissione *f*; **no ~tance** vietato l'ingresso

admonish [ədˈmɔniʃ] *v/t* ammonire

adolescence [ˌædouˈlesəns] adolescenza *f*

adopt [əˈdɔpt] *v/t* adottare; **~ion** adozione *f*

ador|able [əˈdɔːrəbl] adorabile; **~ation** [ædɔːˈreiʃən] adorazione *f*; **~e** [əˈdɔː] *v/t* adorare

adorn [əˈdɔːn] *v/t* adornare

adroit [əˈdrɔit] destro; abile

adult [ˈædʌlt] *a, s* adulto (*m*)

adulter|ate [əˈdʌltəreit] *v/t* adulterare; sofisticare; **~er** adultero(a) *m* (*f*); **~y** adulterio *m*

advance [ədˈvɑːns] *s* avanzamento *m*; progresso *m*; *v/i* avanzare; progredire; **in ~** in anticipo

advantage [ədˈvɑːntidʒ] vantaggio *m*; **take ~ of** approfittare di; **~ous** [ˌædvən-ˈteidʒəs] vantaggioso

advent [ˈædvent] avvento *m*

adventur|e [ədˈventʃə] avventura *f*; **~er** avventuriero *m*; **~ous** avventuroso

adverb [ˈædvəːb] avverbio *m*

advers|ary [ˈædvəsəri] avversario *m*; **~e** [~ˈəːs] avverso

advertis|e [ˈædvətaiz] *v/t* fare pubblicità; mettere una inserzione sul giornale; **~ement** [ədˈvəːtismənt] reclame *f*; inserzione *f*; inserzione *f*, annuncio pubblicitario; inserzione *f*; **~ing** réclame *f*; pubblicità *f*; **~ing film** film *m* pubblicitario

advice [ədˈvais] consiglio *m*

advis|able [ədˈvaizəbl] consigliabile; **~e** *v/t* consigliare

advocate [ˈædvəkeit] *s* sostenitore *m*; **for** avvocato *m*; *v/t* sostenere; difendere

aerial [ˈɛəriəl] *a* aereo; *s* antenna *f*

aero|drome [ˈɛərədroum] aerodromo *m*; **~nautics** [ˌ~ˈnɔːtiks] aeronautica *f*;

~plane aeroplano *m*

aesthetic [i:s'θetik] estetico; **~s** *pl* estetica *f*

affable ['æfəbl] affabile

affair [ə'fɛə] affare *m*, faccenda *f*

affect [ə'fekt] *v/t* riguardare, interessare; colpire; ricuotere su; commuovere; **~ed** affettato; commosso; **~ion** affetto *m*; infezione *f*; **~ionate** [~'fni] affettuoso

affinity [ə'finiti] affinità *f*

affirm [ə'fə:m] *v/t* affermare; **~ation** [ˌæfə'meiʃən] affermazione *f*; **~ative** [ə'fə:mətiv] affermativo

afflict [ə'flikt] *v/t* affliggere di; **~ion** afflizione *f*

affluen|ce ['æfluəns] affluenza *f*; **~t** affluente *m*

afford [ə'fɔːd] *v/t* fornire; permettersi; **I can't ~ it** non me lo posso permettere

affront [ə'frʌnt] *s* oltraggio *m*; *v/t* affrontare; oltraggiare

afraid [ə'freid] impaurito; **be ~** avere paura

Africa ['æfrikə] Africa *f*; **~n** *s, a* africano

after ['ɑ:ftə] *prp, adv* dopo; *conj* dopo che; **~noon** pomeriggio *m*; **~wards** dopo

again [ə'gen] di nuovo; **now and ~** ogni tanto; **~ and ~** ripetutamente

against contro

age [eidʒ] *s* età *f*; *v/t, v/i* invecchiare; **~ of** maggiorenne; **under ~** minorenne; **~d** anziano

agen|cy ['eidʒənsi] agenzia *f*; **~t** agente *m*, rappresentante *m*

aggrandize ['ægrəndaiz] *v/t* ingrandire

aggravate ['ægrəveit] *v/t* aggravare; esasperare

aggregate ['ægrigeit] *v/t* aggregare

aggression [ə'greʃən] aggressione *f*; **~ive** aggressivo; **~or** aggressore

agile ['ædʒail] agile

agitate ['ædʒiteit] *v/t* agitare; **~ion** agitazione *f*; **~or** agitatore *m*

ago [ə'gou] fa; **a year ~** un anno fa; **long ~** molto tempo fa

agonizing ['ægənaiziŋ] angoscioso; **~y** angoscia *f*

agree [ə'gri:] *v/i* essere d'accordo; andare d'accordo; **~able** piacevole; simpatico; **~ment** accordo *m*

agricultur|al [ægri'kʌltʃə-rəl] agricolo; **~e** agricoltura *f*; **(faculty)** agraria *f*; **~(al)ist** agricoltore *m*

ague ['eigju:] febbre *f* intermittente

ahead [ə'hed] avanti; **straight ~** diritto avanti

aid [eid] *s* aiuto *m*; *v/t* aiutare; **first ~** pronto soccorso *m*

ailing ['eiliŋ] sofferente

aim [eim] *s* mira *f*; scopo *m*; *v/i* mirare; **~less** senza scopo

air [ɛə] aria *f*; **in the open ~** all'aria aperta; **~-bed** mate-

rasso *m* pneumatico; ~
-**conditioning** condizio-
namento *m* dell'aria; ~
craft, ~ **liner,** ~ **plane** aeroplano *m*; ~ **force** Aeronautica *f* militare; ~ **line** linea *f*
aerea; ~**mail** posta *f* aerea;
~**port** aeroporto *m*; ~ **pres-**
sure pressione *f* dell'aria;
be ~**sick** sentir nausea; ~
-**tight** ermetico; ~ **traffic**
traffico *m* aereo

airy ['ɛəri] arioso
aisle [ail] *church:* navata *f*;
passaggio *m*
ajar [ə'dʒɑ:] socchiuso
akin [ə'kin] affine; simile
alarm [ə'lɑ:m] *s* allarme *m*;
v/t allarmare; ~**clock** sve-
glia *f*
albino [æl'bi:nou] albino *m*
alcohol ['ælkəhɔl] alcool *m*;
~**ic** alcoolico
alder ['ɔ:ldə] ontano *m*
ale [eil] birra *f*
alert [ə'lə:t] attento; be on
the ~ essere all'erta
alibi ['ælibai] alibi *m*
alien ['eiljən] *s, a* straniero
(*m*); ~ **to** contrario a
alight [ə'lait] *v/i* atterrare;
scendere
alike [ə'laik] simile
alimony ['æliməni] alimenti
m/pl
alive [ə'laiv] vivente; vivo
all [ɔ:l] tutto, *pl* tutti; ☿
Fools' Day 1 Aprile; ~
right va bene; ☿ **Saints'**
Day 1 Novembre; ☿ **Souls'**
Day 2 Novembre; ~ **at**
once tutt'a un tratto; ~ **of**

us noi tutti; **not at** ~ niente
affatto
allege [ə'ledʒ] *v/t* allegare
allegorical [æle'gɔrikl] allegorico
~**orical** allegorico
alleviate [ə'li:vieit] *v/t* alle-
viare
alley ['æli] vicolo *m*
alli|ance [ə'laiəns] alleanza *f*;
~**ed** alleato
allocate ['æləkeit] *v/t* assegnare
allot [ə'lɔt] *v/t* assegnare; ~
ment *m* assegnazione *f*
allow [ə'lau] *v/t* permettere;
concedere
allowance [ə'lauəns] rendita
f; permesso *m*; riduzione *f*;
~**family** ~**s** *pl* assegni *m/pl*
familiari
alloy ['ælɔi] lega *f*
allu|de [ə'lu:d] *v/i* alludere;
~**sion** allusione *f*
allure [ə'ljuə] *v/t* attirare
ally [ə'lai] *s* alleato *m*; *v/i*
allearsi con
almighty [ɔ:l'maiti] onnipotente
almond ['ɑ:mənd] mandor-
la *f*
almost ['ɔ:lməust] quasi
alms [ɑ:mz] *pl* elemosi-
na *f*
aloft [ə'lɔft] in alto
alone [ə'loun] solo; **let** (*or*
leave) ~ lasciare stare; **let** ~
tanto meno
along [ə'lɔŋ] *prp* lungo; *adv*
lungo; avanti
aloof [ə'lu:f] distante
aloud [ə'laud] ad alta voce

alphabet ['ælfəbit] alfabeto m

Alpine ['ælpain] alpino; **~s** pl Alpi f/pl

already [ɔːl'redi] già

also ['ɔːlsəu] anche

altar ['ɔːltə] altare m

alter ['ɔːltə] v/t cambiare; modificare; **~ation** cambiamento m; modifica f

alternate ['ɔːltəneit] alternativo; **~ing current** corrente f alternata; **~ive** alternativa f

although [ɔːl'ðəu] sebbene, benché

altitude ['æltitjuːd] altitudine f

altogether [ɔːltə'geðə] completamente; nell'insieme

always ['ɔːlweiz] sempre

am [æm]: **I ~** (io) sono

amalgamate [ə'mælgəmeit] v/t amalgamare; v/i amalgamarsi

amass [ə'mæs] v/t ammassare

amateur ['æmətə:] dilettante m

amaze [ə'meiz] v/t stupire; **~ement** stupore m; meraviglia f; **~ing** stupefacente

ambassador [æm'bæsədə] ambasciatore m

amber ['æmbə] ambra f

ambiguity [ˌæmbi'gjuiti] ambiguità f; **~ous** ambiguo

ambition [æm'biʃən] ambizione f; **~ous** ambizioso

ambulance ['æmbjuləns] ambulanza f

ambush ['æmbuʃ] imbosca-

ta f; **to fall into an ~** cadere in un'imboscata

amen [ɑː'men] amen m

amend [ə'mend] v/t emendare; correggere; **~ment** emendamento m; **~s** pl: **to make ~s** riparare a

America [ə'merikə] America f; **~n** s, a americano (m); **2nize** v/t americanizzare

amiable ['eimjəbl] cordiale

amicable ['æmikəbl] amichevole

amid(st) [ə'mid(st)] in mezzo a; tra

amiss [ə'mis]: **what's ~?** che c'è che non va?; **take ~** aversene a male

ammunition [ˌæmju'niʃən] munizioni f/pl di guerra

amnesty ['æmnisti] amnistia f

among(st) [ə'mʌŋ(st)] tra, fra

amount [ə'maunt] s somma f; quantità f; v/i ammontare

amperage [æm'pɛəridʒ] amperaggio m

ample ['æmpl] ampio; **~ify** v/t amplificare

amputate ['æmpjuteit] v/t amputare; **~ion** amputazione f

amulet ['æmjulit] amuleto m

amuse [ə'mjuːz] v/t divertire; v/r divertirsi; **~ment** divertimento m

an [æn, ən] una, uno, un

an(a)esthetic [ˌænis'θetik] anestetico m

analogous [ə'næləgəs] analogo; **~y** [~dʒi] analogia f

analy|se, *Am* **~ze** ['ænəlaiz] *v/t* analizzare; **~sis** [ə'næləsis] analisi *f*

anatomy [ə'nætəmi] anatomia *f*

ancest|or ['ænsistə] antenato *m*; **~ry** discendenza *f*

anchor ['æŋkə] *s* ancora *f*; *v/t, v/i* ancorare

anchovy ['æntʃəvi] acciuga *f*

ancient ['einʃənt] antico

and [ænd] *und* e; ~ **so on** e così via

anew [ə'nju:] di nuovo

angel ['eindʒəl] angelo *m*

anger ['æŋgə] ira *f*; rabbia *f*

angina [æn'dʒainə] angina *f*

angle ['æŋgl] *s* angolo *m*; *v/i* pescare *(all'amo)*

Anglican ['æŋglikən] *s, a* anglicano *(m)*

Anglo-Saxon ['æŋglou-'sæksən] *s, a* anglosassone *(m)*

angry ['æŋgri] arrabbiato; **get ~** arrabbiarsi

anguish ['æŋgwiʃ] angoscia *f*

angular ['æŋgjulə] angolare

animal ['æniməl] animale *m*

animat|e ['ænimeit] *v/t* animare; **~ed cartoon** disegno *m* animato; **~ion** animazione *f*

animosity [æni'mɔsiti] animosità *f*

anise ['ænis] anice *m*

ankle ['æŋkl] caviglia *f*

annex ['æneks] annesso *m*

annihilate [ə'naiəleit] *v/t* annientare

anniversary [æni'və:səri] anniversario *m*

annotat|e ['ænəteit] *v/t* annotare; **~ion** annotazione *f*

announce [ə'nauns] *v/t* annunciare; **~ment** annuncio *m*

annoy [ə'nɔi] *v/t* seccare, dare fastidio; **~ance** seccatura *f*, fastidio *m*

annual ['ænjuəl] annuale

annul [ə'nʌl] *v/t* annullare; **~ment** annullamento *m*

anodyne ['ænoudain] analgesico *m*

anomalous [ə'nɔmələs] anomalo

anonymous [ə'nɔniməs] anonimo

another [ə'nʌðə] un altro, un'altra; **one ~** l'un l'altro

answer ['ɑːnsə] *s* risposta *f*; *v/t* rispondere

ant [ænt] formica *f*

antagonist [æn'tægənist] antagonista *m, f*

antarctic [ænt'ɑːktik] antartico

antelope ['æntiloup] antilope *f*

anthem ['ænθəm] antifona *f*; **(national)** ~ inno *m* (nazionale)

anti ['ænti] anti-; **~biotic** [ˌæntibai'ɔtik] *s, a* antibiotico *(m)*

anticipat|e [æn'tisipeit] *v/t* anticipare; **~ion** anticipazione *f*

anti|dote ['æntidout] antidoto *m*; **~freeze** [ˌ~'friːz] anticongelante *m*

antipath|etic [ˌæntipə'θetik]

antipatico; **~y** [æn'tipeθi]-
antipatia f

antiqu|ary ['æntikwəri] antiquario m; **~e** [æn'ti:k] antico; **~ity** [æn'tikwiti] antichità f

antiseptic [ænti'septik] antisettico

antlers ['æntləz] pl corna f/pl

anvil ['ænvil] incudine f

anxi|ety [æŋ'zaiəti] ansietà f; **~ous** ansioso (**for, about** di, per)

any ['eni] qualche; **not ~ longer** non più; **~body** chiunque; qualcuno; **~how** in ogni modo; **~ thing** qualsiasi cosa; **~ where** in qualsiasi posto

apart [ə'pɑːt] da parte; **~ ment** stanza f; **~ments** pl stanze f/pl; alloggio m; **furnished ~ments** stanze f/pl ammobiliate

ape [eip] scimmia f

aperitive [ə'peritiv] aperitivo m

apiece [ə'piːs] l'uno; cadauno

apolog|ize [ə'pɔlədʒaiz] v/i scusarsi; **~y** scusa f

apoplexy ['æpəpleksi] apoplessia f

apostle [ə'pɔsl] apostolo m

apostrophe [ə'pɔstrəfi] apostrofe f

appal [ə'pɔːl] v/t spaventare

apparatus [æpə'reitəs] apparecchio m; med apparato m

apparent [ə'pærənt] manifesto; evidente

appeal [ə'piːl] s (**for**) appello m; attrattiva f; v/i rivolgersi a; attirare; **Court of 2** Corte f di appello; **~ing** supplicante

appear [ə'piə] v/i apparire; sembrare; **~ance** apparizione f; aspetto m; **~ances** pl apparenze f/pl

appease [ə'piːz] v/t placare; **~ment** placamento m

append [ə'pend] v/t appendere; **~icitis** [əpendi'saitis] appendicite f; **~ix** (**vermiform**) **~ix** intestino m cieco

appet|ite ['æpitait] appetito m; **~izing** appetitoso

applau|d [ə'plɔːd] v/t applaudire; **~se** [~z] applauso m

apple ['æpl] mela f; **~-pie** torta f di mele

appliance [ə'plaiəns] strumento m; apparecchio m

applica|nt ['æplikənt] aspirante m; richiedente m; **~tion** applicazione f; domanda f

apply [ə'plai] v/t applicare; **~ o.s. to** rivolgersi a; **~ for** fare domanda per (di)

appoint [ə'pɔint] v/t nominare; **~ment** nomina f; appuntamento m

apportion [ə'pɔːʃən] v/t ripartire

appreciat|e [ə'priːʃieit] v/t apprezzare; **~ion** apprezzamento m

apprehen|d [æpri'hend] v/t afferrare; temere; **~sion** apprensione *f*; **~sive** apprensivo; timoroso

apprentice [ə'prentis] apprendista *m*, *f*; **~ship** tirocinio *m*

approach [ə'prout∫] *s* avvicinamento *m*; accesso *m*; *v*/*t* avvicinare, avvicinarsi

appropriat|e [ə'proupriit] *a* adatto; *v*/*t* appropriarsi; **~ion** appropriazione *f*

approv|al [ə'pru:vəl] approvazione *f*; **on ~al** *comm* in prova; **~e** *v*/*t* approvare

approximate [ə'proksimit] approssimato

apricot ['eiprikɔt] albicocco *m*

April ['eipril] aprile *m*

apron ['eiprən] grembiule *m*

apt [æpt] adatto; appropriato

aquarium [ə'kwεəriəm] acquario *m*

aquatic [ə'kwætik] acquatico; **~ sports** *pl* sport *m* nautico

aqueduct ['ækwidʌkt] acquedotto *m*

aquiline ['ækwilain] aquilino

Arab ['ærəb] *s*, *a* arabo (*m*); **~ia** [ə'reibjə] Arabia *f*; **~ian** *s*, *a* arabo (*m*); **~ic** *s*, *a* arabo (*m*)

arbitrary ['ɑ:bitrəri] arbitrario

arbour ['ɑ:bə] pergolato *m*

arc [ɑ:k] arco *m*

arcade [ɑ:'keid] portici *m*/*pl*; galleria *f*

arch [ɑ:t∫] arco *m*; volta *f*

arch(a)eolog|ist [,ɑ:ki'ɔlədʒist] archeologo *m*; **~y** archeologia *f*

archaic [ɑ:'keiik] arcaico

arch|angel ['ɑ:keindʒəl] arcangelo *m*; **~bishop** arcivescovo *m*

archer ['ɑ:t∫ə] arciere *m*; **~y** tiro *m* dell'arco

architect ['ɑ:kitekt] architetto *m*; **~ure** architettura *f*

archives ['ɑ:kaivz] *pl* archivio *m*

arctic ['ɑ:ktik] artico

ard|ent ['ɑ:dənt] ardente; zelante; **~our** zelo *m*

are [ɑ:]: **we, you, they ~** siamo, siete, sono

area ['εəriə] area *f*

Argentine ['ɑ:dʒəntain] *s* Argentina *f*; *s*, *a* argentino (*m*)

argue ['ɑ:gju:] *v*/*t*, *v*/*i* discutere; **~ment** discussione *f*

arid ['ærid] arido; **~ity** aridità *f*

arise [ə'raiz] *v*/*i* alzarsi; sorgere

arithmetic [ə'riθmətik] aritmetica *f*

ark [ɑ:k] arca *f*

arm [ɑ:m] *s* braccio *m*; arma *f*; *v*/*t* armare; **~ament** ['ɑ:məmənt] armamento *m*; **~chair** poltrona *f*; **~ful** bracciata *f*

armistice ['ɑ:mistis] armistizio *m*

armo(u)r ['ɑ:mə] armatura *f*

armpit ascella *f*

arms *pl* armi *f*/*pl*

army ['ɑ:mi] esercito *m*

around [ə'raund] intorno a; *adv* intorno

arouse [ə'rauz] *v/t* svegliare

arrange [ə'reindʒ] *v/t* disporre; mettere in ordine; fissare; **~ment** disposizione *f*; ordine *m*; progetto *m*

arrears [ə'riəz] *pl* arretrati *m/pl*

arrest [ə'rest] *s* arresto *m*; *v/t* arrestare; fermarsi

arrival [ə'raivəl] arrivo *m*; **~e** *v/i* arrivare

arrow ['ærou] freccia *f*

arsenic ['ɑːsnik] arsenico *m*

art [ɑːt] arte *f*; **fine ~s** *pl* belle arti *f/pl*

arteriosclerosis [ɑːtiəriouskliə'rousis] arteriosclerosi *f*

artery ['ɑːtəri] arteria *f*

artful ['ɑːtful] astuto

artichoke ['ɑːtitʃouk] carciofo *m*

article [ɑːtikl] articolo *m*

articulate [ɑː'tikjuleit] *v/t* articolare

artificial [ɑːti'fiʃəl] artificiale

artillery [ɑː'tiləri] artiglieria *f*

artisan [ˌɑːti'zæn] artigiano *m*

artist ['ɑːtist] artista *m*, *f*; **~ic** [ɑː'tistik] artistico

artless senza artifizio; ingenuo

as [æz, əz]: *(time)* mentre; *(reason)* siccome; **~ big ~** (così) grande quanto; **~ far ~ possible** il più possibile; **~ far as I know** a quanto

sappia; **~ to** in quanto a; **~ an interpreter** come interprete; **~ you like** come vuoi; **so ~** in modo da

ascend [ə'send] *v/t*, *v/i* salire; **~sion** ascensione *f*; **~t** salita *f*

ascertain [ˌæsə'tein] *v/t* constatare; **~ment** costatazione *f*

ascribe [əs'kraib] *v/t* attribuire

aseptic [æ'septik] asettico

ash [æʃ] cenere *v*; **~es** ['æʃiz] *pl* ceneri *f/pl*; **~tray** portacenere *m*; **♀ Wednesday** mercoledì *m* delle ceneri

ashamed [ə'ʃeimd]: **be ~ of** vergognarsi di

ashore [ə'ʃɔː] a terra

Asia ['eiʃə] Asia *f*; **~n** *s*, *a* asiatico (*m*); **~tic** [eiʃi'ætik] *s*, *a* asiatico (*m*)

aside [ə'said] da parte

ask [ɑːsk] *v/t* chiedere; domandare; **~ after s.o.** chiedere notizie di q.u.; **~ a favour** chiedere un favore; **~ for** chiedere di q.u.; chiedere di vedere q.u.; **~ to forgiveness** chiedere perdono; **~ a question** fare una domanda

asleep [ə'sliːp] addormentato; **fall ~** addormentarsi

asparagus [əs'pærəgəs] asparago *m*

aspect ['æspekt] aspetto *m*

aspirant [əs'paiərənt] *s*, *a* aspirante (*m*); **~e** [əs'paiə] *v/i* aspirare

aspirin ['æspirin] aspirina *f*

ass [æs] asino *m*

assail [ə'seil] *v/t* assalire; aggredire; **~ant** aggressore *m*

assassin [ə'sæsin] assassino *m*; **~ate** [~eit] *v/t* assassinare

assault [ə'sɔ:lt] *s* assalto *m*; *v/t* assalire; aggredire

assemble [ə'sembl] *v/t* riunire; *v/i* riunirsi; **~y** assemblea *f*; *mech* montaggio *m*; **~y line** catena *f* di montaggio

assent [ə'sent] *s* consenso *m*; *v/i* acconsentire

assert [ə'sə:t] *v/t* rivendicare; affermare

assess [ə'ses] *v/t* fissare; **~ment** valutazione *f* (dell'imponibile)

assets ['æsets] *pl com* attivo *m*; **personal ~** beni *m/pl* mobili; **real ~** beni *m/pl* immobili

assign [ə'sain] *v/t* assegnare; **~ment** assegnamento *m*; incarico *m*

assimilate [ə'simileit] *v/t*, *v/i* assimilare

assist [ə'sist] *v/t* aiutare; assistere; **~ance** aiuto *m*; assistenza *f*; **~ant** assistente *m*

assizes [ə'saiziz] *pl* corte *f* di assisi

associate [ə'souʃieit] *s* socio *m*; *v/t* associare; *v/i* associarsi; **~ion** associazione *f*

assorted [ə'sɔ:tid] assortito

assume [ə'sju:m] *v/t* assumere; **~ption** [ə'sʌmpʃən] assunzione *f*; *eccl* Ascensione *f*

assur|ance [ə'ʃuərəns] assicurazione *f*; **~e** *v/t* assicurare

asthma ['æsmə] asma *m*

astir [ə'stə:] in movimento; in agitazione

astonish [əs'tɔniʃ] *v/t* stupire; **~ed** stupito; **~ing** sorprendente; **~ment** stupore *m*

astound [əs'taund] *v/t* sbalordire

astray [əs'trei] sviato

astringent [əs'trindʒənt] astringente

astrology [əs'trɔlədʒi] astrologia *f*

astronaut ['æstrɔnɔ:t] astronauta *m*

asunder [ə'sʌndə] separatamente; a pezzi

asylum [ə'sailəm] manicomio *m*; **seek ~** cercare rifugio

at [æt, ət] a; **~ church** in chiesa; **~ first** all'inizio; **~ home** a casa; **~ John's** a casa di Giovanni, da Giovanni; **~ last** infine; **~ once** subito; **~ six** alle sei

atheist ['eiθiist] ateo *m*

athlet|e ['æθli:t] atleta *m*, *f*; **~ic** [~'letik] atletico; **~ics** *pl* atletica *f*

Atlantic [ət'læntik] atlantico; **~ Ocean** oceano Atlantico

atlas ['ætləs] atlante *m*

atmosphere ['ætməsfiə] atmosfera *f*

atom ['ætəm] atomo *m*; **~ic** [ə'tɔmik] atomico; **~ic bomb** bomba *f* atomica;

avail

~ic pile reattore *m* nucleare

atomize ['ætəmaiz] *v/t* (*liquids*) nebulizzare

atone [ə'toun]: **~ for s.th.** espiare q.c.

atroci|ous [ə'trouʃəs] atroce; **~ty** atrocità *f*

attach [ə'tætʃ] *v/t* attaccare; **~ment** attaccamento *m*

attack [ə'tæk] *s* attacco *m*; *v/t* attaccare

attempt [ə'tempt] *s* tentativo *m*; *v/t* tentare

attend [ə'tend] *v/t* frequentare; assistere a; *v/i* fare attenzione a; provvedere a; **~ance** *med* assistenza *f*; i presenti *m/pl*; **~ant** adetto *m*

attention [ə'tenʃən] attenzione *f*; **pay ~** fare attenzione

attentive attento

attest [ə'test] *v/t* attestare; certificare

attic ['ætik] soffitta *f*

attitude ['ætitju:d] atteggiamento *m*; **~ of mind** disposizione *f* di mente

attorney [ə'tə:ni] procuratore *m*; avvocato *m* (*del Ministero*)

attract [ə'trækt] *v/t* attirare; **~ion** attrazione *f*; **~iveness** fascino *m*

attribut|e ['ætribju:t] *s* attributo *m*; [ə'tribju:t] *v/t* attribuire

auction ['ɔ:kʃən] asta *f*; **by ~** all'asta; **~eer** banditore *m*

audaci|ous [ɔ:'deiʃəs] audace

audible ['ɔ:dəbl] udibile

audience ['ɔ:djəns] udienza *f*; pubblico *m*

audit ['ɔ:dit] *v/t* verifica(zione) *f*

augment [ɔ:g'ment] *v/t* aumentare

August ['ɔ:gəst] agosto *m*

aunt [ɑ:nt] zia *f*

au pair girl [ou'pɛə,gə:l] ragazza *f* alla pari

auspicious [ɔ:s'piʃəs] di buon auspicio

auster|e [ɔs'tiə] austero; **~ity** [~'teriti] austerità *f*

Australia [ɔ(:)s'treiljə] Australia *f*; **~n** *a, s* australiano (*m*)

Austria ['ɔstriə] Austria *f*; **~n** *a, s* austriaco (*m*)

authentic [ɔ:'θentik] autentico

author ['ɔ:θə] autore *m*; **~ess** autrice *f*; **~itative** autorevole; autoritario; **~ity** autorità *f*; **~ities** *pl* autorità *f/pl*; **~ize** *v/t* autorizzare

autobiography [,ɔ:toubai'ɔgrəfi] autobiografia *f*

autograph ['ɔ:təgrɑ:f] autografo *m*

automatic [,ɔ:tə'mætik] automatico

automobile [,ɔ:təmou'bi:l, 'ɔ:təmoubi:l] automobile *f*

autonomy [ɔ:'tɔnəmi] autonomia *f*

autumn ['ɔ:təm] autunno *m*

auxiliary [ɔ:g'ziljəri] ausiliare

avail [ə'veil] *v/t* servire; **be of no ~** non servire a nulla;

~able disponibile

avalanche ['ævəlɑ:nʃ] valanga *f*

avaric|e ['ævəris] avarizia *f*; **~ious** [~'riʃəs] avaro

avenge [ə'vendʒ] *v/t* vendicare

avenue ['ævinju:] viale *m*

average ['ævərɪdʒ] *s* media *f*; a medio; **on an ~** in media

avers|e [ə'və:s] contrario a; **~ion** avversione *f*

avert [ə'və:t] *v/t* (*eyes, thought*) distogliere; (*danger*) allontanare

aviary ['eiviəri] uccelliera *f*

aviat|ion [eivi'eiʃən] aviazione *f*; **~or** ['~tə] aviatore *m*

avoid [ə'vɔid] *v/t* evitare

avow [ə'vau] *v/t* confessare; ammettere; **~al** confessione *f*

await [ə'weit] *v/t* aspettare

awake [ə'weik] *a* sveglio; *v/t* svegliare; *v/i* svegliarsi; **~n** *v/t* risvegliare; *v/i* risvegliarsi

award [ə'wɔ:d] *s* giudizio *m*; *v/t* aggiudicare; conferire

aware [ə'wɛə] consapevole; **be ~ of** rendersi conto di

away [ə'wei] via; lontano

aw|e [ɔ:] soggezione *f*; **~ful** terribile; spaventoso

awhile [ə'wail] per qualche tempo

awkward ['ɔ:kwəd] goffo

awning ['ɔnin] tenda *f*

awry [ə'rai] di traverso

ax(e) [æks] ascia *f* [storto (

axis ['æksis], *pl* **axes** asse *f*

axle ['æksl] asse *f* (*su cui girano le ruote*)

azure ['eiʒə, 'æʒə] azzurro

B

babble ['bæbl] *v/t* balbettare; rivelare (*un segreto*)

babe [beib] bimbo *m*

baboon [bə'bu:n] babbuino *m*

baby ['beibi] bimbo *m*; **~carriage** carrozzella *f*; **~hood** prima infanzia *f*

bachelor ['bætʃələ] scapolo *m*; **2 of Arts** laureato *m* in lettere

back [bæk] *s* dorso *m*; schiena *f*; schienale *m*; retro *m*; *a* arretrato; posteriore; *adv* indietro; **look ~** guardare indietro; **put ~** rimettere;

send ~ rimandare; *v/t* aiutare; spalleggiare; **~ a horse** puntare su un cavallo

back|bone spina *f* dorsale; **~fire** accensione *f* difettosa; **~ground** sfondo *m*; (*family*) ambiente *m*; **~hand** rovescio *m*; **~ing** appoggio *m*; **~stairs** *pl* retroscale *f*; **~ward** *a* arretrato; tardivo; riluttante; **~ward(s)** *adv* (all')indietro; al rovescio; **~ wheel** ruota *f* posteriore

bacon ['beikən] pancetta *f*; lardo *m*

bacterium [bæk'tiəriəm], pl ~a [~iə] batterio m

bad [bæd] cattivo; **that's too** ~ che peccato!; ~**ly** male; ~**ly wounded** gravemente ferito

badge [bædʒ] distintivo m

badger ['bædʒə] tasso m

badminton ['bædmintən] volano m

baffle ['bæfl] v/t impedire; rendere perplesso

bag [bæg] sacco m; borsa f; ~**gage** bagaglio m; ~**gy** largo; ~**pipes** pl cornamusa f

bail [beil] cauzione f; **go** ~ **for** essere garante di

bait [beit] esca f

bake [beik] v/t cuocere in forno; ~**r** fornaio m; ~**ry** panetteria f

balance ['bæləns] bilancio m; equilibrio m; armonia f; comm differenza f; saldo m; v/t bilanciare, equilibrare; compensare; v/i bilanciarsi; v/r mettersi in equilibrio

balcony ['bælkəni] balcone m; thea galleria f

bald [bɔːld] calvo

bale [beil] balla f

balk [bɔːk] s trave f; v/t (hinder) impedire; (refuse to move) essere ritroso

ball [bɔːl] palla f; pallone m; ballo m; ~**ad** ['bæləd] ballata f; ~**ast** ['bæləst] zavorra; ~**et** ['bælei] balletto m; ~**oon** [bə'luːn] pallone m; ~**ot** ['bælət] ballottaggio m; ~ **point pen** matita f a sfera

balm [bɑːm] balsamo m

balustrade [bæləs'treid] balaustrata f

bamboo [bæm'buː] bambù m

ban [bæn] s proibizione f; v/t proibire

banana [bə'nɑːnə] banana f

band [bænd] nastro m; banda f; ~**age** [bændidʒ] s fascia f; v/t fasciare; ~**sman** musicante m; ~**stand** palco m della banda musicale

bang [bæŋ] s colpo m forte; v/t sbattere; interj pum!

banish ['bæniʃ] esiliare; ~**ment** esilio m

banisters ['bænistəz] pl ringhiera f

bank [bæŋk] (**of river**) riva f, sponda f

bank banca f; ~ **account** conto m in banca; ~**bill** cambiale f; ~**er** banchiere m; bancario m; ~**ing** operazioni f/pl bancarie; ~**note** banconota f

bankrupt ['bæŋkrʌpt] fallito; ~**cy** fallimento m; bancarotta f

banner ['bænə] stendardo m

banns [bænz] pl pubblicazioni f/pl di matrimonio

banquet ['bæŋkwit] banchetto m

banter ['bæntə] s scherzi m/pl; v/i scherzare

baptism ['bæptizəm] battesimo m; ~**ize** [~'taiz] v/t battezzare

bar [bɑː] s sbarra f; bar m; v/t sbarrare

barbar|ian [baː'bɛəriən] barbaro *m*; **~ous** ['~bərəs] barbaro

barbed [baːbd]: **~ wire** filo *m* spinato

barber ['baːbə] barbiere *m*; **at the ~'s** dal parrucchiere

bare [bɛə] *a* nudo; desolato; *v/t* denudare; scoprire; **~foot** scalzo; **~headed** a capo scoperto; **~ly** appena

bargain ['baːgin] *s* affare *m*; occasione *f*; *v/i* contrattare

barge [baːdʒ] chiatta *f*; barcone *m*

bark [baːk] *s* scorza *f*; *v/i* abbaiare

barley ['baːli] orzo *m*

barn [baːn] granaio *m*

barometer [bə'rɔmitə] barometro *m*

baron ['bærən] barone *m*

barracks ['bærəks] *pl* caserma *f*

barrel ['bærəl] barile *m*; (*of a gun*) canna *f*; **~organ** organino *m*

barren ['bærən] sterile; arido

barr|icade [bæri'keid] *s* barricata *f*; *v/i* barricare; **~ier** ['bæriə] barriera *f*; ostacolo *m*

barrister ['bæristə] penalista *m*

barrow ['bærou] carriola *f*

barter ['baːtə] *s* baratto *m*; *v/t* barattare

base [beis] *s* base *f*; *a* basso, meschino; *v/t* basare; **~ball** pallacanestro *m*; **~ment** sottosuolo *m*

bashful ['bæʃful] timido

basic ['beisik] fondamentale

basin ['beisn] catinella *f*; **wash-~** lavandino *m*

basis ['beisis], *pl* **bases** ['beisiːz] base *f*

bask [baːsk] *v/i* godersi (*il sole*)

basket ['baːskit] cesta *f*; cestino *m*

bas-relief ['bæsri,liːf] basso rilievo *m*

bass[1] [beis] basso *m*

bass[2] [bæs], *pl unchanged* pesce *m* persico

bastard ['bæstəd] bastardo *m*

bat [bæt] pipistrello *m*; bastone *m* (*per il giuoco del cricket*)

bath [baːθ] bagno *m*

bathe [beið] bagno *m* (*nel mare*); **go for a ~** fare il bagno

bathing ['beiðiŋ] balneare; **~cap** cuffia *f* da bagno; **~costume**, **~suit** costume *m* da bagno; **~trunks** mutandine *f/pl* da bagno

bath|robe ['bæθroub] vestaglia *f*; **~room** stanza *f* da bagno; **~tub** vasca *f* da bagno

baton ['bætən] bacchetta *f*

batter ['bætə] *gast s* pasta *f*; *v/t*, *v/i* battere; **~y** batteria *f*, pila *f*

battle ['bætl] *s* battaglia *f*; *v/i* lottare; **~field** campo *m* di battaglia

bawl [bɔːl] *v/t* gridare

bay [bei] *s* baia *f*; *bot* alloro *m*; *v/i* abbaiare

bell

bazaar [bəˈzɑ:] bazar *m*

be: to ~ *v/i* essere

beach [bi:tʃ] spiaggia *f*; lido *m*

beacon [ˈbi:kən] faro *m*

bead [bi:d] corallo *m*

beak [bi:k] becco *m*

beam [bi:m] *s* trave *f*; fascio *m* di luce; *v/i* raggiare

bean [bi:n] fava *f*

bear [beə] *s zool* orso *s*

bear *v/t* portare; sopportare; generare

beard [biəd] barba *f*; **~ed** barbuto

bear|er [ˈbeərə] portatore *m*, portatrice *f*; **~ing** portamento *m*

beast [bi:st] bestia *f*; **~ly** *coll* brutto; orribile

beat [bi:t] *s* battito *m*; *v/t* battere

beaut|iful [ˈbju:təful] bello; **~ify** [ˈ~ifai] *v/t* abbellire; **~y** bellezza *f*; **~y parlo(ur)** salone *m* di bellezza

beaver [ˈbi:və] castoro *m*

because [biˈkɔz] *conj* perchè; **~ of** *prp* per, per ragione di

beck cenno *m*; **~on** *v/t* far cenno a

becom|e [biˈkʌm] *v/i* divenire; **~ing** conveniente

bed [bed] letto *m*; strato *m*; **go to ~** andare a letto; **~clothes** *pl* coperte *f/pl*; **~ridden** allettato; **~room** camera *f* da letto; **at the ~side of** al capezzale di; **~time** ora *f* d'andare a letto

bee [bi:] ape *f*

beech [bi:tʃ] faggio *m*

beef [bi:f] manzo *m*; **~steak** bistecca *f*; **~ tea** brodo *m* di carne

bee|hive alveare *m*; **~keeper** apicultore *m*

beer [biə] birra *f*

beet [bi:t] bietola *f*

beetle [ˈbi:tl] scarafaggio *m*

befall [biˈfɔ:l], *irr* **fall** *v/i* accadere

before [biˈfɔ:] *adv* prima, avanti; *prp* prima di, avanti a; *conj* prima che; **~hand** in precedenza

beg [beg] *v/t* implorare, pregare; *v/i* mendicare; **~gar** [ˈbegə] mendicante *m*

begin [biˈgin] *v/t* cominciare, iniziare; **~ner** principiante *m*; **~ning** inizio *m*, principio *m*

behalf [biˈhɑ:f]: **on ~ of** da parte di; **in ~ of** a favore di

behav|e [biˈheiv] *v/t* comportarsi; **~io(u)r** [~jə] comportamento *m*, condotta *f*

behind [biˈhaind] indietro

being [ˈbi:iŋ] essere *m*; esistenza *f*

belated [biˈleitid] tardivo

belfry [ˈbelfri] campanile *m*

Belgi|an [ˈbeldʒən] *s, a* belga (*m, f*); **~um** il Belgio *m*

belie|f [biˈli:f] credenza *f*; fede *f*; **~vable** credibile; **~ve** [~v] *v/t* credere; **~ver** credente *m, f*

bell [bel] (*church*) campana *f*; (*house*) campanello *m*; **ring the ~** suonare (il campanello)

bellow

bellow ['bəlou] v/t, v/i gridare; ~s ['~z] pl soffietto m

belly ['beli] ventre m

belong [bi'lɔŋ] v/i appartenere a; ~ings pl effetti m/pl

beloved [bi'lʌvd] amato; diletto

below [bi'lou] prp sotto (a), al di sotto di; adv (al di) sotto

belt [belt] cintura f

bench [bentʃ] panca f; sedile m; for tribunale m

bend [bend] s curva f; v/t curvare; piegare; v/i curvarsi; piegarsi

beneath [bi'ni:θ] cf **below**

bene|diction [beni'dikʃən] benedizione f; ~factor ['~fæktə] benefattore m; ~ficial [~'fiʃəl] benefico, utile, vantaggioso; ~fit ['~fit] s beneficio m; profitto m; vantaggio m; ~fit v/t fare bene; v/i trarre vantaggio; ~volence benevolenza f

benign [bi'nain] benigno; ~ity [bi'nigniti] benignità f

bent [bent] s inclinazione f; a piegato; curvo

benzine ['benzi:n] benzina f

beque|ath [bi'kwi:ð] v/t legare, lasciare in eredità; ~st [bi'kwest] lascito m

bereave [bi'ri:v] v/t orbare

beret ['berei] berretto m basco

berry ['beri] bacca f

berth [bə:θ] cuccetta f; naut posto m d'ancoraggio (di una nave)

beside [bi'said] accanto a; ~s adv inoltre; prep eccetto

besiege [bi'si:dʒ] v/t assediare

best [best] ottimo; ~ man testimonio m dello sposo; ~ wishes tanti auguri m/pl; ~ do one's ~ fare del proprio meglio; at ~ tutt'al più

bestow [bi'stou] v/t regalare; depositare

bet [bet] s scommessa f; v/i scommettere

betake: ~ o.s. v/r recarsi a

betray [bi'trei] v/t tradire; ~al tradimento m; ~er traditore m

better ['betə] a migliore; adv meglio; v/t migliorare; s scommettore m; **so much the** ~ tanto meglio; **he is** ~ sta meglio

between [bi'twi:n] tra, fra

beverage ['bevəridʒ] bevanda f

beware [bi'wɛə] v/i stare attento; ~ **of the dog!** cane m mordace!

bewilder [bi'wildə] v/t sgomentare; ~ment sgomento m

bewitch [bi'witʃ] v/t stregare

beyond [bi'jɔnd] prp al di là di, oltre a; adv al di là, oltre

bias ['baiəs] parzialità f; pregiudizio m

bib [bib] bavaglino m

Bible ['baibl] Bibbia f; ℓical ['biblikəl] biblico

bicker v/i contrastarsi, litigare

blight

bicycle ['baisikl] s bicicletta f; v/i andare in bicicletta

bid [bid] v/t ordinare; offrire; ~ **farewell** dare l'addio

bier [biə] bara f

big [big] grande; grosso; importante

bike [baik] fam bicicletta f

bil|e [bail] bile f; ~ious bilioso

bill [bil] becco m; conto m; progetto m di legge; cambiale f; fattura f; ~board Am cartello m di pubblicitario; ~ of fare menù m

billiards ['biljədz] pl biliardo m

billion ['biljən] bilione m

bin [bin] bidone m

bind [baind] v/t, irr legare; ~ing s rilegatura f; a impegnativo

binoculars [bi'nɔkjuləz, bai'~] pl binocolo m

biography [bai'ɔgrəfi] biografia f

biology [bai'ɔlədʒi] biologia f

birch [bə:tʃ] betulla f

bird [bə:d] uccello m; ~ of prey uccello m di rapina; ~'s-eye view vista f a volo di uccello

birth [bə:θ] parto m; nascita f; ~control controllo m delle nascite; ~day compleanno m

biscuit ['biskit] biscotto m

bishop ['biʃəp] vescovo m; (chess) alfiere m

bit [bit] pezzo m; a ~ of un po' di

bitch [bitʃ] cagna f

bite [bait] s morso m; morsicatura f; v/t, irr mordere

bitter ['bitə] amaro

black [blæk] a nero; v/t annerire; ~berry mora f; ~bird merlo m; ~board lavagna f; ~ eye occhio m pesto; ~mail s ricatto m; ~mail v/t ricattare; ~smith fabbro m ferraio

bladder ['blædə] vescica f

blade [bleid] knife lama f; grass foglia f

blam|e [bleim] s biasimo m; v/t biasimare; ~eless senza colpa

blank [blæŋk] lacuna f; spazio m vuoto; ~ cheque assegno m in bianco

blanket ['blæŋkit] coperta f di lana

blasphemy ['blæsfimi] bestemmia f

blast [blɑ:st] s soffio m di vento; esplosione f; v/i soffiare

blaze [bleiz] s fiamma f; v/i fiammeggiare

bleach [bli:tʃ] v/t imbiancare

bleak [bli:k] desolato

bleed [bli:d] v/t sanguinare

blemish ['blemiʃ] s macchia f; v/t macchiare

blend [blend] s miscela f; v/t, v/i mescolare

bless [bles] v/t benedire; ~ed ['~id] benedetto; ~ing benedizione f

blight [blait] golpe f; fig piaga f

blind [blaind] cieco; **~ alley** vicolo m cieco; **~fold** v/t bendare gli occhi; **~ness** cecità f

blink [bliŋk] v/t ammiccare

bliss [blis] beatitudine f; **~ful** beato

blister [blistə] bolla f

bloat|ed [bloutid] gonfio; **~er** arringa f affumicata

block [blɔk] s ceppo m; blocco m; v/t bloccare

blockade [blɔ'keid] blocco m

blond [blɔnd] biondo; **~e** biondina f

blood [blʌd] sangue m; **~ plasma** plasma m del sangue; **~ poisoning** avvelenamento m del sangue; **~ pressure** pressione f del sangue; **~shot** infiammato; **~vessel** vaso m sanguigno; **~y** insanguinato

bloom [blu:m] s fiore m; v/i florire

blossom [blɔsəm] s fioritura f; v/i sbocciare

blot [blɔt] s macchia f; v/t macchiare; **~ out** scancellare

blotter, blotting-paper carta f assorbente

blouse [blauz] blusa f; camicetta f

blow [blou] s colpo m; v/t soffiare; **~ up** fare saltare

blue [blu:] azzurro; **have the ~s** essere giù di morale; **~bell** campanula f

bluff [blʌf] brusco

bluish [blu(:)iʃ] azzurrognolo

blunder [blʌndə] gaffe f; svista f

blunt [blʌnt] (not sharp) che non taglia; (lost its point) spuntato; (of a person) ottuso, franco; **~ly** chiaro e tondo

blush [blʌʃ] s rossore m; v/i arrossire

boar [bɔ:] cinghiale m

board [bɔ:d] asse f; comitato m; **full ~** pensione f completa; **on ~** a bordo; **2 of Trade** Ministero m del Commercio; **~er** pensionante m; **~ing-house** pensione f; **~ing-school** collegio m

boast [boust] s vanteria f; v/i vantarsi

boat [bout] barca f; nave f; vaporetto m

bob [bɔb] v/t tagliare corti (i capelli); **~bed hair** capelli m/pl alla maschietta

bobby [bɔbi] Brit fam poliziotto m

bob-sleigh [bɔb-] bob m

bodice [bɔdis] busto m

bodily [bɔdili] corporale, corporeo

body [bɔdi] corpo m; parte f centrale; (of a car) carrozzeria f; **~guard** guardia f del corpo

bog [bɔg] palude f

boil [bɔil] s foruncolo m; v/t bollire; **~er** caldaia f

boisterous [bɔistərəs] (wind) violento; (behaviour) chias-

box-office

soso, esuberante
bold [bould] audace; ardito
bolster ['boulstə] s cuscino m; v/t sostenere
bolt [boult] s paletto m; spranga f; v/t sprangare; v/i filare
bomb [bom] s bomba f; v/t bombardare
bond [bond] legame m; contratto m; (financial) titolo m; **~age** schiavitù f
bone [boun] osso m; spina f
bonfire ['bonfaiə] falò m
bonnet ['bonit] cuffia f
bonny ['boni] carino
bonus ['bounəs] gratifica f
bony ['bouni] ossuto
book [buk] s libro m; v/t registrare; prenotare; **~ing-office** biglietteria f; **~kee-per** contabile m; **~keep-ing** contabilità f; **~let** opuscolo m; **~maker** allibratore m; **~seller** libraio m; **~shop** libreria f
boom [bu:m] s rialzo m improvviso; com prosperità f
boor [buə] zoticone m
boot [bu:t] stivale m; **~blacking** lustrascarpe m
booth [bu:ð] tenda f
booty ['bu:ti] bottino m
border ['bo:də] s bordo m; confine m; v/t bordare
bor|e [bo:] s foro m; noia f; seccatore m; v/t forare; seccare; **~edom** noia f; **~ing** noioso
borrow ['borou] v/t prendere in prestito

bosom ['buzəm] petto m; seno m
boss [bos] padrone m; principale m
botany ['botəni] botanica f
botch [botʃ] v/t rabberciare
both [bouθ] entrambi, ambedue; **~ ... and** e ... e; tanto ... quanto
bother ['boðə] s fastidio m; v/t dare fastidio; v/i preoccuparsi
bottle ['botl] s bottiglia f; v/t imbottigliare
bottom ['botəm] fondo m; **at the ~** in fondo
bough [bau] ramo m
bounce [bauns] s balzo m; v/i balzare
bound [baund] s salto m; limite; a legato; obbligato; **~ for** diretto per; **~ary** confine m; **~less** senza limite, sconfinato
bouquet [bu(:)'kei] mazzo m di fiori
bout [baut] sport: assalto m; med accesso m
bow [bau] s inchino m; arco m; nodo m; fiocco m; v/i inchinarsi
bowels ['bauəlz] pl intestino m
bowl [boul] s scodella f; ciotola f; boccia f; v/t, v/i giocare alle bocce
box [boks] scatola f; cassa f; (at the theatre) palco m; **~er** pugilatore m; **~ing** pugilato m; **~ing match** incontro m di pugilato; **~-office** biglietteria f

boy [bɔi] ragazzo *m*

boycott ['bɔikət] *v/t* boicottare

boy|friend ragazzo *m*; fidanzato *m*; **hood** infanzia *f*; **ish** giovanile; **scout** esploratore *m*

bra [brɑː] *fam* reggipetto *m*

brace [breis] *s* sostegno *m*; *v/t* rinforzare; **let** ['breislit] braccialetto *m*; **s** *pl* bretelle *f/pl*

bracket ['brækit] parentesi *f*

brag [bræg] *v/i* vantarsi di; **gart** [ʌ'ɑːt] millantatore *m*

braid [breid] *s* treccia *f* di capelli; cordoncino *m*; *v/t* intrecciare

brain [brein] cervello *m*, intelletto *m*; **y** intelligente

brake [breik] *s* freno *m*; *v/t* frenare

bramble ['bræmbl] rovo *m*

branch [brɑːntʃ] ramo *m*; succursale *f*; **out** diramare

brand [brænd] *s* tizzone *m*; *comm* marca *f*; *v/t* marcare; **new** nuovo di zecca

brandy ['brændi] acquavite *f*, cognac *m*

brass [brɑːs] ottone *m*; (*in the orchestra*) gli ottoni *m/pl*; **plate** targa *f* di ottone

brassière ['bræsiə] reggipetto *m*

brave [breiv] *a* coraggioso; *v/t* sfidare; **ry** coraggio *m*

brawl [brɔːl] rissa *f*

brawny ['brɔːni] muscoloso

Brazil [brə'zil] il Brasile *m*; **ian** *s*, *a* brasiliano (*m*)

breach [briːtʃ] infrazione *f*; violazione *f*; **of peace** attentato *m* contro l'ordine pubblico; (*between friends*) rottura *f*; (*in wall*) fenditura *f*

bread [bred] pane *m*

breadth [bredθ] larghezza *f*

break [breik] *s*. rottura *f*; frattura *f*; *v/t* rompere; **away** *v/t* staccare; *v/i* staccarsi da; **down** guasto *m*, esaurimento *m* nervoso; **down service** servizio *m* rimorchio; **down** *v/t* abbattere; *v/i* (*into tears*) scoppiare in lagrime; **open** sfondare; **up** (*of a crowd*) disperdere; (*health*) rovinarsi

breakfast ['brekfəst] *s* (*prima*) colazione *f*; *v/t* fare colazione

breast [brest] petto *m*; **stroke** nuotata *f* a rana

breath [breθ] respiro *m*; fiato *m*; **e** [briːð] *v/t*, *v/i* respirare; **ing** respiro; **less** senza fiato; **take ~** riprendere fiato

breath [breθ] respiro *m*; fiato *m*; **e** [briːθ] *v/t*, *v/i* respirare; **ing** respiro; **less** senza fiato; **take ~** riprendere fiato

breeches ['britʃiz] *pl* brache *f/pl*

breed [briːd] *s* razza *f*; *v/t*, *v/i* *irr* generare; (*animals*) allevare; **ing** (*persons*) educazione *f*; (*animals*) allevamento *m*

bubble

breeze [briːz] brezza *f*; venticello *m*

brevity ['breviti] brevità *f*

brew [bruː] *v/t* fare la birra; **~ery** fabbrica *f* di birra

bribe [braib] *v/t* corrompere; **~ery** corruzione *f*

brick [brik] mattone *m*; **~layer** muratore *m*; **~works** *pl* fornaci *f/pl*

brid|al ['braidl] nuziale; **~e** sposa *f*; **~egroom** sposo *m*; **~esmaid** damigella *f* d'onore

bridge [bridʒ] ponte *m*

bridle ['braidl] *s* briglia *f*; *v/t* imbrigliare

brief [briːf] breve; **~case** cartella *f*

brigade [bri'geid] brigata *f*; **fire-~** pompieri *m/pl*

bright [brait] luminoso; (*light*) forte; (*colour*, *person*) vivace; (*sun*) splendente; *v/t*, *v/i* illuminare

brillian|cy ['briljənsi] splendore *m*; **~t** splendente

brim [brim] (*cup*) orlo *m*; (*hat*) ala *f*, falda *f*

bring [briŋ] *irr*, *v/t* portare; **~ about** cagionare; causare; **~ in** introdurre; **~ up** educare

brink [briŋk] orlo *m*

brisk [brisk] attivo; svelto

bristle ['brisl] *s* setola *f*; *v/i* raddrizzarsi; *fig* arrabbiarsi

Brit|ain ['britən] (Gran) Bretagna *f*; **~ish** ['britiʃ] britannico

brittle ['britl] fragile

broach [broutʃ] *v/t* intavola-

re (*una discussione*)

broad [brɔːd] largo; **~cast** *s* trasmissione *f*; *v/t* trasmettere; **~casting station** stazione *f* trasmittente; **~en** *v/t*, *v/i* allargare; **~minded** aperto; spregiudicato

brochure [brou'ʃuə] fascicolo *m*

broil [brɔil] *v/t* arrostire

broke [brouk] *fam* senza soldi

broker ['broukə] sensale *m*

bronchitis [brɔŋ'kaitis] bronchite *f*

bronze [brɔnz] bronzo *m*

brooch [broutʃ] spilla *f*

brood [bruːd] *s* covata *f*; *v/i* covare

brook [bruk] ruscello *m*

broom [bruːm] scopa *f*; *bot* ginestra *f*; **~stick** manico *m* di scopa

broth [brɔθ] brodo *m*

brothel ['brɔθl] bordello *m*

brother ['brʌðə] fratello *m*; **~hood** fratellanza *f*; **~-in-law** cognato *m*; **~ly** fraterno

brow [brau] fronte *f*

brown [braun] marrone; **~ paper** carta *f* da imballaggio

bruise [bruːz] *s* livido *m*; *v/t* ammaccare

brush [brʌʃ] *s* spazzola *f*; pennello *m*; *v/t* spazzolare

Brussels sprouts ['brʌsl 'sprauts] *pl* cavolini *m/pl* di Brusselle

brutal ['bruːtl] brutale; **~ity** [~'tæliti] brutalità *f*

bubble ['bʌbl] bolla *f*

2*

buck [bʌk] maschio; *Am* dollaro *m*

bucket ['bʌkit] secchia *f*

buckle ['bʌkl] *s* fibbia *f*; *v/t* affibbiare

buckskin pelle *f* di daino

bud [bʌd] *s* bocciolo *m*; *v/i* germogliare

budget ['bʌdʒit] bilancio *m*

buffalo ['bʌfələu] bufalo *m*

buffer ['bʌfə] *chem* tampone *m*; (*train*) respingente *m*; ~ **state** stato *m* cuscinetto

buffet ['bʌfit] banco *m*; caffè *m*; schiaffo *m*

bug [bʌg] cimice *f*

build [bild] *v/t*, *irr*. costruire; **~er** costruttore *m*; **~ing** costruzione *f*

bulb [bʌlb] *bot* bulbo *m*; *elec* lampadina *f*

Bulgaria [bʌl'gɛəriə] Bulgaria *f*; **~n** *s, a* bulgaro (*m*)

bulge [bʌldʒ] *s* rigonfiamento *m*; protuberanza *f*; *v/i* rigonfiare

bulk [bʌlk] mole *f*; massa *f*; **~y** ingombrante

bull [bul] toro *m*; (*of some animals*) maschio *m*

bullet ['bulit] pallottola *f*

bulletin ['bulitin] bollettino *m*

bullion ['buljən] oro *m* e argento *m* in lingotti

bull's-eye occhio *m* di bue; centro *m* del bersaglio

bully ['buli] *s* prepotente *m*, tiranno *m*; *v/t* tiranneggiare

bum [bʌm] *fam* vagabondo *m*

bumble-bee ['bʌmbl-] cala-

brone *m*

bump [bʌmp] *s* scossa *f*; *v/t* scuotere; urtare; ~ **into** *v/i* urtarsi contro; *fig* incontrare (*per caso*)

bumper *aut* paraurti *m/pl*

bun [bʌn] brioscia *f*

bunch [bʌntʃ] mazzo *m*; ~ **of grapes** grappolo *m*

bundle ['bʌndl] fascio *m*

bungalow ['bʌŋgələu] bungalò *m*; casetta *f* a un piano

bungle ['bʌŋgl] *v/t*, *v/i* abborracciare

bunion ['bʌnjən] infiammazione *f* del pollice del piede

buoy [bɔi] boa *f*

burden ['bə:dn] *s* peso *m*; *v/t* caricare

bureau ['bjuərou] ufficio *m*

burglar ['bə:glə] ladro *m*; scassinatore *m*; **~y** furto *m* con scasso

burial ['beriəl] sepoltura *f*; funerali *m/pl*; **~-ground** cimitero *m*

burly ['bə:li] robusto

burn [bə:n] *s* bruciatura *f*; *v/t*, *v/i* bruciare; **~ing** in fiamme

burst [bə:st] *s* scoppio *m*; *v/t*, *irr* fare scoppiare; *v/i* scoppiare

bury ['beri] *v/t* seppellire

bus [bʌs] autobus *m*; ~ **line** autolinea *f*; **~ stop** fermata *f* d'autobus

bush [buʃ] cespuglio *m*; **~y** folto

business ['biznis] affare *m*; affari *m/pl*; **~ hours** *f* ora *f* d'ufficio; **~like** capace; **~man** uomo *m* d'affari

bust [bʌst] busto *m*

bustle [ˈbʌsl] *s* agitazione *f*; *v/i* agitarsi

busy [ˈbizi] *a* occupato; affaccendato; **~body** ficcanaso *m*

but [bʌt] *conj* ma; però; *prp* eccetto; solamente; **I cannot ~** non posso fare a meno; **the last ~ one** penultimo *m*; **~ for** senza; **~ that** se non; **~ then** d'altra parte

butcher [ˈbutʃə] macellaio *m*; **~'s** macelleria *f*

butt [bʌt] zimbello *m*; *(of gun)* calcio *m*

butter [ˈbʌtə] burro *m*; **~cup** ranuncolo *m*; **~fly** farfalla *f*

buttocks [ˈbʌtəks] *pl* natiche *f/pl*

button [ˈbʌtn] *s* bottone *m*; *v/t* abbottonare; **~hole** occhiello *m*

buttress [ˈbʌtris] contrafforte *m*

buxom [ˈbʌksəm] grassoccio

buy [bai] *irr* comprare; **~er** compratore *m*; **~ing and selling** compravendita *f*

buzz [bʌz] *s* ronzio *m*; *v/i* ronzare

by [bai] *prp* a; *(through)* per; da; **~ day** di giorno; **~ far** di gran lungo; **~ o.s.** (da) solo; **~ law** per legge; **~ twos** a due a due; **~ the way** a proposito; **~ day** giorno per giorno; **go ~** passare davanti; **go ~ car (train)** andare in macchina (treno); *adv* vicino (a); **~ and ~** a poco a poco; **bye-bye** [ˈbaiˈbai] *cf* **good-bye; ~gone** passato; **~pass** circonvallazione *f*; **~product** prodotto *m* secondario; **~stander** astante *m*; **~street** stradetta *f*

C

cab [kæb] vettura *f* di piazza

cabbage [ˈkæbidʒ] cavolo *m*

cabin [ˈkæbin] cabina *f*; **~et** [~it] *(furniture)* stipo *m*; *pol* gabinetto *m*; Consiglio *m* (dei Ministri); **~et-maker** stipettaio *m*

cable [ˈkeibl] cavo *m*; **~car** funicolare *f*

cab|man tassista *m*, *f*; **~stand** posteggio *m*

cackle [ˈkækl] *v/i* chiocciare

cact|us [ˈkæktəs], *pl* **~uses** [~ˈsiz], **~i** [~ai] cacto *m*

café [ˈkæfei] caffè *m*

caffeine [ˈkæfiːn] coffeina *f*

cage [keidʒ] gabbia *f*

cake [keik] torta *f*; pasta *f*; dolce *m*

calamity [kælˈæmiti] calamità *f*

calcula|ble [ˈkælkjuləbl] calcolabile; **~te** *v/t* calcolare; **~tion** calcolo *m*

calendar [ˈkælində] calendario *m*

calf [kɑːf], *pl* **calves** [~vz] vitello *m*; *anat* polpaccio *m*

cali|bre, *Am* **~er** [ˈkælibə] calibro *m*

call [kɔːl] *s* chiamata *f*; (breve) visita *f*; *v/t* chiamare; **~ for** far venire; **~ on** far visita; **~ s.o. names** insultare; **~box** cabina *f* telefonica; **~ing** vocazione *f*

callous [ˈkæləs] (*of persons*) insensibile

calm [kɑːm] *s* calmo *m*; *v/t* calmare; **~ down** *v/t* calmarsi

calorie [ˈkæləri] caloria *f*

cambric [ˈkeimbrik] batista *f*

camel [ˈkæməl] cammello *m*

camera [ˈkæmərə] macchina *f* fotografica; **~man** cameraman *m*

camomile [ˈkæməmail] camomilla *f*

camouflage [ˈkæmuflɑːʒ] *s* camuffamento *m*; *v/t* camuffare

camp [kæmp] *s* campo *m*; *v/i* accampare; **~stool** sedia *f* pieghevole

campaign [~ˈpein] campagna *f*; **~ing** (**~ground**) [ˈkæmpig] campeggio *m*

campus [ˈkæmpəs] città *f* universitaria

can [kæn] *v/d* **I can** potere; **you ~** puoi *etc*; *s* scatola *f* di latta

Canad|a [ˈkænədə] Canada *m*; **~ian** [kəˈneidjən] *s, a* canadese (*m, f*)

canal [kəˈnæl] canale *m*; **~ize** [ˈkænəlaiz] *v/t* canalizzare

canary [kəˈnɛəri] canarino *m*

cancel [ˈkænsəl] *v/t* cancellare; annullare

cancer [ˈkænsə] cancro *m*

candid [ˈkændid] candido; **~ate** [ˈkændideit] candidato *m*

cand|ied [ˈkændid] candito; **~ies** *pl* *Am* caramelle *f/pl*

candle [ˈkændl] candela *f*; **~stick** bugia *f*

candy [ˈkændi] *Am cf* **~ies**

cane [kein] canna *f*; bastone *m* da passeggio

cann|ed [kænd] in scatola; **~ery** *Am* stabilimento *m* di conserve alimentari

cannon [ˈkænən] cannone *m*

cannot [ˈkænɔt] non potere

canoe [kəˈnuː] canotto *m*

canopy [ˈkænəpi] baldacchino *m*

cant [kænt] ipocrisia *f*

can't *cf* **cannot**

canteen [kænˈtiːn] mensa *f*

canvas [ˈkænvəs] tela *f*; **~s** *v/t* sollecitare

cap [kæp] berretto *m*; cuffia *f*; tappo *m*

capab|ility [keipəˈbiliti] capacità *f*; **~le** (*of*) capace (*f*)

capacity [kəˈpæsiti] capacità *f*

cape [keip] mantella *f*; *geog* capo *m*

caper [ˈkeipə] cappero *m*; **~s:** **cut ~s** fare capriole

capital [ˈkæpitl] *s* capitale *f*; *a* eccellente; principale; **~ letter** maiuscolo *m*; **~ism** capitalismo *m*; **~ punishment** pena *f* di morte

capitulate [kəˈpitjuleit] *v/i*

capitolare

capricious [kəˈpriʃəs] capriccioso

capsize [kæpˈsaiz] *v/t* capovolgere

capsule [ˈkæpsjuːl] capsula *f*

captain [ˈkæptin] capitano *m*, comandante *m*

caption [ˈkæpʃən] titolo *m*; didascalia *f*

captiv|ate [ˈkæptiveit] *v/t* affascinare; **~e** *s, a* prigioniero; (*m*); **~ity** [ˌ~ˈtiviti] prigionia *f*

capture [ˈkæptʃə] *s* cattura *f*; *v/t* catturare

car [kaː] automobile *f*; macchina *f*; (railway) vagone *m*

caramel [ˈkærəməl] caramella *f*

carat [ˈkærət] carato *m*

caravan [ˈkærəvæn] carovana *f*, rimorchio *m* da campeggio

carbo|hydrate [ˌkaːbouˈhaidreit] idrato *m* di carbonio; **~n** [ˈkaːbən] carbonio *m*; **~n dioxide** anidride *f* carbonica; **~n paper** carta *f* carbone

carburet(t)or, ~ter [ˈkaːbjuretə] carburatore *m*

carca|se, ~ss [ˈkaːkəs] carcassa *f*

card [kaːd] carta *f* (*da giuoco*); biglietto *m*; **~board** cartone *m*

cardigan [ˈkaːdigən] golf *m*

cardinal [ˈkaːdinl] *s, a* cardinale (*m*)

care [kɛə] *s* cura *f*; *v/i* importarsi; **I don't ~** non m'im-

porta; **~ of** presso; **take ~** stare attento; **~ for** voler bene; piacere

career [kəˈriə] carriera *f*

care|ful accurato; attento; **~less** trascurato

caress [kəˈres] carezza *f*; *v/t* accarezzare

caretaker custode *m, f*

cargo [ˈkaːgou] carico *m*

caricature [ˈkærikəˈtjuə] caricatura *f*

caries [ˈkɛəriːz] carie *f*

carnation [kaːˈneiʃən] garofano *m*

carnival [ˈkaːnivəl] carnevale *m*

carol [ˈkærəl] canto *m* (di Natale)

carp [kaːp] carpa

car-park parcheggio *m* per automobili

carpenter [ˈkaːpintə] falegname *m*

carpet [ˈkaːpit] tappeto *m*

carriage [ˈkæridʒ] carrozza *f*; portamento *m*; **~ free** franco di porto; **~ paid** franco a domicilio; **~way** carreggiata *f*

carrier [ˈkæriə] corriere *m*, imprenditore *m* di trasporti; **~pigeon** piccione *m* viaggiatore

carrot [ˈkærət] carota *f*

carry [ˈkæri] *v/t* portare; **~ on** *v/t* continuare; **~ out** *v/t* effettuare

cart [kaːt] carretto *m*; **~er** carrettiere *m*

carton [ˈkaːtən] scatola *f* di cartone

cartoon [kɑːˈtuːn] cartone *m* animato; (*newspaper*) vignetta *f*

cartridge [ˈkɑːtridʒ] cartuccia *f*

carv|e [kɑːv] *v/t* intagliare; **~er** scultore *m*; **~ing** intaglio *m*; scultura *f*

cascade [kæsˈkeid] cascata *f*

case [keis] astuccio *m*; custodia *f*; cassa *f*; caso *m*; causa *f*; **in ~** per caso; caso mai; **in any ~** in ogni modo

cash [kæʃ] *s* denaro *m* liquido; contanti *m/pl*; **~ down** in contanti; **~ on delivery** contro assegno; **~ payment** pagamento *m* in contanti; *v/t* incassare; riscuotere; **~ier** cassiere *m*

casing [ˈkeisiŋ] copertura *f*

cask [kɑːsk] botte *f*; barile *m*

cast [kɑːst] *s* getto *m*; *v/t* gettare; **be ~ down** essere giù di morale

castanets [ˌkæstəˈnets] *pl* nacchere *f/pl*

castaway [ˈkɑːstəwei] naufrago *m*

caste [kɑːst] casta *f*

cast-iron [ˈkɑːst] ferro *m* fuso; ghisa *f*

castle [ˈkɑːsl] castello *m*

castor [ˈkɑːstə] **oil** olio *m* di ricino

casual [ˈkæʒjuəl] casuale; **~ty** disgrazia *f*; ferito *m*

cat [kæt] gatto *m*, gatta *f*

catalog(ue) [ˈkætələg] catalogo *m*

catarrh [kəˈtɑː] catarro *m*

catastrophe [kəˈtæstrəfi] catastrofe *f*

catch [kætʃ] *s* presa *f*; cattura *f*; pesca *f*; trappola *f*; *v/t* prendere; catturare; pescare; **~ (a) cold** infreddarsi; **~ it** buscarsela; **~ing** contagioso

caterpillar [ˈkætəpilə] bruco *m*

cathedral [kəˈθiːdrəl] cattedrale *f*; duomo *m*

Catholic [ˈkæθəlik] *a*, *s* cattolico (*m*)

cattle [ˈkætl] bestiame *m*

cauliflower [ˈkɔliflauə] cavolfiore *m*

cause [kɔːz] *s* causa *f*; *v/t* causare; **~way** passerella *f*

cauterize [ˈkɔːtəraiz] *v/t* cauterizzare

caut|ion [ˈkɔːʃən] *s* cautela *f*; ammonizione *f*; *v/t* ammonire; **~ous** cauto; prudente

cavalry [ˈkævəlri] cavalleria *f*

cave [keiv] cava *f*; **~rn** [ˈkævən] caverna *f*

cavity [ˈkæviti] cavità *f*

caw [kɔː] *v/t* gracchiare

cease [siːs] *v/i* cessare; **~less** incessante

cedar [ˈsiːdə] cedro *m*

cede [siːd] *v/t* cedere; *v/i* rendersi

ceiling [ˈsiːliŋ] soffitto *m*

celebr|ate [ˈselibreit] *v/t* celebrare; **~ated** rinomato; **~ation** celebrazione *f*; **~ity** [siˈlebriti] celebrità *f*

celery [ˈseləri] sedano *m*

celibacy [ˈselibəsi] celibato *m*

cell [sel] cella f; *biol* cellula f; **~ar** [selə] cantina f; **~ulose** ['seljuləus] cellulosa f

Celt [kelt] celta m; *ic* celtico

cement [si'ment] s cemento m; v/t cementare

cemetery ['semitri] cimitero m

cens|or ['sensə] censore m; **~orship** censura f; **~ure** ['senʃə] s censura f; biasimo m; v/t censurare

census ['sensəs] censimento m

cent [sent] centesimo m di dollaro; **per ~** per cento

centen|ary [sen'ti:nəri], **~nial** [sen'tenjəl] a,s centenario (m)

centi|metre, *Am* **~meter** ['sentimi:tə] centimetro m

centr|al ['sentrəl] centrale; **~al heating** riscaldamento m centrale; **~e**, *Am* **~er** ['sentə] centro m; **~re-for-ward** centro-attacco m

century ['sentʃuri] secolo m

ceramics [si'ræmiks] pl ceramica f

cereal ['siəriəl] cereale m

cerebral ['seribrəl] cerebrale

ceremon|ial [seri'məuniəl] s, a cerimoniale (m); **~y** ['~məni] cerimonia f

certain ['sə:tn] certo; **~ty** certezza f

certi|ficate [sə'tifikit] certificato m; **~fy** ['sə:tifai] v/t certificare

chaffinch ['tʃæfintʃ] fringuello m

chain [tʃein] s catena f; v/t incatenare; **~ reaction** reazione f a catena

chair [tʃɛə] sedia f; **~man** presidente m

chalk [tʃɔ:k] gesso m

challenge ['tʃælindʒ] s sfida f; v/t sfidare; obiettare

chamber ['tʃeimbə] camera f; **~maid** cameriera f; ♀ **of Commerce** camera f di commercio

chameleon [kə'mi:ljən] camaleonte m

chamois ['ʃæmwɑ:] camoscio m

champagne [ʃæm'pein] sciampagna m

champion ['tʃæmpjən] campione m; **~ship** campionato m

chance [tʃɑ:ns] caso m; possibilità f; **by ~** per caso

chancellor ['tʃɑ:nsələ] canceliere m

chandelier [ʃændi'liə] lampadario m

change [tʃeindʒ] s cambiamento m; (money) spiccioli m/pl; v/t cambiare; **~able** mutevole; **~ one's mind** cambiar idea

channel ['tʃænl] canale m; **the (English)** ♀ la Manica f

chant [tʃɑ:nt] canto m

chap [tʃæp] s (man) tipo m; (of the skin) screpola f; v/t screpolare

chap|el ['tʃæpəl] cappella f; **~lain** ['~lin] cappellano m

chapter ['tʃæptə] capitolo m

character ['kæriktə] carattere *m*; **thea** parte *f*; **~istic** caratteristico; **~ize** *v/t* caratterizzare

charcoal ['tʃɑːkoul] carbone *m* di legno

charge [tʃɑːdʒ] *s* carica *f*; incarico *m*; prezzo *m*; accusa *f*; *v/t* caricare; incaricare; mettere a un certo prezzo; addebitare; accusare; **~s** *pl* spese *f/pl*; **in ~ of** incaricato di

charit|able ['tʃæritəbl] caritatevole; **~y** carità *f*

charm [tʃɑːm] *s* fascino *m*; *v/t* affascinare; **~ing** affascinante

chart [tʃɑːt] carta *f*; grafico *m*

charter ['tʃɑːtə] *s* carta *f*; *v/t* noleggiare

charwoman ['tʃɑːwumən] donna *f* delle pulizie

chase [tʃeis] *s* caccia *f*; rincorso *m*; *v/t* cacciare; rincorrere

chasm ['kæzəm] abisso *m*

chast|e [tʃeist] casto; puro; **~ity** ['tʃæstiti] castità *f*

chat [tʃæt] *s* chiacchierata *f*; *v/i* chiacchierare; **~ter** *s* chiacchiera *f*; *v/i* ciarlare; **~terbox** ciarlone *m*

chauffeur ['ʃəufə] autista *m*

cheap [tʃiːp] a basso prezzo, a buon prezzo; **~en** *v/t* abbassare; *v/i* abbassare di prezzo

cheat [tʃiːt] *v/t*, *v/i* truffare; frodare; ingannare

check [tʃek] *s* controllo *m*; ostacolo *m*; scontrino *m*; as-

segno *m*; *v/t* controllare; arrestare; reprimere; **~ed** a quadretti; **~mate** scacco matto *m*; **~room** *Am* guardaroba *m*

cheek [tʃiːk] guancia *f*; **~y** impertinente

cheer [tʃiə] *s* grido *m* di acclamazione; *v/t* acclamare; **~ up** *v/i* rianimarsi; farsi coraggio; **~ up!** su!; coraggio!; **~ful** allegro; **~less** triste

cheese [tʃiːz] formaggio *m*

chef [ʃef] cuoco *m*

chemical ['kemikəl] chimico; **~s** *pl* prodotti *m/pl* chimici

chemist ['kemist] chimico *m*; farmacista *m*; **~ry** chimica *f*; **~'s shop** drogheria *f*; farmacia *f*

cheque [tʃek] assegno *m* (bancario); **~book** libretto *m* di assegni

cherish ['tʃeriʃ] *v/t* curare con affetto; tenere caro

cherry ['tʃeri] ciliegia *f*; **~tree** ciliegio *m*

chess [tʃes] scacchi *m/pl*; **~board** scacchiera *f*; **~man** scacco *m*

chest [tʃest] cassa *f*; torace *m*

chestnut ['tʃesnʌt] castagna *f*; **~tree** castagno *m*

chew [tʃuː] *v/t* masticare; **~ingum** gomma *f* americana

chicken ['tʃikin] pulcino *m*; *gast* pollo *m*; **~pox** varicella *f*

chief [tʃiːf] a principale; *s*

capo *m*

chilblain ['tʃilblein] gelone *m*

child [tʃaild], *pl* **~ren** ['tʃildrən] bambino(a), figlio(a) *m* (*f*); **~birth** parto *m*; **~hood** infanzia *f*; **~ish** infantile, puerile

chill [tʃil] *s* fresco *m*; colpo *m* di freddo; *v/t* raffreddare; **~y** (*weather*) fresco; (*person*) freddoloso

chime [tʃaim] *s* rintocco *m*; *v/i* (*bell*) suonare

chimney ['tʃimni] camino *m*; **~sweep** spazzacamino *m*

chin [tʃin] mento *m*

chin|a ['tʃainə] porcellana *f*; **Ꝫa** Cina *f*; **Ꝫese** *a*, *s* cinese (*m,f*)

chip [tʃip] *s* scheggia *f*; *v/t* scheggiare; *v/i* scheggiarsi

chirp [tʃəːp] *v/i* cinguettare

chisel ['tʃizl] *s* cesello *m*, scalpello *m*; *v/t* cesellare

chivalr|ous ['ʃivlrəs] cavalleresco; **~y** cavalleria *f*

chive [tʃaiv] cipollina *f*

chlor|ine ['klɔːriːn] cloro *m*; **~oform** ['klɔrəfɔːm] cloroformio *m*

chocolate ['tʃɔkəlit] cioccolata *f*; cioccolatino *m*

choice [tʃɔis] *a* scelto; prelibato; squisito; *s* scelta *f*

choir [kwaiə] coro *m*

choke [tʃouk] *v/t* soffocare; affogare; *v/i* soffocarsi; affogarsi

choose [tʃuːz] *v/t* scegliere

chop [tʃɔp] *s* costoletta *f* (di maiale o di agnello); *v/t* tagliare; tagliuzzare; **~sticks** *pl* bacchette *f/pl*

chord [kɔːd] corda *f*; *mus* accordo *m*

chorus ['kɔːrəs] coro *m*

Christ [kraist] Cristo *m*; **Ꝫen** ['krisn] *v/t* battezzare; **~dom** cristianità *f*; **Ꝫening** battesimo *m*; **Ꝫian** ['kristjən] cristiano(a) *m* (*f*); **~ianity** [ˌꝪiˈæniti] cristianesimo *m*; **~mas** Natale *m*; **~mas Day** Natale; **~mas Eve** vigilia *f* di Natale; **Merry ~mas!** Buon Natale!

chromium ['kroumjəm] cromio *m*

chronic ['krɔnik] cronico *m*

chron|icle cronaca *f*; **~olog|ical** [krɔnəˈlɔdʒikəl] cronologico

chubby ['tʃʌbi] grassotto *m*

chuckle ['tʃʌkl] *v/t* ridere sotto voce

chum [tʃʌm] *fam* compagno(a) *m* (*f*)

chunk [tʃʌŋk] grosso pezzo *m*

church [tʃəːtʃ] chiesa *f*; **Ꝫ of England** chiesa *f* anglicana; **~ services** *pl* funzioni *f/pl*; **~yard** cimitero *m*

cider ['saidə] sidro *m*

cigar [siˈgɑː] sigaro *m*; **~ette** [sigəˈret] sigaretta *f*

Cinderella [sindəˈrelə] Cenerentola *f*

cine-camera ['sini-] macchina *f* da presa; **~ma** ['sinəmə] cinema *m*

cipher ['saifə] zero m; cifra f

circle ['sə:kl] s cerchio m; circolo m; v/t circondare; v/i girare intorno

circuit ['sə:kit] circuito m; **short** ~ corto circuito m

circula|r ['sə:kjulə] a circolare; **~ letter** circolare f; **~te** v/i circolare; **~tion** circolazione f; (of a newspaper) tiratura f

circum|ference [sə'kʌmfərəns] circonferenza f; **~scribe** ['~skraib] v/t circoscrivere

circumstance circostanza f; condizione f

circus ['sə:kəs] circo m

cistern ['sistən] cisterna f; serbatoio m

cite [sait] v/t citare

cit|izen ['sitizn] cittadino m (f); **~izenship** cittadinanza f; **~y** ['siti] città f; **little ~y** cittadina f; **~y guide** pianta f della città

civ|ic ['sivik] civico; **~il** ['sivl] civile; educato; gentile; **~il service** amministrazione f dello Stato; **~ilian** [si'viljən] a, s borghese (m, f); **~ility** cortesia f; **~ilization** civiltà f; **~ilize** v/t incivilire

claim [kleim] s pretesa f; reclamo m; v/t pretendere; reclamare

clam|orous ['klæmərəs] clamoroso; **~o(u)r** s clamore m; rumore m; v/i vociferare

clamp [klæmp] grappa f

clan [klæn] tribù f; clan m

clap [klæp] s colpo m; applauso m; v/i applaudire, battere le mani

claret ['klærət] claretto m

clari|fy ['klærifai] v/t chiarire; **~ty** chiarezza f

clash [klæʃ] s contrasto m; v/i contrastarsi

clasp [klɑːsp] s gancio m; abbraccio m; v/t, v/i agganciare; stringere; abbracciare; **~knife** temperino m

class [klɑːs] s classe f; (social) ceto m; v/t classificare

classic ['klæsik] a, s classico (m)

class|ification [ˌklæsifi'keiʃən] classificazione f; **~ify** ['~fai] v/t classificare

class room aula f

clause [klɔːz] clausola f

claw [klɔː] s artiglio m; v/t graffiare

clay [klei] argilla f; creta f

class|-mate compagno m di classe; **~room** aula f

clause [klɔːz] clausola f

claw [klɔː] s artiglio m; v/t graffiare

clay [klei] argilla f; creta f

clean [kliːn] a pulito; v/t pulire; **~-cut** Am netto; **~er's** (shop) tintoria f; **~ing, ~ness** pulizia f; **~se** [klenz] v/t pulire

clear [kliər] a chiaro; libero; v/t chiarire; liberare; v/i (weather) schiarirsi; **~ance** liquidazione f

clef [klef] mus chiave f

clemency ['klemənsi] clemenza f

clergy ['klɜːdʒi] clero m; ~man ecclesiastico m

clerk [klɑːk] impiegato m d'ufficio; commesso m; chierico m

clever ['klevə] abile; bravo; intelligente

client ['klaiənt] cliente m

cliff [klif] scogliera f

climate ['klaimit] clima m

climax ['klaimæks] punto m culminante

climb [klaim] s salita f; v/t salire

clinch [klintʃ] v/t, v/i afferrare; confermare; avvinghiare

cling [kliŋ] irr, v/i, irr aderire a; attaccarsi a

clinic ['klinik] clinica f

clink [kliŋk] v/t far tintinnare

clip [klip] s fermaglio m; gancio m; taglio m; tosatura f; v/t tagliare; tosare

clique [kliːk] cricca m

cloak [klouk] mantello m; ~room guardaroba f

clock [klɔk] orologio m da muro

clog [klɔg] zoccolo m

close [klous] s conclusione f; fine f; v/t chiudere; concludere; finire; ~ to prp vicino a

closet ['klɔzit] Am armadio m; gabinetto m

cloth [klɔθ] stoffa f; tessuto m; tovaglia f; ~e [klouð] v/t vestire

clothes [klouðz] pl vestiti m/pl, abiti m/pl; ~brush

spazzola f per vestiti; ~hanger gruccia f; ~pin, ~peg fermabiancheria m

clothing vestiti m/pl

cloud [klaud] s nuvola f; v/i rannuvolarsi; ~y nuvoloso

clove [klouv] chiodo m di garofano

clover [klouvə] trifoglio m

clown [klaun] pagliaccio m

club [klʌb] mazzo m; circolo m

clue [kluː] indizio m

clumsy ['klʌmzi] goffo

clutch [klʌtʃ] s stretta f; aut frizione f; v/t afferrare; aggrapparsi a

coach [koutʃ] s carrozza f; corriera f; ripetitore m; allenatore m; v/t dare ripetizioni; allenare

coal [koul] carbone m; ~mine, ~pit miniera f di carbone

coarse [kɔːs] rozzo; ruvido; grossolano

coast [koust] s costa f; v/i costeggiare; ~guard milizia f guardacoste

coat [kout] cappotto m; giacca f; paltò m; ~ of arms stemma m; ~ing rivestimento m

coax [kouks] v/t invogliare

cobra ['koubrə] cobra m

cobweb ['kɔbweb] ragnatela f

cock [kɔk] gallo m; maschio m (di uccelli); ~chafer maggiolino m; ~pit carlinga f; ~tail cocktail m; ~y presuntuoso

cocoa [ˈkoukou] cacao *m*

coconut [ˈkoukənʌt] noce *f* di cocco

cocoon [kəˈkuːn] bozzolo *m*

cod [kɔd] merluzzo *m*; ~ **liver oil** olio *m* di fegato di merluzzo

coddle [ˈkɔdl] *v/t* vezzeggiare

code [koud] codice *m*; cifrario *m*

coffee [ˈkɔfi] caffè *m*; ~ **bean** chicco *m* di caffè; ~ **mill** macchinetta *f* da caffè; ~ **pot** caffettiera *f*

coffin [ˈkɔfin] bara *f*

cog [kɔg] *mech* dente *f*; ~ **wheel** ruota *f* dentata

coherent [kouˈhiərənt] coerente

coiffure [kwaːˈfjuə] pettinatura *f*

coil [kɔil] *s* rotolo *m* (*di corda*); spira *f* (*di serpe*); *elec* bobina *f*; *v/t* arrotolare

coin [kɔin] *s* moneta *f*; *v/t* coniare; *fig* inventare

coincide [ˌkouinˈsaid] *v/i* coincidere; ~**nce** [kouˈinsidəns] coincidenza *f*

cold [kould] *a* freddo; *fig* insensibile; **it is** ~ fa freddo; **feel** ~ aver freddo; *s* freddo *m*; raffreddore *m*; ~**ness** freddezza *f*

colic [ˈkɔlik] colica *f*

collaborat|e [kəˈlæbəreit] *v/i* collaborare; ~**ion** collaborazione *f*

collapse [kəˈlæps] *s* collasso *m*; crollo *m*; *v/i* avere un collasso; crollare

collar [ˈkɔlə] colletto *m*; ~ **bone** clavicola *f*

colleague [ˈkɔliːg] collega *m*

collect [kəˈlekt] *s* colletta *f*; *v/t* fare collezione; mettere insieme; radunare; *~ive* collezione *f*; raccolta *f*; ~**ive** collettivo

college [ˈkɔlidʒ] collegio *m* universitario; istituto *m* superiore

collide [kəˈlaid] *v/i* scontrarsi

colliery [ˈkɔljəri] miniera *f* di carbone

collision [kəˈliʒən] scontro *m*

colloqu|ial [kəˈloukwiəl] familiare; ~**y** colloquio *m*

colon [ˈkoulən] *gram* due punti *m/pl*

colonel [ˈkəːnl] colonnello *m*

colonial [kəˈlounjəl] coloniale

colony [ˈkɔləni] colonia *f*

colo(u)r [ˈkʌlə] *s* colore *m*; colorito *m*; tinta *f*; *v/t* colorire; *v/i* colorirsi; ~ **bar** discriminazione *f* razziale; ~**blind** daltonico; ~**ed** di colore; ~**ed man** uomo *m* di colore; negro *m*; ~**less** incolore; senza colore; ~**print** fotografia *f* a colori

column [ˈkɔləm] colonna *f*; rubrica *f* (*di un giornale*)

comb [koum] *s* pettine *m*; *v/t* pettinare

combat [ˈkɔmbət] *s* lotta *f*; *v/t* combattere; lottare contro

combin|ation [kɔmbiˈneiʃən] combinazione *f*; ~**e**

[kəm'bain] v/t combinare;
v/i combinarsi

combust|ible [kəm'bʌstəbl]
combustibile; **~ion** [~stʃən]
combustione f

come [kʌm] irr venire; **~
about** accadere; **~ across**
incontrare; **~ back** ritornare; **~ down** (di)scendere; **~
in** entrare; **~ off** scendere;
verificarsi; **~ on!** su!; avanti; **~ up** salire

comed|ian [kə'miːdjən] comico m; **~y** ['kɔmidi] commedia f

comfort ['kʌmfət] conforto
m; consolazione f; v/t confortare; consolare; **~able**
comodo

comic|(al) ['kɔmik(əl)] comico; buffo; **~ strips** pl fumetti m/pl

comma ['kɔmə] virgola f

command [kə'mɑːnd] s ordine f; comando m; padronanza f; v/t ordinare; comandare; **~er-in-chief** comandante m in capo;
~ment comandamento m

commemorate [kə'meməreit] v/t commemorare

commence [kə'mens] v/t,
v/i cominciare; iniziare

commend [kə'mend] v/t
raccomandare

comment ['kɔment] s commento m; v/i commentare;
~ary commento m; **~ator**
cronista m, f

commerc|e ['kɔmə(ː)s]
commercio m; **~ial** commerciale

commission [kə'miʃən] s
commissione f; v/t incaricare; **~er** commissario m

commit [kə'mit] v/t commettere; consegnare affidare; **~ oneself (to)** v/i
compromettersi; **~ment**
impegno m

committee [kə'miti] comitato m

commodity [kə'mɔditi] genere m di prima necessità;
merce f; comodità f

common ['kɔmən] comune;
pubblico; volgare; **in ~** in
comune; **~ market** Mercato m Comune Europeo;
~ sense buon senso m;
~place s luogo comune m; a
banale; **~wealth** repubblica
f

commotion [kə'mouʃən]
agitazione f

commun|al ['kɔmjunl] comunale; pubblico; **~icate**
[kə'mjuːnikeit] v/t comunicare; **~ication** comunicazione f; avviso m; **~icative**
comunicativo; **~ion** comunione f

commun|ism ['kɔmjunizəm] comunismo m; **~ist**
comunista m, f

community [kə'mjuːniti]
comunità f

commut|ation [ˌkɔmju'teiʃən] commutazione f; **~
ticket** Am biglietto m
d'abbonamento; **~e** [kə'mjuːt] v/t commutare; viaggiare regolarmente

compact ['kɔmpækt] compatto

companion [kəm'pænjən]
compagno(a) m (f); **~ship**
compagnia f; cameratismo
m

company ['kʌmpəni] compagnia f

compar|able ['kɔmpərəbl]
paragonabile; **~ative**
[kəm'pærətiv] comparativo; **~e** [kəm'peə] v/t paragonare; v/i sostenere il paragone; **~ison** [~'pærisn]
paragone m

compartment [kəm'pɑːtmənt] scompartimento m

compass ['kʌmpəs] s bussola f; v/t circondare; **(pair of) ~es** pl compasso m

compassion [kəm'pæʃən]
compassione f

compatible [kəm'pætəbl]
compatibile

compatriot [kəm'pætriət]
compatriota m

compel [kəm'pel] v/t costringere

compensat|e ['kɔmpenseit]
v/t compensare; v/i compensarsi; **~ion** compensazione f; compenso m

compère ['kɔmpeə] presentatore m

compet|e [kəm'piːt] v/i concorrere; **~ence** ['kɔmpitəns]
competenza f; capacità f;
~ent competente; capace;
~ition [kɔmpi'tiʃən] concorrenza f; **~itor** [kəm'petitə] concorrente m,f

compile v/t compilare

complacent [kəm'pleisnt]

contento di se stesso

complain [kəm'plein] v/i lagnarsi; reclamare; **~t** lagnanza f; med malattia f

complet|e [kəm'pliːt] a
completo; intero; perfetto;
v/t completare; finire

complex ['kɔmpleks] a, s
complesso (m)

complexion [kəm'plekʃən]
carnagione f

complicat|e ['kɔmplikeit]
v/t complicare; **~ion** complicazione f

compliment ['kɔmplimənt]
s complimento m; **~s** pl saluti m/pl; v/t congratularsi
con; **~ary** di omaggio; **~ary ticket** biglietto m di omaggio

comply (with) [kəm'plai]
v/i acconsentire

component [kəm'pəunənt]
a, s componente (m)

compos|e [kəm'pəuz] v/t
comporre; **~e oneself** v/t
calmarsi; **~ed** calmo; composto; **~er** compositore m;
~ition composizione f;
~ure [kəm'pəuʒə] compostezza f; calma f

compote ['kɔmpət] conserva f

compound ['kɔmpaund] s
composto m; v/t comporre

comprehen|d [kɔmpri'hend] v/t comprendere;
includere; **~sible** comprensibile; **~sion** comprensione
f; **~sive** comprensivo

compress [kəm'pres] v/t
comprimere; condensare

comprise [kəmˈpraiz] v/t comprendere; includere

compromise [ˈkɒmprəmaiz] s compromesso m; v/t, v/i accomodarsi; compromettere

compuls|ion [kəmˈpʌlʃən] costrizione f; **~ory** obbligatorio

compunction [kəmˈpʌŋkʃən] rimorsi m/pl

comput|e [kəmˈpjuːt] v/t computare; **~er** calcolatore m elettronico: computer m

comrade [ˈkɒmrid] compagno m

conceal [kənˈsiːl] v/t nascondere

concede [kənˈsiːd] v/t concedere

conceit [kənˈsiːt] presunzione f; **~ed** presuntuoso

conceiv|able concepibile; **~e** v/t concepire

concentrat|e [ˈkɒnsəntreit] v/t concentrare; v/i concentrarsi

concept [ˈkɒnsept] concetto m; **~ion** [kənˈsepʃən] concezione f

concern [kənˈsɜːn] s ansietà f; faccenda f; azienda f; ditta f; v/t concernere; riguardare; preoccupare; **~ed** interessato; preoccupato

concert [ˈkɒnsət] s concerto m; v/t concertare

concession [kənˈseʃən] concessione f

concilia|te [kənˈsilieit] v/t conciliare; **~ion** [kənsili'eiʃən] conciliazione f

concise [kənˈsais] conciso

conclu|de [kənˈkluːd] v/t concludere; terminare; **~sion** conclusione f; termine m

concord [ˈkɒnkɔːd] armonia f; mus accordo m

concrete [ˈkɒnkriːt] a concreto; s cemento m

concur [kənˈkɜː] v/i concorrere; accordarsi

concussion (of the brain) [kənˈkʌʃən] commozione f cerebrale

condemn [kənˈdem] v/t condannare; **~ation** condanna f

condense [kənˈdens] v/t condensare; v/i condensarsi; **~r** condensatore m

condescend [ˌkɒndiˈsend] v/i (ac)condiscendere; degnarsi

condition [kənˈdiʃən] s condizione f; v/t condizionare; stipulare; **~al** a, s condizionale (m)

condole [kənˈdoul] v/i fare le condoglianze; **~nce** condoglianza f

conduct [ˈkɒndʌkt] s condotta f; direzione f; [kənˈdʌkt] v/t condurre; dirigere; **~ o.s.** comportarsi; **~or** [kənˈdʌktə] mus direttore m d'orchestra; (on a bus) fattorino m; elec conduttore m

cone [koun] cono m

confection [kənˈfekʃən] confetto m; (dress) confezione f; **~er** pasticciere m;

~ery pasticceria f

confedera|cy [kənˈfedərəsi] confederazione f; **~te** [~it] alleato

confer [kənˈfəː] v/i conferire; **~ence** [ˈkɔnfərəns] conferenza f

confess [kənˈfes] v/t confessare; **~ion** confessione f

confid|ant [ˌkɔnfiˈdænt] confidente m; **~e** [kənˈfaid] v/t confidare; **~ence** confidenza f; fiducia f; **~ent** fiducioso; **~ential** [~ˈdenʃəl] confidenziale

confine [kənˈfain] v/t rinchiudere; **~ment** reclusione f; med parto m

confirm [kənˈfəːm] v/t confermare; rettificare; cresimare; **~ation** conferma f; cresima f

confiscate [ˈkɔnfiskeit] v/t confiscare

conflict [ˈkɔnflikt] s conflitto m; [kənˈflikt] v/i contraddirsi; **~ing** contraddittorio; opposto

conform [kənˈfɔːm] v/i conformare; **~ity** conformità f

confound [kənˈfaund] v/t confondere; **~ it!** fam maledetto

confront [kənˈfrʌnt] v/t affrontare; confrontare

confus|e [kənˈfjuːz] v/t confondere; **~ion** confusione f

congeal [kənˈdʒiːl] v/t congelare

congestion [kənˈdʒestʃən] congestione f

congratulat|e [kənˈgrætju-leit] v/t congratularsi con; **~ion** congratulazione f; rallegramento m

congregat|e [ˈkɔngrigeit] v/i congregare; **~ion** (church) fedeli m/pl

congress [ˈkɔngres] congresso m

conjecture [kənˈdʒektʃə] s congettura f; v/t congetturare

conjugal [ˈkɔndʒugəl] coniugale

conjugat|e [ˈkɔndʒugeit] v/t coniugare; **~ion** coniugazione f

conjunction [kənˈdʒʌŋkʃən] congiunzione f

conjunctivitis [ˌkɔndʒʌŋkti'vaitis] congiuntivite f

conjure [kənˈdʒuə] v/t scongiurare; [ˈkʌndʒə] v/i fare incanti; **~r** mago m

connect [kəˈnekt] v/t legare; collegare; associare; connettere; v/i legarsi; collegarsi; associarsi; connettersi; **~ion** legame m; collegamento m; parente m

connexion [kəˈnekʃən] cf **connection**

conque|r [ˈkɔŋkə] v/t conquistare; vincere; **~ror** conquistatore m; **~st** conquista f

conscien|ce [ˈkɔnʃəns] coscienza f; **~tious** [~iˈənʃəs] coscienzioso

conscious [ˈkɔnʃəs] cosciente; **~ness** coscienza f

consecrat|e [ˈkɔnsikreit] v/t consacrare; dedicare; **~ion**

contain

consacrazione *f*; dedica *f*

consecutive [kən'sekjutiv]
consecutivo

consent [kən'sent] *s* consenso *m*; *v/i* acconsentire

consequen|ce [kən'sikwəns]
conseguenza *f*; **~t** conseguente; **~tly** in conseguenza

conserv|ation [‚kɔnsə'vei-
ʃən] conservazione *f*;
~ative [kən'sə:vətiv] *a, s*
conservatore (*m*); **~atory**
mus conservatorio *m*; **~e** *v/t*
conservare; *s* conserva *f*

consider [kən'sidə] *v/t* considerare; **~able** considere-
vole; **~ate** [‚rit] riguardoso;
~ation considerazione *f*

consign [kən'sain] *v/t* consegnare; **~ee** destinatario *m*;
~ment consegna *f*; partita *f*

consist [kən'sist] *v/i* consistere; **~ence, ~ency** consistenza *f*; **~ent** costante

consol|ation [kɔnsə'leiʃən]
consolazione *f*; **~e** [kən-
'soul] *v/t* consolare

consolidate [kən'sɔlideit]
v/t consolidare

consonant ['kɔnsənənt]
consonante *f*

conspicuous [kən'spikjuəs]
cospicuo

conspir|acy [kən'spirəsi] *s*
congiura *f*; *v/i* cospirare;
~ator congiurato *m*; **~e**
[‚'spaiə] *v/i* congiurare

constant ['kɔnstənt] costante

consternation [kɔnstə(:)-
'neiʃən] costernazione *f*

constipation [kɔnsti'peiʃən]
stitichezza *f*

constituen|cy [kən'stitjuən-
si] votanti *m/pl* elettorale; **~t** *s* membro *m* di
un collegio elettorale; *a* co-
stituente

constitut|e ['kɔnstitjut] *v/t*
costituire; **~ion** *med* costi-
tuzione *f*; fisico *m*; *pol* costi-
tuzione *f*

constrain [kən'strein] *v/t*
costringere; **~t** costrizione *f*

constrict [kən'strikt] *v/t*
comprimere; contrarre

construct [kən'strʌkt] *v/t*
costruire; **~ion** costruzione
f; **~ive** costruttivo

consul ['kɔnsəl] console *m*;
~ate [‚'ljulit] consolato *m*;
~ship consolato *m*

consult [kən'sʌlt] *v/t* consultare; **~ation** [kɔnsəl'teiʃən]
consultazione *f*; consulto
m; **~ing hours** *pl* ora *f*
d'ufficio; orario *m* per le
visite

consum|e [kən'sjuːm] *v/t*
consumare; *v/i* consumarsi; **~er** consumatore *m*;
~mate [kən'sʌmit] consu-
mato; ['kɔnsəmeit] *v/t* consumare; **~ption** [kən'sʌmp-
ʃən] consumo *m*; med tisi *f*

contact ['kɔntækt] *s* contatto
m; *v/t* mettersi in rapporto
con; **~ lenses** *pl* lenti *f/pl* a
contatto

contagious [kən'teidʒəs]
contagioso

contain [kən'tein] *v/t* contenere; **~er** recipiente *m*; involucro *m*

contaminate [kən'tæmineit] *v/t* contaminare

contemplat|e ['kɔntempleit] *v/t* contemplare; **~ion** contemplazione *f*

contemporary [kən'tempərəri] *a, s* contemporaneo (*m*)

contempt [kən'tempt] disprezzo *m*; **~uous** sprezzante

contend [kən'tend] *v/t* sostenere; affermare; *v/i* contendere

content [kən'tent] *a* contento; soddisfatto; **~** contento *m*; contentezza *f*; *v/t* accontentare, soddisfare

contents ['kɔntents] *pl* contenuto *m*

contest ['kɔntest] *s* gara *f*; *v/t* contendere

context ['kɔntekst] contesto *m*

continent ['kɔntinənt] continente *m*

contingency [kən'tindʒənsi] contingenza *f*

continu|al [kən'tinjuəl] continuo; **~ation** continuazione *f*; seguito *m*; **~e** *v/t* continuare; proseguire; **~ity** continuità *f*; **~ous** continuo

contort [kən'tɔ:t] *v/t* contorcere

contour ['kɔntuə] contorno *m*

contraband ['kɔntrəbænd] contrabbando *m*

contraceptive [ˌkɔntrə'septiv] *a, s* anticoncezionale (*m*)

contract ['kɔntrækt] *s* contratto *m*; [kən'trækt] *v/t* contrarre; contrattare; **~ion** contrazione *f*; abbreviazione *f*; **~or** imprenditore *m*

contradict [ˌkɔntrə'dikt] *v/t* contraddire; **~ion** contraddizione *f*; **~ory** contraddittorio

contrary ['kɔntrəri] *a, s* contrario (*m*); opposto (*m*); **on the ~** al contrario

contrast ['kɔntrɑ:st] contrasto *m*; [kən'trɑ:st] *v/i* confrontare; *v/i* contrastare

contribut|e [kən'tribju(:)t] *v/t* contribuire; *v/i* collaborare; **~ion** contributo *m*; collaborazione *f*; **~or** [kən'tribjutə] collaboratore *m*; donatore *m*

contrite ['kɔntrait] contrito

contriv|ance [kən'traivəns] apparecchio *m*; **~e** *v/t* trovare il modo di

control [kən'troul] *s* controllo *m*; direzione *f*; dominio *m*; freno *m*; *v/t* controllare; dirigere; dominare; **~ler** controllore *m*

controvers|ial [ˌkɔntrə'və:ʃəl] controverso; **~y** ['~və:si] controversia *f*

contuse [kən'tju:z] *v/t* contundere

convalescen|ce [ˌkɔnvə'lesns] convalescenza *f*; **~t** convalescente *m, f*

conven|e [kən'vi:n] *v/t* con-

vocare; **~ience** comodità *f*;
public ~iee gabinetto *m*
pubblico; **~ient** comodo
convent ['kɔnvənt] convento
m

convention convenzione *f*;
assemblea *f*; **~al** convenzionale

convers|ation [ˌkɔnvə'sei
ʃən] conversazione *f*; **~e**
[kən'vəːs] *v/i* conversare;
a, *s* converso (*m*); contrario
(*m*)

conver|sion [kən'vəːʃən]
conversione *f*; **~t** *s* convertito *m*; *v/t* convertire; **~tible**
trasformabile; convertibile

convey [kən'vei] *v/t* portare;
trasportare; esprimere;
trasmettere; **~ance** mezzo
m di trasporto; **~or belt**
nastro *m* scorrevole

convict ['kɔnvikt] ergastolano *m*; [kən'vikt] *v/t* dichiarare colpevole; **~ion** convinzione *f*

convince [kən'vins] *v/t* convincere

convoy ['kɔnvɔi] convoglio
m

convulsion [kən'vʌlʃən]
convulsione *f*

cook [kuk] *s* cuoco(a) *m* (*f*);
v/t, *v/i* cuocere; cucinare;
~er fornello *m*; **~ery** arte *f*
culinaria; **~y**, **~y** biscotto *m*

cool [kuːl] *s* fresco *m*; *a* fresco; *fig* calmo; indifferente;
v/t raffreddare; *v/i* raffreddarsi; **~ down** *v/t* calmare;
v/i calmarsi

co-op [kou'ɔp] *fam cf* **co-**

operative society

co(-)operat|e [kou'ɔpəreit]
v/i cooperare; **~ion** cooperazione *f*; **~ive** cooperativo;
~ive society cooperativa *f*;
~or collaboratore *m*

co(-)ordinate [kou'ɔːdineit]
v/t coordinare; *s mat* coordinata *f*

cop [kɔp] *fam* poliziotto *m*
cope [koup]: **~ with** *v/i* far
fronte a; lottare contro

copious ['koupjəs] copioso

copper ['kɔpə] rame *m*

copy ['kɔpi] *s* copia *f*; esemplare *m*; edizione *f*; *v/t* copiare; imitare; **~right** diritti *m/pl* d'autore

coral ['kɔrəl] corallo *m*

cord [kɔːd] corda *f*

cordial ['kɔːdjəl] cordiale;
~ity cordialità *f*

corduroy ['kɔːdjurɔi] velluto
m a coste

core [kɔː] nucleo *m*; centro
m; (*fruit*) torsolo *m*

cork [kɔːk] sughero *m*; tappo
m; **~screw** cavatappi *m*

corn [kɔːn] grano *m*; callo *m*
(*del piede*)

corner ['kɔːnə] angolo *m*;
svolta *f*

cornet ['kɔːnit] cornetta *f*

coronation [ˌkɔrə'neiʃən]
incoronazione *f*

coroner ['kɔrənə] magistrato
m inquirente

corpora|l ['kɔːpərəl] *s* caporale *m*; *a* corporale; corporeo; **~tion** corporazione *f*;
ente *m* autonomo

corpse [kɔːps] cadavere *m*

correct [kə'rekt] v/t correggere; **~ion** correzione f

correspond [kɔris'pɔnd] v/i corrispondere; **~ence** corrispondenza f; **~ent** corrispondente m f

corridor ['kɔridɔ:] corridoio m

corroborate [kə'rɔbəreit] v/t corroborare

corro|de [kə'roud] v/t corrodere; v/i corrodersi; **~sion** [~ʒən] corrosione f

corrugate ['kɔrugeit] v/t corrugare; **~d iron** lamiera f ondulata

corrupt [kə'rʌpt] v/t corrompere; v/i corrompersi; a corrotto; **~ion** corruzione f

corset ['kɔ:sit] busto m

cosmetic [kɔz'metik] cosmetica f; **~ian** [~ə'tiʃən] estetista f

cosm|onaut ['kɔzmənɔ:t] cosmonauta m f; **~os** cosmo m

cost [kɔst] s costo m; prezzo m; v/i, irr costare; **~ly** costoso; **~s** pl spese f/pl

costume ['kɔstju:m] costume m; completo m; **bathing ~** costume m da bagno

cosy ['kouzi] accogliente; piacevole

cottage ['kɔtidʒ] casetta f

cotton ['kɔtn] s cotone m; a di cotone; **~ wool** cotone m idrofilo

couch [kautʃ] divano m

cough [kɔf] s tosse f; v/i tossire

council [kaunsl] concilio m; consiglio m; **~lor** consigliere m

counsel ['kaunsəl] consiglio m; parere m; avvocato m; **~lor** consigliere m

count [kaunt] s conto m; calcolo m; (noble) conte m; v/i contare; **~ on** contare su

countenance ['kauntinəns] (espressione f del) viso m

counter ['kauntə] s banco m; v/t opporsi a; adv contro a

counter|act [,kauntə'rækt] v/t neutralizzare; **~balance** contrappeso m; **~clockwise** sinistroso; **~espionage** controspionaggio m; **~feit** ['~fit] falso m; **~part** riscontro m

countess ['kauntis] contessa f

countless ['kauntlis] illimitato; innumerevole

country ['kʌntri] campagna f; paese m; patria f; **~man** compatriota m f; contadino m; **~-seat** casa f di campagna; **~town** città f di provincia

county ['kaunti] contea f

couple ['kʌpl] s coppia f; paio m; v/t accoppiare; v/i accoppiarsi; **~ing** mec attacco m

coupon ['ku:pɔn] cedola f

courage ['kʌridʒ] coraggio m; **~ous** [kə'reidʒəs] coraggioso

courier ['kuriə] corriere m; messaggero m

course [kɔːs] corso *m*; direzione *f*; portata *f* (*in un pranzo*); (*sport*) pista *f*; **in due ~** in tempo utile; **matter of ~** cosa *f* ovvia

court [kɔːt] *s* corte *f*; tribunale *m*; *v/t* corteggiare; **~eous** [ˈkɔːtjəs] cortese; **~esy** [ˈkɔːtisi] cortesia *f*; **~ier** cortigiano *m*; **~martial** corte *f* marziale; **~room** aula *f* di udienza; **~ship** corte *f*; **~yard** cortile *m*

cousin [ˈkʌzn] cugino(a) *m* (*f*)

cover [ˈkʌvə] *s* coperta *f*; copertina *f*; riparo *m*; *v/t* coprire; **~ing** copertura *f*

covet [ˈkʌvit] *v/t* invidiare; **~ous** invidioso; bramoso

cow [kau] vacca *f*; femmina *f* (*di elefante ecc*); **~ard** codardo *m*; **~boy** vaccaro *m*

cower [ˈkauə] *v/i* rannicchiarsi

cow-hide vacchetta *f*

coxswain [ˈkɔkswein] timoniere *m*

coy [kɔi] timido

crab [kræb] granchio *m*

crack [kræk] *s* spaccatura *f*; *v/t* spaccare; *v/i* spaccarsi; **~er** petardo *m*; *Am* biscotto *m*; **~up** incidente *m*

cradle [ˈkreidl] culla *f*

craft [krɑːft] abilità *f*; arte *f*; furberia *f*; barchetta *f*; **~sman** artigiano *m*; **~smanship** artigianato *m*; **~y** furbo

crag [kræg] picco *m*

cramp [kræmp] *s* crampo *m*; *v/t* impacciare

crane [krein] *s* gru *f*; *v/t*, *v/i* allungare il collo

crank [kræŋk] manovella *f*; **~** avviare (*il motore*) a mano; **~y** eccentrico

crash [kræʃ] *s* fracasso *m*; *comm* crollo *m*; *v/i* crollare; precipitare (*di aeroplano*); **~helmet** casco *m*

crate [kreit] gabbia *f* da imballaggio

crater [ˈkreitə] cratere *m*

crave [kreiv] *v/t* bramare

crawl [krɔːl] *v/i* trascinarsi

crayon [ˈkreiən] matita *f*

crazy (**about**) [ˈkreizi] pazzo (di)

creak [kriːk] *v/i* cigolare; scricchiolare

cream [kriːm] crema *f*; (*del latte*) panna *f*; **~y** cremoso

crease [kriːs] *s* grinza *f*; piega *f* (*del pantalone*); *v/t* sgualcire; *v/i* sgualcirsi

create [kriːˈeit] *v/t* creare; **~ion** creazione *f*; creato *m*; **~or** creatore *m*; **~ure** [ˈkriːtʃə] creatura *f*

credentials [kriˈdenʃəlz] credenziali *f/pl*

credible [ˈkredəbl] credibile

credit [ˈkredit] *s* credito *m*; **~card** tessera *f* assegno; *v/t* credere

creed [kriːd] credo *m*; fede *f*

creek [kriːk] fiumicino *m*

creep [kriːp] *v/i*, *irr* arrampicarsi; strisciare; **~er** *bot* rampicante *m*

cremate [kri'meit] v/t cremare

crescent ['kresnt] quarto m di luna

cress [kres] crescione m

crest [krest] cresta f; criniera f; cima f; **~fallen** abbattuto

crevasse [kri'væs] crepaccio m

crevice ['krevis] fessura f; crepaccio m

crew [kru:] equipaggio m

crib [krib] presepio m; culla f (di bambino)

cricket ['krikit] grillo m; cricket m

crim|e [kraim] reato m; delitto m; **~inal** ['kriminl] a, s criminale (m, f); delinquente (m)

crimson ['krimzn] cremisi m

cripple ['kripl] s zoppo m/f; invalido m; mutilato m; v/t mutilare

crisis ['kraisis], pl **~es** ['~i:z] crisi f

crisp [krisp] crespo; croccante

criter|ion [krai'tiəriən], pl **~ria** [~riə] criterio m

critic ['kritik] critico m; **~al** critico; **~ism** ['~sizəm] critica f; **~ize** v/t criticare

croak [krouk] v/i gracidare

crochet ['krouʃei] v/t, v/i lavorare all'uncinetto

crockery ['krɔkəri] vasellame m

crocodile ['krɔkədail] coccodrillo m

crocus ['kroukəs], pl **es**

[~iz] croco m

crook [kruk] malvivente m; **~ed** ['~id] storto

crop [krɔp] s raccolto m; v/t tagliare corto; **~ up** v/i venire fuori

cross [krɔs] s croce f; biol incrocio m; v/t attraversare; contrariare; a nervoso; **~ eyed** strabico; **~ out** scancellare; **~examination** interrogatorio m in contraddittorio; **~roads** pl crocevia f; **~word puzzle** parole f/pl incrociate

crouch [krautʃ] v/i accucciarsi

crow [krou] s corvo m; cornacchia f; v/i cantare; **~bar** leva f; piede m di porco

crowd [kraud] s folla f; massa f; v/t affollare; **~ed** affollato

crwon [kraun] s corona f; v/t incoronare; **~ prince** principe m ereditario

crucial ['kru:ʃəl] cruciale; decisivo

crucif|ix ['kru:sifiks] crocifisso m; **~y** [~fai] v/t crocifiggere

crude [kru:d] rozzo; volgare; primitivo

cruel [kruəl] crudele; **~ty** crudeltà f

cruet ['kru(:)it] ampollina f

cruise [kru:z] crociera f

crumb [krʌm] briciola f; **~le** ['~bl] v/t sbriciolare; v/i sbriciolarsi

crumple ['krʌmpl] v/t sgualcire; v/i sgualcirsi

cutter

crunch [krʌntʃ] v/t schiacciare rumorosamente
crusade [kru:'seid] crociata f
crush [krʌʃ] v/t schiacciare; sgualcire
crust [krʌst] crosta f
crutch [krʌtʃ] stampella f
cry [krai] s grido m; pianto m; v/i gridare; piangere
crypt [kript] cripta f
crystal ['kristl] s cristallo m; a di cristallo
cube [kju:b] cubo m; ~ **root** radice f cubica
cuckoo ['kuku] cuculo m
cucumber ['kju:kʌmbə] cetriolo m
cuddle ['kʌdl] v/t abbracciare; coccolare
cue [kju:] battuta f
cuff [kʌf] polsino m; ~**links** pl gemelli m/pl
cuisine [kwi'zi:n] cucina f
culminate ['kʌlmineit] v/i culminare
culprit ['kʌlprit] colpevole m
cult [kʌlt] culto m; ~**ivate** ['~iveit] v/t coltivare; ~**ural** ['kʌltʃərəl] culturale; ~**ure** ['~tʃə] cultura f; ~**ured** colto
cunning ['kʌnin] s astuzia f; a astuto
cup [kʌp] tazza f; coppa f; ~**board** armadio m
curdle ['kə:dl] v/i accagliarsi
cure [kjuə] s cura f; rimedio m; v/t guarire
curfew ['kə:fju:] coprifuoco m

curiosity [,kjuəri'ɔsiti] curiosità f; ~**us** curioso
curl [kə:l] s ricciolo m; v/t arricciare; v/i arricciarsi; ~**y** riccioluto
currant ['kʌrənt] ribes m
curren|cy ['kʌrənsi] moneta f circolante; **foreign** ~**cy** valuta f estera; ~**t** a, s corrente (f)
curricul|um [kə'rikjuləm], pl ~**a** [~ə] curricolo m
curse [kə:s] s maledizione f; v/t, v/i maledire
curt [kə:t] brusco
curtail [kə:'teil] v/t diminuire; ridurre; troncare
curtain ['kə:tn] tenda f; thea sipario m
curts(e)y ['kə:tsi] s riverenza f; v/i fare una riverenza
curve [kə:v] s curva f; v/t curvare; v/i curvarsi
cushion ['kuʃən] cuscino m
custard ['kʌstəd] crema f
custody ['kʌstədi] custodia f; arresto m
custom ['kʌstəm] costume m; abitudine f; ~**ary** consueto; ~**er** cliente m; ~**s** pl dogana f; ~**s officer** doganiere m
cut [kʌt] s taglio m; riduzione f; v/t,irr tagliare; ~ **down** (tree) abbattere; (price) ridurre
cute [kju:t] astuto; Am attraente; bellino
cutlery ['kʌtləri] posate f/pl
cutlet ['kʌtlit] costoletta f
cutter ['kʌtə] tagliatore m; (boat) cottro m

cutthroat ['kʌtθrout] assassino *m*

cutting trincea *f*; ritaglio *m*

cycl|e ['saikl] *s* bicicletta *f*; ciclo *m*; *v/i* andare in bicicletta; **~ist** ciclista *m*

cylinder ['silində] cilindro *m*

cynical ['sinikəl] cinico

cypress ['saipris] cipresso *m*

cyst [sist] ciste *f*

Czech [t∫ek] *a, s* ceco (*m*); **~oslovak** *a, s* cecoslovacco (*m*)

D

dachshund ['dækshund] bassotto *m*

dad [dæd], **~dy** ['~i] papà *m*; babbo *m*

daffodil ['dæfədil] narciso *m*

daft [da:ft] sciocco; scemo

dagger ['dægə] daga *f*; pugnale *m*

daily ['deili] *s* quotidiano *m*; *a* giornaliero; quotidiano

dairy ['deəri] latteria *f*; **~man** lattaio *m*; **~ product** latticinio *m*

daisy ['deizi] margherita *f*

dam [dæm] *s* diga *f*; argine *m*; *v/t* arginare

damage ['dæmidʒ] *s* danno *m*; perdita *f*; *v/t* danneggiare; *v/i* danneggiarsi

damn [dæm] *v/t* dannare; maledire; **~ it!** maledetto!; **I don't care a ~** non me ne importa niente

damp [dæmp] *a* umido; *s* umidità *f*; *v/t* inumidire

danc|e [da:ns] *s* danza *f*; ballo *m*; *v/i* danzare; ballare; **~er** ballerino(a) *m* (*f*); **~ing** ballo *m*

dandelion ['dændilaiən] radicchiella *f*

Dane [dein] danese *m, f*

danger ['deindʒə] pericolo *m*; **~ous** pericoloso

dangle ['dæŋgl] *v/t* dondolare; *v/i* dondolarsi

Danish ['deini∫] danese

dar|e [deə] *s* sfida *f*; *v/t* sfidare; *v/i* osare; **~ing** *s* audacia *f*; *a* audace

dark [da:k] *a* oscuro; buio; tenebroso; *s* buio *m*; oscurità *f*; **~en** *v/t* oscurare; *v/i* oscurarsi; **~ness** oscurità *f*; buio *m*

darling ['da:liŋ] *s* tesoro *m*; amore *m*; *a* delizioso; incantevole

darn [da:n] *s* rammento *m*; *v/t* rammentare

dart [da:t] *s* dardo *m*; *v/t* dardeggiare; *v/i* balzare; lanciarsi

dash [dæ∫] *s* scatto *m*; (*pen*) tratto *m*; *v/i* lanciarsi; **~board** cruscotto *m*

data ['deitə] *pl* dati *m/pl*

date [deit] *s* bot datero *m*; data *f*; *v/t*, *v/i* datare; **up to ~** aggiornato; moderno; **out of ~** antiquato

daughter ['dɔ:tə] figlia *f*; **~in-law** nuora *f*

daunt [dɔ:nt] *v/t* scoraggiare

dawn [dɔːn] s alba f; v/i albeggiare

day [dei] giorno m; giornata f; dì m; **all ~ long** tutto il santo giorno; **by ~** di giorno; **every other ~** ogni due giorni; **in the ~s of** ai tempi di; all'epoca di; **the ~ after tomorrow** dopodomani; **the ~ before yesterday** l'altro ieri; **~break** alba f; **~dream** fantasticheria f; **~light-saving time** ora f d'estate

daze [deiz] s stordimento m; v/t stordire

dazzle [ˈdæzl] v/t abbagliare

dead [ded] morto; **the ~** i morti m/pl; **~en** v/t ammortire; smorzare; **~end** vicolo m cieco; **~line** limite m; **~lock** punto m morto; **~ly** mortale

deaf [def] sordo; **~en** v/t assordare; **~mute** a, s sordomuto (m)

deal [diːl] s affare m; trattativa f; distribuzione f (di carte); **a good ~** abbastanza; v/t, irr distribuire; **~ in** v/i trattare in; **~er** commerciante m

dean [diːn] decano m

dear [diə] caro; **~ me!** Dio mio!

death [deθ] morte f; **~rate** mortalità f

debase [diˈbeis] v/t abbassare

debate s dibattito m; discussione f; v/t, v/i dibattere; discutere

debauch [diˈbɔːtʃ] s orgia f; v/t pervertire

debit [ˈdebit] comm s debito m; v/t addebitare

debris [ˈdeibriː] detriti m/pl

debt [det] debito m; **~or** debitore m

decade [ˈdekeid] decade f; decennio m

decaden|ce [ˈdekədəns] decadenza f; **~t** decadente

decapitate [diˈkæpiteit] v/t decapitare

decay [diˈkei] s decomposizione f; decadenza f; v/i decomporsi; decadere

decease [diˈsiːs] s morte f; v/i decadere; morire

deceit [diˈseit] inganno m; frode f; **~ful** falso; **~ve** v/t ingannare

December [diˈsembə] dicembre m

decen|cy [ˈdiːsnsi] decenza f; decoro m; **~t** decente, decoroso

decept|ion [diˈsepʃən] inganno m; **~ive** ingannevole

decide [diˈsaid] v/t, v/i decidere

decimal [ˈdesiməl] decimale

decipher [diˈsaifə] v/t decifrare

decis|ion [diˈsiʒən] decisione f; **~ve** [diˈsaisiv] decisivo

deck [dek] ponte m; **~chair** sdraia f

declaim [diˈkleim] v/i declamare

declar|ation [dekləˈreiʃən] declarazione f; **~e** [diˈkleə] *v/t* dichiarare; *v/i* dichiararsi

decl|ension [di'klenʃən] declinazione *f*; **~ine** [di'klain] *s* declino *m*; ribasso *m* (*di prezzo*); consunzione *f*; *v/t* gram declinare; rifiutare; *v/i* declinarsi; rifiutarsi

decode [ˌdiː'koud] *v/t* decifrare

decompos|e [ˌdiːkəm'pouz] *v/t* decomporre; *v/i* decomporsi

decor|ate ['dekəreit] *v/t* decorare; ornare; **~ation** *de*-corazione *f*; ornamento *m*; **~um** decoro *m*

decrease ['diːkriːs] *s* diminuzione *f*; *v/t*, *v/i* diminuire

decree [di'kriː] *s* decreto *m*; *v/t* decretare

decrepit [di'krepit] decrepito

dedicat|e ['dedikeit] *v/t* dedicare; **~ion** dedicazione *f*; (*of a book*) dedica *f*

deduce [di'djuːs] *v/t* dedurre; desumere

deduct [di'dʌkt] *v/t* dedurre; sottrarre; **~ion** deduzione *f*

deed [diːd] *s* atto *m*

deep [diːp] profondo; **~en** *v/t* approfondire; *v/i* approfondirsi; **~ness** profondità *f*

deer [diə] *s* cervo *m*; daino *m*; **~skin** pelle *f* di daino

deface [di'feis] *v/t* sfigurare

defame [di'feim] *v/t* diffamare; calunniare

defeat [di'fiːt] *s* sconfitta *f*; *v/t* sconfiggere

defect [di'fekt] difetto *m*; **~ive** difettoso; *mentally* **~ive** deficiente; anormale

defen|ce, *Am* **~se** [di'fens] difesa *f*; protezione *f*; **~celess** indifeso; **~d** *v/t* difendere; **~dant** *for* accusato *m*; **~der** difensore *m*

defer [di'fəː] *v/t* differire; rimandare; **~ence** deferenza *f*

defiance [di'faiəns] sfida *f*

deficien|cy [di'fiʃənsi] deficienza *f*; **~t** deficiente; difettoso

deficit ['defisit] disavanzo *m*

defin|e [di'fain] *v/t* definire; **~ite** ['definit] definito; sicuro; **~ition** definizione *f*; **~itive** [di'finitiv] definitivo

deflate [di'fleit] *v/t* deflazionare; sgonfiare

deform [di'fɔːm] *v/t* deformare; sformare

defraud [di'frɔːd] *v/t* defraudare

defrost ['diː'frɔst] *v/t* togliere il ghiaccio a; (*refrigerator*) sbrinare

deft [deft] destro; abile

defy [di'fai] *v/t* sfidare

degenerate [di'dʒenərit] *v/i* degenerare

degrade [di'greid] *v/t* degradare

degree [di'griː] grado *m*; laurea *f*

dejected [di'dʒektid] abbattuto

delay [di'lei] *s* ritardo *m*; *v/t* ritardare; *v/i* tardare; **without ~** immediatamente

delegat|e ['deligit] *s* delegato *m*; [~geit] *v/t* delegare; **~ion** [~'geiʃən] delegazione *f*

deliberate [di'libəreit] *v/t, v/i* deliberare; [~it] *a* deliberato; premeditato

delica|cy [di'delikəsi] delicatezza *f*; *(food)* leccornia *f*; **~te** [~it] delicato

delicious [di'liʃəs] delizioso

delight [di'lait] *s* gioia *f*; incanto *m*; *v/t* piacere molto; **~ful** delizioso

delinquen|cy [di'liŋkwənsi] delinquenza *f*; **~t** delinquente *m*

deliver [di'livə] *v/t* liberare; distribuire *(posta)*; pronunciare *(un discorso)*; sgravare *(una partoriente)*; **~y** liberazione *f*; distribuzione *f*; parto *m*

delu|de [di'lu:d] *v/t* deludere; ingannare

deluge ['delju:dʒ] diluvio *m*

delusion [di'lu:ʒən] delusione *f*; inganno *m*; allucinazione *f*

demand [di'ma:nd] *s* richiesta *f*; esigenza *f*; *v/t* richiedere; esigere; **~t** richiesto

democra|cy [di'mokrəsi] democrazia *f*; **~t** ['deməkræt] democratico *m*; **~tic** [~'krætik] democratico

demoli|sh [di'moliʃ] *v/t* demolire

demon ['di:mən] demonio *m*

demonstrat|e ['demənstreit] *v/t* dimostrare; **~ion**

dimostrazione *f*; **~ive** [di-'monstrətiv] dimostrativo

demoralize [di'morəlaiz] *v/t* demoralizzare

den [den] tana *f*

denial [di'naiəl] diniego *m*; rifiuto *m*

denomination [dinomi'neiʃən] denominazione *f*; confessione *f*

denote [di'nout] *v/t* denotare; indicare

denounce [di'nauns] *v/t* denunciare

dense [dens] denso; ottuso

dent [dent] *s* intaccatura *f*; *v/t* intaccare

dent|al ['dentl] dentale; **~al surgeon, ~ist** dentista *m, f*; **~ure** dentiera *f*; **~istry** odontoiatria *f*

deny [di'nai] *v/t* negare; rifiutare

depart [di'pa:t] *v/i* partire; **~ment** riparto *m*; **~ment store** grande magazzino *m*; **~ure** partenza *f*

depend [di'pend] *v/i* dipendere (da); **~ence** dipendenza *f*; **~ent** *s, a* dipendente *(m)*

deplor|able [di'plo:rəbl] deplorabile; **~e** *v/t* deplorare

depopulate [di:'popjuleit] *v/t* spopolare

deport [di'po:t] *v/t* deportare

depos|e [di'pouz] *v/t* deporre; **~it** [di'pozit] *s* deposito *m*; sedimento *m*; *v/t* depositare; **~ition** deposizione *f*; testimonianza *f*; **~itor** depositante *m*; correntista *m,f*

depot ['depou] deposito *m*

depraved [di'preivd] depravato

depreciate [di'pri:ʃieit] *v/t* screditare; deprezzare

depress [di'pres] *v/t* deprimere; **~ion** depressione *f*

deprive [di'praiv] *v/t* privare

depth [depθ] profondità *f*; fondo *m*

deputation [ˌdepju'teiʃən] deputazione *f*; delegazione *f*; **~y** delegato *m*; deputato *m*

derail [di'reil] *v/t* deragliare

deride [di'raid] *v/t* deridere

derive [di'raiv] *v/t, v/i* derivare

descend [di'send] *v/t, v/i* scendere; **~dant** discendente *m*; **~t** discesa *f*

describe [dis'kraib] *v/t* descrivere; **~ption** descrizione *f*

desert ['dəzət] *a, s* deserto (*m*); [di'zə:t] *v/t, v/i* desertare; abbandonare

deserve [di'zə:v] *v/t, v/i* meritare

design [di'zain] *s* disegno *m*; *v/t* disegnare

designate ['dezigneit] *v/t* designare

designer [di'zainə] disegnatore *m*

desirable [di'zaiərəbl] desirabile; **~e** *s* desiderio *m*; *v/t* desiderare; **~ous** desideroso

desk [desk] scrivania *f*; banco *m* (*di scuola*)

desolate ['desəleit] desolato; **~ion** desolazione *f*

despair [dis'pɛə] *s* disperazione *f*; *v/i* disperare; disperarsi; **in ~** disperato

despatch *v* spedizione *f*; dispaccio *m*; prontezza *f*; *v/t* spedire

desperate ['despərit] disperato

despise [dis'paiz] *v/t* disprezzare

despite of [dis'pait] *prp* malgrado; nonostante

despond [dis'pond] *v/i* scoraggiarsi

dessert [di'zə:t] dolci e frutta (*serviti alla fine del pranzo*)

destination [desti'neiʃən] destinazione *f*; **~e** ['~in] *v/t* destinare; **~y** destino *m*; sorte *f*

destitute ['destitju:t] bisognoso

destroy [dis'troi] *v/t* distruggere; **~uction** distruzione *f*

detach [di'tætʃ] *v/t* staccare

detail [di'teil] dettaglio *m*; **in ~** dettagliatamente

detain [di'tein] *v/t* trattenere

detect [di'tekt] *v/t* scoprire; scorgere; **~ive** agente *m* (*di polizia*); **~ive story** romanzo *m* poliziesco

detention [di'tenʃən] detenzione *f*

deter [di'tə:] *v/t* impedire; **~gent** detergente *m*

deteriorate [di'tiəriəreit] *v/t*

digestion

deteriorare; *v/i* deteriorarsi

determin|ation [ditə:mi-'neiʃən] determinazione *f*; **~e** [di'tə:min] *v/t* determinare; decidere; *v/i* decidersi

deterrent [di'terənt] misura *f* d'intimidazione *f*

detest [di'test] *v/t* detestare; **~able** detestabile

detonate ['dətouneit] *v/t, v/i* detonare

detour ['deituə] deviazione *f*

detriment ['detrimənt] detrimento *m*

devalu|ation [ˌdi:vælju'ei-ʃən] svalutazione *f*; **~e** [ˈ~'vælju:] *v/t* svalutare

devastate ['devəsteit] *v/t* devastare

develop [di'veləp] *v/t* sviluppare; *v/i* svilupparsi; **~ment** sviluppo *m*

deviate ['di:vieit] *v/t* deviare

device [di'vais] congegno *m*; espediente *m*

devil ['devl] diavolo *m*; demonio *m*

devise [di'vaiz] *v/t* escogitare

devoid [di'vɔid]: **~ of** privo di

devote [di'vout] *v/t* dedicare; **~ion** devozione *f*

devour [di'vauə] *v/t* divorare

devout [di'vaut] devoto

dew [dju:] rugiada *f*

dexter|ity [deks'teriti] destrezza *f*; **~ous** ['~rəs] destro; abile

diagnos|e ['daiəgnouz] *v/t*

diagnosticare; **~is** [ˌdaiəg-'nousis], *pl* **~es** [~si:z] diagnosi *f*

dial ['daiəl] *s* quadrante *m*; *v/t tel* fare il numero

dialect ['daiəlekt] dialetto *m*

dialog(ue) ['daiəlɔg] dialogo *m*

diameter [dai'æmitə] diametro *m*

diamond ['daiəmənd] diamante *m*; **~s** *pl* (cards) quadri *m/pl*

diaper ['daiəpə] *Am* pannolino *m*

diaphram ['daiəfræm] diaframma *m*

diarrh(o)ea [daiə'riə] diarrea *f*

diary ['daiəri] diario *m*

dict|ate [dik'teit] *v/t, v/i* dettare; **~ion** dizione *f*; **~ionary** vocabolario *m*

die [dai] *v/i* morire; **~ out** scomparire

die [dai] dado *m*, *pl* **dice** [dais] dadi *m/pl*.

diet ['daiət] *s* dieta *f*; regime *m*; *v/i* essere a dieta

differ ['difə] *v/i* differire; **~ence** differenza *f*; **~ent** differente

difficult ['difikəlt] difficile; **~y** difficoltà *f*

diffident ['difidənt] timido

diffus|e [di'fju:z] *a* diffuso; *v/t* diffondere; **~ion** diffusione *f*

dig [dig] *v/t, v/i*, *irr* vangare; scavare

digest [dai'dʒest, di~] *v/t* digerire; assimilare; **~ion** [di-

ˈdʒestʃən] digestione f

digni|fied [ˈdignifaid] dignitoso; **~ty** dignità f

digress [daiˈgres] v/i fare digressioni

digs [digz] pl fam alloggio m; stanza f (in affitto)

dike [daik] diga f

dilapidated [diˈlæpideitid] dilapidato

dilate [daiˈleit] v/t dilatare

diligen|ce [ˈdilidʒəns] diligenza f; **~t** diligente

dilute [daiˈljuːt] v/t diluire

dim [dim] oscuro; indistinto; fioco; vago; (of a person) tonto

dime [daim] Am pezzo m da dieci centesimi m (di dollaro)

dimension [diˈmenʃən] dimensione f

diminish [diˈminiʃ] v/t, v/i diminuire

dimple [ˈdimpl] fossetta f

din [din] frastuono m

din|e [dain] v/i pranzare; **~ing-car** vagone m ristorante; **~ingroom** sala f da pranzo; **~er** vagone m ristorante

dinner [ˈdinə] pranzo m; **~ party** tavolata f

dip [dip] v/t immergere; tuffare

diphtheria [difˈθiəriə] difterite f

diploma [diˈploumə] diploma m; **~cy** diplomazia f; **~t** [ˈ~omæt] diplomatico m; **~tic** [~əˈmætik] diplomatico m

dipper [ˈdipə] escavatore m

direct [diˈrekt] a diretto; v/t dirigere; **~ current** corrente f continua; **~ion** direzione f; senso m; **~ions** pl istruzioni f/pl; **~or** direttore m; consigliere m; **managing ~or** consigliere m delegato; (**telephone**) **~ory** elenco m (telefonico)

dirt [dəːt] sudiciume m; sporcizia f; **~y** sudicio; sporco

disabled [disˈeibld] invalido

disadvantage [disədˈvɑːntidʒ] svantaggio m; **~ous** [ˌdisædvɑːnˈteidʒəs] svantaggioso

disagree [disəˈgriː] v/i non essere d'accordo; non andare d'accordo; dissentire; **~able** sgradevole; antipatico; **~ment** disaccordo m

disappear [disəˈpiə] v/i scomparire; **~ance** scomparsa f; sparizione f

disappoint [disəˈpoint] v/t deludere; **~ment** delusione f

disapprov|al [disəˈpruːvəl] disapprovazione f; **~e** v/t, v/i disapprovare

disarm [disˈɑːm] v/t, v/i disarmare; **~ament** disarmo m

disarrange [ˌdisəˈreindʒ] v/t mettere in disordine; disorganizzare

disast|er [diˈzɑːstə] disastro m; **~rous** disastroso

disbelie|f [ˌdisbiˈliːf] incredulità f; **~ve** v/t non credere a

disc [disc] disco m

dishearten

discard [dis'kɑ:d] v/t scartare

discern [di'sə:n] v/t discernere

discharge [dis'tʃɑ:dʒ] s scarico m; sparo m (di arma); emissione f (di liquido); licenziamento m; v/t sparare; emettere; licenziare; compiere (un dovere); v/i scaricarsi

disciple [di'saipl] discepolo m

discipline ['disiplin] disciplina f

disclaim [dis'kleim] v/t negare

disclose [dis'klouz] v/t rivelare; scoprire

disco͏lo(u)r [dis'kʌlə] v/t scolorire; v/i scolorirsi

discomfort [dis'kʌmfət] disagio m

disconcert [ˌdiskən'sə:t] v/t sconcertare

disconnect [diskə'nekt] v/t staccare

disconsolate [dis'kɔnsəlit] sconsolato

discontent [ˌdiskən'tent] scontentezza f

discontinue [ˌdiskən'tinju:] v/t sospendere; v/i interrompersi

discord ['diskɔ:d] discordia f; mus disarmonia f; dissonanza f; ~ance [~'kɔ:dəns] discordanza f; disaccordo m

discotheque ['discoutek] discoteca f

discount ['diskaunt] s sconto m; **give a** ~ fare uno sconto

discourage [dis'kʌridʒ] v/t scoraggiare; dissuadere

discover [dis'kʌvə] v/t scoprire; **~y** scoperta f

discredit [dis'kredit] s discredito m; v/t screditare

discreet [~'kri:t] discreto

discre|te ['dis'kri:t] distinto; separato; **~ion** [dis'kreʃən] discrezione f

discriminate [dis'krimineit] v/t discriminare

discuss [dis'kʌs] discutere; **~ion** discussione f

disdain [dis'dein] s disdegno m; v/t disdegnare; **~ful** sdegnoso

disease [di'zi:z] malattia f; **~d** malato

disembark [disim'bɑ:k] v/t, v/i sbarcare

disengage [disin'geidʒ] v/t disimpegnare; liberare

disentangle ['disin'tæŋgl] v/t districare

disfavo(u)r [dis'feivə] disfavore m

disfigure [dis'figə] v/t deformare

disgrace [dis'greis] vergogna f; **~ful** vergognoso

disguise [dis'gaiz] s maschera f; travestimento m; v/t mascherare; travestire

disgust [dis'gʌst] s disgusto m; v/t disgustare; **~ing** disgustoso

dish [diʃ] piatto m; **~-cloth** strofinaccio m

dishearten [dis'hɑ:tn] v/t scoraggiare

sconto

dishonest [dis'ɔnist] disonesto

dishono(u)r [dis'ɔnə] s disonore *m*; *v/t* disonorare; *comm* protestare (una cambiale)

dish-washer lavastoviglie *m, f*

disillusion [disi'lu:ʒən] delusione *f*

disinclined ['disin'klaind]: **feel ~ed to** non avere voglia di

disinfect [disin'fekt] *v/t* disinfettare; **~ant** disinfettante *m*

disinherit ['disin'herit] *v/t* diseredare

disintegrate [dis'intigreit] *v/t* disintegrare

disinterested [dis'intristid] disinteressato

disjointed [dis'dʒɔintid] sconnesso

disk *cf* **disc**

dislike [dis'laik] s antipatia *f*; avversione *f*; *v/t* avere antipatia per; non piacere

dislocat|e *v/t* dislocare; slogare

disloyal [dis'lɔiəl] sleale

dismal ['dizməl] triste

dismantle [dis'mæntl] *v/t* smontare

dismay [dis'mei] costernazione *f*

dismember [dis'membə] *v/t* smembrare

dismiss [dis'mis] *v/t* mandare via; licenziare; scacciare; **~al** licenziamento *m*

dismount [dis'maunt] *v/i* scendere

disobedien|ce [disə'bi:djəns] disobbedienza *f*; **~t** disobbediente

disobey ['disə'bei] *v/t* disobbedire

disorder [dis'ɔ:də] disordine *m*; confusione *f*

disorganize [dis'ɔ:gənaiz] *v/t* disorganizzare

disown [dis'oun] *v/t* ripudiare

disparage [dis'pæridʒ] *v/t* sprezzare

disparity [dis'pæriti] disparità *f*

dispassionate [dis'pæʃənit] spassionato

dispatch [dis'pætʃ] *cf* **despatch**

dispel [dis'pel] *v/t* dissipare

dispens|ation [,dispen'sei-ʃən] dispensa *f*; **~e** *v/t* dispensare; distribuire; **~e with** fare a meno di

disperse [dis'pə:s] *v/t* disperdere; *v/i* disperdersi

displace [dis'pleis] *v/t* spostare; **~d: ~d person** profugo *m*

display [dis'plei] *s* esibizione *f*; mostra *f*; *v/t* esibire; mettere in mostra

displeas|e [dis'pli:z] *v/t* dispiacere; **~ure** dispiacere *m*

dispos|al [dis'pouzəl] disposizione *f*; **~e** *v/t* disporre; **~ition** disposizione *f*; carattere *m*

disproportionate [disprə-'pɔ:ʃnit] sproporzionato

dispute [dis'pju:t] *s* disputa

f; controversia *f*; *v/t, v/i* disputare

disqualif|ication [dis,kwɔlifi'keiʃən] squalifica *f*; **~y** [~'kwɔlifai] *v/t* squalificare

disregard [,disri'gɑ:d] *v/t* non dare retta

disreputable [dis'repjutəbl] di cattiva reputazione; malfamato

dissatisf|action ['dis,sætis-'fækʃən] malcontento *m*; **~ied: be ~ied** essere scontento

dissen|sion [di'senʃən] dissenso *m*; **~t** *s* dissenso *m*; *v/i* dissentire

dissimilar ['di'similə] dissimile

dissipate ['disipeit] *v/t* dissipare; *v/i* dissiparsi

dissociate [di'souʃieit] *v/t* dissociare

dissol|ute ['disəlu:t] dissoluto; **~ve** [di'zɔlv] *v/t* dissolvere; *v/i* dissolversi

dissonance ['disənəns] dissonanza *f*

dissua|de [di'sweid] *v/t* dissuadere; **~sion** dissuasione *f*

distan|ce ['distəns] distanza *f*; **~t** distante

distaste [dis'teist] ripugnanza *f*; **~ful** ripugnante

distemper [dis'tempə] (*on a wall*) intonaco *m*; (*dogs*) cimurro *m*

distend [dis'tend] *v/t* dilatare

distil [dis'til] *v/t* distillare; **~lation** distillazione *f*

distinct [dis'tiŋkt] distinto; nitido; **~ion** distinzione *f*; nitidezza *f*

distinguish [dis'tiŋgwiʃ] *v/t* distinguere; **~ed** illustre

distort [dis'tɔ:t] *v/t* deformare

distract [dis'trækt] *v/t* distrarre; **~ed** sconvolto; **~ion** distrazione *f*

distress [dis'tres] *s* dolore *m*; *v/t* addolorare; **~ed** addolorato; **~ing** doloroso

distribut|e [dis'tribju(:)t] *v/t* distribuire; **~ion** [~'bju:ʃən] distribuzione *f*

district ['distrikt] zona *f*

distrust [dis'trʌst] *s* diffidenza *f*; *v/t* diffidare di; **~ful** diffidente

disturb [dis'tə:b] *v/t* disturbare; **~ance** disturbo *m*; **~er** perturbatore *m*

disuse [dis'ju:s] disuso *m*

ditch [ditʃ] fossa *f*

dive [daiv] tuffo *m*; *v/i* tuffarsi; **~r** tuffatore *m*

diverge [dai'və:dʒ] *v/i* divergere; **~nce** divergenza *f*

diver|se [dai'və:s] diverso; **~sion** diversione *f*; deviazione *f*; **~t** *v/t* divertire; deviare

divide [di'vaid] *v/t* dividere; *v/i* dividersi

divine [di'vain] divino; **~ity** [di'viniti] divinità *f*

divis|ible [di'vizəbl] divisibile; **~ion** divisione *f*

divorce [di'vɔ:s] *s* divorzio *m*; *v/t* divorziare; *v/i* divorziarsi

dizz|iness ['dizinis] vertigine f; **~y** vertiginoso; **feel ~y**, **get ~y** avere le vertigini

do v/t fare; eseguire; fam imbrogliare; **~ away with** sopprimere; abolire; **how ~ you ..?** come sta?; **that will ~** basta così; **~ without** fare a meno di

docile ['dousail] docile

dock [dɔk] s bacino m con chiusa; **~yard** scalo m marittimo

doctor ['dɔktə] s dottore m; medico m; v/t medicare; falsificare

document ['dɔkjumənt] s documento m; **~ary** [~'mentəri] documentario m

dodge [dɔdʒ] s trucco m; v/t scansare

doe [dou] cerva f

dog [dɔg] cane m; **~ged** ['~id] tenace

dogma ['dɔgmə] dogma m

doings [du(:)iŋz] pl fam ciò che la gente fa, combina, briga

dole [doul] fam sussidio m di disoccupazione

doll [dɔl] bambola f

dollar ['dɔlə] dollaro m

dolorous ['dɔlərəs] doloroso

dolphin ['dɔlfin] delfino m

dome [doum] cupola f

domestic [dou'mestik] domestico; casalingo; **~ate** v/t addomesticare

domicile ['dɔmisail] domicilio m

domin|ate ['dɔmineit] v/t dominare; **~ation** domi-

nio m; tirannia f; **~eer** [~'niə] v/i tiranneggiare

domino ['dɔminou], pl **~es** [~nouz] domino m

dona|te [dou'neit] v/t donare; **~tion** donazione f

done [dʌn] fatto; (food) cotto

donkey ['dɔŋki] asino m; somaro m

doom [du:m] destino m (funesto); **~sday** il Giudizio Universale

door [dɔ:] porta f; **~keeper**, Am **~man** portinaio m; **~step** gradino m della porta

dope [doup] s narcotico m; v/t eccitare con stupefacenti

dormant ['dɔ:mənt] addormentato; inattivo

dormitory ['dɔ:mitri] dormitorio m

dose [dous] s dose f; v/t dosare

dot [dɔt] punto m; puntino m

dote [dout]: **~ (up)on** v/i adorare

double [dʌbl] a doppio; s doppio m; duplicato m; (film) controfigura f; v/t raddoppiare; v/i raddoppiarsi; **~breasted** a doppio petto; **~cross** v/t ingannare; **~dealing** duplicità f; **~meaning** s ambiguità f; a ambiguo

doubt [daut] s dubbio m; v/t, v/i dubitare; **~ful** dubbioso; **~less** senza dubbio

dough [dou] pasta f; impasto m; **~nut** bombolone m

dove [dʌv] colombo m;

~tailed a coda di rondine

down [daun] *adv* giù; *prp* giù per; *s* landa *f*; peluria *f*; rovina *f*; **~cast** abbattuto; **~fall** rovina *f*; **~pour** diluvio *m*; **go ~stairs** scendere le scale; andare al piano di sotto

dowry ['dauəri] dote *f*

doze [douz] *s* sonnellino *m*; *v/i* sonnecchiare

dozen ['dʌzn] dozzina *f*

drab [dræb] *a* smorto, squallido

draft [drɑːft] bozza *f*; brutta copia *f*; tratta *f*; **~sman** disegnatore *m*

drag [dræg] *v/t* trascinare; dragare

dragon ['drægən] dragone *m*; **~fly** libellula *f*

drain [drein] *s* fogna *f*; tubo *m* di scarico; *v/t* scolare; prosciugare; **~age** prosciugamento *m*

drama ['drɑːmə] dramma *m*; **~tic** [drə'mætik] drammatico; **~tist** ['dræmətist] drammaturgo *m*; **~tize** *v/t* drammatizzare

drape [dreip] *v/t* coprire; drappeggiare

drastic ['dræstik] drastico

draught, *Am* **draft** [drɑːft] corrente *f* d'aria; **~s** *pl* dama *f* (*game*)

draw [drɔː] *s* estrazione *f*; attrazione *f*; (*football*) pareggio *m*; *v/t* tirare; estrarre; attrarre; tirare a sorte; (*football*) pareggiare; (*money*) riscuotere; **~ out** tirare fuori; **~ up** redigere

drawback inconveniente *m*; **~bridge** ponte *m* levatoio; **~er** cassetto *m*; disegno *m*; sorteggio *m*; **~ing-room** salotto *m*

dread [dred] *s* terrore *m*; *v/t* avere il terrore di; temere; **~ful** terribile; spaventoso

dream [driːm] *s* sogno *m*; *v/t*, *v/i*, *irr* sognare

dreary ['driəri] triste; melanconico

dregs [dregz] *pl* fondi *m/pl*

drench [drentʃ] *v/t* inzuppare

dress [dres] *s* vestito *m*; abito *m*; *v/t* vestire; medicare; *v/i* vestirsi; **~er** credenza *f* (*di cucina*); **~ing** condimento *m*; *med* bende *f/pl*; **~ing-gown** vestaglia *f*; **~maker** sarta *f*; **~ rehearsal** prova *f* generale

drift [drift] *s* corrente *f*, deriva *f*; proposito *m*; *v/i* andare alla deriva; lasciarsi andare; **~wood** legno *m* flottante

drill [dril] *s* trapano *m*; esercizi *m/pl*; *v/t* perforare; fare esercitare; *v/i* fare esercizi

drink [driŋk] *s* bevanda *f*; *v/t*, *v/i*, *irr* bere

drip [drip] *s* goccia *f*; *v/i* gocciolare

driv|e [draiv] *s* passeggiata *f* in carrozza; viale *m* carrozzabile; *v/t*, *irr* condurre; guidare; *v/i* andare in carrozza; andare in macchina; **~er** autista *m*; **~ing licence**

patente *f*; **~ing school** scuola *f* (di) guida; **~ing-wheel** volante *m*

drizzle ['drizl] *s* pioggerella *f*; *v/i* piovigginare

drone [droun] fuco *m*

droop [dru:p] *v/i* languire

drop [drɔp] *s* goccia *f*; *v/t* fare cadere; *v/i* cadere; **~per** contagocce *m*

drown [draun] *v/t* affogare; annegare; *v/i* affogarsi; annegarsi

drowsy ['drauzi] sonnolento

drudge [drʌdʒ] *v/i* affaticarsi

drug [drʌg] *s* droga *f*; *v/t* drogare; **~ addict** tossicomane *m, f*; **~gist** farmacista *m, f*; droghiere *m*; **~store** *Am* farmacia *f*

drum [drʌm] *s* tamburo *m*; (*of an ear*) timpano *m*; *v/i* tamburellare

drunk [drʌŋk] ubriaco; **~ard** ubriacone *m*; **~en** ubriaco

dry [drai] *a* asciutto; arido; secco; *v/t* asciugare; seccare; **~clean** *v/t* lavare a secco; **~ dock** bacino *m* di carenaggio; **~goods** *pl Am* stoffe *f/pl*; tessuti *m/pl*; **~ness** aridità *f*; siccità *f*

dubious ['dju:bjəs] dubbio

dual ['dju(:)əl] duale

duchess ['dʌtʃis] duchessa *f*

duck [dʌk] anitra *f*

due [dju:] *a* dovuto; debito; *s* tassa *f*; **be ~ to** dovere

duel ['dju(:)əl] duello *m*

duke [dju:k] duca *m*

dull [dʌl] noioso; monotono; (*colour*) smorto; (*sound*) sordo; **~ness** noia *f*

duly ['dju:li] debitamente

dumb [dʌm] muto; **~found** *v/t* stupefare

dummy ['dʌmi] *a* imitato; falso; *s* manichino *m*

dump [dʌmp] *v/t* scaricare

dune [dju:n] duna *f*

dung [dʌŋ] letame *m*

dungeon ['dʌndʒən] prigione *f* sotterranea

dupe [dju:p] *v/t* ingannare

duplicate ['dju:plikit] *a, s* duplicato (*m*); ['~eit] *v/t* duplicare

dura|ble ['djuərəbl] duraturo; **~tion** durata *f*

during ['djuəriŋ] durante

dusk [dʌsk] crepuscolo *m*

dust [dʌst] *s* polvere *f*; *v/t* spolverare; **~bin** bidone *m* (*per la polvere*); **~er** cencio *m* (*per la polvere*); **~pan** pattumiera *f*; **~y** polveroso

Dutch [dʌtʃ] *s, a* olandese (*m, f*); **the ~** *pl* gli olandesi *m/pl*; **~ cheese** formaggio *m* olandese; **~man** olandese *m*; **~woman** olandese *f*

duty ['dju:ti] dovere *m*; imposta *f*; **be on ~** essere di servizio; **~-free** esente da tasse

dwarf [dwɔ:f] nano *m*

dwell [dwel] *v/i, irr* abitare; dimorare; **~er** abitante *m*; **~ing** abitazione *f*; dimora *f*

dwindle ['dwindl] *v/i* diminuire

dye [dai] *s* tintura *f*; *v/t*

tingere; v/i tingersi; **~r's:
~r's and cleaner's** tintoria f

dying ['daiiŋ] moribondo

dynamic [dai'næmik] dinamico; **~s** pl dinamica f

dynam|ite ['dainǝmait] dinamite f; **~o** dinamo f

dysentery ['disntri] dissenteria f

dyspepsia [dis'pepsiǝ] dispepsia f

E

each [i:tʃ] a ogni; ciascuno; pron ognuno; **~ other** l'un l'altro

eager ['i:gǝ] ansioso; desideroso; **~ness** ansietà f

eagle ['i:gl] aquila f

ear [iǝ] bot spiga f; anat orecchio m; **~drum** timpano m

earl [ǝ:l] conte m

early ['ǝ:li] a mattutino; mattiniero; adv presto; di buon'ora

earn [ǝ:n] v/t guadagnare; **~ings** pl guadagni m/pl

earnest ['ǝ:nist] serio; **in ~** seriamente; sul serio

earnings ['ǝ:niŋz] pl guadagni m/pl

ear|-phone cuffia f; **~ring** orecchino m

earth [ǝ:θ] terra f; **~en** di terra; **~enware** vasellame m di terracotta; **~quake** terremoto m; **~worm** lombrico m

ease [i:z] s agio m; facilità f; v/t sollevare; calmare

easel ['i:zl] cavalletto m

east [i:st] est m; oriente m; **Near ~** Vicino Oriente; **Middle ~** Medio Oriente

Easter ['i:stǝ] Pasqua f; **~week** settimana f santa

eastern ['i:stǝn] orientale

eastward(s) ['i:stwǝd(z)] verso est

easy ['i:zi] facile; comodo

eat [i:t] v/t, irr mangiare; **~up** consumare; divorare

ebb(-tide) ['eb('taid)] bassa marea f

ebony ['ebǝni] ebano m

eccentric [ik'sentrik] a, s eccentrico (m)

ecclesiastic [ikli:zi'æstik] ecclesiastico

echo ['ekou] eco m

eclipse [i'klips] eclissi f

econom|ic [i:kǝ'nomik], **~ical** economo; **~ics** f/pl economia f; scienze f/pl economiche; **~ist** ['konǝmist] economista m; **~ize** v/t, v/i economizzare; **~y** economia f

edg|e [edʒ] s bordo m; filo m (tagliente); v/t bordare; **~ing** bordo m

edible ['edibl] mangiabile

edif|ice ['edifis] edificio m; **~y** v/t edificare

edit ['edit] v/t editare; dirigere; redigere; **~ion** [i'diʃǝn] edizione f; **~or** ['editǝ] direttore m; **~orial** [edi'tɔ:riǝl] a editoriale; s articolo *m* di fondo

educat|e ['edju(:)keit] *v/t* istruire; **~ion** istruzione *f*

eel [i:l] anguilla *f*

efface [i'feis] *v/t* cancellare

effect [i'fekt] *s* effetto *m*; conseguenza *f*; risultato *m*; *v/t* effettuare; **~ive** effettivo; efficace; **~s** *pl* effetti *m/pl*; beni *m/pl*

effeminate [i'feminit] effeminato

effervescent [efə'vesnt] effervescente

efficien|cy [i'fiʃənsi] efficienza *f*; **~t** efficace

effort ['efət] sforzo *m*

effusive [i'fju:siv] espansivo

egg [eg] uovo *m*; **~-cup** portauovo *m*; **~-plant** melanzana *f*; **~-shell** guscio *m* d'uovo

egoism ['egouizəm] egoismo *m*

Egypt ['i:dʒipt] Egitto *m*; **~ian** [i'dʒipʃən] *a*, *s* egiziano (*m*)

either ['aiðə, *Am* 'i:ðə] *l'*uno o *l'*altro; (*with negative verb*) nessuno; **~ ... or** o ... o; sia ... che; **not ... ~** neanche

eject [i(:)'dʒekt] *v/t* cacciare fuori; emettere

elaborate [i'læbərit] *a* elaborato; complicato; [**~eit**] *v/t* elaborare

elapse [i'læps] *v/i* passare

elastic [i'læstik] *a*, *s* elastico (*m*)

elate [i'leit] *v/t* esaltare

elbow ['elbou] gomito *m*; *v/i* spingere a gomitate

elde|r ['eldə] *a*, *s* maggiore (*m*); *bot* sambuco *m*; **~rly** anziano; **~st** ['-ist] *a*, *s* maggiore (*m*) (*di tutti*)

elect [i'lekt] *a* eletto; scelto; *v/t* eleggere; **~ion** elezione *f*; **~or** elettore *m*; **~orate** elettorato *m*; votanti *m/pl*

electr|ic [i'lektrik] elettrico; **~ical** elettrico; **~ician** [~'triʃən] elettricista *m*; **~icity** elettricità *f*; **~ocute** [i'lektrəkjut] *v/t* fulminare

elegan|ce ['eligəns] eleganza *f*; **~t** elegante

element ['elimənt] elemento *m*; componente *m*; **~ary** elementare

elephant ['elifənt] elefante *m*

elevat|e ['eliveit] *v/t* elevare; **~ion** elevazione *f*; **~or** montacarichi *m*; *Am* ascensore *m*

eligible ['elidʒəbl] eleggibile

eliminat|e [i'limineit] *v/t* eliminare; **~ion** eliminazione *f*

elk [elk] alce *m*

ellipse [i'lips] ellissi *f*

elm [elm] olmo *m*

elope [i'loup] *v/i* fuggire

eloquen|ce ['eləkwəns] eloquenza *f*; **~t** eloquente

else [els] altro; **nothing ~** niente altro; **somebody ~** qualcun'altro; **something ~** qualche altra cosa; **~where** in qualche altro posto; da qualche altra parte

elu|de [i'lu:d] *v/t* eludere; **~sive** elusivo

emaciated [i'meiʃieitid] emaciato

emanate ['eməneit] *v/i* emanare

emancipat|e [i'mænsipeit] *v/t* emancipare; **~ion** emancipazione *f*

embalm [im'ba:m] *v/t* imbalsamare

embankment [im'bæŋkmənt] argine *m*; diga *f*

embargo [em'ba:gou], *pl* **~es** [~ouz] embargo *m*

embark [im'ba:k] *v/t* imbarcare; *v/i* imbarcarsi; **~ upon something** mettersi a; lanciarsi a; **~ation** [ˌemba:'keiʃən] imbarcazione *f*

embarrass [im'bærəs] *v/t* imbarazzare; **~ing** imbarazzante; **~ment** imbarazzo *m*

embassy ['embəsi] ambasciata *f*

embellish [im'beliʃ] *v/t* abbellire

embers ['embəz] *pl* ceneri *f/pl* ardenti

embezzle [im'bezl] *v/t* appropriarsi (*con frode*)

embitter [im'bitə] *v/t* amareggiare

emblem ['embləm] emblema *m*

embody [im'bɔdi] *v/t* incarnare; incorporare

embolism ['embəlizəm] embolia *f*

embrace [im'breis] *s* abbraccio *m*; *v/t* abbracciare

embroider [im'brɔidə] *v/t* ricamare; **~y** ricamo *m*

emerald ['emərəld] smeraldo *m*

emerge [i'mə:dʒ] *v/i* emergere

emergency [i'mə:dʒənsi] emergenza *f*; **~ brake** freno *m* di emergenza; **~ call** numero *m* telefonico di soccorso; **~ exit** uscita *f* di sicurezza; **~ landing** *aer* atterraggio *m* di fortuna

emery ['eməri] smeriglio *m*; **~-paper** carta *f* smerigliata

emigra|nt ['emigrənt] emigrante *m*; **~te** ['~eit] *v/i* emigrare; **~tion** emigrazione *f*

eminent ['eminənt] eminente

emi|ssion [i'miʃən] emissione *f*; **~t** *v/t* emettere

emotion [i'mouʃən] emozione *f*; **~al** emotivo

emperor ['empərə] imperatore *m*

empha|sis ['emfəsis] enfasi *f*; **~ize** mettere in rilievo

empire ['empaiə] impero *m*

employ [im'plɔi] *v/t* impiegare; adoperare; **~ee** [emplɔi'i:] impiegato *m*; **~er** datore *m* di lavoro; padrone *m*; **~ment** impiego *m*; occupazione *f*; **~ment exchange** ufficio *m* di collocamento

empress ['empris] imperatrice *f*

empt|iness ['emptinis] vuoto *m*; **~y** vuoto

enable [i'neibl] *v/t* dare la possibilità; permettere

enact [i'nækt] *v/t* mettere in

atto

enamel [i'næməl] *s* smalto *m*; *v/t* smaltare

enchant [in't∫ɑːnt] *v/t* incantare

encircle [in'sɜːkl] *v/t* circondare

enclos|e [in'klouz] *v/t* rinchiudere; **~ure** [~ʒə] recinto *m*

encounter [in'kauntə] *s* incontro *m*; *v/t* incontrare

encourag|e [in'kʌridʒ] *v/t* incoraggiare; **~ement** incoraggiamento *m*

end [end] *s* fine *f*; termine *m*; *v/t, v/i* finire; terminare; **in the ~** in fin dei conti

endanger [in'deindʒə] *v/t* mettere in pericolo

endear [in'diə] *v/t* rendere caro

endeavo(u)r [in'devə] *s* sforzo *m*; *v/i* sforzarsi

end|ing ['endiŋ] fine *f*; conclusione *f*; *gram* desinenza *f*; **~less** interminabile

endorse [in'dɔːs] *comm v/t* girare; firmare (*cheques*)

endow [in'dau] *v/t* dotare; **~ed with** dotato di

endur|ance [in'djuərəns] sopportazione *f*; **~e** *v/t* sopportare

enemy ['enimi] *a, s* nemico (*m*)

energ|etic [ˌenə'dʒetik] energico; **~y** ['enədʒi] energia *f*

enforce [in'fɔːs] *v/t* mettere in vigore

enfranchise [in'fræntʃaiz]

v/t affrancare

engage [in'geidʒ] *v/t* occupare; assumere (*in servizio*); **~d** occupato; impegnato; fidanzato; **~ment** impegno *m*; fidanzamento *m*

engine ['endʒin] motore *m*; macchina *f*; **~-driver** macchinista *m*; **~er** [endʒi'niə] ingegnere *m*; **~ering** ingegneria *f*

England ['iŋglənd] Inghilterra *f*

English *a* inglese (*language*) inglese *m*; **the ~** *pl* gli inglesi; **~man** inglese *m*; **~woman** inglese *f*

engrav|e [in'greiv] *v/t* incidere; **~ing** incisione *f*

engross [in'grous] *v/t* assorbire

enigma [i'nigmə] enimma *m*

enjoy [in'dʒɔi] *v/t* godere; **~o.s.** *v/r* divertirsi; **~able** piacevole

enlarge [in'lɑːdʒ] *v/t* estendere; ingrandire; **~ment** ingrandimento *m*

enlighten [in'laitn] *v/t* illuminare

enlist [in'list] *v/t* arrolare; *v/i* arrolarsi

enliven [in'laivn] *v/t* ravvivare

enmity ['enmiti] inimicizia *f*

enormous [i'nɔːməs] enorme

enough [i'nʌf] abbastanza

enquire [in'kwaiə] *cf* **inquire**

enrage [in'reidʒ] *v/t* rendere furioso

equilibrium

enrapture [in'ræptʃə] v/t entusiasmare

enrich [in'ritʃ] v/t arricchire

enrol [in'roul] v/t iscrivere; v/i iscriversi; **~ment** iscrizione f; registrazione f

ensign ['ensain] insegna f; bandiera f

enslave [in'sleiv] v/t fare schiavo

ensue [in'sju:] v/i risultare

ensure [in'ʃuə] v/t assicurare

entangle [in'tæŋgl] v/t imbrogliare

enter ['entə] v/t entrare in; comm registrare

enterprise ['entəpraiz] impresa f; **~ing** intraprendente

entertain [entə'tein] v/t intrattenere; divertire; ricevere (ospiti); **~ing** divertente; **~ment** trattenimento m; divertimento m

enthusiasm [in'θju:ziæzəm] entusiasmo m; **~t** entusiasta m, f; **~tic** entusiastico; entusiasmato

entice [in'tais] v/t attrarre; allettare

entire [in'taiə] intero

entitle [in'taitl] v/t autorizzare; dare il diritto; **be ~d to** avere il diritto a

entity ['entiti] entità f

entrails ['entreilz] pl viscere f/pl

entrance ['entrəns] entrata f; ingresso m; **~ fee** prezzo m d'ingresso

entreat [in'tri:t] v/t supplicare

entrust [in'trʌst] v/t affidare

entry ['entri] ingresso m; entrata f

enumerate [i'nju:məreit] v/t enumerare

envelop [in'veləp] v/t avvolgere; **~e** ['envəloup] busta f

enviable ['enviəbl] invidiabile; **~ous** invidioso

environment [in'vaiərəment] ambiente m; **~al pollution** inquinamento m dell'ambiente

environs ['envirənz, in'vaiərənz] pl dintorni m/pl

envisage [in'vizidʒ] v/t contemplare

envoy ['envɔi] inviato m

envy ['envi] s invidia f; v/t invidiare

epidemic (disease) [epi'demik] epidemia f

epidermis [epi'də:mis] epidermide f

epilepsy ['epilepsi] epilessia f; **~tic** [,epi'leptik] epilettico

episode ['episoud] episodio m

epoch ['i:pɔk] epoca f

equal ['i:kwəl] a, s uguale; **~ity** [i(:)'kwɔliti] uguaglianza f; **~ize** v/t uguagliare

equanimity [ekwə'nimiti] equanimità f

equation [i'kweiʒən] equazione f

equator [i'kweitə] equatore m

equilibrium [,i:kwi'libriəm] equilibrio m

equip [i'kwip] *v/t* equipaggiare; attrezzare; **~ment** attrezzatura *f*

equivalent [i'kwivələnt] equivalente

era ['iərə] epoca *f*

eradicate [i'rædikeit] *v/t* sradicare

erase [i'reiz] *v/t* scancellare

erect [i'rekt] *a* eretto; ritto; *v/t* erigere; innalzare; **~ion** erezione *f*; elevazione *f*

erosion [i'rouʒən] erosione *f*

erotic [i'rɔtik] erotico

err [ə:] *v/i* errare; sbagliare

errand ['erənt] commissione *f*; **~boy** fattorino *m*; garzone *m*

errant ['erənt] errante

err|oneous [i'rounjəs] erroneo; **~or** ['erə] errore *m*; sbaglio *m*

erupt [i'rʌpt] *v/i* eruttare

escalator ['eskəleitə] scala *f* mobile

escape [is'keip] *v/t* sfuggire a; evitare; *v/i* sfuggire; scappare; *s* fuga *f*

escort ['eskɔ:t] *s* scorta *f*; accompagnatore *m*; [is'kɔ:t] *v/t* scortare; accompagnare

especial [is'peʃəl] speciale; **~ly** specialmente; soprattutto

espionage [espiə'nɑ:ʒ] spionaggio *m*

essay ['esei] saggio *m*; tema *m* (*scolastico*); **~ist** saggista *m*

essen|ce ['esns] essenza *f*; **~tial** [is'senʃəl] essenziale

establish [is'tæbliʃ] *v/t* stabilire; istituire; fondare; **~ment** stabilimento *m*; istituzione *f*; istituto *m*; casa *f* commerciale

estate [is'teit] proprietà *f*; tenuta *f*; **~ car** giardinetta *f*; **real ~** beni *m/pl* immobili

esteem [is'ti:m] *s* stima *f*; *v/t* stimare

estimat|e ['estimeit] *s* preventivo *m*; *v/t* valutare; **~ion** valutazione *f*; stima *f*

estrange [is'treindʒ] *v/t* alienare

estuary ['estjuəri] estuario *m*

etcetera [it'setrə, et~] eccetera

etern|al [i(:)'tə:nl] eterno; **~ity** eternità *f*

ether ['i:θə] etere *m*

ethics ['eθiks] *pl* etica *f*

Ethiopia [,i:θi'oupjə] Etiopia *f*

eucalyptus [,ju:kə'liptəs] eucalipto *m*

Europe ['juərəp] Europa *f*; **~an** [juərə'pi(:)ən] *a, s* europeo (*m*)

evacuate [i'vækjueit] *v/t* evacuare; sfollare; sgombrare

evade [i'veid] *v/t* evitare; sottrarsi a

evaluate [i'væljueit] *v/t* valutare

evangelical [,i:væn'dʒelikəl] evangelico

evaporate [i'væpəreit] *v/t* evaporare; *v/i* evaporarsi

evasion [i'veiʒən] evasione *f*; sotterfugio *m*

eve [i:v] vigilia *f*

exclamation

even ['i:vən] *a* piano, liscio;
uguale, pari; fermo; *adv* anche; perfino; ~ **though** anche se; **not** ~ neanche; *v/t*
appianare; livellare; aggiustare
evening ['i:vniŋ] sera *f*;
good ~ buona sera; ~
dress abito *m* da sera
event [i'vent] avvenimento
m; **at all** ~**s** in tutti i casi;
~ful memorabile; movi-
mentato; **~ual** eventuale;
~ually finalmente
ever ['evə] mai; sempre; **for**
~; **~green** sempreverde;
per sempre; ~ **since** da
quando
every ['evri] ogni; tutti; ~
other day ogni due giorni;
~body, **~one** ognuno; tutti;
~day quotidiano; **~thing**
tutto; **~where** da tutte le
parti
eviden|ce ['evidəns] eviden-
za *f*; testimonianza *f*; **give**
~ce testimoniare; **~t** evidente; chiaro
evil ['i:vl] *s* male *m*; *a* cattivo
evince [i'vins] *v/t* manifestare
evoke [i'vouk] *v/t* evocare
evolution [i:və'lu:ʃən] evo-
luzione *f*; svolgimento *m*
evolve [i'vɔlv] *v/t* evolvere;
v/i evolversi
ewe [ju:] pecora *f*
exact [ig'zækt] *a* esatto;
preciso; *v/t* esigere;
~ly esattamente; **~ness**
esattezza *f*
exaggerat|e [ig'zædʒəreit]

v/t esagerare; **~ion** esage-
razione *f*
exalt [ig'zɔ:lt] *v/t* esaltare;
~ation esaltazione *f*
examin|ation [ig‚zæmi'nei-
ʃən] esame *m*; **~e** *v/t* esaminare
example [ig'za:mpl] esempio *m*; **for** ~ per esempio
exasperate [ig'za:spəreit]
v/t esasperare
excavate ['ekskəveit] *v/t*
scavare
exceed [ik'si:d] *v/t* eccedere;
superare
excellen|ce ['eksələns] eccel-
lenza *f*; **~t** eccellente; ottimo
except [ik'sept] *prp* eccetto;
salvo; ~ **for** all'infuori di;
v/t eccettuare; *v/i* obbietta-
re; meno; **~ion** eccezione *f*;
~ional eccezionale
excerpt ['eksəpt, ik'sə:pt]
estratto *m*
excess [ik'ses] eccesso *m*; ~
fare supplemento *m*; **~ive**
eccessivo
exchange [iks'tʃeindʒ] *s*
cambio *m*; Borsa *f*; centrale
f (telefonica); *v/t* scambiare; ~ **rate** cambio *m*
Exchequer [iks'tʃekə]
Chancellor of the ~ Can-
celliere *m* dello Scacchiere;
Ministro *m* delle Finanze
excit|e [ik'sait] *v/t* eccitare;
agitare; **~ement** eccitazio-
ne *f*; agitazione *f*; **~ing**
emozionante; avvincente
exclaim [iks'kleim] *v/t*, *v/i*
esclamare; **~mation** escla-

mazione f; **~mation mark** punto m esclamativo

exclu|de [iks'klu:d] v/t escludere; **~sion** esclusione f; **~sive** esclusivo

excommunicate [ˌekskə-'mju:nikeit] v/t scomunicare

excursion [iks'kə:ʃən] gita f

excuse [iks'kju:z] s scusa f; v/t scusare; **~ me** scusi signore

execute ['eksikju:t] v/t eseguire; giustiziare; **~ion** esecuzione f; **~ive** [ig'zekjutiv] s potere m esecutivo; a esecutivo

exemplary [ig'zempləri] esemplare

exempt [ig'zempt] a esente; v/t esentare

exercise ['eksəsaiz] s esercizio m; v/t esercitare; **~ book** libro m scolastico

exert [ig'zə:t] v/t esercitare; **~ o.s.** v/r sforzarsi; **~ion** sforzo m

exhale [eks'heil] v/t esalare

exhaust [ig'zɔ:st] s scarico m; **~ pipe** tubo m di scarico; v/t esaurire; **~ion** esaurimento m

exhibit [ig'zibit] s oggetto m in esposizione; v/t esibire; **~ion** [eksi'biʃən] esposizione f

exhort [ig'zɔ:t] v/t esortare

exigence ['eksidʒəns, 'eksidʒənsi] esigenza f

exile ['eksail] s esilio m; v/t esiliare

exist [ig'zist] v/i esistere;

~ence esistenza f; **~ent**, **~ing** esistente

exit ['eksit] uscita f

exorbitant [ig'zɔ:bitənt] esorbitante

exotic [eg'zɔtik] esotico

expand [iks'pænd] v/t espandere; sviluppare; v/i espandersi; svilupparsi; **~se** distesa f; **~sion** espansione f; sviluppo m; **~sive** espansivo

expect [iks'pekt] v/t aspettare; aspettarsi; **~ance**, **~ation** aspettativa f; **~ant mother** donna f incinta

expedient [iks'pi:djənt] espediente m

expedition [ekspi'diʃən] spedizione f

expel [iks'pel] v/t espellere

expen|d [iks'pend] v/t espendere; consumare; **~diture** spesa f; **~se** spesa f; **~sive** costoso

experience [iks'piəriəns] s esperienza f; v/t provare; sentire; **~d** esperto

experiment [iks'perimənt] s esperimento m; v/t esperimentare

expert ['ekspə:t] a esperto; esperto m; perito m

expir|ation [ˌekspaiə'reiʃən] espirazione f; morte f; comm scadenza f; **~e** [iks-'paiə] v/i espirare; morire; comm scadere

expla|in [iks'plein] v/t spiegare; v/n **~nation** spiegazione f

explicit [iks'plisit] esplicito

explode [iks'ploud] v/t fare esplodere; v/i esplodere
exploit [iks'plɔit] s prodezza f; v/t fruttare
exploration [eksplɔː'reiʃən] esplorazione f; ~e v/i esplorare; ~er esploratore m
explosion [iks'plouʒən] esplosione f; ~ive esplosivo
export ['ekspɔːt] s esportazione f; [eks'pɔːt] v/t esportare; ~ation esportazione f; ~er esportatore m
expose [iks'pouz] v/t esporre; smascherare; ~ition [ekspou'ziʃən] esposizione f; ~ure esposizione f; smascheramento m; ~ure meter esposimetro m
express [iks'pres] s espresso m; ~ train rapido m; a apposito; espresso; v/t esprimere; ~ion espressione f; ~ive espressivo
expropriate [eks'prouprieit] v/t espropriare
expulsion [iks'pʌlʃən] espulsione f
exquisite ['ekskwisit] squisito
extant [eks'tænt] esistente
extend [iks'tend] v/t estendere; prolungare; allargare; v/i estendersi; prolungarsi; allargarsi; ~sion estensione f; prolungamento m; ~sive esteso; ~t distesa f; **to a certain ~t** fino a un certo punto
exterior [eks'tiəriə] s esterno m; a esteriore; esterno

exterminate [iks'tɔː:mineit] v/t sterminare
external [eks'tɔː:nl] esterno
extinct [iks'tiŋkt] estinto; ~guish [iks'tiŋgwiʃ] v/t estinguere
extirpate ['ekstɔː:peit] v/t estirpare
extort [iks'tɔːt] v/t estorcere
extra ['ekstrə] a extra; straordinario; addizionale; s supplemento m; aggiunta f; adv extra; in più
extract ['ekstrækt] estratto m; [iks'trækt] v/t estrarre; ~ion estrazione f
extradite ['ekstrədait] v/t estradare
extraordinary [iks'trɔː:dnri] straordinario
extravagance [iks'trævigəns] stravaganza f; ~t stravagante
extreme [iks'triːm] a estremo; s estremo m; estremità f; ~ist estremista m, f; ~ity [~'tremiti] estremità f
exuberant [ig'zjuːbərənt] esuberante
exult [ig'zʌlt] v/i esultare; ~ant esultante
eye [ai] occhio m; **keep an ~ on** tenere d'occhio; v/t adocchiare; ~ball globo m dell'occhio; ~brow sopracciglio m; ~glasses pl occhiali m/pl; ~lash ciglio m; ~let occhiello m; ~lid palpebra f; ~shot vista f; ~sight vista f; ~witness testimone m oculare

F

fable ['feibl] favola f

fabric ['fæbric] tessuto m; **~ate** ['~eit] v/t inventare; fabbricare

fabulous ['fæbjuləs] favoloso

façade [fə'sɑ:d] facciata f

face [feis] s faccia f; viso m; **~e to ~e** faccia a faccia; v/t fare fronte a; affrontare; essere di fronte a; **~ing** di fronte a

facilitate [fə'siliteit] v/t facilitare; **~ity** facilità f

fact [fækt] fatto m; **in ~** infatti

factor ['fæktə] fattore m; elemento m; **~y** fabbrica f

faculty ['fækəlti] facoltà f

fade [feid] v/i (colour) sbiadire; (flowers) appassire; (light) spegnersi; (memory) scancellarsi; (sound) perdersi

fail [feil] v/t abbandonare; essere bocciato (a un esame); v/i fallire; mancare; **~ure** ['~jə] fallimento m; bocciatura f (a un esame)

faint [feint] a debole; (colour) pallido; v/i svenire

fair [feə] a biondo; giusto; discreto; bello; buono; s fiera f; **~ play** giuoco m leale; **~ly** piuttosto; **~ness** giustizia f

fairy ['feəri] fata f; **~tale** fiaba f

faith [feiθ] fede f; fiducia f; **~ful** fedele; **Yours ~fully**

con profonda stima

fake [feik] s imitazione f; v/t imitare; falsificare

falcon ['fɔ:lkən] falcone m

fall [fɔ:l] s caduta f; ribasso m; v/i cadere; abbassarsi; **~ asleep** addormentarsi; **~ due** comm scadere; **~ ill** ammalarsi; **~ in love with** innamorarsi di; **~ (up)on** attaccare

false [fɔ:ls] falso; **~hood** bugia f

falsify ['fɔ:lsifai] v/t falsificare

falter ['fɔ:ltə] v/i vacillare

fame [feim] fama f

familiar [fə'miljə] familiare; **~iarity** [~i'æriti] familiarità f; **~y** ['fæmili] famiglia f; **~y name** cognome m; **~y tree** albero m genealogico

famine ['fæmin] carestia f; **~shed** affamato; morto di fame

famous ['feiməs] famoso; celebre

fan [fæn] s ventaglio m; ventilatore m; (slang) tifoso m; v/t sventolare; ventilare

fanatic [fə'nætik] a, s fanatico (m)

fanciful ['fænsiful] fantasioso; **~y** s fantasia f; capriccio m; a (di) fantasia; **~y dress** maschera f

fang [fæŋ] zanna f

fantastic [fæn'tæstik] fantastico; **~y** ['fæntəsi] fantasia *f*

far [fɑ:] lontano; **as ~ as** fino a; **by ~** di molto; di gran lungo; **~ better** molto migliore; **how ~?** fin dove?; *adv* molto meglio; **~ off** lontano; **~ reaching** di grande portata; **so ~** finora

farce [fɑ:s] farsa *f*

fare [fɛə] cibo *m*; tariffa *f*; **~well** addio *m*

farm [fɑ:m] *s* podere *m*; fattoria *f*; *v/t* coltivare; **~er** agricoltore *m*; **~hand** bracciante *m*; **~house** casa *f* colonica; **~ing** coltivazione *f*

far-sighted lungimirante

farth|er più lontano; **~est** il più lontano

fascinat|e ['fæsineit] *v/t* affascinare; **~ing** affascinante; **~ion** fascino *m*

fashion ['fæʃən] *s* moda *f*; **~able** di moda

fast [fɑ:st] *a* veloce; fermo; leggero; *adv* velocemente; fermamente; *s* digiuno *m*; *v/i* digiunare

fasten ['fɑ:sn] *v/t* attaccare; fissare; **~er** chiusura *f*; fermatura *f*

fat [fæt] *a*, *s* grasso (*m*)

fat|al ['feitl] fatale; **~e** destino *m*; sorte *f*

father ['fɑ:ðə] padre *m*; **~hood** paternità *f*; **~-in-law** suocero *m*; **~land** patria *f*; **~less** orfano di padre; **~ly** paterno

fatigue [fə'ti:g] *s* fatica *f*; *v/t*

affaticare

fatten ['fætn] *v/t* ingrassare

fatuous ['fætjuəs] fatuo

faucet ['fɔ:sit] *Am* rubinetto *m*

fault [fɔ:lt] colpa *f*; difetto *m*; **~less** perfetto; **~y** difettoso

favo(u)r ['feivə] *s* favore *m*; *v/t* favorire; **~able** favorevole; **~ite** ['~rit] *a*, *s* preferito (*m*)

fear [fiə] *s* paura *f*; timore *m*; *v/t* temere; avere paura di; **~ful** pauroso; terribile

feasible ['fi:zəbl] possibile

feast [fi:st] *s* festa *f* (religiosa); banchetto *m*; *v/t* festeggiare; banchettare

feat [fi:t] prodezza *f*

feather ['feðə] piuma *f*; penna *f*; **~weight** peso *m* piuma

feature ['fi:tʃə] *geog* configurazione *f*; caratteristica *f*; **~s** *pl* fattezze *f/pl*; lineamenti *m/pl*

February ['februəri] febbraio *m*

fecund ['fi:kənd] fecondo

federa|l ['fedərəl] federale; **~tion** federazione *f*; confederazione *f*

fee [fi:] onorario *m*; quota *f*; tassa *f*

feeble ['fi:bl] debole

feed [fi:d] *s* nutrimento *m*; *v/t* nutrire; dare da mangiare; *v/i* nutrirsi; **be fed up with** essere stufo di; **~ing** nutrizione *f*; **~ing-bottle** poppatoio *m*

feel 82

feel [fi:l] *v/t, irr* sentire; toccare; provare; *v/i* sentirsi; ~
well stare bene; **.ing** sentimento *m*; sensazione *f*

feign [fein] *v/t* fingere

felicitate [fi'lisiteit] *v/t* congratularsi con

fell [fel] *v/t* abattere

fellow ['felou] *s* tipo *m*; compagno *m*; individuo *m*; socio *m*; **~citizen** concittadino *m*

felt [felt] feltro *m*

female ['fi:meil] *s* femmina
f; *a* femminile

feminine ['feminin] femminile

fen [fen] pantano *m*

fenc|e [fens] *s* recinto *m*;
stecconato *m*; *v/t* chiudere
con recinto; *v/i* schermire;
.ing scherma *f*

fend [fend] *v/t* parare; **~er**
Am parafango *m*

ferment ['fə:vənt] *s* fer-
mento *m*; *v/t* far fermentare; *v/i* fermentare; **~ation**
fermentazione *f*

fern [fə:n] felce *f*

ferocity [fi'rɔsiti] ferocità *f*

ferry ['feri] *s* traghetto *m*; *v/t*
traghettare

fertil|e ['fə:tail] fertile; **~ity**
[~'tiliti] fertilità *f*; **~ize** [~'i-
laiz] *v/t* fertilizzare

fervent ['fə:vənt] fervente

festiv|al festa *f*; *mus* festival
m; **~e** festivo; **~ities** [~'tivi-
tiz] *pl* festa *f*

festoon [fes'tu:n] festone *m*;
ghirlanda *f*

fetch [fetʃ] *v/t* andare a
prendere; *v/i* vendersi per

fête [feit] festa *f*

fetish ['fi:tiʃ] feticcio *m*

fetters ['fetəz] ceppi *m/pl*

feudal ['fju:dl] feudale

fever ['fi:və] febbre *f*; **~ish**
febbrile

few [fju:] *a, s* pochi(e) (*m/pl,
f/pl*); **a ~** alcuni(e)

fiancé [fi'ɑ:nsei] fidanzato
m; **~e** fidanzata *f*

fib [fib] (piccola) bugia *f*

fib|re, *Am* **~er** ['faibə] fibra
f; **~rous** fibroso

fickle ['fikl] incostante

ficti|on ['fikʃən] finzione *f*;
romanzi *m/pl*; **~tious** [~'ti-
ʃəs] fittizio

fiddle ['fidl] *s* violino *m*; *v/i*
suonare il violino; giuocare
con; **~sticks** *pl* sciocchezze
f/pl

fidelity [fi'deliti] fedeltà *f*

fidget ['fidʒit] *v/i* agitarsi

field [fi:ld] campo *m*; prato
m; **~glasses** *pl* binocolo *m*

fiend [fi:nd] demonio *m*

fierce [fiəs] feroce

fiery ['faiəri] focoso

fife [faif] piffero *m*

fig [fig] fico *m*

fight [fait] *s* lotta *f*; litigio *m*;
v/t, irr combattere; lottare;
litigare

figurative ['figjurətiv] figu-
rativo

figure ['figə] *s* figura *f*; cifra
f; *v/t* raffigurare; *v/i* fare
calcoli; figurare; **~skating**
pattinaggio *m* artistico

fil|e [fail] *s* lima *f*; *mil* fila *f*;

schedario m; v/t **limare**; **classificare**; **archiviare**

filigree ['filigri:] **filigrana** f

fill [fil] v/t **riempire**; **occupare**; **otturare** (un dente); **~ in**, **~ up** **riempire**; **completare**; v/i **riempirsi**

fillet ['filit] **filetto** m; **fetta** f (di pesce)

filling (of tooth) **otturazione** f; **~ station** Am **stazione** f di **servizio**

filly ['fili] **puledra** f

film [film] s **pellicola** f; **film** m; **patina** f; v/t **filmare**; **girare una pellicola**

filter ['filtə] s **filtro** m; v/t **filtrare**

filth [filθ] **sudiciume** m; **~y** **sudicio**

fin [fin] **pinna** f

final ['fainl] s **finale** m; a **finale**, **ultimo**; **~ity** [fai-'næliti] **finalità** f

finance [fai'næns] s **finanza** f; v/t **finanziare**; **~ial** [~ʃəl] **finanziario**; **~ier** **finanziere** m; **~ing** **finanziamento** m

finch [fintʃ] **fringuello** m

find [faind] v/t, irr **trovare**; **incontrare**; **~ out** **scoprire**; s **scoperta** f; **~ings** pl **conclusioni** f/pl; med, for **reperto** m

fine [fain] a **fine**; **bello**; **it is ~ weather** fa bel tempo; **that is ~** va benissimo; s **multa** f; v/t **multare**

finger ['fingə] s **dito** m; **~ dita** f/pl; **little ~** **mignolo** m; v/t **toccare**; **~nail** **unghia** f; **~prints** pl **impronte** f/pl **digitali**

finish ['finiʃ] s **fine** f; **termine** m; **rifinitura** f; v/t **finire**; **rifinire**

finite ['fainait] **finito**

Fin|land ['finland] **Finlandia** f; **~nish** a, s **finlandese** m, f; **~nish** a, s **finlandese** (m,f)

fir [fə:] **abete** m

fire ['faiə] s **fuoco** m; **incendio** m; **on ~** **in fiamme**; **set on ~** **incendiare**; v/t fam **licenziare**; v/i **sparare**; **~arms** pl **armi** f/pl **da fuoco**; **~escape** **scala** f **di sicurezza**; **~extinguisher** **estintore** m; **~insurance** **assicurazione** f **contro gli incendi**; **~man** **pompiere** m; **fuochista** m; **~place** **camino** m; **~proof** **incombustibile**; **~side** **camino** m; **~works** pl **fuochi** m/pl **d'artificio**

firm [fə:m] a **fermo**; **deciso**; s **ditta** f; **~ness** **fermezza** f

first [fə:st] **primo**; **~ aid** **primo soccorso** m; **~class** **ottimo**; **~hand** **di prima mano**; **~ly** **in primo luogo**; **~ night** **thea** la **prima** f; **~ rate** **di prima classe**

firth [fə:θ] **estuario** m

fiscal ['fiskəl] **fiscale**

fish [fiʃ], pl **~(es)** ['~iz] s **pesce** m; v/t, v/i **pescare**; **~bone** **spina** f **di pesce**; **~er-man** **pescatore** m; **~ing rod** **canna** f **da pesca**; **~ing tackle** **attrezzi** m/pl **da pesca**; **~monger's** **pescheria** f

fissure ['fiʃə] **fessura** f

fist [fist] **pugno** m

fit *a* adatto; conveniente; in forma; *v/t* andare bene; *s* attacco *m*; colpo *m*; ~ **on** applicare; ~ **out** attrezzare; ~**ness** opportunità *f*; buona salute *f*; ~**ting** *a* adatto; conveniente; *s* prova *f*; ~**tings** *pl* accessori *m/pl*

fix [fiks] difficoltà *f*; *v/t* fissare; ~ **up** combinare; ~**tures** *pl* infissi *m/pl*

flabbergast ['flæbəgɑːst] *v/t* sbalordire

flabby ['flæbi] floscio

flag [flæg] bandiera *f*; **lower the** ~ abbassare la bandiera; **hoist the** ~ innalzare la bandiera

flagrant ['fleigrənt] flagrante

flake [fleik] scaglia *f*; fiocco *m* (*di neve*)

flamboyant [flæm'bɔiənt] fiammeggiante

flame [fleim] *s* fiamma *f*; *v/i* fiammeggiare

flank [flæŋk] *s* fianco *m*; *v/t* fiancheggiare

flannel ['flænl] flanella *f*

flap [flæp] *v/t* battere; *s* battito *m*

flare [flɛə] *v/i* fiammeggiare; brillare

flash [flæʃ] *s* lampo *m*; baleno *m*; *v/i* brillare; ~**light** lampada *f* elettrica

flask [flɑːsk] fiasco *m*

flat [flæt] *a* piatto; piano; monotono; *s mus* bémolle *m*; appartamento *m*; ~ **of the hand** palma *f*; ~**ten** *v/t* appiattire; *v/i* appiattirsi

flatter ['flætə] *v/t* lusingare; ~**y** lusinga *f*

flavo(u)r ['fleivə] sapore *m*; gusto *m*; *v/t* dare il sapore di

flaw [flɔː] difetto *m*; ~**less** perfetto; senza difetti

flax [flæks] lino *m*; ~**en** biondo

flea [fliː] pulce *f*

flee [fliː] *v/i, v/t, irr* fuggire

fleece [fliːs] *s* vello *m*; lana *f*; *v/t* tosare; *fam* pelare

fleet [fliːt] flotta *f*; ~**ing** veloce

Fleming ['flemiŋ] fiammingo *m*; ~**sh** *a, s* fiammingo (*m*)

flesh [fleʃ] carne *f* viva; ~**y** carnoso

flexible [fl'eksəbl] flessibile

flick [flik] colpetto *m*

flicker ['flikə] *s* tremolio *m*; *v/i* vacillare

flight [flait] fuga *f*; volo *m*; ~ **of stairs** rampa *f* di scale

flimsy ['flimzi] inconsistente

flinch [flintʃ] *v/i* indietreggiare; smuoversi

fling [fliŋ] *v/t, s, irr* gettare; lanciare

flint [flint] pietra *f* focaia

flippant ['flipənt] leggero; poco serio

flirt [fləːt] *s* civetta *f*; *v/i* civettare; flirtare; ~**ation** flirt *m*

float [flout] *v/i* galleggiare; *v/t* far galleggiare

flock [flɔk] *s* gregge *f* (*di pecore*); stormo *m* (*di uccelli*); branco *m* (*di animali*); *v/i*

fool

riunirsi in stormi, a branchi

flog [flɔg] v/t fristare

flood [flʌd] s inondazione f; fig abbondanza f; v/t inondare; **~gates** pl cateratta f

floor [flɔ:] s pavimento m; piano m; v/t pavimentare; fig atterrare; **take the ~** prendere la parola; **~lamp** lampada f a stelo; **~walker** ispettore m di magazzino

flop [flɔp] s fiasco m; v/i far fiasco

florist ['flɔrist] fioraio m

flounder ['flaundə] passera f

flour ['flauə] farina f

flourish ['flʌriʃ] v/t agitare; v/i fiorire; prosperare

flow [flou] s corrente f; flusso m; v/i scorrere; fluire

flower ['flauə] s fiore m; v/i fiorire; **~bed** aiuola f; **~vase** vaso m da fiori; **~show** mostra f di fiori

fluctuate ['flʌktjueit] v/i fluttuare

flu [flu:] cf **influenza**

flue [flu:] canna f fumaria

fluent ['flu:(:)ənt] corrente; scorrevole

fluff [flʌf] peluria f

fluid ['flu:(:)id] a, s liquido (m)

flunk [flʌŋk] v/i Am bocciare

flurry ['flʌri] raffica f (di vento); agitazione f

flush [flʌʃ] s rossore m; v/t sciacquare; v/i arrossire

fluster ['flʌstə] s agitazione f; v/t innervosire

flute [flu:t] flauto m

flutter ['flʌtə] s svolazzamento m; agitazione f; (slang) speculazione f; v/t agitare; v/i svolazzare; agitarsi

flux [flʌks] flusso m

fly [flai] s mosca f; v/i, irr volare; fuggire; **~ing squad** pronto intervento m; **~ing time** durata f di volo

foal [foul] puledro m

foam [foum] s schiuma f; spuma f; v/i schiumare; spumeggiare; **~y** schiumeggiante; spumeggiante

focus ['foukəs] fuoco m; v/t mettere a fuoco

fodder ['fɔdə] foraggio m

foetus ['fi:təs] feto m

fog [fɔg] nebbia f; **~gy** nebbioso

foil [fɔil] s lamina f; v/t far fallire

fold [fould] s piega f; ovile m; v/t piegare; incrociare (le braccia); **~ing bed** branda f

foliage ['fouliidʒ] fogliame m

folk [fouk] gente f

follow ['fɔlou] v/t, v/i seguire; **~er** seguace m; **~ing** seguente

folly ['fɔli] follia f

fond [fɔnd] affezionato; appassionato; **be ~ of** essere affezionato a; **~le** v/t accarezzare

food [fu:d] cibo m; alimento m; **~stuffs** pl commestibili m/pl

fool [fu:l] sciocco(a) m (f);

foolish

make a ~ of o.s. rendersi ridicolo; *v/t* ingannare; *v/i* fare lo sciocco; **~ish** sciocco; **~ishness** sciocchezza *f*; **~proof** assolutamente sicuro; **~scap** carta *f* protocollo

foot [fut], *pl* **feet** [fiːt] piede *m*; zampa *f (di animali)*; **on ~** a piedi; **put one's ~ in it** fare una gaffe; **~ball** calcio *m*; **~lights** *pl* luci *f/pl* della ribalta; **~print** orma *f*; impronta *f* del piede; **be ~sore** aver male ai piedi; **~step** passo *m*

for [fɔː; fə] *prp* per; per ragione di; *conj* perchè

forbear [fɔːˈbɛə] *v/i, v/t* guardarsi da; trattenersi da

forbid [fəˈbid] *v/t, irr* proibire; vietare

force [fɔːs] *s* forza *f*; potere *m*; *v/t* forzare; **armed ~s** *pl* forze *f/pl* armate; **come into ~** entrare in vigore; **~ful** energico

forceps [ˈfɔːseps] *pl* forcipe *m*

forcible [ˈfɔːsəbl] forzato; potente

ford [fɔːd] guado *m*

fore [fɔː] *s* davanti *m*; *a* anteriore; **~arm** avambraccio *m*; **~cast** *v/t* prevedere; *s* previsione *f*; **weather ~cast** previsioni *f/pl* del tempo; **~fathers** *pl* antenati *m/pl*; **~finger** indice *m*; **~front** avanguardia *f*; **~going** precedente; **~ground** primo piano *m*; **~head** [ˈfɔrid] fronte *f*

foreign [ˈfɔrin] straniero; **~ currency** moneta *f* estera; **~er** straniero *m*; **~ exchange** moneta *f* estera; **~ Office** Ministero *m* degli Affari Esteri *(in Inghilterra)*

fore|leg gamba *f* anteriore; **~man** capo *m* operaio; **~most** primo; **~see** *v/t* prevedere; **~sight** previsione *f*

forest [ˈfɔrist] foresta *f*

fore|stall *v/t* prevenire; anticipare; **~taste** *v/t* pregustare; **~tell** *v/t* predire

forever [fəˈrevə] per sempre

foreword prefazione *f*

forfeit [ˈfɔːfit] pegno *m*

forge [fɔːdʒ] *v/t* falsificare; **~ry** falsificazione *f*; firma *f* falsa

forget [fəˈget] *v/t, irr* dimenticare; **~ful** dimentico; **~me-not** non ti sordar di me *m*

forgive [fəˈgiv] *v/t, irr* perdonare; **~ness** perdono *m*

forgo [fɔːˈgou] *v/t, irr* rinunciare a

fork [fɔːk] forchetta *f*; forca *f*; biforcazione *f*; *v/i* biforcarsi

forlorn [fəˈlɔːn] abbandonato

form [fɔːm] *s* forma *f*; modulo *m*; banco *m*; modello *m*; *v/t* formare

formal [ˈfɔːməl] formale; **~ity** [~ˈmæliti] formalità *f*

formation [fɔːˈmeiʃən] formazione *f*

former [ˈfɔːmə] *a* precedente

free

te; **the ~** il primo; quegli; **~ly** prima; nel passato

formidable [ˈfɔːmidəbl] formidabile

formula [ˈfɔːmjulə] formula f; **~te** v/t formulare

forsake [fəˈseik] v/t, irr abbandonare

fort [fɔːt] fortezza f

forth [fɔːθ] (in) avanti; fuori; **and so ~** eccetera; **~coming** prossimo; **~with** immediatamente

fortify [ˈfɔːtifai] v/t fortificare

fortitude [ˈfɔːtitjuːd] fortezza f (d'animo)

fortnight [ˈfɔːtnait] quindici giorni; **~ly** quindicinale

fortress [ˈfɔːtris] fortezza f

fortuitous [fɔːˈtjuː(ː)itəs] fortuito

fortunate [ˈfɔːtʃnit] fortunato

fortune [ˈfɔːtʃən] fortuna f; sorte f

forum [ˈfɔːrəm] foro m

forward [ˈfɔːwəd] a precoce; adv (in) avanti; in poi; v/t far proseguire; spedire

foster [ˈfɔstə] v/t nutrire; **~child** figlio m adottivo; **~mother** madre f adottiva

foul [faul] a sudicio; osceno; v/t sporcare

found [faund] v/t fondare; **~ation** fondazione f; **~er** fondatore m; **~ling** trovatello m

foundry [ˈfaundri] fonderia f

fountain [ˈfauntin] fontana

f; fonte f; **~pen** penna f stilografica

four [fɔː]: **on all ~s** a quattro zampe; **~footed** quadrupede

fowl [faul] pollame m

fox [fɔks] volpe f

fraction [ˈfrækʃən] frazione f; **~ure** [ˈfræktʃə] s frattura f; v/t fratturare; v/i fratturarsi

fragile [ˈfrædʒail] fragile; delicato

fragment [ˈfrægmənt] frammento m

fragrance [ˈfreigrəns] fragranza f; **~t** fragrante

frail [freil] delicato; fragile

frame [freim] s cornice f; struttura f; telaio m; v/t incorniciare; **~work** ossatura f; cornice f

franc [fræŋk] franco m

France [frɑːns] Francia f

franchise [ˈfræntʃaiz] diritto m di voto

frank [fræŋk] franco; **~ly** francamente

frankfurter [ˈfræŋkfətə] salsiccia f

frantic [ˈfræntik] fuori di sè; frenetico

fraternal [frəˈtɔːnl] fraterno; **~ity** fraternità f

fraud [frɔːd] frode f; **~ulent** fraudolento

freak [friːk] fenomeno m; uomo m strambo; eccentrico m

freckle [ˈfrekl] lentiggine f

free [friː] libero; gratuito; **on board** franco a bordo; **~**

trade libero scambio *m*; *v/t* liberare; **~dom** libertà *f*; **~mason** massone *m*; **~ticket** biglietto *m* gratuito; **~way** *Am* strada *f* di grande comunicazione

freez|e [friːz] *v/t, v/i* irr gelare; congelare; *v/i* gelarsi; congelarsi; **~er** frigorifero *m*; **~ing-point** punto *m* di congelamento

freight [freit] nolo *m*

French [frentʃ] *a, s* francese (*m, f*); **the ~** *pl* i francesi; **~window** balcone *m*; **~woman** francese *f*

frequen|cy [ˈfriːkwənsi] frequenza *f*; **~t** frequente

fresh [freʃ] fresco; nuovo; **~air** aria *f* pura; **~water** acqua *f* dolce; **~man** matricola *f*; **~ness** freschezza *f*

fret [fret] *v/i* innervosirsi; **~ful** nervoso

friar [ˈfraiə] frate *m*

friction [ˈfrikʃən] frizione *f*; attrito *m*

Friday [ˈfraidi] venerdì *m*

fridge [fridʒ] *fam* frigorifero *m*

fried [fraid] fritto; cotto

friend [frend] amico(a) *m* (*f*); **boy~** fidanzato *m*; **girl~** fidanzata *f*; **~ly** amichevole; **~ship** amicizia *f*

fright [frait] spavento *m*; **~en** *v/t* spaventare; **~ful** spaventoso; terribile

frigid [ˈfridʒid] frigido

frill [fril] gala *f*

fringe [frindʒ] frangia *f*; bordo *m*

frisky [friski] allegro

frivolous [ˈfrivələs] frivolo

fro [frou]: **to and ~** avanti e indietro

frock [frɔk] vestito *m*; tonaca *f*

frog [frɔg] rana *f*

frolic [ˈfrɔlik] *v/i* far capriole

from [frɔm, frəm] da; fin da; **~ ... to** da ... a

front [frʌnt] *s* davanti *m*; facciata *f*; *a* anteriore; **in ~ (of)** davanti (a); **~ier** [ˈ~iə] frontiera *f*; **~ page** frontespizio *m*; **~ seat** sedile *m* anteriore; **~wheel drive** trasmissione *f* sulle ruote anteriori

frost [frɔst] gelo *m*; **~y** gelido

froth [frɔθ] schiuma *f*; spuma *f*

frown [fraun] *s* aggrottamento *m* delle ciglia; *v/i* aggrottare le ciglia

frozen [ˈfrouzn] gelo *m*; congelato

frugal [ˈfruːgəl] frugale

fruit [fruːt] frutto *m*; frutta *f*; prodotto *m*; **dried ~** frutta secca; **preserved ~** frutta conservata

fruit|ful fruttuoso; **~less** infruttuoso

frustrate [frʌsˈtreit] *v/t* frustrare

fry [frai] *v/t, v/i* friggere; **~ing-pan** padella *f*

fuel [fjuəl] combustibile *m*

fugitive [ˈfjuːdʒitiv] *a, s* fuggitivo (*m*)

fulfil [fulˈfil] *v/t* compiere; eseguire

full [ful] pieno; completo; ~ **board** pensione *f* completa; ~ **stop** punto *m*

fumble [fʌmbl] *v/i* frugare

fume [fjuːm] *s* fumo *m*; vapore *m*; *v/i* fugare, emettere vapore; essere arrabbiato

fun [fʌn] divertimento *m*; svago *m*; **for ~ in ~** per scherzo

function ['fʌŋkʃən] funzione *f*; **~ary** funzionario *m*

fund [fʌnd] fondo *m*

fundamental [ˌfʌndə'mentl] fondamentale

funeral ['fjuːnərəl] funerale *m*

fung|us ['fʌŋɡəs], *pl* **~i** ['fʌŋɡai] fungo *m*

funicular [fju(ː)'nikjulə] funicolare *f*

funnel ['fʌnl] imbuto *m*; ciminiera *f* (*di nave, macchina a vapore*)

funny ['fʌni] divertente; buffo; strano

fur [fəː] pelliccia *f*; ~ **coat** pelliccia *f*

furious ['fjuəriəs] furioso

furnace ['fəːnis] fornace *f*; caldaia *f* (*del termosifone*)

furni|sh ['fəːniʃ] *v/t* fornire; ammobiliare; **~ture** mobili *m*/*pl*

furrow ['fʌrou] solco *m*; ruga *f*

further ['fəːðə] *a* ulteriore; *adv* oltre; più lontano; *v/t* promuovere; favorire; **~ermore** inoltre; **~est** il più lontano (*di tutti*)

furtive ['fəːtiv] furtivo

fury ['fjuəri] furia *f*

fuse [fjuːz] *s* fusibile *m*; spoletta *f*; *v/t* fulminare; fondere; *v/i* fulminarsi

fusion ['fjuːʒən] fusione *f*

fuss [fʌs] *s* agitazione *f*; storie *f*/*pl*; *v/i* agitarsi; fare storie; **~y** pignolo; difficile

futile ['fjuːtail] futile

future ['fjuːtʃə] *a* venturo; futuro; *s* futuro *m*; avvenire *m*

fuzzy ['fʌzi] confuso

G

gab [ɡæb] chiacchiere *f*/*pl*

gabardine ['ɡæbədiːn] gabardina *f*

gadfly ['ɡædflai] tafano *m*

gadget ['ɡædʒit] aggeggio *m*

gag [ɡæɡ] *s* bavaglio *m*; *v/t* imbavagliare

gage [ɡeidʒ] pegno *m*

gai|ety ['ɡeiəti] allegria *f*; **~ly** allegramente

gain [ɡein] *s* (*money*) guada-

gno *m*; (*weight*) aumento *m*; *v/t* guadagnare; aumentare; (*watch*) andare avanti

gait [ɡeit] andatura *f*

gale [ɡeil] bufera *f* di vento

gall [ɡɔːl] bile *f*; fiele *f*

gallant ['ɡælənt] *a* valoroso; galante

gall-bladder cistifellea *f*; vescica *f* biliare

gallery ['gæləri] galleria f; thea loggione m

galley ['gæli] galea f

gallon ['gælən] gallone m (litri 4,543)

gallop ['gæləp] s galoppo m; v/i galoppare

gallows ['gælouz] pl forca f

gall-stone calcolo m biliare

galore [gə'lɔː] a bizzeffe

gamble ['gæmbl] v/t, v/i giuocare; ~er giuocatore m; ~ing giuoco m d'azzardo

gambol ['gæmbəl] salto m

game [geim] giuoco m; partita f; ~keeper guardacaccia m

gander ['gændə] papero m

gang [gæŋ] banda f; squadra

gangrene ['gæŋgriːn] cancrena f

gangster ['gæŋstə] gangster m

gangway ['gæŋwei] passerella f

gaol [dʒeil] prigione f; carcere m; ~er carceriere m

gap [gæp] fenditura f; breccia f; lacuna f

gape [geip] v/i stare con la bocca aperta

garage ['gærɑːdʒ] autorimessa f

garbage ['gɑːbidʒ] rifiuti m/pl

garden ['gɑːdn] giardino m; ~er giardiniere m

gargle ['gɑːgl] s gargarismo m; v/t fare gargarismi

garland ['gɑːlənd] ghirlanda f

garlic ['gɑːlik] aglio m

garment ['gɑːmənt] indumento m; articolo m di vestiario

garnish ['gɑːniʃ] v/t guarnire

garret ['gærət] soffitta f

garrison ['gærisn] guarnigione f

garrulous ['gæruləs] loquace

garter ['gɑːtə] giarrettiera f

gas [gæs] s gas m; Am benzina f; v/t asfissiare

gash [gæʃ] squarcio m

gasket ['gæskit] guarnizione f

gas-mask maschera f antigas

gasoline ['gæsəliːn] Am benzina f

gasp [gɑːsp] v/i boccheggiare

gas|station Am posto m di rifornimento; ~stove fornello m a gas

gastritis [gæs'traitis] gastrite f

gastronomy [gæs'trɔnəmi] gastronomia f

gas-works pl officine f/pl del gas

gate [geit] porta f; cancello m

gather ['gæðə] v/t raccogliere; riunire; capire; v/i riunirsi; ~ing riunione f

gaudy ['gɔːdi] sfarzoso

gauge [geidʒ] s calibro m; scartamento m; misura f; indicatore m; v/t misurare; calibrare

gaunt [gɔːnt] sparuto; macilento

gauze [gɔːz] garza f
gawky [ˈgɔːki] goffo
gay [gei] allegro
gaze [geiz] s sguardo m fisso; v/i guardare fisso
gear [giə] equipaggiamento m; mec ingranaggio m; **in ~** ingranato; in azione; **out of ~** non ingranato; guasto; **~ change** cambio m delle marce; **~ lever** leva f del cambio
gem [dʒem] gioiello m; gemma f
gender [ˈdʒendə] genere m
general [ˈdʒenərəl] a generale; s generale m; **~ize** v/t, v/i generalizzare
generate [ˈdʒenəreit] v/t generare; **~ion** generazione f; **~or** generatore m
genero|sity [ˌdʒenəˈrɔsiti] generosità f; **~us** generoso
genial [ˈdʒiːnjəl] geniale
genital [ˈdʒenitl] genitale; **~s** pl genitali m/pl
genitive [ˈdʒenitiv] genitivo m
genius [ˈdʒiːnjəs] genio m
gentle [ˈdʒentl] dolce; ben nato; **~man** gentiluomo m; signore m; **~manlike** cavalleresco; **~ness** mitezza f; **~woman** gentildonna f; signora f
genuine [ˈdʒenjuin] genuino; autentico
geography [dʒiˈɔgrəfi] geografia f
geology [dʒiˈɔlədʒi] geologia f
geometry [dʒiˈɔmitri] geometria f
geranium [dʒiˈreinjəm] geranio m
germ [dʒəːm] germe m
German [ˈdʒəːmən] s, a tedesco (m); **~y** Germania f
germinate [ˈdʒəːmineit] v/i germinare
gerund [ˈdʒerənd] gerundio m
gest|iculate [dʒesˈtikjuleit] v/i gesticolare; **~ure** [ˈdʒestʃə] gesto m
get [get] v/t, irr ottenere; comprare; ricevere; guadagnare; prendere; v/i arrivare; raggiungere; diventare; **~ about** andare in giro; viaggiare; **~ away** scappare; **~ back** v/i tornare; v/t recuperare; **~ lost** perdersi; **~ on** procedere; **~ on with** andare avanti; andare d'accordo con; v/t scendere; **~ ready** prepararsi; **~ up** alzarsi; **have got** avere; tenere; **I have got to** ho da; devo
geyser [ˈgaizə] scaldabagno m
ghastly [ˈgɑːstli] orribile
gherkin [ˈgəːkin] cetriolino m
ghost [goust] fantasma m; spettro m; **Holy ♀** Spirito m Santo; **give up the ~** morire; **~ly** spettrale
giant [ˈdʒaiənt] gigante m
gibbon [ˈgibən] gibone m
giblets [ˈdʒiblits] pl rigaglie f/pl
giddy [ˈgidi] vertiginoso;

feel ~ avere le vertigini

gift [gift] regalo *m*; dono *m*; talento *m*; **~ed with** dotato di

gigantic [dʒai'gæntik] gigantesco

giggle ['gigl] *s* risata *f* sciocca; *v/i* ridere scioccamente

gild [gild] *v/t*, *irr* dorare

gill [gil] branchia *f*

gilt-edged securities *pl* titoli *m/pl* sicuri

gin [dʒin] gin *m*

ginger ['dʒindʒə] zenzero *m*

gipsy ['dʒipsi] zingaro(a) *m (f)*

giraffe [dʒi'rɑːf] giraffa *f*

gird [gəːd] *v/t*, *irr* cingere; **~le** cintura *f*; panciera *f*

girl [gəːl] ragazza *f*; **~ guide** esploratrice *f*; **~ish** da ragazza

girth [gəːθ] circonferenza *f*

gist [dʒist] sostanza *f*; contenuto *m* essenziale

give [giv] *v/t*, *irr* dare; regalare; **~ back** restituire; **~ in** cedere; **~ out** distribuire; **~ up** rinunciare a; **~ o.s. up** *v/r* arrendersi; **~n name** nome *m* di battesimo; **~n to** dedito a

glacier ['glæsjə] ghiacciaio *m*

glad [glæd] contento; lieto; **~ly** volentieri

glamo(u)r ['glæmə] fascino *m*; **~ous** affascinante

glance [glɑːns] *s* occhiata *f*; sguardo *m*; *v/i*, *v/t* dare un'occhiata; gettare uno sguardo; **~ over a book** sfogliare un libro

gland [glænd] ghiandola *f*

glare [gleə] *s* bagliore *m*; sguardo *m* feroce; *v/t* risplendere; guardare ferocemente

glass [glɑːs] *a* di vetro; di cristallo; *s* vetro *m*; bicchiere *m*; cristallo *m*; specchio *m*; barometro *m*; **(a pair of) ~es** *pl* occhiali *m/pl*; **stained** ~ vetro *m* colorato; **~ware** cristallerie *f/pl*; **~works** *pl* vetreria *f*

glaucoma [glɔː'koumə] glaucoma *m*

glaz|e [gleiz] *s* vernice *f*; smalto *m*; *v/t* verniciare; smaltare; fornire di vetri; **~ier** vetraio *m*

gleam [gliːm] *s* barlume *m*; *v/i* brillare; **~ing** brillante

glee [gliː] giubilo *m*

glib [glib] pronto di lingua

glide [glaid] *v/i* scivolare; planare; **~r** aliante *m*

glimmer ['glimə] *s* luce *f* fioca; *v/i* mandare una luce fioca

glimpse [glimps] *s* sguardo *m*; *v/t* intravedere

glint [glint] *s* luccichio *m*; *v/i* luccicare

glisten ['glisn] *v/i* luccicare

glitter ['glitə] *s* luccichio *m*; *v/i* luccicare

gloat [glout] **(over)** *v/i* gioire di

globe [gloub] mappamondo *m*

gloom [gluːm] oscurità *f*; tristezza *f*; **~y** oscuro; triste

glor|ify ['glɔːrifai] *v/t* glorificare; **~ious** glorioso; **~y** gloria f

gloss [glɔs] s lucidezza

glossary ['glɔsəri] glossario m

glove [glʌv] guanto m

glow [glou] s incandescenza f; ardore m; splendore m; v/i ardere; essere incandescente; **~ing** ardente; incandescente; entusiasta; **~worm** lucciola f

glue [glu:] s colla f; v/t incollare

glum [glʌm] triste; di mal umore

glut [glʌt] s saturazione f; sazietà f; v/t saturare; saziare; **~ton** ghiottone m; **~tony** ingordigia f; golosità f

gnarled [nɑ:ld] nodoso

gnash [næʃ] v/t digrignare (i denti)

gnat [næt] moscerino m

gnaw [nɔ:] v/t rodere; rosicchiare

go [gou] v/i, irr andare; camminare; funzionare; **~ ahead** andare avanti; **~ away** andare via; **~ back** tornare; **~ by** passare; **~ for** andare a prendere; attaccare; **~ home** andare a casa; **~ in for** iscriversi a; dedicarsi a; **~ off** andarsene; andare a male; **~ on** continuare; proseguire; **~ out** uscire; spegnersi; **~ through** passare per; **~ up** salire; **~ without** fare a meno, s fam spirito m; energia f; **on the ~** in attività

goad [goud] s pungolo m; v/t pungolare

goal [goul] metà f; porta f (nel calcio); rete f (nel calcio); **~keeper** portiere m

goat [gout] capra f

go-between mediatore m

goblet ['gɔblit] coppa f

goblin ['gɔblin] folletto m

God [gɔd] Dio m

god|child figlioccio(a) m (f); **~dess** dea f; **~father** padrino m; **~less** ateo; empio; **~ly** devoto; pio; **~mother** madrina f; **~parents** pl padrini m/pl

goggles ['gɔglz] pl occhiali m/pl di protezione

going ['gouin]: **be ~ to** stare per

goitre ['gɔitə] gozzo m

gold [gould] oro m; **~en** d'oro; **~fish** pesce m rosso; **~smith** orefice m

golf [gɔlf] golf m; **~course** campo m da golf; **~er** giocatore m di golf

gone [gɔn] andato; perduto; passato; morto

good [gud] s bene m; a buono; **as ~ as** (tanto) buono quanto; **a ~ deal** parecchio; **~ afternoon** buona sera; **~bye** arrivederci; **~for-nothing** buono a niente m; ♀ **Friday** Venerdì m Santo; **it's no ~** non vale niente; è inutile; **~looking** bello; **~ luck!** buona fortuna!; **~ morning** buon giorno; **~ness** bontà f; **~will** buona volontà f

goods

goods pl merce f; **~ train** treno m merci

goose [gu:s], pl **geeze** [gi:s] oca f

gooseberry ['guzbəri] uva f spina; **~-flesh** ['gu:s-] pelle f d'oca

gorge [gɔ:dʒ] geog gola f; **~ous** splendido; sfarzoso

gorilla [gə'rilə] gorilla m

gospel ['gɔspəl] vangelo m

gossip ['gɔsip] s pettegolezzi m/pl; pettegolo(a) m (f); v/i pettegolare

gothic ['gɔθik] gotico

gourd [guəd] zucca f

gout [gaut] gotta f

govern ['gʌvən] v/t governare; dominare; **~ess** istitutrice f; **~ing board** consiglio m amministrativo; **~ment** governo m

gown [gaun] vestito m; toga f

grab [græb] v/t acchiappare

grace [greis] s grazia f; favore m; v/t favorire; **~ful** aggraziato

gracious ['greiʃəs] condiscendente; **good ~!** caspita!

grade [greid] s grado m; v/t classificare; **~e crossing** Am passaggio m a livello; **~ient** ['greidjənt] pendenza f; **~ual** ['grædʒuəl] graduale; **~ually** adv a poco a poco; **~uate** ['-djueit] v/t graduare; v/i (university) laurearsi

graft [grɑ:ft] s innesto m; v/t innestare

grain [grein] grano m

grammar ['græmə] gram-

matica f; **~ian** grammatico m; **~school** scuola f media

gram [græm] cf **gramme**

gramme [græm] grammo m

gramophone ['græməfoun] grammofono m

grand [grænd] in grande; illustre; magnifico; **~daughter** nipote f; **~eur** ['-ndʒə] splendore m; **~father** nonno m; **~iose** grandioso; **~mother** nonna f; **~pa** ['-npɑ:] fam nonno m; **~son** nipote m; **~stand** tribuna f

granite ['grænit] granito m

granny ['græni] fam nonna f

grant [grɑ:nt] s concessione f; borsa f di studio; v/t concedere; **take for ~ed** essere sicuro; dare per fatto

granulate ['grænjuleit] v/t granulare

grape [greip] uva f; chicco m d'uva; **~fruit** pompelmo m

graphic ['græfik] grafico

grasp [grɑ:sp] v/t afferrare; s presa f; stretta f; comprensione f; **~ing** avido; avaro

grass [grɑ:s] erba f; **~hopper** cavalletta f

grate [greit] s grata f; griglia f; v/t grattugiare

grateful ['greitful] grato; riconoscente; **~ness** gratitudine f

grating ['greitiŋ] s grata f; inferriata f; a irritante

gratis ['greitis] a gratuito; adv gratis

gratuit|ous [grə'tju(:)itəs]

gratuito; **~y** gratificazione *f*
grave [greiv] *a* grave; serio; *s*
tomba *f*
gravel ['grævəl] ghiaia *f*
graveyard camposanto *m*
gravitation [grævi'teiʃən]
gravitazione *f*
gravity ['~ti] gravità *f*; serietà *f*
gravy ['greivi] sugo *m* di
carne
gray [grei] *Am* grigio
graz|e [greiz] *s* abrasione *f*;
v/t sfiorare; escoriare; *v/i*
pascolare; **~ing** pascolo *m*
greas|e [gri:s] *s* grasso *m*;
lubrificante *m*; unto *m*; *v/t*
ungere; lubrificare; **~y**
grasso; unto; untuoso
great [greit] grande; **a ~
deal** molto; **a ~ many**
molti(e); **~est** massimo; **~
grandfather** bisnonno *m*;
~grandmother bisnonna
f; **~ly** molto; **~ness** grandezza *f*
Grecian ['gri:ʃən] greco
greed [gri:d] golosità *f*; avidità *f*; **~y** goloso; avido
Greek [gri:k] *a*, *s* greco (*m*)
green [gri:n] *a* verde; *s* verde
m; **~grocer** ortolano *m*;
~house serra *f*; **~s** *pl* verdura *f*
greet [gri:t] *v/t* salutare;
~ing saluto *m*
grenade [gri'neid] granata *f*
grey [grei] grigio; **~hound**
levriere *m*
grid [grid] rete *f*
grie|f [gri:f] dolore *m*;
~vance lagnanza *f*; **~ve** *v/t*

affliggere; *v/i* essere addolorato; soffrire
grill [gril] *s* griglia *f*; *v/t* fare
alla griglia
grim [grim] torvo; fosco
grimace [gri'meis] smorfia *f*
grim|e [graim] sudiciume
m; **~y** sudicio
grin [grin] *s* sogghigno *m*; *v/i*
sogghignare
grind [graind] *v/t*, *irr* macinare; digrignare (*i denti*);
v/i sgobbare; **~stone** macina *f*
grip [grip] *s* stretta *f*; presa *f*;
v/t afferrare
gripes [graips] *pl* colica *f*
grisly ['grizli] spaventoso;
orribile
gristle ['grisl] cartilagine *f*
grit [grit] sabbia *f*
grizzled ['grizld] grigio
groan [groun] *s* gemito *m*;
v/i gemere
grocer ['grousə] negoziante
m di generi alimentari; droghiere *m*; **~'s ~y** negozio *m*
di generi alimentari; (**shop**)
drogheria *f*
grog [grɔg] grog *m*; **~gy** debole; intontito
groin [grɔin] inguine *m*
groom [grum] *s* mozzo *m* (*di
stalla*); *v/t* strigliare
groove [gru:v] *s* solco *m*; *v/t*
solcare
grope [group] *v/t*, *v/i* andare
a tentoni
gross [grous] grossolano;
volgare; *comm* lordo; **~
weight** peso *m* lordo
grotesque [grou'tesk] grot-

tesco

ground [graund] s suolo *m*; terreno *m*; terra *f*; motivo *m*; base *f*; *v/i* basare; fondare; *v/i* incagliarsi; **~floor** pianterreno *m*; **~ hog** marmotta *f*; **~less** infondato; **~nut** arachide *f*; **~work** fondamento *m*; base *f*

group [gru:p] s gruppo *m*; *v/t* raggruppare; *v/i* raggrupparsi

grove [grouv] boschetto *m*

grow [grou] *v/t, irr* coltivare; *v/i* crescere; svilupparsi; diventare; **~ dark** oscurarsi; farsi buio; **~ less** diminuire; **~ up** crescere; **~er** coltivatore *m*; **~ing** *a* crescente; s coltivazione *f*

growl [graul] s borbottio *m*; *v/i* borbottare

grown-up adulto *m*

growth [grouθ] crescita *f*; sviluppo *m*; *med* tumore *m*

grub [grʌb] larva *f*; **~by** sudicio

grudge [grʌdʒ] s rancore *m*; risentimento *m*; *v/t* dare malvolentieri

gruel [gruəl] pappa *f*

gruesome ['gru:sʌm] macabro; orribile

gruff [grʌf] aspro; sgarbato

grumble ['grʌmbl] *v/i* borbottare; brontolare; **~r** brontolone *m*

grunt [grʌnt] *v/i* grugnire

guarantee [,gærən'ti:] s garanzia *f*; *v/t* garantire; **~or**

[,ˈtɔ:] mallevadore *m*; **~y** ['~ti] garanzia *f*

guard [ga:d] s guardia *f*; *mil* sentinella *f*; **on one's ~** in guardia; *v/t, v/i* proteggere; custodire; **~ian** guardiano *m*; tutore *m*

guess [ges] s supposizione *f*; congettura *f*; *v/t, v/i* indovinare; supporre

guest [gest] ospite *m, f*; cliente *m, f*; **~house** pensione *f*

guid|ance ['gaidns] guida *f*; **~e** s guida *f*; *v/t* guidare; **~ebook** guida *f*

guild [gild] arte *f*, corporazione *f*

guile [gail] astuzia *f*

guillotine [,gi:lə'ti:n] ghigliottina *f*

guilt [gilt] colpa *f*; colpevolezza *f*; **~less** innocente; **~y** colpevole

guinea ['gini] ghinea *f*; **~pig** porcellino *m* d'India

guise [gaiz] apparenza *f*; foggia *f*

guitar [gi'ta:] chitarra *f*

gulf [gʌlf] golfo *m*

gull [gʌl] gabbiano *m*

gull|et ['gʌlit] esofago *m*; gola *f*; **~y** burrone *m*

gulp [gʌlp] *v/t* tranguggiare

gum [gʌm] s gomma *f*; gengiva *f*; *v/t* ingommare

gun [gʌn] fucile *m*; cannone *m*; pistola *f*; **~powder** polvere *f* da sparo; **~smith** armaiolo *m*

gurgle ['gə:gl] s gorgoglio *m*; *v/t* gorgogliare

hammock

gush [gʌʃ] s zampillo m; fam effusioni f/pl; v/i zampillare; fare effusioni

gust [gʌst] raffica f

gusto ['gʌstou] gusto m; entusiasmo m

guts [gʌts] pl intestino m; minugia f; **have ~s** avere coraggio

gutter ['gʌtə] cunetta f; grondaia f

guy [gai] spauracchio m; Am uomo m; tipo m

gym [dʒim], **gymnas|ium** ['neizjəm] palestra f; **~tics** [~'næstiks] pl ginnastica f

gyn(a)ecolog|ist [ˌgaini'kɔlədʒist] ginecologo m; **~y** ginecologia f

gypsy ['dʒipsi] zingaro(a) m (f)

H

haberdashery ['hæbədæʃə] merceria f

habit ['hæbit] abitudine f; costume m; **~able** abitabile

habitual [hə'bitjuəl] abituale

hack [hæk] cavallo m di nolo; **~neyed** comune; **~saw** sega f per metalli

haddock ['hædək] merluzzo m

h(a)emorrhage ['heməridʒ] emorragia f

hag [hæg] strega f

haggard ['hægəd] magro; sparuto

hail [heil] s grandine f; grido m; saluto m; v/i grandinare; v/t chiamare

hair [hɛə] pelo m; capelli m/pl; **~brush** spazzola f per capelli; **~cut** taglio m di capelli; **~dresser** parrucchiere m per signora; **~drier** asciugatore m per capelli; **~pin** forcina f; **~raising** orripilante; **~y** peloso

half [ha:lf] s mezzo m; metà f; a mezzo; adv a metà; **~ an hour** mezz'ora f; **~back** (sport) secondo m; **~baked** immaturo; **~breed** mesticcio m; **~brother** fratellastro m; **~moon** mezza luna f; **~witted** scemo; **~yearly** semestrale

halibut ['hælibət] pianuzza f

hall [hɔ:l] ingresso m; sala f; salone m

hallo! [hə'lou] ciao!

hallowed ['hæloud] santificato

hallucination [həˌlu:si'neiʃən] allucinazione f

halo ['heilou] aureola f

halt [hɔ:lt] s fermata f; v/t fermare; v/i fermarsi

halter ['hɔ:ltə] capestro m

halve [hɑ:v] v/t dividere in due parti uguali; dimezzare

ham [hæm] prosciutto m

hamlet ['hæmlit] piccolo villaggio m

hammer ['hæmə] s martello m; v/t martellare

hammock ['hæmək] amaca f

hamper ['hæmpə] cesta *f*;
v/t impedire; ostacolare

hamster ['hæmstə] criceto
m

hand [hænd] *s* mano *f*; lancetta *f* (*dell'orologio*); calligrafia *f*; **at ~** disponibile; **on the one ~** da una parte; **on the other ~** dall'altra parte; **on the right ~** a destra; **second ~** di seconda mano; *v/t* porgere; **~ in, ~ over** consegnare; **~bag** borsa *f* a mano; **~book** manuale *m*; **~cuffs** *pl* manette *f/pl*; **~ful** manata *f*; pugno *m*

handi|cap ['hændikæp] *s* impedimento *m*; svantaggio *m*; *v/t* mettere a svantaggio; **~craft** lavoro *m* a mano; artigianato *m*

handkerchief ['hæŋkətʃif] fazzoletto *m*

handle ['hændl] *s* manico *m*; maniglia *f*; *v/t* maneggiare; **~ bar** manubrio *m*

hand-luggage bagaglio *m* a mano; **~made** fatto a mano; **~rail** mancorrente *m*; **~shake** stretta *f* di mano; **~some** bello; **~work** lavoro *m* a mano; **~writing** calligrafia *f*; **~y** destro; comodo

hang [hæŋ] *v/t, v/i, irr* appendere; attaccare; impiccare (*un criminale*); *v/i* pendere; essere sospeso

hangar ['hæŋə] aviorimessa *f*

hanger ['hæŋə], **coat ~** gruccia *f*

hang|ings ['hæŋiŋz] *pl* tap-

pezzeria *f*; **~man** boia *m*; **~over** conseguenze *f/pl* (di ubriachezza)

hank [hæŋk] matassa *f*

haphazard ['hæp'hæzəd] *a* a casaccio

happen ['hæpən] *v/i* succedere; accadere; trovarsi; **~ing** avvenimento *m*

happ|ily ['hæpili] felicemente; **~iness** felicità *f*; **~y** felice; **~y-go-luck** spensierato

harass ['hærəs] *v/t* tormentare

harbo(u)r ['hɑːbə] *s* porto *m*; *fig* rifugio *m*; *v/t* accogliere; albergare; *fig* nutrire

hard [hɑːd] duro; difficile; severo; **~boiled egg** uovo *m* sodo; **~ up** a corto di quattrini; **~en** *v/t* indurire; *v/i* indurirsi; **~headed** pratico; **~hearted** duro; insensibile; *fig* appena; **~ly ever** quasi mai; **~ness** durezza *f*; **~ship** sacrificio *m*; **~ware** ferramenta *f/pl*; **~y** robusto

hare [hɛə] lepre *f*; **~bell** campanula *f*; **~brained** scervellato; **~lip** labbro *m* leporino

harem ['hɛərəm] arem *m*

haricot ['hærikou] fagiolino *m*

hark! [hɑːk] ascoltate!

harlequin ['hɑːlikwin] Arlecchino *m*

harm [hɑːm] *s* danno *m*; *v/t* danneggiare; **~ful** dannoso; **~less** innocuo

harmon|ious [hɑːˈmounjəs] armonioso; **~y** [ˈhɑːməni] armonia f

harness [ˈhɑːnis] bardatura f; finimenti m/pl; v/t bardare; fig utilizzare

harp [hɑːp] s arpa f; **~ on** v/i insistere; **~ist** arpista m, f

harpoon [hɑːˈpuːn] s fiocina f; v/t fiocinare

harpsichord [ˈhɑːpsikɔːd] clavicembalo m

harrow [ˈhærou] v/t fig straziare; s erpice m

harsh [hɑːʃ] aspro; severo

harvest [ˈhɑːvist] s raccolto m; v/t raccogliere; **combine ~er** mietitrebbia f

hash [hæʃ] s ragù m; fig pasticcio m; v/t pasticciare; **make a ~** fare un pasticcio

hast|e [heist] s fretta f; **~en** v/i affrettarsi; **~y** frettoloso

hat [hæt] cappello m

hatch [hætʃ] s covata f; v/t covare; v/i schiudersi; (ideas) maturarsi

hatchet [ˈhætʃit] accetta f

hat|e [heit] s odio m; v/t odiare; **~eful** odioso; **~red** odio m

haughti|ness [ˈhɔːtinis] superbia f; **~y** altero; superbo

haul [hɔːl] s retata f (di pesci) fig guadagno m; v/t tirare; trascinare

haunch [hɔːntʃ] anca f

haunt [hɔːnt] s ritrovo m; v/t frequentare; ossessionare

have [hæv, həv] v/t, irr avere; **I had rather** prefe-

rirei; **~ got** fam avere; **~ to** dovere

haven [ˈheivn] porto m; rifugio m

havoc [ˈhævək] distruzione f; devastazione f

hawk [hɔːk] falco m; **~er** venditore m ambulante

hawthorn [ˈhɔːθɔːn] biancospino m

hay [hei] fieno m; **~ fever** asma m del fieno; **~loft** fienile m

hazard [ˈhæzəd] s azzardo m; v/t azzardare

haz|e [heiz] nebbia f; **~y** nebbioso

H-bomb [ˈeitʃbɔm] bomba f H; bomba f all'idrogeno

he pron egli; **~ who** quello che; chi

head [hed] s testa f; capo m; v/t intestare; v/i dirigersi; **~ache** mal m di testa; **~gear** acconciatura f del capo; **~ing** titolo m; **~lights** pl fari m/pl; **~line** titolo m; **~ mistress** direttrice f; **~ office** sede f centrale; **~quarters** pl quartieri m/pl generali; **~strong** testardo; **~way** progressi m/pl

heal [hiːl] v/t guarire; sanare

health [[helθ]] salute f; **~y** sano

heap [hiːp] s mucchio m; cumulo m; v/t ammucchiare; accumulare

hear [hiə] v/t, irr sentire; **~er** ascoltatore m; **~ing** udito m; ascolto m; udienza f; **with-**

in ~ing a portata di voce; ~say diceria f

hearse [hə:s] carro m funebre

heart [hɑ:t] cuore m; **at** ~ in fondo; **by** ~ a memoria; ~ **breaking** straziante; ~**burn** bruciore m di stomaco; ~**en** v/t rincorare; ~**y** cordiale

hearth [hɑ:θ] focolare m

heat [hi:t] s caldo m; calore m; v/t riscaldare; v/i riscaldarsi; ~**er** stufa f

heathen ['hi:ðən] a, s pagano (m)

heather ['heðə] erica f

heating ['hi:tiŋ] riscaldamento m

heave [hi:v] v/t, irr alzare; sollevare; **a sigh** sospirare

heaven ['hevn] cielo m; paradiso m; ~**ly** divino; celeste

heav|iness ['hevinis] pesantezza f; ~**y** pesante; ~**y current** corrente f elettrica ad alta tensione; ~**y-handed** maldestro; ~**yweight** peso m massimo

Hebrew ['hebru:] a, s ebraico (m); ebreo (m)

hectic ['hektik] febbrile; agitato

hedge [hedʒ] s siepe f; v/i essere evasivo; ~**hog** riccio m

heed [hi:d] s attenzione f; v/t fare attenzione; ~**less** disattento

heel [hi:l] tallone m; tacco m (della scarpa); **take to one's** ~**s** fuggire

hefty ['hefti] forte; robusto

heifer ['hefə] giovenca f

height [hait] altezza f; fig colmo m; culmine m; ~**en** v/t aumentare

heinous ['heinəs] orribile; atroce

heir [ɛə] erede m; ~**dom** eredità f; ~**ess** ereditiera f

helicopter ['helikɔptə] elicottero m

hell [hel] inferno m; ~**ish** infernale

hello ['he'lou] interj buon giorno; (telephone) pronto

helm [helm] timone m

helmet ['helmit] casco m

help [help] s aiuto m; soccorso m; v/t aiutare; soccorrere; **I can't** ~ **laughing** non posso fare a meno di ridere; ~**ful** servizievole; utile; ~**ing** porzione f; ~**less** impotente

hem [hem] s orlo m; v/t orlare; fare l'orlo a

hemisphere ['hemisfiə] emisfero m

hemlock ['hemlɔk] cicuta f

hemp [hemp] canapa f

hemstitch ['hemstitʃ] orlo m a giorno

hen [hen] gallina f

hence [hens] adv da qui; quindi; perciò; ~**forth** d'ora in poi

hen|-coop ['henku:p] pollaio m; ~**pecked** dominato dalla moglie

hepatitis [ˌhepə'taitis] epatite f

her [hə:] adj poss suo, sua (di

lei); suoi; sue (*di lei*); *pron pers* lei, la sua

herald ['herəld] *s* araldo *m*; *v/t* annunciare; **~ry** araldica *f*

herb [hə:b] *s* erba *f*; **sweet ~s** *pl* erbe *f/pl* aromatiche *f*

herd [hə:d] branco *m*; gregge *f*; mandria *f*; *v/t* riunire in greggi; *v/i* formare greggi; **~sman** mandriano *m*

here [hiə] *adv* qui; **~ you are** eccoti; **~'s to you** alla sua salute; **~ look** guardate qui; **~ over** per di qui; **~after** in seguito

hereditary [hi'reditəri] ereditario

herein [hiə'rin] qui dentro; **~of** di questo

heresy ['herəsi] eresia *f*

heritage ['heritidʒ] eredità *f*

hermit ['hə:mit] eremito *m*

hernia ['hə:njə] ernia *f*

hero ['hiərou] eroe *m*; protagonista *m*; **~ic** [hi'rouik] eroico; **~ine** ['herouin] eroina *f*; protagonista *f*; **~ism** eroismo *m*

heron ['herən] airone *m*

herring ['heriŋ] aringa *f*

hers [hə:z] *pron poss* suo, sua; il suo, la sua; i suoi, le sue; **~elf** sè stessa; lei stessa

hesitate ['heziteit] *v/i* esitare; **~tion** esitazione *f*

hew [hju:] *v/t*, *irr* abbattere (*alberi*); spaccare (*pietra*)

hi! [hai] *Am* ciao

hibernate ['haibəneit] *v/i* svernare

hiccup ['hikʌp] singhiozzo *m*

hide [haid] *v/t* nascondere; *v/i* nascondersi; *s* pelle *f*

hideous ['hidiəs] orribile; mostruoso

hiding-place nascondiglio *m*

hierarchy ['haiərɑ:ki] gerarchia *f*

high [hai] alto; elevato; caro, **be ~** essere alticcio; **it is ~ time** sarebbe proprio ora; **~brow** intellettuale; **~handed** arbitrario; **~lands** *pl* regione *f* montuosa; **~light** *v/t* dare risalto; **~ness** altezza *f*; **~ pressure** alta pressione *f*; **~school** scuola *f* media; **~spirited** vivace; **~ tide** alta marea *f*; **~way** *Am* strada *f* maestra; **~way code** codice *m* stradale

hijack ['haidʒæk] *v/t* rapire

hike [haik] *v/i* fare una gita (*a piedi*); *s* gita *f*; **~r** viandante *m*

hilarious [hi'lɛəriəs] allegrissimo

hill [hil] colle *m*; collina *f*; **~y** collinoso

hilt [hilt] elsa *f*; impugnatura *f*

him [him] *pron pers* lui, lo, gli; **~self** sè stesso; lui stesso

hind [haind] *s* daina *f*; cerva *f*; *a* posteriore

hinder ['hində] *v/t* impedire; ostacolare

hindmost ['haindmoust] ultimo

hindrance ['hindrəns] impedimento m; ostacolo m

hinge [hindʒ] cardine m; ganghero m

hint [hint] s allusione f; accenno m; v/t alludere; accennare

hinterland ['hintəlænd] retroterra f

hip [hip] anca f; fianco m

hippopotamus [hipə'potəməs] ippopotamo m

hire ['haiə] s nolo m; v/t noleggiare; affittare; **~ling** mercenario m; **~purchase** vendita f a rate

his adj poss suo, sua (di lui); suoi, sue (di lui); pron poss suo, sua; il suo, la sua; suoi, sue, i suoi, le sue

hiss [his] s fischio m; sibilo m; v/t, v/i fischiare; sibilare

histor|ian [his'tɔriən] storico m; **~ic, ~ical** storico; **~y** ['ʌəri] storia f

hit [hit] s colpo m; successo m; v/t colpire; picchiare; **~and-run-driving** latitanza f del conducente; **~ the nail on the head** dire proprio giusto

hitch [hitʃ] s scossa f; v/t agganciare; **~hike** fare l'autostop

hither ['hiðə] qui; qua; **~to** finora

hive [haiv] alveare m

hoard [hɔːd] s provvisione f; v/t ammassare; accumulare; **~ing** impalcatura f

hoarfrost ['hɔː'frɔst] brina f

hoarse [hɔːs] rauco

hoax [houks] s inganno m; v/t ingannare

hobble ['hɔbl] v/i zoppicare

hobby ['hɔbi] passione f; passatempo m preferito; **~horse** cavallo m a dondolo; passione f

hobgoblin ['hɔgɔblin] folletto m

hobo ['houbou] vagabondo m

hocus-pocus ['houkəs'poukəs] sciocchezze f/pl

hoe [hou] s zappa f; v/t zappare

hog [hɔg] s porco m; maiale m

hoist [hɔist] s montacarico m; v/t innalzare; sollevare

hold [hould] s presa f; fig dominio m; v/t, irr tenere; **~back** ritenere; **~off** tenere lontano; **~out** resistere; **~up** tenere in alto; reggere; trattenere; **~ing** tenuta f; **~up** assalto m a mano armata; congestionamento m

hole [houl] buco m

holiday ['hɔlədi, ~dei] festa f; **~s** pl vacanze f/pl

hollow ['hɔlou] a incavato; s incavo m; v/t scavare

holly ['hɔli] agrifoglio m

holy ['houli] santo; ♀ **Ghost** Spirito m Santo; ♀ **Thursday** Giovedì m Santo

homage ['hɔmidʒ]: **pay ~** fare omaggio

home [houm] casa f; **at ~** in casa; **~less** senza tetto; **~ly** casalingo; semplice; **~ market** mercato m nazionale; ♀ **Office** Ministero m degli Interni (in Inghilterra); ♀ **Secretary** Ministro m degli Interni (in Inghilterra); **.sick: feel .sick** avere la nostalgia; **. town** città f natale; **.ward(s)** a casa, verso casa

homicide ['hɔmisaid] omicidio m

homosexual a, s ['hɔmou-'seksjuəl] omosessuale (m)

honest ['ɔnist] onesto; **.y** onestà f

honey ['hʌni] miele m; **.comb** favo m; **.moon** luna f di miele; **.suckle** caprifoglio m

hono(u)r ['ɔnə] s onore m; onoranza f; (title) eccellenza f; v/t onorare; comm accettare; pagare; **.able** onorevole

hood [hud] cappuccio m; mantice m (di carrozza, carrozzina); **.wink** v/t ingannare

hoodlum ['hu:dləm] teppista m

hoof [hu:f], pl **.s, hooves** zoccolo m

hook [huk] s gancio m; uncino m; amo m; **by . or by crook** per dritto o per traverso; in un modo o in un altro; v/t agganciare

hoop [hu:p] cerchio m (di legno o di metallo)

hooping cough ['hu:piŋkɔf] tosse f canina

hoot [hu:t] v/i gridare; (train) fischiare; (car) suonare

hop [hɔp] s salto m; v/i saltare

hope [houp] s speranza f; v/t, v/i sperare; **.ful** speranzoso; ottimista; **.less** senza speranza; disperato

horizon [hə'raizn] orizzonte m; **.tal** [hɔri'zɔntl] orizzontale

horn [hɔ:n] corno m

hornet ['hɔ:nit] calabrone m

horny ['hɔ:ni] calloso

horoscope ['hɔrəskoup] oroscopo m

horr|ible ['hɔrəbl] orribile; **.id** odioso; **.ify** [.ifai] v/t far inorridire; **.or** orrore m

horse [hɔ:s] cavallo m; cavalleria f; **on .back** a cavallo; **.hair** crine m di cavallo; **.man** cavaliere m; **.power** cavallo m vapore; **.race** corsa f di cavalli; **.radish** rafano m; **.shoe** ferro m di cavallo; **.whip** frustino m

horticulture ['hɔ:tikʌltʃə] orticoltura f

hos|e [houz] pompa f; **.e** pl calze f/pl; **.iery** maglieria f

hospi|table ['hɔspitəbl] ospitale; **.tal** ospedale m; **.tality** ospitalità f

host [houst] ospite m; moltitudine f

hostage ['hɔstidʒ] ostaggio m

hostel ['hɔstəl] casa f dello studente; **youth .** albergo m della gioventù

hostess ['houstis] padrona f di casa

hostil|e ['hɔstail] ostile; **.ity**

[ˌ'tiliti] ostilità *f*

hot [hɔt] *adj; fig* ardente; ~ **dog** salsiccia *f* con panino; ~ **get** ~ riscaldarsi; **it is** ~ fa caldo; ~**-blooded** di sangue caldo; ~**-water-bottle** bottiglia *f* d'acqua calda

hotel [hou'tel] albergo *m*

hot-headed impulsivo; ~**house** serra *f*; ~ **springs** *pl* acque *f/pl* termali; ~**wa-ter-bottle** bottiglia *f* d'acqua calda

hound [haund] cane *m* da caccia; levriero *m*

hour ['auə] ora *f*; ~**ly** ogni ora

house [haus] *s* casa *f*; *teat* sala *f*; 2 **of Commons** Came-ra *f* dei Comuni; Camera *f* dei Deputati (*in Inghilter-ra*); 2 **of Lords** Senato *m* (*in Inghilterra*); 2s *pl* **of Par-liament** Parlamento *m* (*in Inghilterra*); *v/t* alloggiare; ~**keeper** massaia *f*; ~**maid** cameriera *f*; ~**wife** massaia *f*, levriero *m* domestico; faccende *f/pl* di casa

how [hau] *adv* come; (*exla-matory*) come; quanto; ~ **far?** quant'è lontano? ~ **long?** quanto tempo? ~ **much?** quanto(a)?; ~ **many?** quanti(e)?; ~ **do you do?,** ~ **are you?** come sta?; ~ **know-how** cognizio-ne *f* di causa

however *conj* comunque; tuttavia; *adv* per quanto ... che sia

howl [haul] *s* grido *m*; *v/i* gridare; urlare

hub [hʌb] mozzo *m* (*di ruo-ta*); *fig* punto *m* centrale

hubbub ['hʌbʌb] tumulto *m*; vociare *m*

huckle ['hʌkl] anca *f*, fianco *m*

huddle ['hʌdl] *v/i* ammuc-chiarsi; accoccolarsi

hue [hju:] colore *m*; tinta *f*

hug [hʌg] abbraccio *m* forte; *v/t* abbracciare

huge [hju:dʒ] enorme; im-menso

hull [hʌl] scafo *m*

hullabaloo [hʌləbə'lu:] chiasso *m*

hullo [hʌ'lou] *interj* (tele-phone) pronto

hum [hʌm] *s* ronzio *m*; *v/t* canticchiare (*a labbre chiu-se*); *v/i* ronzare

human ['hju:mən] umano; ~**e** [ˌ'mein] umano; ~**itar-ian** [ˌ'mæni'tɛəriən] umani-tario; ~**ity** [ˌ'mæniti] uma-nità *f*

humble ['hʌmbl] umile; ~**ness** umiltà *f*

humbug ['hʌmbʌg] scioc-chezze *f/pl*; (*person*) impo-store *m*

humdrum ['hʌmdrʌm] monotono

humid ['hju:mid] umido; ~**ity** [ˌju:(')'miditi] umidità *f*

humiliate [hju:(')milieit] *v/t* umiliare; ~**ation** umi-liazione *f*; ~**ty** umiltà *f*

humming-bird ['hʌmiŋ-bəd] colibrì *m*

humorous ['hju:mərəs] umoristico; spiritoso

humo(u)r ['hju:mə] *s* umore *m*; umorismo *m*; *v/t* prendere per il verso buono

hump [hʌmp] gobba *f*

hunch [hʌntʃ] gobba *f*; *fam* idea *f*; **~back** gobbo *m*

hundredweight ['hʌndrədweit] quintale *m*

Hungar|ian [hʌŋ'gɛəriən] *a*, *s* ungherese (*m*, *f*); **~y** Ungheria *f*

hung|er ['hʌŋgə] *s* fame *f*; *v/i* bramare; **~ry** affamato; **be ~ry** avere fame

hunk [hʌŋk] tozzo *m*

hunt [hʌnt] *s* caccia *f*; *v/t*, *v/i* cacciare; **~er** cacciatore *m*; **~ing** caccia *f*

hurdle ['hə:dl] graticcio *m*; siepe *f* mobile

hurl [hə:l] *v/t* scagliare

hurra|h!, **~y** [hurei] evviva!

hurricane ['hʌrikən] uragano *m*

hurry ['hʌri] *s* fretta *f*; **be in a ~** avere fretta; *v/t* affrettare; *v/i* affrettarsi; **~ up!** sbrigati!

hurt [hə:t] *s* danno *m*; ferita *f*; *v/t*, *v/i*, *irr* far male a

husband ['hʌzbənd] marito *m*; sposo *m*

hush [hʌʃ] *s* silenzio *m*; *v/t* far star zitto; *interj* zitto!; silenzio!; **~ up** mettere a tacere

husk [hʌsk] buccia *f*; **~y** rauco; forte

hustle ['hʌsl] *v/t* spingere; *v/i* affaccendarsi

hut [hʌt] capanna *f*

hutch [hʌtʃ] capanna *f*; gabbia *f* (*per conigli*)

hyacinth ['haiəsinθ] giacinto *m*

hybrid ['haibrid] *a*, *s* ibrido (*m*)

hydrant ['haidrənt] idrante *m*

hydraulic [hai'drɔ:lik] idraulico

hydro|carbon ['haidrou-] idrocarburo *m*; **~chloric** cloridrico; **~gen** idrogeno *m*; **~gen bomb** bomba *f* all'idrogeno; **~plane** idrovolante *m*; **~therapy** idroterapeutica *f*

hyena [hai'i:nə] iena *f*

hygien|e ['haidʒi:n] igiene *f*; **~ic** [hai'dʒi:nik] igienico

hymn [him] inno *m*

hyphen ['haifən] trattino *m*

hypnotize ['hipnətaiz] *v/t* ipnotizzare

hypocri|sy [hi'pɔkrəsi] ipocrisia *f*; **~te** ['~] ipocrita *m*, *f*; **~tical** [hipou'kritikəl] ipocrito

hypothe|sis [hai'pɔθisis] ipotesi *f*; **~tical** ipotetico

hysteri|a [his'tiəriə] isteria *f*; isterismo *m*; **~cal** isterico; **~cs** *pl* accesso *m* d'isterismo

I [ai] io

ice [ais] ghiaccio *m*; **~-cream** gelato *m*

Iceland ['aisland] Islanda *f*; **~er** islandese *m*, *f*; **~ic** islandese

ice-skate pattino *m*

icicle ['aisikl] ghiacciolo *m*; **~ing** smaltatura *f* di zucchero; **~y** gelato; gelido; di ghiaccio

idea [ai'diə] idea *f*; **~l** *a*, *s* ideale (*m*); **~lize** *v/t* idealizzare

identical [ai'dentikəl] identico; **~fication** [~fi'keiʃən] identificazione *f*; **~ifation papers** *pl* documenti *m/pl*; **~fy** *v/t* identificare; **~ty** identità *f*; **~ty card** carta d'identità

idiom ['idiəm] idioma *m*; modo *m* di dire

idle ['aidl] *s* ozioso; vano; *v/i* oziare; **~ness** ozio *m*

idol ['aidl] idolo *m*; **~ize** *v/t* deificare; idolatrare

if [if] se; **as ~** come se; **~ not** se non

ignite [ig'nait] *v/t* accendere; **~ion** [ig'niʃən] ignizione *f*; combustione *f*

ignoble [ig'noubl] ignobile

ignorance ['ignərəns] ignoranza *f*; **~e** [ig'nɔː] *v/t* trascurare

ill [il] *a* malato; *adv* male; *s* male *m*; **~-fall** ammalarsi; **~-advised** imprudente

illegal [i'liːgəl] illegale

illiterate [i'litərit] *a*, *s* inalfabeto (*m*)

ill-tempered di brutto carattere; **~-timed** inopportuno; **~-treated** maltrattato

illuminate [i'ljuːmineit] *v/t* illuminare; **~ion** illuminazione *f*

illusion [i'luːʒən] illusione *f*; **~ory** illusorio

illustrate ['iləstreit] *v/t* illustrare; **~ion** illustrazione *f*; **~ive** illustrativo

illustrious [i'lʌstriəs] illustre

ill will cattiva volontà *f*

image ['imidʒ] immagine *f*; **~ination** [i,mædʒi'neiʃən] immaginazione *f*; fantasia *f*; **~ine** [i'mædʒin] *v/t* immaginare

imbecile ['imbisiːl] imbecile

imitate ['imiteit] *v/t* imitare

immeasurable [i'meʒərəbl] immensurabile

immediate [i'miːdjət] immediato

immature [,imə'tjuə] immaturo

immense [i'mens] immenso

immerse [i'məːs] *v/t* immergere

immigrant ['imigrənt] *a*, *s* immigrante (*m*, *f*); **~tion** immigrazione *f*

imminent ['iminənt] imminente; **~mobile** [i'moubail] immobile; **~moderate** immoderato; **~modest** immodesto; impudico;

~moral immorale; **~mortal** [i'mɔːtl] immortale; **~mune** immune

impact ['impækt] urto *m*; impressione *f*

impair [im'pɛə] *v/t* danneggiare; menomare

impart [im'pɑːt] *v/t* impartire; comunicare

impatient [im'peiʃənt] impaziente

imped|e [im'piːd] *v/t* impedire; ostacolare; **~iment** impedimento *m*

impending [im'pendiŋ] imminente

imperative [im'perətiv] *a* imperioso; imperativo; *s* imperativo *m*

imperfect [im'pəːfikt] *a*, *s* imperfetto (*m*)

imperial [im'piəriəl] imperiale

im|peril [im'peril] *v/t* mettere in pericolo; **~permeable** impermeabile; **~personal** impersonale

imperishable [im'periʃəbl] non deperibile

impetuous [im'petjuəs] impetuoso

impet|us ['impitəs], *pl* **~es** [~iz] impeto *m*

implement ['implimənt] strumento *m*

implicat|e ['implikeit] *v/t* implicare; **~ion** implicazione *f*

implicit [im'plisit] implicito

implore [im'plɔː] *v/t* supplicare

imply [im'plai] *v/t* implicare; insinuare

impolite [,impo'lait] scortese; **~ness** scortesia *f*

import [im'pɔːt] *v/t* importare; ['impɔːt] *s* importazione *f*; **~ance** [~'pɔːtəns] importanza *f*; **~ant** importante; **~ation** importazione *f*

importune [im'pɔːtjuːn] *v/t* importunare

impos|e [im'pouz] *v/t* imporre; **~ upon** approfittare; **~ing** imponente

impossible [im'pɔsibl] impossibile

impostor [im'pɔstə] impostore *m*

impotent ['impətənt] impotente

impoverish [im'pɔvəriʃ] *v/t* impoverire

impregnate ['impregneit] *v/t* impregnare; ingravidare

impresario [,impre'sɑːriou] impresario *m*

impress [im'pres] *v/t* impressionare; imprimere; **~ion** impressione *f*; **~ive** impressionante

imprint [im'print] *s* impronta *f*; *v/t* imprimere; stampare

imprison [im'prizn] *v/t* imprigionare; **~ment** imprigionamento *m*

improper [im'prɔpə] scorretto; sconveniente

improve [im'pruːv] *v/t*, *v/i* migliorare; **~ment** miglioramento *m*

improvise ['imprəvaiz] v/t, v/i improvvisare

impudent ['impjudənt] sfacciato

impulse ['impʌls] impulso m; **~ive** [im'pʌlsiv] impulsivo

impunity [im'pju:niti] impunito

impure [im'pjuə] impuro

in [in] prp in; a; entro; adv dentro; in casa; **~ 1979** nel 1979; **~ my opinion** secondo me; **~ the morning** di mattina; **~ time** a tempo; **~ order** in regola; **~ print** stampato

in|accessible [inæk'sesəbl] inaccessibile; **~accurate** inesatto; **~active** inattivo; **~appropriate** inadatto; **~attentive** disattento; distratto

inborn ['inbɔ:n] innato

incapable incapace

incapacit|ate [inkə'pæsiteit] v/t incapacitare; **~y** incapacità f

incarcerate [in'kɑ:səreit] v/t incarcerare

incarnate [in'kɑ:nit] v/t incarnare

incense ['insens] s incenso m; [in'sens] v/t incensare; fig far arrabbiare

incentive [in'sentiv] incentivo m

incessant [in'sesənt] incessante

incest ['insest] incesto m

inch [intʃ] pollice m (2,54 cm)

inciden|ce ['insidəns] incidenza f; **~t** s incidente m; a incidente; inerente; **~tal** fortuito; **~tally** a proposito

incise [in'saiz] v/t incidere

incite [in'sait] v/t incitare; **~ment** incitamento m

incline [in'klain] s pendio m; v/t, v/i pendere; **~d** propenso

inclu|de [in'klu:d] v/t comprendere; **~ding** compreso; **~sion** inclusione f; **~sive terms** pl prezzo m globale

income ['inkʌm] rendita f; reddito m; entrata f; **~e-tax** imposta f sul reddito; **~ing** in arrivo

inconceivable [inkən'si:vəbl] inconcepibile

inconsiderate irriguardoso; incurante

inconsistent inconsistente

inconstant incostante

inconvenien|ce inconveniente m; v/t disturbare; scomodare; **~t** scomodo

incorporate [in'kɔpəreit] v/t incorporare

incredible incredibile

increase [in'kri:s] s aumento m; v/t aumentare; v/i aumentarsi

incriminate [in'krimineit] v/t incriminare

incubator ['inkjubeitə] incubatrice f

incur [in'kə:] v/t incorrere in; **~ debts** contrarre un debito

indebted [in'detid] indebi-

tato
indecen|cy [in'di:snsi] indecenza *f*; **~t** indecente
indecisive [,indi'saisiv] indeciso
indeed [in'di:d] infatti; effettivamente; **~?** veramente?; davvero?
indefatigable [indi'fætigəbl] instancabile
indefinite [in'definit] indefinito
indelicate [in'delikit] indelicato
indemni|fy [in'demnifai] *v/t* indennizzare; **~ty** indennità *f*
indent [in'dent] *v/t* dentellare
independen|ce independenza *f*; **~t** indipendente
indescribable [indis'kraibəbl] indescrivibile
indeterminate indeterminato; indefinito
index ['indeks] indice *m*
India ['indjə] India *f*; **~rubber** gomma *f* per cancellare; **~n** *a, s* indiano (*m*); **(Red) ~** pellirossa *m*; **~summer** estate *f* di San Martino
indicat|e ['indikeit] *v/t* indicare; **~ion** indicazione *f*; **~ive** indicativo; **~or** indicatore *m*
indict [in'dait] *v/t* accusare; **~ment** accusa *f*
indifferen|ce indifferenza *f*; **~t** indifferente
indigent ['indidʒənt] indigente

indigesti|ble [,indi'dʒestəbl] indigesto; **~on** indigestione *f*
indign|ant [in'dignənt] indignato; **~ation** indignazione *f*
indirect [in'dairekt] indiretto
indiscre|et [indis'krit] indiscreto; **~tion** indiscrezione *f*
indiscriminate [,indis'kriminit] che non ha discriminazioni; generale
indispensable [indis'pensəbl] indispensabile
indispos|ed [indis'pouzd] indisposto; **~ition** indisposizione *f*
in|disputable ['indis'pju:təbl] indiscutibile; **~distinct** confuso
individual [indi'vidjuəl] *a* individuale; *s* individuo *m*
indolen|ce ['indələns] indolenza *f*; **~t** indolente
indoor ['indɔ:] interno; interiore; in casa; **~s** [in'dɔz] in casa
indorse [in'dɔːs] *cf* **endorse**
induce [in'djus] *v/t* indurre
induction [in'dʌkʃən] induzione *f*
indulge [in'dʌldʒ] *v/t* assecondare; *v/i* indulgere; abbandonarsi a; **~nce** indulgenza *f*; **~nt** indulgente
industr|ial [in'dʌstriəl] industriale; **~ialize** *v/t* industrializzare; **~ious** attivo; industrioso; **~y** ['indəstri] industria *f*

in|effective [ini'fektiv] inef-
ficace; **~efficient** [-'fiʃənt]
inefficiente

inept [i'nept] inetto

inequality [ini'kwɔliti] inu-
guaglianza f; disuguaglian-
za f

inert [i'nə:t] inerte; **~ia** [~ʃjə]
inerzia f

in|evitable [in'evitəbl] ine-
vitabile; **~exhaustible** [-ig-
z'ɔstəbl] inesauribile;
~expensive [-iks'pensiv]
poco costoso; di poco
prezzo; **~experienced**
[-iks'piəriənsd] inesperto;
~expressible [-iks'pre-
səbl] inesprimibile

infam|ous ['infəməs] infa-
me; **~y** infamia f

infan|cy ['infənsi] infanzia f;
~t bimbo(a) m (f); **~tile** ['in-
fəntail] infantile

infect [in'fekt] v/t infettare;
contagiare; **~ion** infezione
f; **~ious** contagioso

infer [in'fə:] v/t inferire;
~ence ['infərəns] deduzione
f

inferior [in'fiəriə] s, a inferiore (m); **~ity** [~'ɔriti] infe-
riorità f

infernal [in'fə:nl] infernale

infidelity [infi'deliti] infedeltà f

infiltrate ['infiltreit] v/t in-
filtrare

infinit|e ['infinit] infinito;
~y [in'finiti] infinità f

infirm [in'fə:m] infermo

inflammable [in'flæməbl]
infiammabile

inflat|e [in'fleit] v/t, v/i gon-

fiare; **~ion** gonfiamento;
(*financial*) inflazione f

inflect [in'flekt] v/t inflet-
tere

inflexible [in'fleksəbl] inflessibile

inflict [in'flikt] v/t infligge-
re; **~ion** inflizione f

influen|ce ['influəns] s in-
fluenza f; v/t influenzare;
~tial [~'enʃəl] influente;
~za [influ'enzə] in-
fluenza f

influx ['inflʌks] afflusso m

inform [in'fɔ:m] v/t informa-
re; **~ against** denunciare; **~al** informale; **~ation**
[infə'meiʃən] informazione
f; **~ation office** ufficio m
informazioni; **~er** informa-
tore m; denunciante m

infuriate [in'fjuərieit] v/t
infuriare

infus|e [in'fju:z] v/t infon-
dere

ingen|ious [in'dʒi:njəs] in-
gegnoso; **~uity** [~i'nju(:)iti]
ingegnosità f

ingot ['iŋgɔt] lingotto m

ingredient [in'gri:djənt] ingrediente m

inhabit [in'hæbit] v/t abitare; **~ant** abitante m, f

inhale [in'heil] v/t inalare

inherent [in'hiərənt] ine-
rente

inherit [in'herit] v/t eredi-
tare; **~ance** eredità f

initial [i'niʃəl] a, s iniziale (f)

inject [in'dʒekt] v/t iniettare; **~ion** iniezione f

injur|e ['indʒə] v/t ferire;

~ious [in'dʒuəriəs] ingiurioso; **~y** ['~əri] ferita f

injustice [in'dʒʌstis] ingiustizia f

ink [iŋk] inchiostro m

inkling ['iŋkliŋ] nozione f vaga; accenno m vago

inland ['inlənd] a s interno; adv nell'interno; verso l'interno

inmate ['inmeit] inquilino m; ricoverato m

inmost ['inmoust] intimo; profondo

inn [in] albergo m; locanda f

inner ['inə] interiore; interno

innocen|ce ['inəsns] innocenza f; **~t** innocente

innovation [inou'veiʃən] innovazione f

inquest ['inkwest] inchiesta f

inquir|e [in'kwaiə] v/t domandare; v/i indagare; informarsi; **~y** indagine f

inquisit|ion [inkwi'ziʃən] inquisizione f; **~ive** [in'kwizitiv] curioso

insan|e [in'sein] pazzo; folle; **~ity** [in'sæniti] pazzia f; follia f

inscri|be [in'skraib] v/t iscrivere; **~ption** [~ipʃən] iscrizione f

insect ['insekt] insetto m

insert [in'sə:t] v/t inserire

inside ['in'said] a interiore; interno; s interno m; adv nell'interno; **~ out** al rovescio; rivoltato

insight ['insait] penetrazione f

insincere insincero

insist [in'sist] v/i insistere

in|solent ['insələnt] insolente; **~soluble** [~'sɔljubl] insolubile

insomnia [in'sɔmniə] insonnia f

insomuch [insou'mʌtʃ] fino al punto; tanto

inspect [in'spekt] v/t ispezionare; **~ion** ispezione f; **~or** ispettore m

inspir|ation [inspə'reiʃən] ispirazione f; **~e** [in'spaiə] v/t ispirare

instal(l) [in'stɔ:l] v/t installare; **~ation** installazione f; impianto m; **~ment** puntata f; rata f; **~ment payment** pagamento m a rate

instanc|e ['instəns] istanza f; esempio m; **for ~e** per esempio; **~t** istante m; **~tly** immediatamente

instead [in'sted] adv invece; **~ of** prp invece di; al posto di

instinct [i'stiŋkt] istinto m; **~ive** [in'stiŋktiv] istintivo

institut|e ['institju:t] s istituto m; v/t istituire; **~ion** istituzione f

instruct [in'strʌkt] v/t istruire; **~ion** istruzione f; **~ive** istruttivo

instrument ['instrumənt] strumento m

insufferable insopportabile

insulate

insulate ['insjuleit] v/t isolare

insurance [in'ʃuərəns] assicurazione f; ~ **company** compagnia f d'assicurazioni

insure [in'ʃuə] v/t assicurare

insurrection [insə'rekʃən] insurrezione f

intact [in'tækt] intatto

integrate ['intigreit] v/t integrare; v/i integrarsi

intellect ['intilekt] intelletto m; ~**ual** [~'lektjuəl] intellettuale

intelligen|ce [in'telidʒəns] intelligenza f; informazione f; ~**t** intelligente

intend [in'tend] v/t intendere; avere intenzione di

intens|e [in'tens] intenso; ~**ity** intensità f; ~**ive** intensivo

intent [in'tent] intento; ~**ion** intenzione f

inter [in'tə:] v/t seppellire

intercede [intə'si:d] v/i intercedere

interchange [intə(:)-'tʃeindʒ] s scambio m; v/t scambiare; v/i scambiarsi

intercourse ['intə(:)kɔ:s] rapporto m; rapporti m/pl sessuali

interdict [intə(:)'dikt] v/t interdire; proibire

interest ['intrist] s interesse m; v/t interessare; ~**ing** interessante

interfer|e [intə'fiə] v/i intromettersi; intervenire; ~ **with** ostacolare; ~**ence** intromissione f

interior [in'tiəriə] a interiore; interno; s interiore m

intermediary [intə(:)'mi:-djəri] a, s intermediario (m)

inter|mingle v/t inframmischiare; v/i inframmischiarsi; ~**mission** intervallo m

intern [in'tə:n] Am medico m assistente

interpret [in'tə:prit] v/t, v/i interpretare; ~**er** interprete m, f

inter|rupt [intə'rʌpt] v/t interrompere; ~**sect** v/t intersecare; v/i incrociarsi

interval ['intəvəl] intervallo m

interven|e [intə(:)'vi:n] v/i intervenire; ~**tion** [~'venʃən] intervento m

interview ['intəvju:] s intervista f; colloquio m; v/t intervistare

intestines [in'testinz] pl intestino m

intima|cy ['intiməsi] intimità f; ~**te** a intimo; v/t annunciare; comunicare

into ['intu, 'intə] in

intolerant [in'tɔlərənt] intollerante

intoxicat|e [in'tɔksikeit] v/t ubriacare; med intossicare

intricate ['intrikit] intricato

intrigue [in'tri:g] s intrigo m; trama f; v/t intrigare

introduc|e [intrə'dju:s] v/t presentare; introdurre; ~**tion** [~'dʌkʃən] presentazione f; introduzione f

intrude [in'tru:d] *v/i* intromettersi

intuition [intju(:)'iʃən] intuizione *f*

inundation [inʌn'deiʃən] inondazione *f*

invade [in'veid] *v/t* invadere

invalid [in'væli(:)d] *a, s* malato (*m*); [in'vælid] invalido

invaluable [in'væljuəbl] inestimabile

invasion [in'veiʒən] invasione *f*

invent [in'vent] *v/t* inventare; **~ion** invenzione *f*

inver|se [in'və:s] inverso; **~t** *v/t* invertire; **~ted commas** *pl* virgolette *f/pl*

invest [in'vest] *v/t* investire; **~ment** investimento *m*

invit|ation [invi'teiʃən] invito *m*; **~e** [in'vait] *v/t* invitare

invoice ['invois] fattura *f*

involve [in'vɔlv] *v/t* coinvolgere; significare

inward ['inwəd] interno; intimo; **~s** verso l'interno

iodine ['aiədin] iodio *m*

irascible [i'ræsibl] irascibile

Ireland ['aiələnd] Irlanda *f*

Irish ['aiəriʃ] *a, s* irlandese (*m, f*); **~man** irlandese *m*

irk [ə:k] *v/t* infastidire

iron ['aiən] *s* ferro *m*; ferro *m* da stiro; *a* di ferro; ferreo; *v/t* stirare

ironic(al) [ai'rɔnik(əl)] ironico

irregular irregolare

irrelevant non pertinente

irrespective of senza tenere conto di

irrigat|e ['irigeit] *v/t* irrigare; **~ion** irrigazione *f*

island ['ailənd] isola *f*

isolat|e ['aisəleit] *v/t* isolare; **~ion** isolazione *f*

issue ['iʃu:] *s* problema *m*; esito *m*; discendenza *f*; emissione *f*; pubblicazione *f*; *v/t* emettere; pubblicare; *v/i* uscire; emergere; risultare

it *pron pers* esso, essa; lo, la; *impers* ~ **is hot** fa caldo; **who is** ~? chi è

Italian [i'tæljən] *a, s* italiano (*m*)

italic [i'tælik] corsivo

itch [itʃ] prurito *m*; *v/i* prudere

item ['aitəm] articolo *m*; voce *f*; numero *m* (*di rivista*)

itinerary [ai'tinərəri] itinerario *m*

its [its] *pron poss* suo, sua; il suo, la sua; **~elf** [it'self] sè; sè stesso; **by ~elf** si da sè

ivory ['aivəri] ivorio *m*

ivy ['aivi] edera *f*

J

jab [dʒæb] *v/t, v/i* pugnalare

jack [dʒæk] *mec* binda *f*; cricco *m*; fante *m* (*a carte*)

jackal ['dʒækɔ:l] sciacallo *m*

jackass ['dʒækæs] asino *m*

jacket ['dʒækit] giacca *f*

jack|-knife coltello *m* a serramanico; ~ **of all trades**

uomo *m* di tutti i mestieri

jade [dʒeid] giada *f*

jagged ['dʒægid] dentellato; frastagliato

jaguar ['dʒægjuə] giaguaro *m*

jail [dʒeil] carcere *m*; prigione *f*

jam [dʒæm] *s* marmellata *f*; blocco *m* (*stradale*); *v*/*t* incastrare; *v*/*i* incastrarsi

janitor ['dʒænitə] bidello *m*

January ['dʒænjuəri] gennaio *m*

Japan [dʒə'pæn] Giappone *m*; **∼ese** [dʒæpə'niːz] *a*, *s* giapponese (*m*, *f*)

jar [dʒɑː] *s* barattolo *m*; scossa *f*; *v*/*t* stonare; scuotere

jargon ['dʒɑːgən] gergo *m*

jasmin(e) ['dʒæsmin] gelsomino *m*

jaundice ['dʒɔːndis] itterizia *f*

javelin ['dʒævlin] giavellotto *m*

jaw [dʒɔː] mascella *f*

jealous ['dʒeləs] geloso

jeer [dʒiə] *s* derisione *f*; *v*/*t*, *v*/*i* deridere

jelly ['dʒeli] gelatina *f*; **∼ fish** medusa *f*

jeopardize ['dʒepədaiz] *v*/*t* mettere in pericolo

jerk [dʒəːk] *s* scatto *m*; *v*/*t* strappare; *v*/*i* muoversi a scatti

jersey ['dʒəːzi] maglia *f*

jest [dʒest] *s* scherzo *m*; *v*/*i* scherzare

Jesuit ['dʒezjuit] gesuita *m*

Jesus ['dʒiːzəs] Gesù

jet [dʒet] getto *m*; aeroplano *m* a reazione; **∼ engine** motore *m* a reazione

jetty ['dʒeti] molo *m*

Jew [dʒuː] ebreo *m*

jewel ['dʒuːəl] gioiello *m*; **∼(l)er** gioielliere *m*; **∼lery** gioielli *m*/*pl*

Jew|**ess** ['dʒu(ː)is] ebrea *f*; **∼ish** ebreo; ebraico

jiffy ['dʒifi] *Am fam* istante *m*

jig ['dʒigl] giga *f*

jingle ['dʒingl] *s* tintinnio *m*; *v*/*t* tintinnare

job [dʒɔb] impiego *m*; lavoro *m*; posto *m*

jockey ['dʒɔki] fantino *m*

jog [dʒɔg] *s* urto *m*; *v*/*t* urtare

join [dʒɔin] *v*/*t* unire; raggiungere; *v*/*i* unirsi; associarsi; **∼er** falegname *m*

joint [dʒɔint] *s* articolazione *f*; giuntura *f*; pezzo *m* di carne (*macellata*); *fam* locale *m*; *a* unito; collettivo; **∼ stock company** società *f* anonima

joke [dʒouk] *s* scherzo *m*; barzelletta *f*; *v*/*i* scherzare

jolly ['dʒɔli] *a* allegro; *adv fam* molto

jolt [dʒoult] *s* scossa *f*; sobbalzo *m*; *v*/*t*, *v*/*i* scuotere

jostle ['dʒɔsl] *v*/*t* spingere

journal ['dʒəːnl] giornale *m*; diario *m*; **∼ist** giornalista *m*

journey ['dʒəːni] *s* viaggio *m*; *v*/*i* viaggiare; **∼man** operaio *m* esperto

joy [dʒɔi] allegria *f*; **∼ful** allegro

jubil|**ant** ['dʒuːbilənt] giubi-

key

lante; **~ee** giubileo *m*

judg|e [dʒʌdʒ] *s* giudice *m*; *v/t* giudicare; **~ment** giudizio *m*

judicious [dʒu(:)'diʃəs] giudizioso

jug [dʒʌg] brocca *f*; anfora *f*

juggle [dʒʌgl] *v/i* fare giochi di destrezza; raggirare; **~r** prestigiatore *m*

Jugoslav ['ju:gou'slɑ:v] *a*, *s* iugoslavo (*m*); **~ia** Iugoslavia *f*

juic|e [dʒu:s] sugo *m* (*di carne*); succo *m* (*di frutta*); **~y** succoso

juke-box ['dʒu:k-] music-box *m*

July [dʒu(:)'lai] luglio *m*

jumble ['dʒʌmbl] *s* confusione *f*; mescolanza *f*; *v/t* confondere; mescolare

jump [dʒʌmp] *s* salto *m*; balzo *m*; *v/i* saltare; balzare; **~y** nervoso

junction ['dʒʌŋkʃən] unione *f*; nodo *m* ferroviario

June [dʒu:n] giugno *m*

jungle [dʒʌŋgl] giungla *f*

junior ['dʒu:njə] *s* giovane *m*; subalterno *m*; *a* più giovane; di grado inferiore

junk [dʒʌŋk] robaccia *f*

juri|sdiction giurisdizione *f*; **~sprudence** giurisprudenza *f*; **~st** giurista *m*, *f*

juror ['dʒuərə] giurato *m*

jury ['dʒuəri] giuria *f*

just [dʒʌst] *a* giusto; *adv* esattamente; giustamente; appena; in questo momento

justice ['dʒʌstis] giustizia *f*

justi|fication [dʒʌstifi'keiʃən] giustificazione *f*; **~y** ['~fai] *v/t* giustificare

jut dʒʌt] *v/i* sporgere

juvenile ['dʒu:vinail] giovanile; **~ court** tribunale *m* dei minorenni

K

kale, kail [keil] cavolo *m*

kangaroo [ˌkæŋgə'ru:] canguro *m*

keel [ki:l] chiglia *f*

keen [ki:n] acuto; entusiasta

keep [ki:p] *v/t* tenere; mantenere; conservare; trattenere; osservare; allevare; *v/i* mantenersi; conservarsi; continuare; **~ in mind** tener presente; **~ on** continuare; proseguire; seguitare; **~ talking** continuare a parlare; **~ to** tenersi a; **~**

books tenere i libri; fare la contabilità; **~er** custode *m*, *f*; **~ing** custodia *f*; **~sake** ricordo *m*

kennel ['kenl] canile *m*

kerb [kə:b] bordo *m* del marciapiede

kernel ['kə:nl] gheriglio *m*; *fig* nocciolo *m*

kettle ['ketl] bollitore *m*; **~drum** timpano *m*

key [ki:] chiave *f*; *mus* chiave *f*; tasto *m*; *mec* chiavetta *f*; tasto *m* (*della macchina da* *scrivere*); ~**board** tastiera *f*; ~**hole** buco *m* della serratura; ~**ring** anello *m* portachiavi

kick [kik] *s* calcio *m*; *v/t*, *v/i* dare calci

kid [kid] capretto *m*; *fam* bambino(a) *m* (*f*); *v/t fam* prendere in giro

kidnap ['kidnæp] *v/t* rapire; ~**per** rapitore *m*; ~**ping** rapimento *m*

kidney ['kidni] rene *m*; rognone *m*

kill [kil] *v/t* uccidere; ammazzare; ~**ing** *fam* buffo

kilo|gram(me) ['kilougræm] chilogramma *m*; ~**metre** chilometro *m*; ~**watt** kilowatt *m*

kilt [kilt] gonnellina *f* scozzese

kimono [ki'mounou] chimono *m*

kin [kin] parentela *f*

kind [kaind] *a* gentile; buono; ~ **regards** *pl* cordiali saluti *m/pl*; *s* genere *m*; specie *f*; tipo *m*

kindergarten ['kindəga:tn] giardino *m* d'infanzia

kindle ['kindl] *v/t* accendere; *v/i* ardere

kind|ly ['kaindli] gentile; ~**ness** gentilezza *f*

kindred ['kindrid] *s* parenti *m/pl*; parentela *f*; *a* affine

king [kiŋ] re *m*; ~**dom** reame *m*; ~**fisher** martin *m* pescatore

kiosk [ki'ɔsk] chiosco *m*

kiss [kis] *s* bacio *m*; *v/t* baciare

kit [kit] gattuccio *m*; ~**bag** sacco *m* a spalla

kitchen ['kitʃin] cucina *f*; ~ **garden** orto *m*

kite [kait] aquilone *m*

kitten ['kitn] gattino *m*

knack [næk] facoltà *f*

knapsack ['næpsæk] zaino *m*

knead [ni:d] *v/t* impastare

knee [ni:] ginocchio *m*; ~**l (down)** *v/i*, *irr* inginocchiarsi

knickerbockers ['nikəbɔkəz] *pl* calzoni *m/pl* alla zuava

knickers *pl* mutande *f/pl* da donna

knife [naif], *pl* **knives** [~vz] coltello *m*; *v/t* accoltellare

knight [nait] cavaliere *m*

knit [nit] *v/t*, *irr* fare a maglia; *v/i* lavorare a maglia; fare la calza; ~**ting-needle** ferro *m* da calza; ~**wear** maglieria *f*

knob [nɔb] bottone *m*; pomo *m*; bernoccolo *m*

knock [nɔk] colpo *m*; *v/t* bussare; ~ **down** rovesciare; investire; ~ **out** mettere fuori combattimento

knot [nɔt] *s* nodo *m*; gruppo *m*; *naut* miglio *m* marino; *v/t* annodare; ~**ty** nodoso; *fig* difficile

know [nou] *v/t*, *v/i*, *irr* sapere; conoscere; ~**ing** abile; accordo; ~**ledge** conoscenze *f/pl*; sapere *m*; **to my** ~**ledge** per quanto sappia io; a quel che

lantern

so; **without my ~ledge** a mia insaputa; **make ~n** far sapere; far conoscere; **well-**

~n ben conosciuto
knuckle ['nʌkl] nocca *f*
Koran [kɔ'rɑ:n] Corano *m*

L

label ['leibl] *s* etichetta *f*; *v/t* mettere un'etichetta; *fig* classificare

laboratory [lə'bɔrətəri] laboratorio *m*

laborious [lə'bɔ:riəs] laborioso

labor union ['leibə] *Am* sindacato *m* (operaio)

labo(u)r ['leibə] *s* fatica *f*; lavoro *m* faticoso; mano *f* d'opera; doglie *f/pl* del parto; **♀ Party** Partito *m* Laborista; **hard ~** lavori *m/pl* forzati; *v/i* affaticarsi; **~er:** **(farm) ~er** bracciante *m*; **(manual) ~er** operaio *m*

labyrinth ['læbərinθ] labirinto *m*

lace [leis] *s* pizzo *m*; merletto *m*; *v/t* allacciare

lack [læk] *s* mancanza *f*; *v/i* mancare di; *v/i* mancare

lacquer ['lækə] lacca *f*

lad [læd] giovane *m*; ragazzo *m*

ladder ['lædə] *s* scala *f* (a piuoli); smagliatura *f* (di calze)

Ladies *pl* Signore *f/pl*; **~ and Gentlemen** Signore e Signori

ladle ['leidl] romaiolo *m*

lady ['leidi] signora *f*; **~doctor** dottoressa *f*; **~like** elegante; ben educato

lag [læg] *v/i* rimanere indietro

lagoon [lə'gu:n] laguna *f*

lair [lɛə] covo *m*; tana *f*

lake [leik] lago *m*

lamb [læm] agnello *m*

lame [leim] zoppo; *v/t* zoppicare

lament [lə'ment] *s* lamento *m*; *v/t* lamentare; *v/i* lamentarsi; **~able** deplorevole

lamp [læmp] lampada *f*; **~shade** paralume *m*

lance [lɑ:ns] *s* lancia *f*; *v/t* surg tagliare col bisturi

land [lænd] *s* terra *f*; terreno *m*; suolo *m*; paese *m*; **by ~** per terra; *v/i* sbarcare; atterrare; **~holder** proprietario *m* di terra; **~ing** sbarco *m*; atterraggio *m*; **~lady** ['lænleidi] padrona *f* di casa; **~lord** padrone *m* di casa; **~mark** punto *m* di riferimento; **~scape** passaggio *m*; **~slide** frana *f*

lane [lein] viottolo *m*

language ['læŋgwidʒ] lingua *f*; linguaggio *m*

langu|id ['læŋgwid] languido; **~ish** *v/i* languire; **~or** languore *m*

lank [læŋk] magro; **~ hair** capelli *m/pl* lisci

lantern ['læntən] lanterna *f*

lap [læp] grembo *m*; **~el** [lə-'pel] risvolta *f*

lapse [læps] periodo *m* di tempo

larceny ['lɑːsəni] furto *m*

lard [lɑːd] strutto *m*; **~er** dispensa *f*

large [lɑːdʒ] grande; ampio, grosso; **at ~** latitante; **~ly** in gran parte

lark [lɑːk] allodola *f*; *fam* scherzo *m*

larva ['lɑːvə] larva *f*

laryn|gitis [,lærin'dʒaitis] laringite *f*; **~x** laringe *f*

lascivious [lə'siviəs] lascivo

lash [læʃ] *s* ciglio *m*; sferza *f*; *v/t* sferzare

lass [læs] ragazza *f*

lasso [læ'suː] laccio *m*

last [lɑːst] *a* ultimo; passato; finale; **~ but one** penultimo; **~ night** stanotte; ieri sera; **~ week** la settimana scorsa; *adv* in ultimo; finalmente; **at ~** alla fine; *v/i* durare; **~ing** duraturo; **~ly** in ultimo; **~name** nome *m* di famiglia

latch [lætʃ] saliscendi *m*; **~key** chiavetta *f*

late [leit] *a* in ritardo; recente; ultimo; **it is ~** è tardi; **I am ~** sono in ritardo; **~ly** ultimamente; recentemente; **~r on** più tardi; **~st** il più tardi (*di tutti*); il più recente (*di tutti*)

lath [lɑːθ] listello *m*

lathe [leið] tornio *m*

lather ['lɑːðə] schiuma *f*

Latin ['lætin] *s*, *a* latino (*m*)

latitude ['lætitjuːd] latitudine *f*

latter ['lætə] *pron* questi; ultimo; secondo; **at ~** ultimo; secondo

lattice ['lætis] grata *f*

laudable ['lɔːdəbl] lodevole

laugh [lɑːf] *s* risata *f*; *v/i* ridere; **~ter** risata *f*

launch [lɔːntʃ] *s* lancia *f*; *v/t* lanciare; varare; **~ing** varo *m*

laund|erette [lɔːndə'ret] lavanderia *f* con autoservizio; **~ress** lavandaia *f*; **~ry** lavanderia *f*

laurel ['lɔrəl] lauro *m*

lavatory ['lævətəri] gabinetto *m*

lavender ['lævində] lavanda *f*

lavish ['læviʃ] prodigo; *v/t* prodigare

law [lɔː] legge *f*; diritto *m*; **by ~** per legge; **civil ~** diritto civile; **criminal ~** diritto penale; **~court** tribunale *m*; **~ful** legale; legittimo; **~less** illegale; illegittimo

lawn [lɔːn] prato *m*

law|suit ['lɔːsjuːt] causa *f*; **~yer** ['~jə] avvocato *m*

lax [læks] trascurato; **~ative** *a*, *s* lassativo (*m*); purgante (*m*)

lay [lei] *v/t*, *v/i* porre; collocare; **~ down** deporre; **~ out** stendere

layer ['leiə] strato *m*

layman ['leimən] laico *m*

lazy ['leizi] pigro

lead[1] [liːd] *s* guida *f*; guinza-

lens

glio *m*; *elec* filo *m*; *v/t, irr*
guidare; condurre

lead[2] [led] piombo *m*; mina *f*
(*del lapis*); **∼en** di piombo

leader ['li:də] capo *m*

leaf [li:f], *pl* **leaves** [∼vz] foglia *f*; **∼let** foglietto *m*

league [li:g] lega *f*

leak [li:k] *s* fuga *f*; perdita *f*;
v/i perdere; *naut* far acqua;
∼age perdita *f*; **∼y** difettoso

lean [li:n] *a* magro; scarno;
v/i, irr appoggiarsi; **∼ out**
sporgersi

leap [li:p] *s* salto *m*; balzo *m*;
v/i saltare; balzare; **∼year**
anno *m* bisestile

learn [lə:n] *v/t, v/i, irr* imparare; **∼ed** dotto; erudito;
∼ing sapere *m*; cultura *f*;
istruzione *f*

lease [li:s] *s* contratto *m*
d'affitto; *v/t* affittare

leash [li:ʃ] guinzaglio *m*

least [li:st] *s* il meno; il minimo; *a* minimo; *adv* mini-
mamente; **at ∼** almeno

leather ['leðə] cuoio *m*; pelle
f

leave [li:v] *s* permesso *m*;
congedo *m*; licenza *f*; *v/i, irr*
partire; *v/t* lasciare; abbandonare

lecture ['lektʃə] *s* conferenza
f; lezione *f* (*universitaria*);
v/i fare una conferenza; fare
la lezione; **∼r** conferenziere
m; docente *m* universitario

ledge [ledʒ] ripiano *m*

leech [li:tʃ] sanguisuga *m*

leek [li:k] porro *m*

leer [liə] *s* occhiata *f* lasciva;

v/i dare un'occhiata lasciva

left [left] *s* sinistra *f*; *a* sinistro; **to the ∼** a sinistra; alla
sinistra; **∼-handed** manci-
no; **∼-luggage office** deposito *m* bagagli; **∼-overs** *f/pl*
resti *m/pl*; rimanenze *f/pl*

leg [leg] gamba *f*; (*animal*)
zampa *f*; (*furniture*) piede
m; **pull s.o.'s ∼** prendere in
giro

legacy ['legəsi] lascito *m*

legal ['li:gəl] legale; legittimo; **∼ize** *v/t* legalizzare; le-
gittimare

legation [li'geiʃən] legazione
f

legend ['ledʒənd] leggenda
f; **∼ary** leggendario

legible ['ledʒəbl] leggibile

legion ['li:dʒən] legione *f*

legislat|ion [ledʒis'leiʃən]
legislazione *f*; **∼ive** ['∼lətiv]
legislativo; **∼or** legislatore
m

legitimate [li'dʒitimit] legittimo

leisure ['leʒə] tempo *m* libero; **∼ly** senza fretta

lemon ['lemən] limone *m*;
∼ade [∼'neid] limonata *f*; **∼
juice** succo *m* di limone;
squash limonata *f*

lend [lend] *v/t, irr* prestare;
∼ing library biblioteca *f*
circolante

length [leŋθ] lunghezza *f*; **at
∼** a lungo; **∼en** *v/t* allungare;
v/i allungarsi; **∼wise**
['∼waiz] per il lungo

lenient ['li:njənt] indulgente

lens [lenz] lente *f*

Lent [lent] quaresima f
lentil ['lentil] lenticchia f
leopard ['lepəd] leopardo m
leprosy ['leprəsi] lebbra f
less [les] meno; **grow ~** diminuire; **more or ~** più o meno; **~en** v/t diminuire; attenuare; **~er** minore
lesson ['lesn] lezione f
lest [lest] per paura che
let [let] v/t, irr lasciare; permettere; affittare; **~ down** abbassare; abbandonare; **~ in** far entrare; **~ off** esentare; sparare; lasciare in libertà; lasciare senza punizione; **~ out** far uscire
lethal ['li:θəl] letale
lethargy ['leθədʒi] letargia f
letter ['letə] lettera f; **registered ~** lettera raccomandata; **~box** cassetta f postale
lettuce ['letis] lattuga f
leuc(a)emia [lju:(')ki:miə] leucemia f
level ['levl] livello m; **~ crossing** passaggio m a livello; v/t livellare; spianare
lever ['li:və] leva f
levity ['leviti] levità f
levy ['levi] s imposta f; v/t imporre; arrolare
lewd [lu:d] lascivo
liab|ility [laiə'biliti] responsabilità f; pl comm passività f; **~le** ['laiəbl] responsabile; soggetto a; tenuto a
liaison [li:(')eizən] relazione f
liar ['laiə] bugiardo/a) m (f)
libel ['laibəl] s diffamazione f; v/t diffamare

liberal ['libərəl] s, a liberale (m)
liberat|e ['libəreit] v/t liberare; **~ion** liberazione f
liberty ['libəti] libertà f; **be at ~** essere libero
librar|ian [lai'brɛəriən] bibliotecario m; **~y** ['~brəri] biblioteca f
Libya ['libiə] Libia f; **~n** a, s libico (m)
lice [lais] (pl di louse) pidocchi m/pl
licen|ce, Am **~se** ['laisəns] licenza f; permesso m; patente f; v/t autorizzare; permettere; **~tious** [lai'senʃəs] licenzioso
lick [lik] s leccata f; v/t leccare
lid [lid] coperchio m; anat palpebra f
lie[1] [lai] s bugia f; menzogna f; v/t mentire
lie[2] [lai] v/i, irr essere sdraiato; giacere; essere situato; **~ down** sdraiarsi
lieutenant [lef'tenənt] luogotenente m
life [laif], pl **lives** [~vz] vita f; **~belt** cintura f di salvataggio m; **~boat** barca f di salvataggio; **~buoy** salvagente m; **~insurance** assicurazione f sulla vita; **~jacket** giubbotto m di salvataggio; **~less** senza vita
lift [lift] s ascensore m; montacarichi m; passaggio m (in macchina); v/t alzare; sollevare; v/i dissiparsi
ligature ['ligətʃuə] legatura f

light [lait] *s* luce *f*; giorno *m*; *a* leggero; chiaro; *v/t* ~ (**up**) accendere; illuminare; *v/i* accendersi; ~**en** alleggerire; ~**er** accendisigaro *m*; ~**house** faro *m*; ~**ing** illuminazione *f*; ~**ning** lampo *m*; ~**ning-conductor** parafulmine *m*

like [laik] *a* simile; *adv* come; *s* simile *m*; *v/t* piacere; amare; avere simpatia; **feel ~** aver voglia di; **I ~ tea** mi piace il tè; ~**lihood** probabilità *f*; ~**ly** probabile; ~**ness** somiglianza *f*; ~**wise** similmente

liking ['laikiŋ] simpatia *f*

lilac ['lailək] lilla *m*

lily ['lili] giglio *m*

limb [lim] membro *m*

lime [laim] calce *f*; *bot* tiglio *m*; ~**light** luce *f* della ribalta

limit ['limit] *s* limite *m*; *v/t* limitare

limp [limp] *a* floscio; debole; *v/i* zoppicare

line [lain] *s* linea *f*; ruga *f*; *comm* ramo *m*; *v/t* rigare; foderare; *v/i* ~ **up** allinearsi

linen ['linin] lino *m*; biancheria *f*

liner [lainə] transatlantico *m*

linger ['liŋgə] *v/i* indugiare

lingerie ['læ:nʒəri:] lingeria *f*

linguist ['liŋgwist] linguista *m, f*

lining ['lainiŋ] fodera *f*

link [liŋk] *s* legame *m*; *v/t* collegare

links [liŋks] *pl* campo *m* da golf

lion ['laiən] leone *m*; ~**ess** leonessa *f*

lip [lip] labbro *m*; ~**stick** rossetto *m*

liqueur [li'kju:ə] liquore *m*

liquid ['likwid] *a, s* liquido (*m*); ~**ate** *v/t* liquidare

liquorice ['likəris] liquirizia *f*

lisp [lisp] *v/i* balbettare

list [list] *s* lista *f*; elenco *m*; *v/t* elencare

listen ['lisn] *v/i* ascoltare

listless ['listlis] indifferente; svogliato

literal ['litərəl] letterale

litera|ry ['litərəri] letterario; ~**ture** ['~ritʃə] letteratura *f*

lithe [laið] flessibile

lit|re, *Am* ~**er** ['li:tə] litro *m*

litter ['litə] *s* lettiga *f*; figliata *f* (*di animali*); rifiuti *m/pl*; ~**basket**, ~**bin** secchio *m* della spazzatura

little ['litl] *a* piccolo; poco; ~ **finger** mignolo *m*; *s* poco *m*; *adv* poco

live [laiv] *a* vivo; vivente; [liv] *v/i* vivere; abitare; ~**lihood** ['laivlihud] sussistenza *f*; ~**ly** ['laivli] vivace

liver ['livə] fegato *m*

livestock ['laivstɔk] bestiame *m*

livid ['livid] livido; furioso

living ['liviŋ] *a* vivo; vivente; *s* vita *f*; ~**room** soggiorno *m*

lizard ['lizəd] lucertola *f*

load [loud] s carica f; v/t caricare

loaf [louf], pl **loaves** [~vz] pagnotta f; pane m; v/i oziare; **~er** bighellone m

loam [loum] terriccio m

loan [loun] s prestito m; v/t prestare; **on ~** in prestito

loath [louθ] restio m; **~e** [louð] v/t detestare; **~some** ripugnante

lobby ['lɔbi] ingresso m; corridoio m

lobe [loub] lobo m

lobster ['lɔbstə] aragosta f

loca|l ['loukəl] locale; **~lity** [~'kæliti] località f; **~lize** v/t localizzare; **~te** [lou'keit] v/t individuare; **be ~ted** trovarsi; **~tion** situazione f

loch [lɔk] Scot lago m

lock [lɔk] s serratura f; chiusa f; v/t chiudere a chiave

locomotive [ˌloukə'moutiv] locomotiva f

locust ['loukəst] locusta f

lodge [lɔdʒ] casetta f; portineria f; v/t, v/i alloggiare; **~er** pensionante m; **~ings** pl stanze f/pl in affitto

loft [lɔft] abbaino m; solaio m; **~y** alto; altero

log [lɔg] ceppo m; tronco m; **~(-book)** naut diario m di bordo

loggerhead ['lɔgəhed]: **at ~s with** in urto con

loggia ['lɔdʒə] loggia f

logic ['lɔdʒik] logica f; **~al** logico

loin [lɔin] lombo m

loiter ['lɔitə] v/i indugiare

London ['lʌndən] Londra f; **~er** londinese m, f

lone|liness ['lounlinis] solitudine f; **~ly**, **~some** solitario; solo

long [lɔŋ] a lungo; adv a lungo; **in the ~ run** alla lunga; **as ~ as** finché; **~ ago** molto tempo fa; **all day ~** tutto il giorno?; **how ~?** per quanto tempo?; **no ~er** non più; **~ since** da molto tempo; **~ for** v/i bramare; desiderare (fortemente)

long-distance call telefonata f interurbana

longing desiderio m (forte)

look [luk] s sguardo m; aspetto m; espressione f; v/i guardare; sembrare; **~ after** curare; occuparsi di; **~ at** guardare; **~ for** cercare; **bad star** male; sembrare brutto; **~ into** investigare; **~ out** take care; badare; **~ over** riguardare; **~ing-glass** specchio m

loom [lu:m] telaio m

loop [lu:p] laccio m; **~hole** scappatoia f

loose [lu:s] sciolto; **~n** v/t sciogliere

loot [lu:t] bottino m; v/t saccheggiare

lord [lɔ:d] signore m; ♀ **Mayor** Sindaco m di Londra; ♀**'s Prayer** paternostro m

lorry ['lɔri] camion m; autotreno m

los|e [lu:z] v/t, v/i, irr perdere; **~s** [lɔs] perdita f; **be at a ~s**

luxury

non sapere che fare; **~t** perduto; **get ~t** smarrito

lost-property office ufficio *m* oggetti smarriti

lot [lɒt] destino *m*; sorte *f*; quantità *f*; **a ~ of**, **~s of** molto

lotion ['louʃən] lozione *f*

lottery ['lɒtəri] lotteria *f*

lotus ['loutəs] loto *m*

loud [laud] alto; forte; vistoso; **~ly** ad alta voce; **~ speaker** altoparlante *m*

lounge [laundʒ] salotto *m*

louse [laus], *pl* **lice** [lais] pidocchio *m*

lout [laut] zoticone *m*

love [lʌv] *s* amore *m*; *v/t* amare; voler bene; **fall in ~** innamorarsi; **make ~** far l'amore; **~-affair** amori *m/pl*; **~r** amante *m*; **~ly** bello; **~story** romanzo *m* d'amore

loving ['lʌviŋ] affettuoso

low [lou] *a* basso; *v/i* muggire; **~er** a più basso; inferiore; *v/t* abbassare; **~lands** terra *f* bassa; **~ly** umile; **~tide**, **~ water** marea *f* bassa

loyal ['lɔiəl] leale; **~ty** lealtà *f*

lozenge ['lɒzindʒ] losanga *f*; pasticca *f*

lubrica|nt ['lu:brikənt] *a*, *s* lubrificante (*m*); **~te** *v/t* lubrificare

lucid ['lu:sid] lucido

luck [lʌk] sorte *f*; fortuna *f*; **~y** fortunato; **bad ~** sfortuna *f*; **good ~** buona fortuna

lucrative ['lu:krətiv] lucrativo

ludicrous ['lu:dikrəs] ridicolo; assurdo

lug [lʌg] *v/t* reascinare

luggage ['lʌgidʒ] bagagli *m/pl*; **~carrier** facchino *m*; **~(office) office** ufficio *m* dei bagagli; **~ ticket** scontrino *m* dei bagagli; **~van** bagagliaio *m*

lukewarm ['lu:kwɔ:m] tepido; *fig* indifferente

lull [lʌl] *s* momento *m* di calma; *v/t* cullare; addormentare; **~aby** ['~əbai] ninnananna *f*

lumbago [lʌm'beigou] lombaggine *f*

lumber ['lʌmbə] legname *m*; **~r** lunare; **luminous** ['lu:minəs] luminoso

lump [lʌmp] *s* massa *f*; pezzo *m*; gonfiore *m*; zolletta *f* (*di zucchero*); **~ sum** somma *f* globale

luna|cy ['l(j)u:nəsi] pazzia *f*; follia *f*; **~r lunare**; **~tic** ['~nətik] *a*, *s* pazzo (*m*); **~tic asylum** manicomio *m*

lunch [lʌntʃ] (seconda) colazione *f*

lung [lʌŋ] polmone *m*

lurch [lə:tʃ] *v/i* traballare

lure [ljuə] *s* attrattiva *f*; inganno *m*; *v/t* attrarre

luscious ['lʌʃəs] saporoso

lust [lʌst] sensualità *f*; lussuria *f*

lusty ['lʌsti] robusto

Lutheran ['lu:θərən] *a*, *s* luterano (*m*)

luxur|ious [lʌg'zjuəriəs] lussuoso; **~y** ['lʌkʃəri] lusso *m*

lying falso
lymph [limf] linfa *f*
lynch [lintʃ] *v/t* linciare

lynx [liŋks] lince *f*
lyric ['lirik] *a* lirico; *s* poema *m* lirico

M

macaroni [ˌmækə'rouni] pasta *f* asciutta; maccheroni *m/pl*
machine [mə'ʃiːn] macchina *f*; **~-gun** mitragliatrice *f*; **sewing-~** macchina da cucire
mackerel ['mækrəl] sgombro *m*
mack [mæk] *fam for* **mackintosh** ['~intoʃ] impermeabile *m*
mad [mæd] pazzo; folle; **be ~ about** andare pazzo per; **go ~** impazzire
madam ['mædəm] signora *f*
made [meid] fatto; fabbricato; **~ up** fittizio; truccato
madhouse manicomio *m*
magazine [mægə'ziːn] rivista *f*
magic ['mædʒik] *a* magico; magia *f*; **~ian** [mə'dʒiʃən] mago *m*
magistrate ['mædʒistreit] magistrato *m*
magnet ['mægnit] calamita *f*; **~ic** magnetico
magnify ['mægnifai] *v/t* ampliare; esagerare
magnitude ['mægnitjuːd] grandezza *f*
mahogany [mə'hɔgəni] mogano *m*
maid [meid] cameriera *f*; **old ~** zitella *f*

mail [meil] *s* corrispondenza *f*; *v/t* mandare per posta; **~-box** buca *f* per lettere; **~-man** postino *m*
maim [meim] *v/t* mutilare
main [mein] principale; essenziale; **~land** continente *m*
main|tain [mein'tein] *v/t* mantenere; sostenere; **~te-nance** ['meintənəns] mantenimento *m*; manutenzione *f*
maize [meiz] granturco *m*
majest|ic [mə'dʒestik] maestoso; **~y** ['mædʒisti] maestà *f*; maestosità *f*
major ['meidʒə] *s* maggiore *m*; *a* maggiore; più importante; **~-road** strada *f* principale
majority [mə'dʒɔriti] maggioranza *f*; età *f* maggiore
make [meik] *s* marca *f*; fattura *f*; fabbricazione *f*; *v/t*, *irr* fare; produrre; **~ fun of** prendere in giro; **~ good** riparare; **~ known** far sapere; far conoscere; **~ the best of** approfittare; **~ out** stendere; capire; **~ up** formare; comporre; truccarsi; **~ up for** compensare; **~ up one's mind** decidersi; **~ it up** far pace; **~r** creatore *m*; **~shift** espediente *m*; **~-up** trucco *m*

mark

malady ['mælədi] malattia *f*

malaria [mə'lɛəriə] malaria *f*

male [meil] *s* maschio *m*; *a* maschile

male|diction [mæli'dikʃən] maledizione *f*; **~factor** malfattore *m*; **~volent** [mə'levələnt] malevolo

malic|e ['mælis] malignità *f*; **~ious** [mə'liʃəs] maligno

malignant [mə'lignənt] maligno

malnutrition ['mælnju(:)-'triʃən] cattiva nutrizione *f*

malt [mɔːlt] malto *m*

mammal ['mæməl] mammifero *m*

man [mæn], *pl* **men** [men] uomo *m*

manage ['mænidʒ] *v/t* dirigere; amministrare; *v/i* riuscire; **~ment** direzione *f*; amministrazione *f*; gestione *f*; **~r** direttore *m*; amministratore *m*; gestore *m*; impresario *m*

mandate ['mændeit] mandato *m*

mane [mein] criniera *f*

maneuver [mə'nuːvə] *Am for* manoeuvre

manger ['meindʒə] mangiatoia *f*

mangle ['mæŋgl] *s* mangano *m*; *v/t* manganare

mania ['meinjə] mania *f*

manifest ['mænifest] *a* manifesto; chiaro; *v/t* manifestare

manifold ['mænifould] molteplice

manipulate [mə'nipjuleit] *v/t* manipolare

man|kind [mæn'kaind] genere *m* umano; **~ly** virile

manner ['mænə] maniera *f*; modo *m*; **~s** *pl* maniere *f/pl*

manoeuvre [mə'nuːvə] *s* manovra *f*; *v/t, v/i* manovrare

manslaughter ['mæn'slɔːtə] omicidio *m*

mansion ['mænʃən] palazzo *m*

mantelpiece ['mæntlpiːs] mensola *f* di caminetto

manual ['mænjuəl] *a, s* manuale (*m*)

manufacture [,mænju'fæktʃə] *s* fabbricazione *f*; *v/t* fabbricare

manure [mə'njuə] concime *m*; *v/t* concimare

manuscript ['mænjuskript] manoscritto *m*

many ['meni] molti(e); **a great ~** moltissimi(e)

map [mæp] carta *f*

maple ['meipl] acero *m*

marble ['maːbl] marmo *m*

March [maːtʃ] marzo *m*

mare [mɛə] giumenta *f*

margarine [,maːdʒə'riːn] margarina *f*

margin ['maːdʒin] margine *m*; bordo *m*

marine [mə'riːn] *a* marino; marittimo; *s* marina *f*

marionette [,mæriə'net] pupazzo *m*

maritime ['mæritaim] marittimo

mark [maːk] *s* segno *m*;

marca *f*; voto *m* (*scolastico*; *v/t* segnare; marcare; correggere (*compiti*); **~ed** segnato

market ['ma:kit] *s* mercato *m*; *v/t* piazzare sul mercato

marmalade ['ma:məleid] marmellata *f* di arance

marquis ['ma:kwis] marchese *m*

marri|age ['mæridʒ] matrimonio *m*; **~age certificate, ~age lines** *pl* fede *f* di matrimonio; **~ed** sposato(a); get **~ed** sposarsi

marrow ['mærou] midolla *f*; zucchino *m*

marry ['mæri] *v/t* sposare; sposarsi con; *v/i* sposarsi

marsh [ma:ʃ] palude *f*

marshal ['ma:ʃəl] maresciallo *m*

martial ['ma:ʃəl] marziale *m*

martyr ['ma:tə] martire *m*

marvel ['ma:vəl] *s* meraviglia *f*; *v/i* meravigliarsi; **~(l)ous** meraviglioso

mascot ['mæskət] portafortuna *m*

masculine ['mæskjulin] maschile

mash [mæʃ] *v/t* schiacciare; **~ed potatoes** *pl* purè *m* di patate

mask [ma:sk] maschera *f*

mason ['meisn] muratore *m*; massone *m*; **~ry** massoneria *f*

mass [mæs] massa *f*; (*church*) messa *f*

massage ['mæsa:ʒ] *s* massaggio *m*; *v/t* fare massaggi a

massive ['mæsiv] massiccio

mast [ma:st] albero *m*

master ['ma:stə] *s* padrone *m*; maestro *m*; *v/t* impadronirsi di; **~key** comunella *f*; **~ly** autorevole; **~piece** capolavoro *m*

mat [mæt] stoia *f*

match [mætʃ] fiammifero *m*; partita *f*; coppia *m*; *v/t* assortire; **~ing** assortito

mate [meit] *s* compagno *m*; *naut* secondo *m*; *v/t* accoppiare

material [mə'tiəriəl] *s* materiale *m*; tessuto *m*; *a* materiale

matern|al [mə'tə:nl] materno; **~ity** maternità *f*

mathematic|ian [mæθimə'tiʃən] matematico *m*; **~s** [,'mætiks] *pl* matematica *f*

maths [mæθs] *fam for* **mathematics**

matriculate [mə'trikjuleit] *v/t, v/i* immatricolare

matron ['meitrən] matrona *f*; caposala *f* (*in un ospedale*)

matter ['mætə] *s* cosa *f*; faccenda *f*; **what's the ~?** che cosa c'è?; **it doesn't ~** non importa; *v/i* importare; **a ~ of fact** fatto *m*

mattress ['mætris] materasso *m*

matur|e [mə'tjuə] *a* maturo; *comm* scaduto; *v/i* maturare; *comm* scadere; **~ity** maturità *f*; *comm* scadenza *f*

Maundy Thursday ['mɔ:ndi] giovedì *m* santo

May [mei] maggio *m*

may [mei] *v/d* potere; **~ I come in?** posso entrare?; **~be** forse

mayonnaise [ˌmeiəˈneiz] maionese *m*

mayor [mɛə] sindaco *m*

maze [meiz] labirinto *m*

me [mi(ː)] *pron* me; mi; **it's ~** sono io; **he told ~** me disse

meadow [ˈmedou] prato *m*

meag|re, *Am* **~er** [ˈmiːgə] magro; scarno; povero

meal [miːl] pasto *m*; farina *f*

mean [miːn] *s* medio; meschino; *v/t*, *irr* significare; voler dire; **~s** *pl* mezzi *m/pl*; **by no ~s** in nessun modo; per niente; **by ~s of** per mezzo di

meaning significato *m*; **~less** senza senso

mean|time, **~while** frattempo

measles [ˈmiːzlz] *sg* morbillo *m*

measure [ˈmeʒə] *s* misura *f*; *v/t* misurare; **~ment** misura *f*

meat [miːt] carne *f*

mechani|c [miˈkænik] meccanico *m*; **~cal** meccanico; **~cs** *pl* meccanica *f*; **~sm** [ˈmekənizəm] meccanismo *m*; **~ze** *v/t* meccanizzare

medal [ˈmedl] medaglia *f*

meddle [ˈmedl] *v/i* intromettere

mediat|e [ˈmiːdieit] *v/t*, *v/i* mediare; **~ion** mediazione *f*

medic|al [ˈmedikəl] medico; **~ine** [ˈmedsin] medicina *f*

medieval [ˌmediˈiːvəl] medioevale

meditat|e [ˈmediteit] *v/t*, *v/i* meditare; **~ion** meditazione *f*

Mediterranean [ˌmeditəˈreinjən] **(Sea)** (Mar *m*) mediterraneo

medium [ˈmiːdjəm] *a* medio; *s* mezzo *m*

meek [miːk] remissivo

meet [miːt] *v/t*, *irr* incontrare; far fronte; **~ing** riunione *f*; incontro *m*

melancholy [ˈmelənkəli] malinconia *f*

mellow [ˈmelou] maturo; tenere

melon [ˈmelən] mellone *m*

melt [melt] *v/t* fondere; sciogliere; *v/i* fondersi; sciogliersi

member [ˈmembə] membro *m*; socio *m*; **~ship** affiliati *m/pl*

memory [ˈmeməri] memoria *f*; ricordo *m*

men [men] *pl of* **man**

menace [ˈmenəs] *s* minaccia *f*; *v/t*, *v/i* minacciare

mend [mend] *v/t* accomodare; rammendare; riparare

menstruation [ˌmenstruˈeiʃən] mestruazione *f*; regole *f/pl*

mental [ˈmentl] mentale; **~ home** manicomio *m*

mention [ˈmenʃən] accenno *m*; *v/t* accennare; **don't ~ it!** prego!, non c'è di che!

menu [ˈmenjuː] lista *f*

merchan|dise [ˈməːtʃəndaiz] merce *f*; **~t** commerciante *m*

merci|ful ['məːsiful] misericordioso; **~less** senza pietà

mercury ['məːkjuri] mercurio *m*

mercy ['məːsi] misericordia *f*; pietà *f*

mere [miə] semplice

merge [məːdʒ] *v/t* fondere; *v/i* fondersi

merit ['merit] *s* merito *m*; *v/t* meritare

merr|iment ['meriment] allegria *f*; **~y** allegro; **~y-go-round** carosello *m*

mess [mes] pasticcio *m*; confusione *f*; **make a ~** fare un pasticcio

mess|age ['mesidʒ] messaggio *m*; **~enger** ['mesindʒə] messaggero *m*

metal ['metl] *s* metallo *m*; *a* di metallo; **~lic** [mi'tælik] metallico

meter ['miːtə] contatore *m* (*del gas, della luce*)

method ['meθəd] metodo *m*

met|re, *Am* **~er** ['miːtə] metro *m*

metropolitan [metrə'politən] metropolitano

mew [mjuː] *v/i* miagolare

Mexic|an ['meksikn] *a*, *s* messicano (*m*); **~o** Messico *m*

mice [mais] *pl of* **mouse**

microphone ['maikrəfoun] microfono *m*

middle ['midl] *a* medio; di mezzo; *s* mezzo *m*; 2 **Ages** medioevo *m*; **~ class** ceto *m*

medio; classe *f* media

midnight mezzanotte *f*

midwife levatrice *f*

might [mait] *s* potere *m*; **~y** potente

migra|te [mai'greit] *v/i* migrare; **~tion** migrazione *f*

mild [maild] mite; dolce

mile [mail] miglio *m*

military ['militəri] militare

milk [milk] *s* latte *m*; *v/t* mungere; **~man** lattaio *m*

mill [mil] molino *m*; fabbrica *f*

milliner ['milinə] modista *f*

million ['miljən] milione *m*; **~aire** [~'nɛə] miliardario *m*

mimic ['mimik] *v/t* imitare

mince [mins] *s* carne *f* tritata; *v/t* tritare

mind [maind] *s* mente *f*; spirito *m*; **bear in ~** tenere presente; **change one's ~** cambiare idea; *v/t* badare a; *v/i* dispiacersi; **do you ~?** ti dispiace?; **never ~** non importa

mine¹ [main] *pron poss* mio, mia, miei, mie; **il mio, la mia, i miei, le mie**

mine² [mein] *s* miniera *f*; mina *f*; *v/t*, *v/i* minare; **~r** minatore *m*

mineral ['minərəl] minerale *m*

mingle ['miŋgl] *v/t* mescolare

miniature ['minjətʃə] miniatura *f*

minimum ['miniməm] *a*, *s* minimo *m*

minist|er ['ministə] ministro *m*; pastore *m*; **~ry** mi-

mode

nistero *m*

mink [miŋk] visone *m*

minor ['mainə] *a* minore; *s* minorenne *mf*; **~ity** [~'nɔriti] minoranza *f*; (*age*) minorità *f*

minster ['minstə] duomo *m*

minstrel ['minstrəl] trovatore *m*

mint [mint] *bot* menta *f*; zecca *f*

minus ['mainəs] *prp* meno

minute [mai'nju:t] *a* minuto; ['minit] *s* minuto *m*; **~s** *pl* verbale *m*

miracle ['mirəkl] miracolo *m*; **~ulous** *a* miracoloso

mirror ['mirə] specchio *m*

mirth [mə:θ] allegria *f*

misadventure disgrazia *f*

misapply *v/t* applicare sbagliatamente

misapprehend *v/t* fraintendere; **~sion** malinteso *m*

misbehave *v/i* comportarsi male

miscarriage aborto *m*; **~y** *v/i* abortire

mischief ['mistʃif] birichinata *f*; **~vous** birichino

misdeed malefatto *m*

miser ['maizə] avaro

miserable ['mizərəbl] misero; **~y** miseria *f*

mishap ['mishæp] contrattempo *m*; incidente *m*

mislay *v/t, irr* (**lay**) smarrire

mislead *v/t, irr* (**lead**) sviare; ingannare

mismanage *v/t* amministrare male; **~ment** cattiva amministrazione *f*

misprint [mis'print] errore *m* di stampa

misrule malgoverno *m*; *v/t* governare male

Miss [mis] *s* signorina *f*

miss [mis] *v/t* perdere; sentire la mancanza di; *v/i* mancare

missile ['misail] missile *m*

mission ['miʃən] missione *f*

mist [mist] nebbia *f*

mistake [mis'teik] *s* sbaglio *m*; *v/t* fraintendere; **by ~** per sbaglio; **make a ~** fare uno sbaglio

Mister ['mistə] signore *m*

mistletoe ['misltou] vischio *m*

mistress ['mistris] padrona *f*; (*school*) maestra *f*; signora *f*; amante *f*

mistrust [mis'trʌst] *s* sfiducia *f*; *v/t* diffidare di

misty ['misti] nebbioso

misunderstand *v/t, irr* (**stand**) fraintendere; **~ing** malinteso *m*

misuse ['mis'ju:z] *s* abuso *m*; maltrattamento *m*; *v/t* abusare; maltrattare

mix [miks] *v/t* mescolare; *v/i* mescolarsi; **~ture** miscela *f*; miscuglio *m*

moan [moun] *s* gemito *m*; *v/i* gemere

mob [mɔb] folla *f*

mobile ['moubail] mobile *m*

mock [mɔk] *a* falso; finto; imitato; *v/t* deridere; **~ery** derisione *f*

mode [moud] (*way*) modo *m*; (*fashion*) moda *f*

model

model ['mɔdl] *a* modello; *s* modello *m*; modella *f*

moderate ['mɔdərit] *a* moderato; *v/t* moderare

modern ['mɔdən] moderno

modest ['mɔdist] modesto; **~y** modestia *f*

modify ['mɔdifai] *v/t* modificare

moist [mɔist] umido

molar ['moulə]: **~ teeth** *pl* molari *m/pl*

molest [mou'lest] *v/t* molestare

moment ['moumənt] momento *m*; **~ary** momentaneo

monarch ['mɔnək] monarca *m*; **~y** monarchia *f*

monastery ['mɔnəstəri] monastero *m*

Monday ['mʌndi] lunedì *m*

monetary ['mʌnitəri] monetario

money ['mʌni] denaro *m*; **~ order** vaglia *m* postale

monk [mʌŋk] monaco *m*

monkey ['mʌŋki] scimmia *f*

monopolize [mə'nɔpəlaiz] *v/t* monopolizzare

monotonous [mə'nɔtənəs] monotono

monst|er ['mɔnstə] *s* mostro *m*; *a* enorme; **~rous** mostruoso

month [mʌnθ] mese *m*; **~ly** mensile

monument ['mɔnjumənt] monumento *m*

mood [mu:d] umore *m*; capriccio *m*; **~y** di malumore; capriccioso

moon [mu:n] luna *f*; **~light** luce *f* della luna; **~shine** chiaro *m* di luna

moor [muə] *s* brughiera *f*; *v/t* ormeggiare

mop [mɔp] straccio *m*; *v/t* pulire

moral ['mɔrəl] *a, s* morale (*m*); **~ity** moralità *f*; **~ize** *v/t, v/i* moralizzare; **~s** *pl* morale *f*

morbid ['mɔːbid] morboso

more [mɔː] *a* più; *adv* più; di più; **~ and ~** sempre più; **once ~** ancora una volta; **~over** inoltre

morning ['mɔːniŋ] mattina *f*; **good ~** buon giorno; **tomorrow ~** domani mattina; *a* mattutino

morose [mə'rous] non socievole; sgarbato

morph|ia ['mɔːfjə], **~ine** ['~fiːn] morfina *f*

mortal ['mɔːtl] *a, s* mortale (*m*); **~ity** ['~tæliti] mortalità *f*

mortgage ['mɔgidʒ] *s* ipoteca *f*; *v/t* ipotecare

mortician [mɔː'tiʃən] *Am* imprenditore *m* di pompe funebri

mortuary ['mɔːtjuəri] camera *f* mortuaria

mosaic [mou'zeiik] mosaico *m*

Moslem ['mɔzləm] *cf* **Muslim**

mosque [mɔsk] moschea *f*

mosquito [məs'kiːtou] zanzara *f*; **~net** zanzariera *f*

moss [mɔs] muschio *m*

munch

most [moust] *a* la maggior parte; *adv* il più; **at (the)** ~ al più; ~**ly** per lo più

moth [mɔθ] tarma *f*

mother ['mʌðə] madre *f*; ~**country** patria *f*; ~**hood** maternità *f*; ~**in-law** suocera *f*; ~**ly** materno; ~**of-pearl** madreperla *f*; ~**tongue** lingua *f* materna

motif [mou'tiːf] motivo *m*

motion ['mouʃən] movimento *m*; ~**less** immobile; ~**picture** pellicola *f*

motive ['moutiv] *s* motivo *m*; *a* motore

motor ['moutə] *a*, *s* motore (*m*); ~**bicycle**, ~**bike** motocicletta *f*; ~**boat** motoscafo *m*; ~**car** automobile *f*; macchina *f*; ~**cycle** motocicletta *f*; ~**ist** automobilista *m*; ~**ize** *v/t* motorizzare; ~ **road** autostrada *f*

mould [mould] *s* muffa *f*; forma *f*; *v/t* modellare; formare

mound [maund] montagnola *f*

mount [maunt] *s* monte *m*; *v/t* salire

mountain ['mauntin] montagna *f*; ~**eer** [~'niə] alpinista *m*; ~**range** catena *f* di montagne

mourn [mɔːn] *v/t*, *v/i* piangere; ~**ful** afflitto; lugubre; ~**ing** lutto *m*

mouse [maus], *pl* **mice** [mais] topo *m*

moustache [məs'tɑːʃ] baffi *m/pl*

mouth [mauθ], *pl* ~**s** [mauðz] bocca *f*; sbocco *m*; ~**ful** boccata *f*; boccone *m*; ~**piece** bocchino *m*; portavoce *m*

move [muːv] *s* mossa *f*; *v/t* muovere; *v/i* muoversi; ~**ment** movimento *m*; ~**ies** ['muːviz] *pl* cinema *m*; ~**commovente**

much [mʌtʃ] molto; **as ~ as** tanto quanto; **so ~ the better** tanto meglio; **too ~** troppo; **very ~** moltissimo

muck [mʌk] sudiciume *m*

mucus ['mjuːkəs] *biol* muco *m*

mud [mʌd] fango *m*

muddle ['mʌdl] *s* confusione *f*; imbroglio *m*; *v/t* imbrogliare

mud|dy ['mʌdi] fangoso; ~**guard** parafango *m*

muff [mʌf] manicotto *m*

muffle ['mʌfl] *v/t* attutire

mug [mʌg] coppa *f*

mulberry ['mʌlbəri] moro *m*

mule [mjuːl] mulo *m*

multi|ple ['mʌltipl] *s*, *a* multiplo (*m*); ~**plication table** [~pli'keiʃən] abbaco *m*; tavola *f* pitagorica; ~**ply** [~plai]; *v/t* moltiplicare; ~**tude** moltitudine *f*

mumble ['mʌmbl] *v/t*, *v/i* borbottare

mummy [mʌmi] mummia *f*

mumps [mʌmps] *pl* orecchioni *m/pl*

munch [mʌntʃ] *v/t* masticare

5*

municipal [mju(:)'nisipəl] municipale; **~ity** [~'pæliti] municipalità *f*

munition [mju(:)'niʃən], *pl* munizioni *f/pl*

murder ['mə:də] *s* assassinio *m*; *v/t* assassinare; **~er** assassino *m*

murmur ['mə:mə] *s* mormorio *m*; *v/t* mormorare

muscle ['mʌsl] muscolo *m*; **~ular** ['~kjulə] muscoloso *m*

muse [mju:z] *v/t*, *v/i* meditare

museum [mju(:)'ziəm] museo *m*

mushroom ['mʌʃrum] fungo *m*

music ['mju:zik] musica *f*; **~al** *a* musicale; *s* film *m* musicale; **~al comedy** operetta *f*; **~hall** varietà *f*; **~ian** musicista *m*, *f*

musket ['mʌskit] moschetto *m*; **~eer** moschettiere *m*

Muslim ['muslim] *a*, *s* mussulmano (*m*)

must¹ [mʌst] *v/d* dovere; avere a; **I ~ write** devo scrivere; **it ~ be late** deve

essere tardi

must² [mʌst] *s* muffa *f*

mustache ['mʌstæʃ] *Am* baffi *m/pl*

mustard ['mʌstəd] senape *f*; mostarda *f*

muster ['mʌstə] radunare

musty ['mʌsti] ammuffito

mute [mju:t] *a* muto; *s* muto(a) *m(f)*

mutilate ['mju:tileit] *v/t* mutilare

mutinous ['mju:tinəs] sedizioso; ribelle; **~y** ammutinamento *m*

mutter [mʌtə] *v/t*, *v/i* borbottare

mutton ['mʌtn] carne *f* di montone

mutual ['mju:tʃuəl] reciproco

muzzle ['mʌzl] museruola *f*

my [mai] *a poss* mio, mia, miei, mie

myrtle ['mə:tl] mirto *m*

myself [mai'self] me stesso

mysterious [mis'tiəriəs] misterioso; **~ery** ['~təri] mistero *m*; **~ify** ['mistifai] *v/t* mistificare

N

nag [næg] *v/t* trovare da ridire su tutto

nail [neil] *s* chiodo *m*; *v/t* inchiodare

naïve [nɑː'iːv] ingenuo

naked ['neikid] nudo

name [neim] *s* nome *m*; *v/t* nominare; **~less** senza nome; **what is your ~?** Qual'è

il suo nome?

nanny ['næni] bambinaia *f*

nap [næp] pisolino *m*; pelo *m*

nape [neip] nuca *f*

napkin ['næpkin] tovagliolo *m*

narcosis [nɑː'kousis] narcosi *f*

newsreel

narcotic [nɑːˈkɔtik] *a*, *s* narcotico (*m*)
narrat|e [næˈreit] *v/t* narrare; **~ion** narrazione *f*
narrow [ˈnærou] *a* stretto; ristretto; *v/t* restringere; *v/i* restringersi
nasty [ˈnɑːsti] brutto
nation [ˈneiʃən] nazione *f*; **~al** [ˈnæʃənl] nazionale; **~ality** [ˌˈnæliti] nazionalità *f*
native [ˈneitiv] *a* nativo; indigeno; *s* indigeno *m*; **~ language** lingua *f* madre
natural [ˈnætʃrəl] naturale
nature [ˈneitʃə] natura *f*
naught [nɔːt] zero *m*
naughty [ˈnɔːti] birichino
nausea [ˈnɔːsjə] nausea *f*; **~ting** [ˈ~ieitin] ripugnante
nave [neiv] navata *f*
navel [ˈneivəl] ombelico *m*
navy [ˈneivi] marina *f*
near [niə] *a* vicino; *adv* vicino; *prp* vicino a; *v/i* avvicinarsi; **~ly** quasi; **~ness** prossimità *f*; **~sighted** miope
neat [niːt] ordinato
necessary [ˈnesisəri] necessario
necessit|ate [niˈsesiteit] *v/t* richiedere; **~y** necessità *f*
neck [nek] collo *m*; **~lace** [ˈ~lis] collana *f*; **~tie** cravatta *f*
need [niːd] *s* bisogno *m*; *v/t*, *v/i* avere bisogno di; **he ~ not come** non è necessario che venga
needle [ˈniːdl] ago *m*

negati|on [niˈgeiʃən] negazione *f*; **~ve** [ˈnegətiv] *s* negativo *m*; *a* negativo
neglect [nigˈlekt] *s* trascuratezza *f*; *v/t* trascurare
negligible [ˈneglidʒəbl] trascurabile
negotiat|e [niˈgouʃieit] *v/t* negoziare; contrattare; **~ion** trattative *f/pl*
negress [ˈniːgris] negra *f*; **~o** [ˈ~ou], *pl* **~oes** negro *m*
neighbo(u)r [ˈneibə] vicino(a) *m* (*f*); **~hood** vicinanza *f*; *a* vicino
neither [ˈneiðə, *Am* ˈniːðə] *a*, *pron* nessuno (dei due); *conj* nè; neppure; **~ ... nor** nè ... nè
nephew [ˈnevju(ː)] nipote *m*
nerv|e [nəːv] nervo *m*; **~ous** nervoso; **~ousness** nervosità *f*
nest [nest] nido *m*
net [net] rete *f*
Netherlands [ˈneðələndz] *pl* Paesi *m/pl* Bassi
nettle [ˈnetl] ortica *f*
network [ˈnetwəːk] rete *f*
neurosis [njuəˈrousis] nevrosi *f*
neuter [ˈnjuːtə] *a*, *s* neutro (*m*); **~ral** *a*, *s* neutro (*m*); **~ral gear** *aut* marcia *f* folle
never [ˈnevə] mai; non ... mai; **~theless** nonostante
new [njuː] nuovo; fresco; **~born** neonato; **~s** [njuːz] *pl* notizie *f/pl*; **~sboy** giornalaio *m*; **~spaper** giornale *m*; **~sreel** attualità *f/pl*; noti-

ziario m; ♀ **Year's Day** il primo dell'anno

next [nekst] a prossimo; ~ **door** accanto; ~ **month** il mese prossimo; ~ **time** la volta prossima

nibble ['nibl] v/t, v/i rosicchiare

nice [nais] simpatico; bello; carino

nickname ['nikneim] soprannome m

nicotine ['nikəti:n] nicotina f

niece [[ni:s] nipote f

niggardly ['nigədli] taccagno

night [nait] notte f; **at** ~ di notte; **last** ~ stanotte; ieri sera; **tomorrow** ~ domani sera; ~**gown** camicia f da notte; ~**ingale** rosignolo m

nip [nip] s pizzicotto m; v/t pizzicare

nipple ['nipl] capezzolo m

no [nou] adv no; non; a nessuno; **it's** ~ **good** non serve; ~ **matter** non importa; ~ **one** nessuno

noble ['noubl] nobile

nobody ['noubədi] nessuno

nod [nɔd] s cenno m; v/i fare cenno

nois|e [nɔiz] rumore m; ~**less** silenzioso; ~**y** rumoroso

nomina|l ['nɔminl] nominale; ~**te** ['~eit] v/t nominare; ~**tion** nomina f

non-|alcoholic analcolico; ~**definite** indefinito

none [nʌn] nessuno

non-existent inesistente

nonsense ['nɔnsəns] sciocchezze f/pl

non-smoker non fumatori m/pl; ~**stop** senza fermate

noodle ['nu:dl]: ~**s** pl tagliatelle f/pl

noon [nu:n] mezzogiorno m

nor [nɔ:] nè; neppure

north [nɔ:θ] s nord m; a del nord; settentrionale; adv al nord; ~**erly, ~ern** del nord; ~**wards** al nord; verso il nord

Norw|ay ['nɔ:wei] Norvegia f; ~**egian** [nɔ:'wi:dʒən] a, s norvegese (m, f)

nostrils ['nɔstrils] narici f/pl

not [nɔt] non; **at all** per niente; ~ **yet** non ancora

notary ['noutəri] notaio m

note [nout] s nota f; biglietto m; appunto m; v/t notare; ~**book** agenda f; quaderno m; ~**paper** carta f da scrivere; ~**worthy** notevole

nothing ['nʌθiŋ] niente; nulla; **for** ~ gratis

notice ['noutis] s avviso m; attenzione f; v/t notare; avvertire; **give** ~ preavvisare; dare gli otto giorni

notion ['noufən] nozione f; opinione f; idea f

notwithstanding [nɔtwiθ-'stændiŋ] nonostante

nougat ['nu:gɑ:] torrone m

noun [naun] nome m; sostantivo m

nourish ['nʌriʃ] v/t nutrire; ~**ing** nutriente; ~**ment** nutrimento m

novel ['nɔvəl] *a* nuovo; *s* romanzo *m*; **~ty** novità *f*

November [nou'vembə] novembre *m*

now [nau] ora; **~ and then** ogni tanto

nowhere ['nouwɛə] da nessuna parte

nuclear ['nju:kliə] nucleare; **~us** ['nju:kliəs] nucleo *m*

nude [nju:d] nudo

nuisance ['nju:sns] fastidio *m*

null [nʌl] nullo; **~ify** *v/t* annullare

numb [nʌm] intorpidito

number ['nʌmbə] *s* numero *m*; *v/t* numerare

numeral ['nju:mərəl] *s* numero *m*; *a* numerale; **~ous** numeroso

nun [nʌn] monaca *f*; **~nery** convento *m* (di monache)

nurse [ə] *s* infermiera *f*; bambinaia *f*; **~ing** cura *f*; **~ery** stanza *f* dei bambini; **~ery school** giardino *m* d'infanzia

nut [nʌt] noce *f*; *mech* dado *m*; **~crackers** schiaccianoci *m*

O

oak [ouk] quercia *f*

oar [ɔ:] *s* remo *m*; *v/t* remare

oat [out]: **~s** *pl* avena *f*

oath [ouθ] giuramento *m*; bestemmia *f*

oatmeal giocchi *m/pl* d'avena

obdurate ['ɔbdjurit] ostinato

obedien|ce [ə'bi:djəns] ubbidienza *f*; **~t** ubbidiente

obey [ə'bei] *v/t* ubbidire

obituary [ə'bitjuəri] necrologia *f*

object ['ɔbdʒikt] oggetto *m*; *gram* complimento *m*; *v/t* obiettare; *v/i* opporsi; **~ion** obiezione *f*; **~ive** *a*, *s* obiettivo (*m*)

obligat|ion [ɔbli'geiʃən] obbligo *m*; **~ory** [ə'bligətəri] obbligatorio

oblig|e [ə'blaidʒ] *v/t* obbligare; costringere

oblique [ə'bli:k] obliquo

obliterat|e [ə'blitəreit] *v/t* cancellare; spegnere

oblivious [ə'bliviəs] dimentico

oblong ['ɔbloŋ] oblungo

obnoxious [ɔb'nɔkʃəs] odioso

obscen|e [ɔb'si:n] osceno

obscure [ɔb'skjuə] *a* oscuro; *v/t* oscurare

observan|ce [əb'zə:vəns] servanza *f*; **~t** osservante

observ|ation [ɔbzə(:)-'veiʃən] osservazione *f*; **~atory** osservatorio *m*; **~e** *v/t* osservare; **~er** osservatore *m*

obsess [əb'ses] *v/t* ossessionare; **~ion** ossessione *f*

obsolete ['ɔbsəli:t] caduto in disuso

obstacle ['ɔbstəkl] ostacolo *m*

obstetric|ian [ˌɔbste'triʃən] ostetrico *m*; **~s** *pl* ostetricia *f*

obstina|cy ['ɔbstinəsi] ostinazione *f*; **~te** ostinato

obstruct [əb'strʌkt] *v/t* ostacolare

obtain [əb'tein] *v/t* ottenere

obvious ['ɔbviəs] ovvio

occasion [ə'keiʒən] occasione *f*; **~al** raro; **~ally** di quando in quando

Occident ['ɔksidənt] occidente *m*

occult [ɔ'kʌlt] occulto

occupant ['ɔkjupənt] inquilino *m*; occupante *m*

occupa|tion [ˌɔkju'peiʃən] occupazione *f*; impiego *m*; **~y** ['~pai] *v/t* occupare

occur [ə'kə:] *v/i* accadere; **~rence** [ə'kʌrəns] avvenimento *m*

ocean ['ouʃən] oceano *m*; **~ liner** transatlantico *m*

o'clock [ə'klɔk]: **it is two ~** sono le due

October [ɔk'toubə] ottobre *m*

ocul|ar ['ɔkjulə] oculare; **~ist** oculista *m*, *f*

odd [ɔd] strano; dispari; strano; **thirty ~** trenta e tanto; **~s and ends** *pl* oggetti *m/pl* disparati

odo(u)r ['oudə] odore *m*

of [ɔv, əv] *prp* di, a, da, per; **~ silk** di seta; **a friend ~ mine** un mio amico; **~ late** ultimamente; **~ course** naturalmente

off [ɔf] *prp* via da; lontano da; *adv* via; lontano; **take ~** *v/t* togliere; *v/i* decollare (*dell'aeroplano*)

offen|ce, *Am* **~se** [ə'fens] offesa *f*; reato *m*; **~d** *v/t* offendere; *v/i* trasgredire; **~sive** offensiva *f*; *a* offensivo

offer ['ɔfə] *s* offerta *f*; proposta *f*; *v/t* offrire; *v/i* offrirsi; **~ing** offerta *f*

office ['ɔfis] ufficio *m*; **~r** ufficiale *m*

official [ə'fiʃəl] *a* ufficiale; *s* funzionario *m*

offspring ['ɔ(:)fspriŋ] progenie *f*

often ['ɔfn] spesso

oil [ɔil] *s* olio *m*; petrolio *m*; *v/t* ungere; **~cloth** tela *f* cerata; **~painting** pittura *f* a olio; **~y** oleoso; untuoso

ointment ['ɔintmənt] unguento *m*; pomata *f*

okay [ou'kei] okay; va bene

old [ould] vecchio; anziano; antico; **~age** vecchiaia *f*; **~ fashioned** passato di moda; all'antica; 2 **Testament** Antico Testamento *m*; **~ town** città *f* vecchia

olive ['ɔliv] oliva *f*

Olympic games [ou'limpik] *pl* olimpiadi *f/pl*

omelet(te) ['ɔmlit] frittata *f*

omen ['oumen] augurio *m*; presagio *m*

ominous ['ɔminəs] minaccioso

omi|ssion [ə'miʃən] omissione *f*; **~t** *v/t* omettere

omnipotent [ɔm'nipətənt]

organization

onnipotente

on [ɔn] *prp* su; sopra; ~ **account of** a causa di; ~ **Monday** il lunedì; ~ **foot** a piedi; ~ **horseback** a cavallo; ~ **purpose** apposta; ~ avanti; addosso; **go** ~! avanti!; **come** ~! andiamo!; **and so** ~ e così via

once [wʌns] una volta; **at** ~ subito; ~ **more** ancora una volta

one [wʌn] *a* un, uno(a); unico; *pron* uno *m*; una *f*; un tale *m*; ~ **hundred** cento; **it is** ~ è l'una; ~ **by** ~ uno a uno; ~ **self** sè; sè stesso; ~ **sided** unilaterale; ~ **way** (*street*) a senso unico

onion ['ʌnjən] cipolla *f*

only ['ounli] *a* unico; *adv* solo; solamente; *conj* solo che

onward ['ɔnwəd] avanti; ~ **s** in avanti

open ['oupən] *a* aperto; libero; *v/t* aprire; *v/i* aprirsi; ~ **ing** apertura *f*; inaugurazione *f*

opera ['ɔpərə] opera *f*; ~ **glasses** *pl* binocolo *m* da teatro

operat|e ['ɔpəreit] *v/t* operare; ~ **ion** [ˌɔpə'reiʃən] operazione *f*; ~ **or** ['ɔpəreitə] operatore *m*

opinion [ə'pinjən] opinione *f*

opponent [ə'pounənt] antagonista *m*; avversario *m*

opportun|e ['ɔpətjuːn] opportuno; ~ **ity** [ˌɔpə'tjuːniti]

occasione *f*

oppos|e [ə'pouz] *v/t* opporre; opporsi a; ~ **ed** contrario; ~ **ing** contrario; opposto; ~ **ite** ['ɔpəzit] *s* opposto *m*; *a* contrario; opposto; *prp* di fronte; ~ **ition** [ɔpə'ziʃən] opposizione *f*

oppress [ə'pres] *v/t* opprimere; ~ **ion** oppressione *f*; ~ **ive** oppressivo

optic|al ['ɔptikəl] ottico; ~ **ian** [ɔp'tiʃən] ottico *m*; ~ **s** *pl* ottica *f*

optional ['ɔpʃənl] facoltativo

opulent ['ɔpjulənt] opulento

opus ['ɔpəs, 'oupəs] opera *f*

or [ɔː] o; oppure

oral ['ɔːrəl] orale

orange ['ɔrindʒ] arancia *f*; ~ **ade** [ˌ'eid] aranciata *f*

orator ['ɔrətə] oratore *m*

orchard ['ɔːtʃəd] frutteto *m*

orchestra ['ɔːkistrə] orchestra *f*

orchid ['ɔːkid] orchidea *f*

ordain [ɔː'dein] *v/t* ordinare

ordeal [ɔː'diːl] prova *f* dura

order ['ɔːdə] *s* ordine *m*; **put in** ~ mettere in ordine; **out of** ~ guasto; **in** ~ **to** per (*e infinito*); **in** ~ **that** affinchè; *v/t* ordinare; ~ **ly** ordinato

ordinary ['ɔːdnri] comune; solito

ore [ɔː] minerale *m*

organ ['ɔːgən] organo *m*

organ|ic [ɔː'gænik] organico; ~ **sm** ['ɔːgənizəm] organismo *m*

organiz|ation [ɔːgənai'zei-**

[ən] organizzazione *f*; **~e**
['~aiz] *v/t* organizzare

orgy ['ɔːdʒi] orgia *f*

Orient ['ɔːriənt] Oriente *m*;
~al orientale

orientation [ˌɔːrienˈteiʃən]
orientazione *f*

origin ['ɔridʒin] origine *m*;
~al [əˈridʒənl] *s, a* originale
(*m*); **~ality** [əridʒiˈnæliti]
originalità *f*; **~ate** [əˈridʒi-
neit] *v/i* avere origine

orna|ment ['ɔːnəmənt] *s* or-
namento *m*; *v/t* adornare;
~te [ɔːˈneit] ornato

orphan ['ɔːfən] orfano(a) *m*
(*f*); **~age** orfanotrofio *m*

oscillate ['ɔsileit] *v/i* oscillare

ostrich ['ɔstritʃ] struzzo *m*

other ['ʌðə] *a, pron* altro,
altra, altri, altre; **the ~ day**
recentemente; **~wise**
['~waiz] altrimenti

ought [ɔːt] *v/d*: **I ~** dovrei; **~
to write** dovrebbe scri-
vere

ounce [auns] oncia *f*

our ['auə] *a* nostro(a, i, e); **~s**
il nostro, la nostra, i nostri,
le nostre; **~selves** noi stessi

oust [aust] *v/t* soppiantare

out [aut] *adv* fuori; *prp* fuori
di; **go ~** uscire; **way ~** uscita
f; **~ of danger** fuori pericolo; **~burst** esplosione *f*;
~come risultato *m*;
~doors all'aperto; **~fit**
corredo *m*; equipaggia-
mento *m*; **~law** fuorilegge
m; **~lay** spesa *f*; **~let** uscita
f; **~live** *v/t* sopravvivere a;

~look prospettiva *f*; **~put**
produzione *f*; **~rage** *s* oltraggio *m*; *v/t* oltraggiare;
~rageous scandaloso;
~side *a, s* esterno (*m*); *adv*
fuori; *prp* fuori di; **~skirts**
pl periferia *f*; **~spoken**
franco; sincero; **~standing**
preminente; *comm* in sospeso; **~ward** esteriore, esterno; **~wit** *v/t* superare (*in
furberia*)

oval ['ouvəl] *a, s* ovale (*m*)

oven ['ʌvn] forno *m*

over ['ouvə] *prp* sopra; **~
again** di nuovo; **~ and ~**
ripetutamente

over|all ['ouvərɔːl] grembiu-
le *m*; tuta *f*; **~board** in
mare; **~burden** *v/t* so-
vraccaricare; **~coat** soprab-
bito *m*; **~come** *v/t, irr* superare; vincere; **~do** *v/t* esagerare; **~due** scaduto; **~flow**
v/t inondare; *v/i* straripare;
~head costs *pl* spese *f/pl*
generali; **~hear** *v/t, irr* udire per caso; **~joyed** conten-
tissimo; **~load** *v/t* sovracca-
ricare; **~look** *v/t* dominare;
passare sopra; **~night** durante la notte; **~seas** d'ol-
tremare; **~sight** svista *f*;
~state *v/t* esagerare;
~strain tensione *f* eccessi-
va; take *v/t, irr* raggiungere; sorpassare; **~throw** *v/t*
rovesciare; **~time** straordinario *m*

overture ['ouvətjuə] prelu-
dio *m*

over|turn *v/t* capovolgere;

~weight peso *m* eccessivo;
~whelm *v/t* soffraggare;
~work *v/i* lavorare troppo
owe [ou] *v/t* dovere
owing [ˈouiŋ] **to** è dovuto a
owl [aul] civetta *f*; gufo *m*
own [oun] *v/t* possedere; *a.*
proprio; **~er** proprietario *m*
ox [ɔks], *pl* **~en** [ˈ~ən]
bue *m*
ox|ide [ˈɔksaid] ossido *m*;
~ygen [ˈɔksidʒən] ossigeno
m
oyster [ˈɔistə] ostrica *f*

P

pace [peis] passo *m*
pacif|ic [pəˈsifik] pacifico;
~ist pacifista *m*, *f*; **~y**
[ˈpæsifai] *v/t* pacificare
pack [pæk] *s*, balla *f*; sacco *m*
(*di bugie*); banda *f* (*di ladri*);
mazzo *m* (*di carte*); *v/t* im-
ballare; *v/i* fare le valigie
pack|age [ˈpækidʒ] collo *m*;
balla *f*; **~et** pacchetto *m*
pact [pækt] patto *m*
pad [pæd] tampone *m*; cuscinetto *m*; **~ding** imbottitura *f*; **~lock** lucchetto *m*
pagan [ˈpeigən] *a*, *s* pagano
(*m*)
page [peidʒ] *s* pagina *f*; *v/t*
impaginare
pageant [ˈpædʒənt] corteo *m*
(*storico*)
pain [pein] *s* dolore *m*; pena
f; *v/t* affliggere; soffrire;
~ful doloroso; **~less** indo-
lore
paint [peint] *s* pittura *f*; *v/t*
dipingere; *v/i* dipingersi;
~er pittore *m*; **~ing** pittura
f; quadro *m*
pair [pɛə] *s* paio *m*; **~ of
scissors** forbici *f/pl*; **~ of
scales** bilancia *f*; **~ of
glasses** occhiali *m/pl*; **~ of**
trousers pantaloni *m/pl*; **~
of shoes** paio *m* di scarpe; **~**
v/t accoppiare
palace [ˈpælis] palazzo *m*;
reggia *f*
palate [ˈpælit] palato *m*
pale [peil] pallido; **grow ~**
impallidire
palm [pɑːm] palmo *m* (*della
mano*); palma *f*
palpitate [ˈpælpiteit] *v/i*
palpitare; **~ion** palpitazione
f
paltry [ˈpɔːltri] meschino
pamphlet [ˈpæmflit] opuscolo *m*
pan [pæn] tegame *m*; padella
f; **~cake** frittella *f*
pane [pein] vetro *m*
panel [ˈpænl] pannello *m*
pang [pæŋ] dolore *m* acuto
panic [ˈpænik] *s* panico *m*;
v/t perdere la testa
pant [pænt] *v/i* affannarsi
panther [ˈpænθə] pantera *f*
panties [ˈpæntiz] *pl fam* mutandine *f/pl*
pantry [ˈpæntri] dispensa *f*
pants [pænts] *pl* calzoni
m/pl; mutande *f/pl*
papa [pəˈpɑː] papà *m*
paper [ˈpeipə] carta *f*; gior-

nale *m*; **~back** libro *m* tascabile; **~ money** carta *f* moneta

par [pɑ:] pari *f*; **be on a ~ with** essere alla pari di

parachute ['pærəʃu:t] paracadute *m*; **~ist** paracadutista *m*

parade [pə'reid] *s* sfilata *f*; *v/i* sfilare

paradise ['pærədais] paradiso *m*

paradox ['pærədɔks] paradosso *m*

paragraph ['pærəgrɑ:f] paragrafo *m*

parallel ['pærəlel] *a*, *s* parallelo (*m*)

paraly|se, *Am* **~ze** ['pærəlaiz] *v/t* paralizzare; **~sis** [pə'rælisis] paralisi *f*

paramount ['pærəmaunt] supremo

parasite ['pærəsait] parassita *m*

parasol [,pærə'sɔl] parasole *m*

parcel ['pɑ:sl] *s* pacco *m*; *v/t* fare un pacco

parch [pɑ:tʃ] *v/t* inaridire; **~ment** pergamena *f*

pardon ['pɑ:dn] *s* perdono *m*; *v/t* perdonare; **I beg your ~** scusi; **~able** perdonabile

pare [peə] *v/t* sbucciare

parent ['peərənt] padre *m*; madre *f*; **~s** *pl* genitori *m/pl*

parenthe|sis [pə'renθisis], *pl* **~ses** [~siz] parentesi *f*

parish ['pæriʃ] parrocchia *f*; **~ priest** parroco *m*

park [pɑ:k] *s* parco *m*; *v/t* parcheggiare; **~ing** parcheggio *m*

parliament ['pɑ:ləmənt] parlamento *m*; **Member of ~** *Brit* deputato *m*

parlo(u)r ['pɑ:lə] salotto *m*

parrot ['pærət] pappagallo *m*

parsley ['pɑ:sli] prezzemolo *m*

parsimony ['pɑ:siməni] parsimonia *f*

parson ['pɑ:sn] parroco *m* (*anglicano*)

part [pɑ:t] *s* parte *f*; **take ~** partecipare; *v/t* separare; *v/i* separarsi; **~ with** disfarsi di

partake [pɑ:'teik] *v/i* partecipare

partial ['pɑ:ʃəl] parziale; **~ity** [~ʃi'æliti] parzialità *f*

participate [pɑ:'tisipeit] *v/i* partecipare

particular [pə'tikjulə] *a* particolare; speciale; *s* particolare *m*; (**personal**) **~s** *pl* particolari *m/pl*

parting ['pɑ:tiŋ] (*hair*) riga *f*

partisan [,pɑ:ti'zæn] *a*, *s* partigiano (*m*)

partition [pɑ:'tiʃən] divisione *f*; parete *f* divisoria

partly ['pɑ:tli] in parte

partner ['pɑ:tnə] socio(a) *m* (*f*); **~ship** società *f*

partridge ['pɑ:tridʒ] pernice *f*

party ['pɑ:ti] partito *m*; festa *f*; ricevimento (*m*)

pass [pɑ:s] *s* passo *m*; passaggio *m*; *v/t* passare; approvare (*una legge*); **~age** ['pæsidʒ] passaggio *m*; corridoio *m*; brano *m*; **~enger** ['pæsindʒə] passeggero *m*; **~er-by** ['pɑːsə-'bai] passante *m*

passion ['pæʃən] passione *f*; **~ate** appassionato

passive ['pæsiv] passivo

pass|port ['pɑːspɔːt] passaporto *m*; **~word** parola *f* d'ordine

past [pɑːst] *a*, *s* passato (*m*); *prp* oltre; dopo; *adv* oltre; **half ~ six** le sei e mezzo; **~ hope** senza speranza

paste [peist] *s* pasta *f*; colla *f*; *v/t* incollare; **~board** cartone *m*

pastime ['pɑːstaim] passatempo *m*

pastry ['peistri] pasta *f* frolla; pasticceria *f*

pasture ['pɑːstʃə] *s* pascolo *m*; *v/i* pascolare

pat [pæt] *s* colpetto *m*; *v/t* dare colpetti (*con la mano*)

patch [pætʃ] *s* toppa *f*; *v/t* rattoppare; **~work** raffazzonamento *m*

patent ['peitənt, *Am* 'pætənt] *a* brevettato; *s* brevetto *m*; *v/t* far brevettare; **~ leather** pelle *f* lucida

vatern|al [pə'təːnl] paterno; **~ity** paternità *f*

path [pɑːθ], *pl* **~s** [pɑːðz] sentiero *m*

pathetic [pə'θetik] patetico; commovente

patien|ce ['peiʃəns] pazienza

f; **~t** *a* paziente; *s* ammalato *m*

patriot ['peitriət] *a*, *s* patriota (*m*, *f*)

patrol [pə'troul] *s* pattuglia *f*; *v/t* pattugliare

patron ['peitrən] *s* patrono *m*; **~age** ['pætrənidʒ] patronato *m*; **~ize** ['pætrənaiz] *v/t* frequentare; *comm* favorire

pattern ['pætən] modello *m*; campione *m*

paunch [pɔːntʃ] pancia *f*

pauper ['pɔːpə] povero *m*

pause [pɔːz] *s* pausa *f*; *v/i* fermarsi

pave [peiv] *v/t* pavimentare; **~ment** marciapiede *m*

pavilion [pə'viljən] padiglione *m*

paw [pɔː] zampa *f*

pawn [pɔːn] *s* pegno *m*; *v/t* impegnare; **~shop** monte *m* di pietà

pay [pei] *s* paga *f*; *v/t* pagare; **~ back** rimborsare; **~ cash** pagare in contanti; **~ in advance** pagare in anticipo; **~ a visit** fare una visita; **~able** pagabile; **~ment** pagamento *m*

pea [piː] pisello *m*

peace [piːs] pace *f*; **~ful** pacifico

peach [piːtʃ] pesca *f*

peacock ['piːkɔk] pavone *m*

peak [piːk] cima *f*; culmine *m*

peal [piːl] *s* scampanio *m*; *v/i* scampanare; risuonare

peanut ['piːnʌt] arachide *f*

pear [pɛə] pera *f*

pearl

142

pearl [pɜ:l] perla *f*

peasant ['pezənt] contadino *m*

pebble ['pebl] sassolino *m*

peck [pek] *v/t* beccare

peculiar [pi'kju:ljə] strano; **~ity** [~li'æriti] peculiarità *f*

pedal ['pedl] *s* pedale *m*; *v/t* pedalare

pedant ['pedənt] pedante *m*

peddler ['pedlə] *cf* **pedlar**

pedestrian [pi'destriən] pedone *m*; **~ crossing** passaggio *m* pedonale

pedigree ['pedigri:] albero *m* genealogico

pedlar ['pedlə] venditore *m* ambulante

peel [pi:l] *v/t* sbucciare; *s* buccia *f*

peep [pi:p] *v/i* far capolino

peer [piə] *s* pari *m*; *v/t* guardare da presso

peevish ['pi:viʃ] nervoso; innervosito

peg [peg] piuolo *m*

pelican ['pelikən] pelicano *m*

pelvis ['pelvis] *anat* pelvi *f*

pen [pen] penna *f*

penalty ['penlti] pena *f*

penance ['penəns] penitenza *f*

pence [pens] *pl of* **penny**

pencil ['pensil] matita *f*; **~ sharpener** temperalapis *m*

pendant ['pendənt] *s*, *a* pendente (*m*); **~ing** *a* pendente; sospeso; *prp* durante

pendulum ['pendjuləm] pendolo *m*

penetrate ['penitreit] *v/t* penetrare

penguin ['pengwin] pinguino *m*

penicillin [ˌpeni'silin] penicillina *f*

peninsula [pi'ninsjulə] penisola *f*

penitent ['penitənt] penitente

penknife temperino *m*

penniless ['penilis] senza soldi

penny ['peni], *pl* **pence** [pens] soldo *m*

pension ['penʃən] *s* pensione *f*; *v/t* pensionare; **~er** pensionato *m*

pensive ['pensiv] pensoso

penthouse ['penthaus] appartamentino *m* in soffitta

people ['pi:pl] popolo *m*; gente *f*

pepper ['pepə] pepe *m*; **~mint** menta *f*

per [pə:] per

perambulator ['præmbjuleitə] carrozzina *f* (*per bambini*)

perceive [pə'si:v] *v/t* accorgersi di

percent, ~age [pə'sent] percentuale *f*

perch [pə:tʃ] *v/i* appollaiarsi; posarsi

percussion [pə'kʌʃən] percussione *f*

peremptory [pə'remptəri] perentorio

perfect ['pə:fikt] *a* perfetto; *s* *gram* passato *m* prossimo; *v/t* perfezionare; **~ion** perfezione *f*

perforation [ˌpəːfəˈreiʃən] perforazione *f*

perform [pəˈfɔːm] *v/t* eseguire; *thea* rappresentare; **~ance** esecuzione *f*; rappresentazione *f*

perfume [ˈpəːfjuːm] *s* profumo *m*; *v/t* profumare

perhaps [pəˈhæps, præps] forse

peril [ˈperil] pericolo *m*; **~ous** pericoloso

period [ˈpiəriəd] periodo *m*; punto *m*

perish [ˈperiʃ] *v/i* perire; **~able** deperibile

perm, ~anent [pəːm] permanente; **~anent wave** permanente *f*

permission [pəˈmiʃən] permesso *m*; **~t** *v/t* permettere; *s* permesso *m*

perpetual [pəˈpetʃuəl] perpetuo

perplex [pəˈpleks] *v/t* rendere perplesso

persecute [ˈpəːsikjuːt] *v/t* perseguitare; **~ion** persecuzione *f*; **~or** persecutore *m*

persevere [pəːsiˈviə] *v/i* perseverare

Persian [ˈpəːʃən] *a, s* persiano (*m*)

persist [pəˈsist] *v/i* persistere; **~ence** persistenza *f*; **~ent** persistente

person [ˈpəːsn] persona *f*; **~age** personaggio *m*; **~al** personale; **~ality** [ˌpəːsəˈnæliti] personalità *f*; **~ify** [~ˈsɔ-

nifai] *v/t* personificare; **~nel** [~səˈnel] personale *m*

perspective [pəˈspektiv] prospettiva *f*

perspir|ation [pəːspəˈreiʃən] traspirazione *f*; sudore *m*; **~e** [pəsˈpaiə] *v/i* traspirare; sudare

persua|de [pəˈsweid] *v/t* persuadere; **~sion** [~ʒən] persuasione *f*; **~sive** persuasivo

perturb [pəˈtəːb] *v/t* perturbare

perus|al [pəˈruːzəl] lettura *f*; **~e** *v/t* leggere attentamente

pervade [pəːˈveid] *v/t* permeare

perver|se [pəˈvəːs] perverso; ostinato; **~sion** perversione *f*; corruzione *f*

pessimi|sm [ˈpesimizəm] pessimismo *m*; **~st** pessimista *m, f*

pest [pest] peste *f*; **~er** *v/t* infastidire; tormentare

pet [pet] animale *m* domestico; beniamino *m*

petal [ˈpetl] petalo *m*

petition [piˈtiʃən] petizione *f*

petrify [ˈpetrifai] *v/t* petrificare

petrol [ˈpetrəl] benzina *f*; **~ station** posto *m* di rifornimento

petticoat [ˈpetikout] sottoveste *f*

petty [ˈpeti] meschino; insignificante

pew [pjuː] banco *m* di chiesa

pharmac|ist [ˈfɑːməsist] farmacista *m* (*laureato in*

farmacia); **~y** farmacia *f (fa-coltà)*

pheasant ['feznt] fagiano *m*

phenomenal [fi'nɔminl] fenomenale

philolog|ist [fi'lɔlədʒist] filologista *m;* **~y** filologia *f*

philosoph|er [fi'lɔsəfə] filosofo *m;* **~ic, ~ical** filosofico; **~y** filosofia *f*

phone [foun] *fam for* **telephone**

photo ['foutou] *fam for* **~graph** ['~təgra:f] fotografia *f;* **take ~s** fare fotografie

photograph|er [fə'tɔgrəfə] fotografo *m;* **~y** fotografia *f*

phrase [freiz] frase *f*

physic|al ['fizikəl] fisico; **~ian** [fi'ziʃən] medico *m;* **~ist** ['~sis] fisico *m;* **~s** *sg* fisica *f*

physique [fi'zi:k] fisico *m*

pian|ist ['pjænist, 'pjænist] pianista *m, f;* **~o** ['pjænou, 'pjɑ:nou] pianoforte *m*

pick [pik] *s* piccone *m;* scelta *f; v/t* scegliere; cogliere; **~ up** raccogliere

picket ['pikit] picchetto *m*

pickle ['pikl] **~s** *pl* sottaceti *m/pl;* **~** *v/t* mettere sotto aceto

pickpocket borsaiuolo *m*

picnic ['piknik] merenda *f* (in campagna)

picture ['piktʃə] quadro *m;* **~gallery** pinacoteca *f;* **~postcard** cartolina *f* illustrata; **~sque** [~'resk] pittoresco

pie [pai] torta *f;* pasticcio *m*

piece [pi:s] pezzo *m;* **~ of advice** consiglio *m;* **~ of furniture** mobile *m*

pier [piə] molo *m;* pilone *m*

pierce [piəs] *v/t* forare; penetrare

piety ['paiəti] pietà *f*

pig [pig] maiale *m;* porco *m*

pigeon ['pidʒin] piccione *m;* **~hole** casella *f*

pig|sty porcile *m;* **~tail** treccia *f*

pike [paik] luccio *m*

pile [pail] *s* mucchio *m; v/t* ammucchiare; **~ up** ammucchiarsi

pilgrim ['pilgrim] pellegrino *m;* **~age** pellegrinaggio *m*

pill [pil] pillola *f*

pillar ['pilə] pilastro *m;* colonna *f; fig* sostegno *m*

pillow ['pilou] cuscino *m*

pilot ['pailət] *s* pilota *m; v/t* pilotare

pimple ['pimpl] foruncolo *m*

pin [pin] *s* spillo *m; v/t* attaccare con lo spillo

pincers ['pinsəz] *pl* pinze *f/pl;* tenaglie *f/pl*

pinch [pintʃ] *s* pizzico *m; v/t* pizzicare

pine [pain] *s* pino *m; v/i* struggersi; **~apple** ananas *m*

pink [piŋk] *a* rosa

pinnacle ['pinəkl] pinnacolo *m; fig* culmine *m*

pint [paint] pinta *f*

pioneer [paiə'niə] pioniere *m*

pious ['paiəs] pio
pipe [paip] tubo *m*; canna *f* (*dell'organo*); pipa *f* (*per fumare*)
pirate ['paiərit] pirata *m*
pistol ['pistl] pistola *f*
piston ['pistən] *mech* pistone *m*; stantuffo *m*
pit [pit] pozzo *m*; *thea* platea *f*
pitch [pitʃ] *s* pece *f*; grado *m*; tono *m*; *v/t* lanciare; **~ dark** buio pesto
piteous ['pitiəs] pietoso
pitfall trappola *f*
piti|ful ['pitiful] pietoso; **~less** spietato
pity ['piti] *s* pietà *f*; *v/t* compatire; **what a ~** che peccato!
pivot ['pivət] *s* pernio *m*; *v/i* girare su pernio
placard ['plækɑːd] manifesto *m*; affisso *m*
place [pleis] *s* posto *m*; luogo *m*; **in ~ of** al posto di; **take ~** avere luogo; *v/t* mettere
placid ['plæsid] placido
plague [pleig] *s* peste *f*; pestilenza *f*; *v/t* tormentare
plain [plein] *a* piatto; chiaro; semplice; *s* pianura *f*
plaint|iff ['pleintif] querelante *m*; **~ive** lamentoso
plait [plæt, *Am* pleit] treccia *f* (*di capelli*)
plan [plæn] *s* progetto *m*; *v/t* progettare
plane [plein] *a* piano, *s* platano *m*; aeroplano *m*
planet ['plænit] pianeta *m*
plank [plæŋk] asse *f*; tavola *f*

plant [plɑːnt] *s* pianta *f*; impianto *m*; *v/t* piantare; **~ation** [plæn'teiʃən] piantagione *f*
plaque [plɑːk] placca *f*
plaster ['plɑːstə] *s* gesso *m*; cerotto *m*; intonaco *m*; *v/t* intonacare
plastic ['plæstik] plastico; **~s** *pl* plastica *f*
plate [pleit] piatto *m*; targa *f*; tavola *f*; dentiera *f*
platform ['plætfɔːm] piattaforma *f*
platinum ['plætinəm] platino *m*
play [plei] *s* giuoco *m*; *thea* commedia *f*; *v/t* giuocare; *thea* rappresentare; (*instrument*) suonare; **~er** (*game*) giocatore *m*; (*instrument*) sonatore *m*; **~ful** scherzoso; **~ground** campo *m* per ricreazione; **~mate** compagno *m* di giochi; **~wright** drammaturgo *m*
plead [pliːd] *v/t* difendere (*una causa*); addurre; *v/i* supplicare
pleas|ant ['pleznt] piacevole; simpatico; **~e** [pliːz] *v/t* piacere a; **~ed** contento; **~ure** ['pleʒə] piacere *m*
pleat [pliːt] *s* piega *f*; *v/t* piegare
pledge [pledʒ] *s* pegno *m*; *v/t* impegnare
plentiful ['plentiful] abbondante; **~y** abbondanza *f*
pliable ['plaiəbl] flessibile
pliers ['plaiəz] *pl* pinzette *f/pl*

plight [plait] difficoltà *f*

plot [plɔt] *s* cospirazione *f*; trama *f* (*di commedia, libro*); pezzo *m* (*di terreno*); *v/t* cospirare

plough, *Am* **plow** [plau] *s* aratro *m*; *v/t* arare

pluck [plʌk] *s* coraggio *m*; *v/t* cogliere; spenare (*un pollo*)

plug [plʌg] *s* tappo *m*; spina *f*; presa *f*; *v/t* tappare

plum [plʌm] susina *f*; prugna *f*

plumage ['pluːmidʒ] piumaggio *m*

plump [plʌmp] grassoccio

plunder ['plʌndə] *s* bottino *m*; *v/t* saccheggiare

plunge [plʌndʒ] *s* tuffo *m*; immersione *f*; *v/t* tuffare; immergere

plural ['pluərəl] *a*, *s* plurale (*m*)

plus [plʌs] più

ply [plai] *s* piega *f*; *v/t* assalire; *v/i* andare e venire

pneumonia [njuː(ː)'məunjə] polmonite *f*

poach [poutʃ] *v/t* cuocere in camicia (*di uova*); cacciare di frodo; **~er** cacciatore *m* di frodo

pocket ['pɔkit] *s* tasca *f*; *v/t* intascare; **~book** portafoglio *m*

poem ['pouim] poesia *f*

poet ['pouit] poeta *m*; **~ry** ['‿itri] poesia *f*

poignant ['pɔinənt] commuovente

point [pɔint] punto *m*; punta *f*; **on the ~ of** sul punto di;

come to the ~ venire al sodo; **see the ~** capire; **~ed** appuntito; **~less** inutile; **~ out** far notare

poise [pɔiz] *s* equilibrio *m*; *v/t* equilibrare

poison ['pɔizn] *s* veleno *m*; *v/t* avvelenare; **~ous** velenoso

poke [pouk] *v/t* attizzare (*il fuoco*); dare colpi

Poland ['poulənd] Polonia *f*

polar ['poulə] polare; **~ bear** orso *m* bianco

Pole [poul] polacco(a) *m* (*f*)

pole [poul] palo *m*; *elec* polo *m*

polemic [pɔ'lemik] polemico

police [pə'liːs] polizia *f*; **~man** poliziotto *m*; guardia *f*; vigile *m* urbano; **~ station** commissariato *m*

policy ['pɔlisi] politica *f*; polizza *f* (*di assicurazioni*)

polio ['pouliou], **~myelitis** ['pɔliou‚maiə'laitis] poliomielite *f*

Polish ['pouliʃ] polacco

polish ['pɔliʃ] *v/t* lucidare; verniciare; *s* lucido *m*; vernice *f*

polite [pə'lait] cortese; **~ness** cortesia *f*

politic|al [pə'litikəl] politico; **~ian** [pɔli'tiʃən] politico *m*; **~s** ['pɔlitiks] *pl* politica *f*

poll [poul] lista *f* elettorale; elezione *f*; scrutinio *m*

pollute [pə'luːt] *v/t* contaminare; **~ion** contaminazione *f*

pomp [pɔmp] pompa f; **～ous** pomposo

pond [pɔnd] laghetto m

ponder ['pɔndə] v/t meditare; **～ous** ponderoso

pontiff ['pɔntif] pontefice m

pony ['pouni] cavallino m

poodle ['pu:dl] barboncino m

pool [pu:l] laghetto m

poor [puə] povero

pop [pɔp] scoppio m

pope [poup] papa m

poplar ['pɔplə] pioppo m

poppy ['pɔpi] papavero m

popular ['pɔpjulə] popolare; **～arity** [～'læriti] popolarità f; **～ate** ['～eit] v/t popolare; **～ation** popolazione f

porcelain ['pɔ:slin, -lein] porcellana f

porch [pɔ:tʃ] portico m; veranda f

pore [pɔ:] poro m

pork [pɔ:k] carne f di maiale

pornography [pɔ:'nɔgrəfi] pornografia f

porridge ['pɔridʒ] papa f d'avena

port [pɔ:t] porto m

portable ['pɔ:təbl] portatile m

porter ['pɔ:tə] facchino m; portiere m

portfolio [pɔ:t'fouljou] cartella f; portafoglio m (ministeriale)

porthole [pɔthoul] oblò m

portion ['pɔ:ʃən] porzione f

portly ['pɔ:tli] corpulento

Portugal [ˌpɔ:tjugəl] il Portogallo

portrait ['pɔ:trit] ritratto m

Portuguese [ˌpɔ:tju'gi:z] a, s portoghese (m, f)

pose [pouz] s posa f; v/t porre; v/i posare

position [pə'ziʃən] posizione f

positive ['pɔzətiv] a, s positivo (m)

possess [pə'zes] v/t possedere; **～ion** possesso m

possibility [pɔsə'biliti] possibilità f; **～le** ['pɔsəbl] possibile; **～ly** possibilmente

post [poust] s posto m; posta f; palo m; v/t imbucare; mandare; spedire; **～age** affrancatura f; **～age stamp** francobollo m; **～card** cartolina f postale; **～er** manifesto m

poste restante ['poust're stå:nt] fermo posta

postpone [poust'poun] v/t rimandare

posture ['pɔstʃə] atteggiamento m

pot [pɔt] pentola f

potato [pə'teitou], pl **～es** patata f

potent ['poutənt] potente

pottery ['pɔtəri] stoviglie f/pl

pouch [pautʃ] borsa f

poultice ['poultis] cataplasma m

poultry ['poultri] pollame m

pounce [pauns] v/t acchiappare

pound [paund] s libbra f; **～ sterling** sterlina f; v/t pestare

pour [pɔ:] v/t versare; v/i riversarsi

poverty ['pɔvəti] povertà f

powder ['paudə] polvere f

power ['pauə] potere m; potenza f; **~ful** potente; **~less** impotente; **~plant**, **~ station** centrale f elettrica

practi|cable ['præktikəbl] praticabile; **~ce** ['~tis] pratica f; esercizio m; **~se** v/t esercitare; praticare; v/i esercitarsi

prairie ['prɛəri] prateria f

praise [preiz] s lode f; v/t lodare

pram [præm] fam carrozzina f

prank [præŋk] burla f

pray [prei] v/t pregare; **~er** [prɛə] preghiera f

preach [pri:tʃ] v/t, v/i predicare; **~er** predicatore m

preced|e [pri(:)'si:d] v/t, v/i precedere; **~ent** ['presidənt] precedente m

precept ['pri:sept] precetto m

precious ['preʃəs] prezioso

precipi|ce ['presipis] precipizio m; **~tate** [pri'sipiteit] v/t, v/i precipitare; **~tation** precipitazione f; **~tous** precipitoso

precis|e [pri'sais] preciso; **~ion** [~'siʒən] precisione f

precocious [pri'kouʃəs] precoce

predecessor ['pri:disesə] predecessore m

predicament [pri'dikəmənt] difficoltà f

predict [pri'dikt] v/t predire

predisposition ['pri:dispə'ziʃən] predisposizione f

predomina|nt [pri'dɔminənt] predominante; **~te** v/i predominare

preface ['prefis] prefazione f; eccl prefazio m

prefect ['pri:fekt] prefetto m

prefer [pri'fə:] v/t preferire; **~able** ['prefərəbl] preferibile; **~ence** ['prefərəns] preferenza f

prefix ['pri:fiks] prefisso m

pregnan|cy ['pregnənsi] gravidanza f; **~t** incinta

prejudice ['predʒudis] s pregiudizio m; v/t pregiudicare

preliminary [pri'liminəri] preliminare

premeditate [pri(:)-'mediteit] v/t, v/i premeditare

premier ['premjə] primo ministro m

premise ['premis] premessa f; **~s** pl locale m

premium ['pri:miəm] premio m

preoccupation [pri(:)‚ɔkju'peiʃən] preoccupazione f; **~y** [~'ɔkjupai] v/t preoccupare

prepar|ation [prepə'reiʃən] preparazione f; preparativo m; preparato m; **~e** [pri'pɛə] v/t preparare

preposition [prepə'ziʃən] preposizione f

preposterous [pri'pɔstərəs] assurdo

priority

Presbyterian [ˌprezbi'tiə-riən] *a, s.* presbiteriano (*m*)

prescribe [pris'kraib] *v/t* prescrivere; ordinare; **~ption** [ˌ~'kripʃən] ricetta *f* medica

presence ['prezns] presenza *f*

present[1] ['preznt] *s* regalo *m*; presente *m*; *a* presente; attuale; **at ~** attualmente; **be ~ at** assistere a

present[2] [pri'zent] *v/t* presentare; regalare

presentation [prezen'teiʃən] presentazione *f*; **~ly** ['prezntli] tra un poco

preservation [prezə(:)'veiʃən] conservazione *f*; **~e** [pri'zə:v] *v/t* conservare; preservare; **~es** *pl* conserve *f/pl*

preside [pri'zaid] *v/i* presiedere; **~ncy** ['prezidənsi] presidenza *f*; **~nt** presidente *m*

press [pres] *s* stampa *f*; *v/t* premere; comprimere; insistere; **~ure** ['~ʃə] pressione *f*

prestige [pres'ti:ʒ] prestigio *m*

presume [pri'zju:m] *v/t* presumere

presumption [pri'zʌmpʃən] presunzione *f*; **~uous** presuntuoso

pretence, *Am* **~se** [pri'tens] finzione *f*; **~d** *v/t* fingere; **~sion** pretesa *f*

pretext ['pri:tekst] pretesto *m*

pretty ['priti] *a* carino; *adv fam* abbastanza

prevail [pri'veil] *v/i* prevalere; **~ on** indurre

prevent [pri'vent] *v/t* impedire; **~ion** misura *f* preventiva

previous ['pri:vjəs] precedente

prey [prei] preda *f*

price [prais] *s* prezzo *m*; *v/t* valutare; **~less** inestimabile; **~list** listino *m* dei prezzi

prick [prik] *s* puntura *f*; *v/t* punzecchiare; **~ one's ears** drizzare gli orecchi

pride [praid] orgoglio *m*

priest [pri:st] sacerdote *m*

primary ['praiməri] primario; **~ school** scuola *f* elementare

prime [praim] primo; principale

primitive ['primitiv] primitivo

prince [prins] principe *m*; **~ss** [~'ses] principessa *f*

principal ['prinsəpəl] *a* principale;; *s* principale *m*; capo *m*; **~ity** [ˌprinsi-'pæliti] principato *m*

principle ['prinsəpl] principio *m*

print [print] *s* stampa *f*; impronta *f*; tessuto *m* stampato; *v/t* stampare; **in ~** stampato; **~ed matter** stampe *f/pl*; **~ing-works** *pl* tipografia *f*

prior [praiə] *a.* antecedente; *s* priore *m*; **~ity** [~'ɔriti] priorità *f*

prison ['prizn] prigione f; carcere m; **∼er** prigioniero m

privacy ['praivəsi, 'pri-] intimità f; solitudine f

private ['praivit] privato

privation [prai'veiʃən] privazione f

privilege ['privilidʒ] privilegio m; **∼d** privilegiato

prize [praiz] s premio m; v/t valutare

probab|ility [prɔbə'biliti] probabilità f; **∼le** ['∼əbl] probabile

probation [prə'beiʃən] prova f

probe [proub] v/t sondare; s sonda f

problem ['prɔblem] problema m

procedure [prə'si:dʒə] procedura f

proceed [prə'si:d] v/i procedere; **∼ings** pl procedimento m; **∼s** ['prousi:dz] pl ricavo m

process ['prouses] processo m; **∼ion** [prə'seʃən] processione f; corteo m funebre

procla|im [prə'kleim] v/t proclamare; **∼mation** [prɔklə'meiʃən] proclamazione f

procure [prə'kjuə] v/t procurare

prodigal ['prɔdigəl] prodigo m

prodig|ious [prə'didʒəs] prodigioso; **∼y** ['prɔdidʒi] prodigio m

produce [prə'dju:s] s prodotto m; v/t produrre; **∼r**

produttore m; regista m (di teatro, e di cinema)

product ['prɔdəkt] prodotto m

profane [prə'fein] profano

profess [prə'fes] v/t professare; esercitare; **∼ion** professione f; **∼ional** professionale; **∼or** professore m

proficien|cy [prə'fiʃənsi] conoscenza f; **∼t** esperto

profile ['proufail] profilo m

profit ['prɔfit] s profitto m; **∼ and loss** guadagno e perdita; v/t giovare; **∼ by** approfittare; **∼able** vantaggioso

profound [prə'faund] profondo

profusion [prə'fju:ʒən] profusione f

prognos|is [prɔg'nousis] pl **∼es** [∼si:z] prognosi f

program(me) ['prougræm] programma m

progress ['prougres] s progresso m; [∼'gres] v/i fare progressi; **∼ive** [prə'gresiv] progressivo

prohibit [prə'hibit] v/t proibire; **∼ion** [proui'biʃən] proibizione f

project ['prɔdʒekt] s progetto m; [prə'dʒekt] v/t progettare; v/i sporgere; **∼ile** proiettile m; **∼ion** proiezione f; **∼or** proiettore m

pro|logue, Am **∼log** ['proulɔg] prologo m

prolong [prou'lɔŋ] v/t prolungare

promenade [prɔmi'na:d]

passeggiata *f*; lungomare *m*

prominent ['prɔminənt] prominente

promise ['prɔmis] *s* promessa *f*; *v/t* promettere

promot|e [prə'mout] *v/t* promuovere; **~ion** promozione *f*

prompt [prɔmpt] *a* pronto; *v/t* incitare; suggerire; **~er** suggeritore *m*

prone ['proun] prostrato; propenso

pronoun ['prounaun] pronome *m*

pron|ounce [prə'nauns] *v/t* pronunciare; **~unciation** [~nʌnsi'eiʃən] pronuncia *f*

proof [pru:f] prova *f*; bozze *f/pl (di stampe)*

prop [prɔp] *s* appoggio *m*; sostegno *m*; *v/t* appoggiare, sostenere

propaganda [ˌprɔpə'gændə] propaganda *f*

propagate ['prɔpəgeit] *v/t* propagare

propel [prə'pel] *v/t* spingere

propensity [prə'pensiti] propensione *f*

proper ['prɔpə] proprio; vero; **~ty** proprietà *f*

prophe|cy ['prɔfisi] profezia *f*; **~sy** [~ai] *v/t* profetizzare; **~t** profeta *m*

propitious [prə'piʃəs] propizio

proportion [prə'pɔ:ʃən] proporzione *f*; **out of ~** sproporzionato

propos|al [prə'pouzəl] proposta *f*; proposta *f* di matri-

monio; **~e** *v/t* proporre; *v/i* fare una proposta di matrimonio; **~ition** [prɔpə'ziʃən] proposizione *f*; proposta *f*

propriet|ary [prə'praiətəri] brevettato; **~or**, **~ress** proprietario(a) *m (f)*

propulsion [prə'pʌlʃən] propulsione *f*

prose [prouz] prosa *f*

prosecut|e ['prɔsikjut] *v/i* intentare giudizio; **~ion** [ˌprɔsi'kju:ʃən] processo *m*

prospect ['prɔspekt] prospettiva *f*

prospectus [prəs'pektəs] opuscolo *m*

prosper ['prɔspə] *v/i* prosperare; **~ity** [~'periti] prosperità *f*; **~ous** ['~pərəs] prosperoso

prostitut|e ['prɔstitju:t] *s* prostituta *f*; *v/t* prostituire; **~ion** [ˌprɔsti'tju:ʃən] prostituzione *f*

prostrat|e ['prɔstreit] *a* prostrato; *v/t* prostrare

protect [prə'tekt] *v/t* proteggere; **~ion** protezione *f*; **~ive** protettivo

protest ['proutest] *s* protesta *f*; *v/i* protestare

Protestant ['prɔtistənt] *a*, *s* protestante (*m*, *f*); **~ism** protestantesimo *m*

protract [prə'trækt] *v/t* protrarre

protrude [prə'tru:d] *v/i* sporgere

proud [praud] orgoglioso; superbo

prove [pru:v] *v/t* provare;

v/i risultare

proverb ['prɔvə:b] proverbio *m*; **~ial** [prə'və:bjəl] proverbiale

provide [prə'vaid] *v/t* provvedere; **~d (that)** purché

providence ['prɔvidəns] provvidenza *f*

provinc|e ['prɔvins] provincia *f*; **~ial** [prə'vinʃəl] provinciale

provision [prə'viʒən] provvista *f*

provo|cation [prɔvə'keiʃən] provocazione *f*; **~ke** [prə'vouk] *v/t* provocare

proxy ['prɔksi] procura *f*

prude [pru:d] puritana *f*

pruden|ce ['pru:dəns] prudenza *f*; **~t** prudente

prune [pru:n] *s* prugna *f* secca; *v/t* potare

psalm [sɑ:m] salmo *m*

pseudo ['sju:dou] pseudo; **~nym** pseudonimo *m*

psychiatr|ist [sai'kaiətrist] psichiatra *m*, *f*; **~y** psichiatria *f*

psych|ic ['saikik] psichico; **~ological** [ˌsaikə'lɔdʒikəl] psicologico; **~ologist** [~'kɔlədʒist] psicologo *m*; **~ology** [~'kɔlədʒi] psicologia *f*

pub [pʌb] *fam* osteria *f*

puberty ['pju:bəti] pubertà *f*

public ['pʌblik] *a*, *s* pubblico; **~ house** bar *m*; **~ity** [~'lisiti] pubblicità *f*

publish ['pʌbliʃ] *v/t* pubblicare; **~ing house** casa *f* editrice

pudding ['pudiŋ] budino *m*

puddle ['pʌdl] pozzanghera *f*

puff [pʌf] *s* soffio *m*; *v/t* soffiare

pull [pul] *v/t* tirare

pulley ['puli] puleggia *f*

pull-over [pulə və] golf *m*; pullover *m*

pulp [pʌlp] polpa *f*

puls|ate [pʌl'seit] *v/i* pulsare; **~e** polso *m*

pulverize ['pʌlvəraiz] *v/t* polverizzare

pump [pʌmp] *s* pompa *f*; *v/t* pompare

pumpkin ['pʌmpkin] zucca *f*

punch [pʌntʃ] *s* pugno *m*; *v/t* dare un pugno a

Punch [pʌntʃ] burattino *m*; **~ and Judy show** ['dʒu:di] teatro *m* di burattini

punctual ['pʌŋktjuəl] puntuale

punctuation [ˌpʌŋktju'eiʃən] punteggiatura *f*

puncture ['pʌŋktʃə] foratura *f*

pungent ['pʌndʒənt] pungente

punish ['pʌniʃ] *v/t* punire; **~ment** punizione *f*; castigo *m*

pupil ['pju:pl] alunno *m*;

puppet ['pʌpit] burattino *m*

puppy ['pʌpi] cucciolo *m*

purchase ['pə:tʃəs] *s* acquisto *m*; *v/t* acquistare; comprare

pure [pjuə] puro

purgative ['pə:gətiv] *a*, *s*

purgante (*m*)
purg|atory ['pɔːɡǝtǝri] purgatorio *m*; **～e** [pǝːdʒ] *s* purga *f*; *v/t* purgare
purify ['pjuǝrifai] *v/t* purificare
Puritan ['pjuǝritǝn] *a*, *s* puritano (*m*)
purple ['pɔːpl] *s* porpora *f*; *a* porporeo
purport ['pɔːpɔːt] significato *m*
purpose ['pɔːpǝs] *s* scopo *m*; proposito *m*; *v/i* proporsi; **on ～** apposta
purr [pɔː] *v/i* far le fusa
purse [pɔːs] portamonete *m*
pursu|e [pǝ'sjuː] *v/t* inseguire; continuare; *v/i* proseguire; **～it** [ʌ'sjuːt] inseguimento *m*; occupazione *f*
pus [pʌs] pus *m*

push [puʃ] *s* spinta *f*; *v/t* spingere
puss [pus], **～y(-cat)** gatto *m*
put [put] *v/t*, *irr* mettere; **～ back** rimettere; **～ down** deporre; **～ in** inserire; **～ off** rimandare; **～ on** mettersi; indossare; **～ out** spegnere; **～ up** ospitare; **～ up with** sopportare
putr|efy ['pjuːtrifai] *v/t* putrefare; *v/i* putrefarsi; **～id** [ʌi] putrido
puzzle [pʌzl] rompicapo *m*; problema *m*; *v/i* essere perplesso; (**cross-word**) ～ cruciverba *m*
pyjamas [pǝ'dʒɑːmǝz] *pl* pigiama *m*
pylon ['pailǝn] pilone *m*
pyramid ['pirǝmid] piramide *f*

Q

quack [kwæk] *v/i* schiamazzare
quadrangle ['kwɔdræŋgl] quadrangolo *m*
quadrup|ed ['kwɔdruped] quadrupede *m*; **～le** quadruplo
quaint [kweint] strano
quake [kweik] *v/i* tremare
qualific|ation [ˌkwɔlifi'keiʃǝn] requisito *m*; titolo *m*; **～ied** ['ʌfaid] idoneo; **～y** *v/t* qualificare; *v/i* essere idoneo

quality ['kwɔliti] qualità *f*
qualm [kwɑːm] nausea *f*; *fig* scrupolo *m*
quantity ['kwɔntiti] quantità *f*
quarantine ['kwɔrǝntiːn] quarantena *f*
quarrel ['kwɔrǝl] *s* litigio *m*; *v/i* litigare; **～some** litigioso
quarry ['kwɔri] cava *f*
quarter ['kwɔːtǝ] quarto *m*; quartiere *m*; trimestre *m*; **a ～ (of an hour)** un quarto (d'ora); **～ly** trimestrale

quartet(te) [kwɔːˈtet] quartetto *m*

quaver [ˈkweivə] *v/i* tremolare

quay [kiː] banchina *f*

queen [kwiːn] regina *f*

queer [kwiə] strano

quell [kwel] *v/t* reprimere

quench [kwentʃ] *v/t* spegnere; calmare

querulous [ˈkwerʊləs] querulo

query [ˈkwiəri] *s* domanda *f*; questione *f*; *v/t* mettere in dubbio; interrogare

question [ˈkwestʃən] *s* domanda *f*; questione *f*; **ask a ~** fare una domanda; *v/t* interrogare; mettere in dubbio; **~able** in questione; dubbioso; **~mark** punto *m* interrogativo; **~naire** [~stiəˈnɛə] questionario *m*

queue [kjuː] *s* coda *f*; **~ (up)** *v/i* far la coda

quick [kwik] veloce; rapido; **~en** *v/t* affrettare; **~ness** velocità *f*; rapidità *f*

quiet [ˈkwaiət] *a* tranquillo, quieto; silenzioso; *s* tranquillità *f*; quiete *f*

quilt [kwilt] coltrone *m*

quinine [kwiˈniːn, *Am* ˈkwainain] chinino *m*

quit [kwit] *v/t* lasciare; smettere

quite [kwait] completamente; abbastanza

quiver [ˈkwivə] *v/i* tremare

quiz [kwiz] *s* esame *m*; *v/t* esaminare

quota [ˈkwoutə] quota *f*

quot|ation [kwouˈteiʃən] citazione *f*; *comm* quotazione *f*; **~ation marks** *pl* virgolette *f/pl*; **~e** [kwout] *v/t* citare; *comm* quotare

quotient [ˈkwouʃənt] quoziente *m*

R

rabbi [ˈræbai] rabbino *m*

rabbit [ˈræbit] coniglio *m*

rabble [ˈræbl] ciurmaglia *f*

race [reis] *s* razza *f*; corsa *f* (*di cavalli*); **~course** ippodromo *m*; **~horse** cavallo *m* da corsa

rack [ræk] *s* rete *f*; tortura *f*; *v/t* torturare

racket [ˈrækit] racchetta *f*

racoon [rəˈkuːn] procione *m* lavatore

radar [ˈreidə] radiotelemetro *m*

radian|ce [ˈreidjəns] splendore *m*; **~t** risplendente

radi|ate [ˈreidieit] *v/t* irradiare; **~o** radio *f*; **~o station** stazione *f* radio

radioactive radioattivo

radish [ˈrædiʃ] ravanello *m*

raffle [ˈræfl] lotteria *f*

raft [rɑːft] zattera *f*

rag [ræg] cencio *m*; straccio *m*

rage [reidʒ] s rabbia f; v/i infuriare; essere furibondo

raid [reid] s incursione f; v/t assalire

rail [reil] sbarra f; inferriata f; rotaia f (del treno); **~ing(s)** pl inferriata f

railway ferrovia f; **~ guide** orario m ferroviario

rain [rein] s pioggia f; v/i piovere; **~bow** arcobaleno m; **~coat** impermeabile m; **~y** piovoso

raise [reiz] v/t alzare; allevare; **~ one's voice** alzare la voce

raisin ['reizn] uva f passa

rake [reik] rastrello m

rally ['ræli] s riunione f; v/t riunire; v/i riunirsi

ram [ræm] montone m

ramble ['ræmbl] v/i vagare; divagare

rampart ['ræmpɑ:t] bastione m

ranch [rɑ:ntʃ, Am ræntʃ] azienda f

random ['rændəm] caso m; casaccio m; **at ~** a casaccio

range [reindʒ] s estensione f; fila f; serie f; catena f (di montagne); assortimento m; cucina f economica; v/t disporre; v/i estendersi; andare

rank [ræŋk] s fila f; grado m; rango m; v/t classificare; a esuberante; flagrante

ransack ['rænsæk] v/t frugare; saccheggiare

ransom ['rænsəm] s riscatto m; v/t riscattare

rap [ræp] s colpo m; picchio m; v/t colpire; picchiare

rapacious [rə'peiʃəs] rapace

rape [reip] s ratto m; v/t rapire; violare

rapid ['ræpid] rapido; **~ity** [rə'piditi] rapidità f

rapt [ræpt] rapito; estasiato; **~ure** estasi f

rare [rɛə] raro

rascal ['rɑ:skəl] mascalzone m

rash [ræʃ] a imprudente; s sfogo m; eruzione f

raspberry ['rɑ:zbəri] lampone m

rat [ræt] topo m; **I smell a ~** qualche gatto ci cova sotto

rate [reit] s tasso m; velocità f; **at any ~** in ogni caso; **~of exchange** cambio m; v/t valutare; calcolare

rather ['rɑ:ðə] abbastanza; piuttosto; **I would ~, I had ~** preferirei

ratify ['rætifai] v/t ratificare

ratio ['reiʃiou] proporzione f

ration ['ræʃən] s razione f; v/t razionare

rational ['ræʃənl] razionale; **~ize** ['~ʃnəlaiz] v/t razionalizzare

rattle ['rætl] s sonaglio m; rumore m secco; v/i fare rumori secchi; v/t fig innervosire; **~ snake** serpente m a sonagli

ravage ['rævidʒ] v/t devastare

rave [reiv] v/i delirare

raven ['reivn] corvo m; **~ous** ['rævənəs] vorace; affamato

ravine [rə'vi:n] burrone *m*

raving ['reivin] delirante

ravish ['ræviʃ] *v/t* estasiare

raw [rɔ:] crudo; grezzo; ~
flesh carne *f* viva; ~ **material** materia *f* prima; ~ **silk**
seta *f* cruda

ray [rei] raggio *m*

razor ['reizə] rasoio *m*

reach [ri:tʃ] *s* distesa *f*; portata *f*; *v/t* raggiungere; *v/i*
estendersi

react [ri(:)'ækt] *v/i* reagire;
~**ion** reazione *f*; ~**ionary**
[~ʃnəri] reazionario; ~**or**
reattore *m*

read [ri:d] *v/t, irr* leggere; ~
aloud leggere ad alta voce;
~**er** lettore *m*

readiness prontezza *f*

reading ['ri:din] lettura *f*

readjust ['ri:ə'dʒʌst] *v/t* raggiustare

ready ['redi] pronto; ~
made confezionato

reaffirm ['ri:ə'fə:m] *v/t* riaffermare

real [riəl] reale; vero; ~
estate, ~ **property** beni
m/pl immobili; ~**ism** realismo *m*; ~**ist** realista *m, f*;
~**istic** realistico; ~**ity** [ri(:)'
æliti] realtà *m*; ~**ize** *v/t* rendersi conto; realizzare; ~**ly**
veramente

realm [relm] reame *m*;
regno *m*

reap [ri:p] *v/t* mietere; ~**er**
mietitore *m*

rear [riə] *a* posteriore; *s* parte *f* posteriore; *v/t* allevare;
educare; sollevare; *v/i* (ca-

valli) impennarsi; ~**guard**
retroguardia *f*; ~**lamp**,
~**light** riflettore *m* posteriore

rearmament [ri(:)'ɑ:məmənt] riarmo *m*

rear-view mirror specchio
m retrovisore

reason ['ri:zn] *s* ragione *f*; *v/i*
ragionare; ~**able** ragionevole; ~**ing** ragionamento *m*

reassure [ri:ə'ʃuə] *v/t* rassicurare

rebate ['ri:beit] sconto *m*;
restituzione *f*

rebel ['rebl] *a, s* ribelle (*m*);
v/i ribellarsi; ~**lion** [~'beljən] ribellione *f*

re-book [ri:'buk] *v/t* cambiare la prenotazione

rebound [ri'baund] *v/i* rimbalzare

rebuff [ri'bʌf] *v/t* respingere

rebuke [ri'bju:k] *v/t* rimproverare

recall [ri'kɔ:l] *v/t* rievocare;
ricordare

recapture ['ri:'kæptʃə] *v/t*
riprendere; catturare di
nuovo

recast ['ri:'ka:st] *v/t* rifare

recede [ri'si:d] *v/i* recedere

receipt [ri'si:t] ricevuta *f*

receive [ri'si:v] *v/t* ricevere;
~**r** ricevitore *m*

recent ['ri:snt] recente

reception [ri'sepʃən] ricevimento *m*; accoglienza *f*

recess [ri'ses] nicchia *f*

recipe ['resipi] ricetta *f*

recipient [ri'sipiənt] recipiente *m*

reciprocal [ri'siprəkəl] reciproco

recit|al [ri'saitl] racconto *m*; *mus* audizione *f*; recital *m*; **~e** *v/t* recitare; raccontare

reckless ['reklis] temerario

reckon ['rekən] *v/t* contare; pensare

reclaim [ri'kleim] *v/t* reclamare

recline [ri'klain] *v/i* sdraiarsi

recogni|tion [rekəg'niʃən] riconoscimento *m*; **~ze** *v/t* riconoscere

recoil [ri'kɔil] *v/i* indietreggiare

recollect [rekə'lekt] *v/t* ricordare; **~ion** ricordo *m*

recommend [rekə'mend] *v/t* raccomandare; **~ation** [,rekəmən'deiʃən] raccomandazione *f*

recompense ['rekəmpens] *s* ricompensa *f*; *v/t* ricompensare

reconcil|e ['rekənsail] *v/t* riconciliare; **~iation** [,rekənsili'eiʃən] riconciliazione *f*

reconsider [,ri:kən'sidə] *v/t* riconsiderare

reconstruct ['ri:kən'strʌkt] *v/t* ricostruire

record ['rekɔ:d] *s* registro *m*; disco *m*; primato *m*; ricordo *m*; [ri'kɔ:d] *v/t* registrare; incidere; **~er** registratore *m*; **~player** giradischi *m*

recourse [ri'kɔ:s] ricorso *m*

recover [ri'kʌvə] *v/t* recuperare; *v/i* rimettersi; **~y** guarigione *f*; ricupero *m*

recreation [rekri'eiʃən] ricreazione *f*; riposo *m*

recruit [ri'kru:t] *s* recluta *f*; *v/t* reclutare

rectangle [rek'tæŋgl] rettangolo *m*

rectify ['rektifai] *v/t* rettificare

rector ['rektə] rettore *m*; parroco *m*

recuperate [ri'kju:pəreit] *v/t* recuperare; *v/i* rimettersi

recur [ri'kə:] *v/i* ricorrere; ritornare; ripetersi; **~rence** [ri'kʌrəns] ricorrenza *f*; ritorno *m*; ripetizione *f*

red [red] rosso; ♀ **Cross** Croce *f* Rossa; **~den** *v/i* arrossire; **~dish** rossiccio

rede|em [ri'di:m] *v/t* redimere; **~emer** redentore *m*; **~mption** [ri'dempʃən] redenzione *f*

red|-handed in flagrante; ♀ **Indian** indiano *m*

redouble [ri'dʌbl] *v/t* raddoppiarsi

reduc|e [ri'dju:s] *v/t* ridurre; **~tion** [ɔ'dʌkʃən] riduzione *f*

redundant [ri'dʌndənt] sovrabbondante

reed [ri:d] canna *f*

reef [ri:f] scoglio *m*; scogliera *f*

reek [ri:k] *v/i* fumare; odorare male; **~ of** odorare di

re-establish *v/t* ristabilire

refer [ri'fə:] *v/t* riferire; *v/i* riferirsi a; **~ee** [refə'ri:] arbitro *m*; **~ence** ['refrəns] referenza *f*; riferimento *m*; allusione *f*; **~ence book**

opera *f* di consultazione

refill ['ri:fil] *s* ricambio *m*; *v/t* riempire

refine [ri'fain] *v/t* raffinare; *v/i* raffinarsi; **~ment** raffinatezza *f*; **~ry** raffineria *f*

reflect [ri'flekt] *v/t* riflettere; **~ion** riflesso *m*; riflessione *f*

reflex ['ri:fleks] riflesso *m*

reform [ri'fɔ:m] riforma *f*; *v/t* riformare; **~ation** [refə'meiʃən] riforma *f*

refract [ri'frækt] *v/t* rifrangere; **~ion** rifrazione *f*; **~ory** refrattorio

refrain [ri'frein] *s* ritornello *m*; *v/i* trattenersi

refresh [ri'freʃ] *v/t* rinfrescare; **~ment** rinfresco *m*

refrigerator [ri'fridʒəreitə] frigorifero *m*

refuge ['refju:dʒ] *s* rifugio *m*; **~** [u'(:)'dʒi:] profugo *m*

refund [ri'fʌnd] *s* rimborso *m*; *v/t* rimborsare

refus|al [ri'fju:zəl] rifiuto *m*; **~e** *v/t* rifiutare; ['refju:s] *s* rifiuti *m/pl*

refute [ri'fju:t] *v/t* confutare

regain [ri'gein] *v/t* recuperare

regard [ri'gɑ:d] *s* considerazione *f*; **with ~ to**, ing riguardo a; **~less** of ciò nonostante; senza tenere in considerazione; **kind ~s** *pl* cordiali saluti *m/pl*

regenerate [ri:'dʒenəreit] *v/t* rigenerare

regent ['ri:dʒənt] reggente *m*

regime [rei'ʒi:m] regime *m*

regiment ['redʒimənt] *s* reggimento *m*; *v/t* reggimentare

region ['ri:dʒən] regione *f*; **~al** regionale

regist|er ['redʒistə] *s* registro *m*; *v/t* registrare; iscrivere; **~ration** [,redʒis'treiʃən] registrazione *f*

regret [ri'gret] *s* dispiacere *m*; rammarico *m*; *v/t* rammaricarsi di; *v/i* dispiacersi; **~table** spiacevole

regula|r ['regjulə] regolare; **~rity** [,~'læriti] regolarità *f*; **~te** ['regjuleit] *v/t* regolare; **~tion** regolamento *m*

rehears|al [ri'hə:səl] prova *f*; **~e** *v/t, v/i* provare

reign [rein] *v/i* regnare; *s* regno *m*

rein [rein] redine *m/pl*

reindeer ['reindiə] renna *f*

reinforce [ri:in'fɔ:s] *v/t* rinforzare

reissue ['ri:'isju:, -'iʃju:] *v/t* ristampare

reject [ri'dʒekt] *v/t* respingere; scartare; *s* scarto *m*

rejoice [ri'dʒɔis] *v/i* far festa

relapse [ri'læps] *s med* ricaduta *f*; *v/i* ricadere

relat|e [ri'leit] *v/t* raccontare; riguardare; *v/i* riferirsi a; **~ed** affine; connesso; **~ion** [ri'leiʃən] relazione *f*; rapporto *m*; parente *m*; **~ionship** rapporto *m*; parentela *f*; **~ive** ['relativ] *a* relativo; *s* parente *m*

relax [ri'læks] *v/t* rilassare; *v/i* rilassarsi

relay ['ri:'lei] v/t ritrasmettere

release [ri'li:s] s liberazione f; v/t liberare

relent [ri'lent] v/i ritornare su una decisione; lasciarsi intenerire

relevant ['relivənt] pertinente

reliable [ri'laiəbl] fidato

relic ['relik] reliquia f

relief [ri'li:f] sollievo m; assistenza f; cambio m; soccorso m

relieve [ri'li:v] v/t sollevare

religio|n [ri'lidʒən] religione f; **~us** religioso

relinquish [ri'liŋkwiʃ] v/t abbandonare

relish ['reliʃ] s gusto m; piacere m; v/t gustare; piacere

reluctan|ce [ri'lʌktəns] riluttanza f; **~t** riluttante

rely [ri'lai]: **~(up)on** v/i contare su

remain [ri'mein] v/i rimanere; **~der** resto m

remand [ri'ma:nd] v/t rimandare in carcere

remark [ri'ma:k] s osservazione f; v/t, v/i osservare; **~able** notevole

remedy ['remidi] s rimedio m; v/t rimediare

rememb|er [ri'membə] v/t ricordarsi di; **~rance** ricordo m

remind [ri'maind] v/t ricordare

reminiscence [,remi'nisnt] reminiscenza f

remiss [ri'mis] negligente

remit [ri'mit] v/t rimettere; **~tance** rimessa f

remnant ['remnənt] resto m; scampolo m

remodel ['ri:'mɔdl] v/t rimodellare

remonstrate ['remənstreit] v/i protestare

remorse [ri'mɔ:s] rimorso m; **~less** spietato

remote [ri'mout] remoto; lontano

remov|al [ri'mu:vəl] trasloco m; **~e** v/t togliere; v/i sgomberare

remunerate [ri'mju:nəreit] v/t rimunerare

renaissance [rə'neisəns] rinascimento m

render ['rendə] v/t rendere; fare

renew [ri'nju:] v/t rinnovare; **~al** rinnovamento m

renounce [ri'nauns] v/t rinunciare a

renown [ri'naun] fama f; **~ed** famoso

rent [rent] s affitto m; v/t affittare

reopen ['ri:'oupən] v/t riaprire; **~ing** riapertura f

repair [ri'pɛə] v/t riparare

reparation [repə'reiʃən] riparazione f

repay [ri:'pei] v/t, irr rimborsare; restituire

repeat [ri'pi:t] v/t ripetere

repel [ri'pel] v/t respingere; **~lent** ripellente

repent [ri'pent] v/t pentirsi di; **~ance** pentimento m; **~ant** pentito

repetition [repi'tiʃən] ripetizione f

replace [ri'pleis] v/t sostituire; **~ment** sostituzione f

replenish [ri'pleniʃ] v/t riempire di nuovo

reply [ri'plai] s risposta f; v/i rispondere

report [ri'pɔːt] s rapporto m; resoconto m; v/t riferire; denunziare; **~er** giornalista m, f

repose [ri'pouz] s riposo m; v/i riposare

reprehend [ˌrepri'hend] v/t riprendere

represent [ˌrepri'zent] v/t rappresentare; **~ation** rappresentazione f; **~ative** a rappresentativo; s rappresentante m

repress [ri'pres] v/t reprimere; **~ion** repressione f

reprieve [ri'priːv] s sospensione f; v/t sospendere

reprimand ['reprimɑːnd] s rimprovero m; v/t rimproverare

reprint ['riː'print] s ristampa f; v/t ristampare

reprisal [ri'praizəl] rappresaglia f

reproach [ri'proutʃ] s rimprovero m; v/t rimproverare

reproduce [riːprə'djuːs] v/t riprodurre; v/i riprodursi; **~tion** [ˌ'dakʃən] riproduzione f

reproof [ri'pruːf] rimprovero m; **~ve** [ri'pruːv] v/t rimproverare

reptile ['reptail] rettile m

republic [ri'pʌblik] repubblica f; **~an** a, s repubblicano (m)

repudiate [ri'pjuːdieit] v/t ripudiare

repugnan|ce [ri'pʌgnəns] ripugnanza f; **~t** ripugnante

repuls|e [ri'pʌls] v/t respingere; **~ion** ripugnanza f; **~ive** ripugnante

reputab|le ['repjutəbl] rispettabile; **~ation** riputazione f; **~e** [ri'pjuːt] s fama f

request [ri'kwest] s richiesta f; domanda f; **by ~, on ~** a richiesta; v/t richiedere

requir|e [ri'kwaiə] v/t avere bisogno di; **~ement** necessità f; requisiti m/pl; **~site** ['rekwizit] a necessario; s requisito m

rescue ['reskjuː] v/t salvare; s salvamento m

research [ri'səːtʃ] s ricerca f; **~ work** ricerche f/pl; **~ worker** ricercatore m

resembl|ance [ri'zembləns] rassomiglianza f; **~e** v/t rassomigliare

resent [ri'zent] v/t risentirsi di; **~ful** risentito; **~ment** risentimento m

reserv|ation [rezə'veiʃən] riserva f; posto m prenotato; **~e** [ri'zəːv] s riserbo m; v/t riservare; prenotare

reservoir ['rezəvwɑː] serbatoio m

resid|e [ri'zaid] v/i risiedere; **~nce** ['rezidəns] residenza

retire

f; **~nce permit** permesso *m* di soggiorno; **~nt** *a* residente; *s* abitante

residue ['rezidju:] residuo *m*

resign [ri'zain] *v/i* dimettersi; **~ation** [rezig'neiʃən] dimissioni *f/pl*

resin ['rezin] resina *f*

resist [ri'zist] *v/t, v/i* resistere; **~ance** resistenza *f*; **~ant** resistente

resolut|e ['rezəlu:t] risoluto; deciso; **~ion** risoluzione *f*; risolutezza *f*

resolve [ri'zɔlv] *v/t* risolvere; decidere; *v/i* decidersi

resonan|ce ['reznəns] risonanza *f*; **~t** risonante

resort [ri'zɔ:t] *s* ricorso *m*; espediente *m*; luogo *m* di villeggiatura; **~ to** *v/i* ricorrere a

resound [ri'zaund] *v/i* risuonare

resource [ri'sɔ:s] risorsa *f*; **~ful** pieno di risorse

respect [ris'pekt] *s* rispetto *m*; **in every ~** sotto tutti i punti di vista; *v/t* rispettare; **~able** rispettabile; **~ful** rispettoso; **yours ~fully** con la più profonda stima; **~ive** rispettivo; **~s** *pl* ossequi *m/pl*

respir|ation [ˌrespi'reiʃən] respirazione *f*; **~e** [ris'paiə] *v/t, v/i* respirare

respite ['respait] respiro *m*; tregua *f*

resplendent [ris'plendənt] risplendente

respon|d [ris'pɔnd] *v/t* ri-

spondere; **~se** risposta *f*; responso *m*; **~sibility** [risˌpɔnsi'biliti] responsabilità *f*; **~sible** responsabile

rest [rist'pɔnd] *s* riposo *m*; resto *m*; *v/t* appoggiare; *v/i* riposarsi

restaurant ['restɔrɔn, 'restərənt] ristorante *m*; trattoria *f*

rest|ful riposante; **~less** agitato

restor|ation [restə'reiʃən] restauro *m*; restaurazione *f*; **~e** [ris'tɔ:] *v/t* restaurare; restituire

restrain [ris'trein] *v/t* trattenere; frenare; **~t** freno *m*; controllo *m*

restrict [ris'trikt] *v/t* restringere; limitare; **~ion** restrizione *f*

result [ri'zʌlt] *s* risultato *m*; *v/i* risultare

resume [ri'zju:m] *v/t* riprendere

resurrection [rezə'rekʃən] risurrezione *f*

retail ['ri:teil] *s* vendita *f* a dettaglio; [ri:'teil] *v/t* vendere a dettaglio; **~er** venditore *m* a dettaglio

retain [ri'tein] *v/t* ritenere; trattenere

retaliate [ri'tælieit] *v/i* rendere

retard [ri'ta:d] *v/t* ritardare

retention [ri'tenʃən] ritenimento *m*

reticent ['retisənt] reticente

retir|e [ri'taiə] *v/i* ritirare; andare in pensione; andare

a riposo; **~ed** in pensione; a
riposo; **~ement** riposo *m*

retort [ri'tɔ:t] *s* risposta *f*; *v/t*
rispondere

retrace [ri'treis] *v/t* rintracciare

retract [ri'trækt] *v/t* ritrarre

retreat [ri'tri:t] *s* ritiro *m*;
ritirata *f*; *v/i* ritirarsi

retribution [retri'bju:ʃən]
retribuzione *f*

return [ri'tə:n] *s* ritorno *m*;
by~ of post a giro di posta;
v/t restituire; rimandare;
v/i (ri)tornare; **~ ticket** biglietto *m* di andata e ritorno

reunion [ri:'ju:njən] riunione *f*; **~te** ['ri:ju'nait] *v/t*
riunire; *v/i* riunirsi

reveal [ri'vi:l] *v/t* rivelare

revel ['revl] *s* baldoria *f*; *v/i*
far baldoria

revelation [revi'leiʃən] ri-
velazione *f*; **~s** apocalisse *f*

revenge [ri'vend3] *s* vendetta *f*; *v/t* vendicare; **~ful** vendicativo

revenue ['revinju:] entrata *f*;
reddito *m*

revere [ri'viə] *v/t* riverire;
venerare; **~nce** ['revərəns]
riverenza *f*; **~nd** reverendo

reverse [ri'və:s] *s* rovescio
m; contrario *m*; *v/t* capovolgere; a contrario; opposto;
~gear retromarcia *f*; **~ible**
rivoltabile

revert [ri'və:t] *v/i* ritornare

review [ri'vju:] *s* rivista *f*;
recensione *f*; *v/t* passare in
rivista; recensire; **~er** critico *m*

revise [ri'vaiz] *v/t* rivedere;
correggere; **~ion** [~'viʒən]
revisione *f*; correzione *f*

revival [ri'vaivəl] risveglio
m; rinascita *f*; **~e** *v/t* ri-
vivere; ridare vita; *v/i*
riprendere vita; riprendere i
sensi

revoke [ri'vouk] *v/t* revocare

revolt [ri'voult] *s* rivolta *f*;
v/i ribellarsi

revolution [revə'lu:ʃən] ri-
voluzione *f*; **~ary** *a*, *s* rivo-
luzionario (*m*); **~ize** *v/t* ri-
voluzionare

revolve [ri'volv] *v/i* girare;
~r rivoltella *f*

reward [ri'wɔ:d] *s* ricompensa *f*; *v/t* ricompensare

rheumatic [ru:'mætik] reu-
matico; **~ism** ['ru:mətizəm]
reumatismo *m*

rhubarb ['ru:bɑ:b] rabarbe-
ro *m*

rhyme [raim] *s* rima *f*; *v/i*
rimare

rhythm ['riðəm] ritmo *m*;
~ic, ~ical ritmico

rib [rib] costola *f*; stecca *f*
(*dell'ombrello*)

ribbon ['ribən] nastro *m*

rice [rais] riso *m*

rich [ritʃ] ricco; **~es** [~'iz] *pl*,
~ness ricchezza *f*

ricket|s ['rikits] *pl* rachi-
tismo *m*; **~y** rachitico

rid [rid] *v/t*, *irr* liberare; **get
~ of** liberarsi di

riddle ['ridl] indovinello *m*;
enigma *m*

ride [raid] *s* cavalcata *f*; passeggiata *f* (*in bicicletta, in*

macchina); *v/i, irr* cavalcare; andare in bicicletta; andare in macchina; **~er** cavaliere *m*

ridge [ridʒ] cresta *f*

ridicul|e ['ridikju:l] *s* ridicolo *m*; *v/t* mettere in ridicolo; **~ous** [~'dikjuləs] ridicolo

riding ['raidiŋ] equitazione *f*

rifle ['raifl] fucile *m*

rift [rift] spaccatura *f*; *fig* dissenso *m*

right [rait] *s* destra *f*; bene *m*; giusto *m*; *a* destro; diretto; corretto; **all ~** va bene; **~ angle** angolo *m* retto; **be ~** avere ragione; **put ~, set ~** mettere in ordine; **on the ~, to the ~** a destra; **~eous** retto; giusto; **~ of way** precedenza *f*

rigid ['ridʒid] rigido

rig|orous ['rigərəs] rigoroso; **~o(u)r** rigore *m*

rim [rim] bordo *m*

rind [raind] buccia *f*

ring [riŋ] *s* cerchio *m*; anello *m*; recinto *m*; arena *f* (*pugilato*); pista *f* (*corse*); suonata *f* (*campanello*); *v/t* suonare (*campanello*); **~ up** telefonare

ringlet ['riŋlit] ricciolo *m*

rink [riŋk] pista *f* (*di pattinaggio*)

rinse [rins] *v/t* sciacquare

riot ['raiət] *s* tumulto *m*; *v/i* tumultuare

rip [rip] *s* strappo *m*; *v/t* strappare

ripe [raip] maturo; **~n** *v/t,*

---

v/i maturare; **~ness** maturità *f*

ripple ['ripl] *s* increspatura *f*; *v/i* incresparsi

rise [raiz] *s* salita *f*; aumento *m*; origine *f*; *v/i* salire; sorgere; alzarsi

risk [risk] *s* rischio *m*; *v/t* rischiare

rit|e [rait] rito *m*; **funeral ~es** *pl* riti *m/pl* funebri

rival ['raivəl] *a* rivale; *s* rivale *m*; concorrente *m*; *v/t* concorrere con; **~ry** rivalità *f*; concorrenza *f*

river ['rivə] fiume *m*

road [roud] strada *f*; via *f*; **~ map** carta *f* stradale; **~ sign** cartello *m* stradale

roam [roum] *v/i* vagare

roar [rɔ:] *s* ruggito *m*; *v/i* ruggire

roast [roust] *a, s* arrosto *m*; *v/t* arrostire

rob [rɔb] *v/t* derubare; **~ber** ladro *m*; **~bery** furto *m*

robe [roub] toga *f*; tunica *f*

robin ['rɔbin] pettirosso *m*

robot ['roubɔt] robot *m*

robust [rou'bʌst] robusto, vigoroso

rock [rɔk] roccia *f*; *v/t* cullare; dondolare; *v/i* dondolarsi; **~er** sedia *f* a dondolo

rocket ['rɔkit] razzo *m*

rocking-chair sedia *f* a dondolo

rocky ['rɔki] roccioso

rod [rɔd] bacchetta *f*; verga *f*; canna *f* (*da pesca*)

roe [rou] cerva *f*

rogu|e [roug] furfante m; **~ish** birichino

role, rôle [roul] parte f; ruolo m

roll [roul] s rotolo m; panino m; v/t rotolare; avvolgere; v/i rotolarsi; **~er** rullo m; cilindro m; **~er-skates** pl pattini m/pl a rotelle

Roman ['roumən] a, s romano (m)

romance [rou'mæns] romanzo m cavalleresco; mus romanza f

Romanesque [ˌroumə'nesk] di stile romano

romantic [rou'mæntik] romantico

roof [ru:f] tetto m

rook [ru:k] cornacchia f

room [rum] stanza f; camera f; posto m; **~mate** compagno(a) m/f) di stanza; **~y** spazioso

roost [ru:st] pertica f; **~er** gallo m

root [ru:t] radice f; origine m; **~ out** v/t sradicare

rope [roup] corda f

rosary ['rouzəri] rosario m

ros|e [rouz] rosa f; **~e-bush** rosaio m; **~emary** rosmarino m; **~y** roseo

rot [rɔt] s putrefazione f; marciume m; decadenza f; v/i imputridire; marcire; decadere

rota|ry ['routəri] rotario; **~tion** [rou'teiʃən] rotazione f

rotten ['rɔtn] putrido; marcio

rouge [ru:ʒ] rossetto m

rough [rʌf] ruvido; rozzo; agitato (del mare)

round [raund] a tondo; rotondo; s tondo m; giro m; cerchio m; prp intorno a; adv intorno; in giro; **all the year ~** tutto l'anno; v/t arrotondare; girare; **~ off** v/t completare

rouse [rauz] v/t destare; svegliare

route [ru:t] itinerario f; percorso m

routine [ru:'ti:n] abitudini f/pl fisse; pratica f

rove [rouv] v/i vagabondare

row [rou] s fila f; passeggiata f in barca (a remi); v/t remare

row [rau] chiasso m

royal ['rɔiəl] reale

rub [rʌb] v/t strofinare

rubber ['rʌbə] caucciù m; gomma f; **~boots** pl stivali m/pl di gomma

rubbish ['rʌbiʃ] rifiuti m/pl; fam sciocchezze f/pl

rubble ['rʌbl] rottami m/pl di mattoni o di sassi

ruby ['ru:bi] rubino m

rucksack ['ruksæk] sacco m da montagna

rudder ['rʌdə] timone m

ruddy ['rʌdi] rubicondo

rude [ru:d] scortese; sgarbato

ruffian ['rʌfjən] malfattore m

ruffle ['rʌfl] increspatura f; v/t increspare

rug [rʌg] coperta f; tappetino *m*; **~ged** ruvido; aspro

ruin [ru:in] *s* rovina *f*; *v/t* rovinare

rul|e [ru:l] *s* regola *f*; regolamento *m*; **as a ~e** generalmente; *v/t* governare; regolare; **~er** governatore *m*; riga *f* (*per tracciare linee*)

rum [rʌm] rum *m*

rumble [ˈrʌmbl] *v/i* rumoreggiare

ruminante [ˈruːminənt] ruminante *m/f*

rummage [ˈrʌmidʒ] *v/t*, *v/i* frugare

rumo(u)r [ˈruːmə] voce *f*; **it is ~ed** si dice

run [rʌn] *s* corsa *f*; serie *f*; **in the long ~** alla lunga; *v/t*, *irr* far correre; gestire; *v/i* correre; scorrere; essere in visione (*di un film*); **~**

across incontrare; **~ away** fuggire; **~ into** investire; **~ out of** essere a corto di; **~ over** investire; **~ning** corridore *m*

runway [ˈrʌnwei] pista *f*

rupture [ˈrʌptʃə] rottura *f*; ernia *f*

rural [ˈruərəl] rurale

rush [rʌʃ] *s bot* giunco *m*; precipizio *m*; afflusso *m*; *v/i* precipitare; *v/i* precipitarsi; **~ hours** *pl* ore *f/pl* di punta

Russia [ˈrʌʃə] Russia *f*; **~n** *a*, *s* russo (*m*)

rust [rʌst] *s* ruggine *f*; *v/i* arrugginirsi

rustic [ˈrʌstik] rustico

rustle [ˈrʌsl] *v/t* fruscio *m*; *v/i* frusciare

rusty [ˈrʌsti] arrugginito

S

Sabbath [ˈsæbəθ] giorno *m* di riposo

sable [ˈseibl] zibellino *m*

sabotage [ˈsæbətɑːʒ] sabotaggio *m*

sack [sæk] sacco *m*; saccheggio *m*; **give the ~** licenziare; *v/t* saccheggiare

sacrament [ˈsækrəmənt] sacramento *m*

sacred [ˈseikrid] sacro

sacrifice [ˈsækrifais] *s* sacrificio *m*; *v/t* sacrificare

sacrilege [ˈsækrilidʒ] sacrilegio *m*

sad [sæd] triste; **~den** *v/t*

intristire

saddle [ˈsædl] sella *f*

sadness [ˈsædnis] tristezza *f*

safe [seif] *a* sicuro; salvo; *s* cassaforte *f*; **~ and sound** sano e salvo; **~guard** *s* salvaguardia *f*; *v/t* salvaguardare; **~ty** sicurezza *f*; salvezza *f*; **~ty-belt** cintura *f* di sicurezza; **~ty-pin** spillo *m* di sicurezza; **~ty-valve** valvola *f* di sicurezza

sag [sæg] *v/i* pendere; piegarsi; cadere

sagacious [səˈgeiʃəs] sagace

said [sed] detto

sail [seil] *s* vela *f*; passeggiata *f* in barca (*a vela*); *v/t* navigare; **~ing-boat** barca *f* a vela; **~or** marinaio *m*

saint [seint] *s* santo(a) *m* (*f*); *a* santo; San (*davanti nomi maschili che non iniziano con st, o z, o vocale*); **All ~'s Day** Tutti i Santi

sake [seik]: **for the ~ of peace** per amor di pace; per motivi di pace; **for God's ~** per l'amor di Dio

salad ['sæləd] insalata *f*; **~bowl** insalatiera *f*

salary ['sæləri] stipendio *m*

sale [seil] vendita *f*; **on ~** in vendita; **~sman** venditore *m*; commesso *m* (*di negozio*)

saliva [sə'laivə] saliva *f*

sallow ['sælou] olivastro

salmon ['sæmən] salmone *m*

salon ['sælɔn] salone *m*

saloon [sə'lu:n] sala *f* grande; *Am* birreria *f*

salt [sɔ:lt] sale *m*; *v/t* salare; **~y** salato

salute [sə'lu:t] *s* saluto *m*; *v/t* salutare

salvation [sæl'veiʃən] redenzione *f*; 2 **Army** Esercito *m* della Salvezza

salve [sɑ:v] unguento *m*

same [seim] stesso; medesimo

sample ['sɑ:mpl] *s* campione *m*; *v/t* provare; **~-book** campionario *m*

sanatorium [sænə'tɔ:riəm] sanatorio *m*

sanctify ['sæŋktifai] *v/t* santificare

sanction ['sæŋkʃən] *s* sanzione *f*; *v/t* autorizzare

sanctuary ['sæŋktjuəri] santuario *m*

sand [sænd] sabbia *f*

sandal ['sændl] sandalo *m*

sandpaper carta *f* vetrata

sandwich ['sænwidʒ] panino *m* ripieno; tartina *f*

sandy ['sændi] sabbioso

sane [sein] sano

sanguinary ['sæŋgwinəri] sanguinario

sanitary ['sænitəri] sanitario; **~ry napkin**; **~ry towel** assorbente *m* igienico; **~tion** igiene *f*

sanity ['sæniti] sanità *f*

Santa Claus [sæntə'klɔ:z] babbo *m* Natale

sap [sæp] *s* linfa *f*; *v/t* minare

sapphire ['sæfaiə] zaffiro *m*

sarcas|m ['sɑ:kæzəm] sarcasmo *m*; **~tic** [sɑ:'kæstik] sarcastico

sardine [sɑ:'di:n] sardina *f*

Sardinia Sardegna *f*; **~n** *a*, *s* sardo (*m*)

Satan ['seitən] Satano *m*

satchel ['sætʃəl] cartella *f*

satellite ['sætəlait] satellite *m*

satir|e ['sætaiə] satira *f*; **~ical** [sə'tirikəl] satirico

satisf|action [sætis'fækʃən] soddisfazione *f*; **~actory** soddisfacente; **~y** ['~fai] *v/t* soddisfare

Saturday ['sætədi] sabato *m*

sauc|e [sɔ:s] salsa *f*; **~epan** casseruola *f*; **~er** piattino *m*; **~y** impertinente

saunter ['sɔːntə] *v/i* andare piano piano

sausage ['sɔsidʒ] salsiccia *f*

savage ['sævidʒ] *a, s* selvaggio *(m)*

sav|e [seiv] *prp* salvo; eccetto; *v/t* salvare; economizzare; risparmiare; **~ings** *pl* risparmi *m/pl*; **~ings-bank** cassa *f* di risparmio

savio(u)r ['seivjə] salvatore *m*; redentore *m*

savo(u)r ['seivə] *s* gusto *m*; sapore *m*; *v/t* sapere di; **~y** *a* saporito

saw [sɔː] *s* sega *f*; *v/t, irr* segare; **~dust** segatura *f*

Saxon ['sæksn] *a, s* sassone *(m, f)*

say [sei] *v/t, v/i, irr* dire; **they ~** dicono; **I ~!** davvero!; **that is to ~** cioè; **~ing** detto *m*

scab [skæb] crosta *f*

scaffold ['skæfəld] patibolo *m*; **~ing** impalcatura *f*

scald [skɔːld] *s* scottatura *f*; *v/t* scottare

scale [skeil] *s* scala *f*; scaglia *f* *(della pelle)*; *v/t* scalare; **~s** *pl* bilancia *f*

scalp [skælp] cuoio *m* capelluto

scandal ['skændl] scandalo *m*; **~ous** scandaloso

Scandinavian [skændi'neivjən] *a, s* scandinavo *(m)*

scant [skænt], **~y** scarso

scapegoat ['skeitgout] capro *m* espiatorio

scar [skɑː] cicatrice *f*

scarce [skɛəs] difficile a tro-

vare; **~ely** appena; **~ely ever** quasi mai; **~ity** carestia *f*

scare [skɛə] *s* spavento *m*; *v/t* spaventare; **~crow** spauracchio *m*

scarf [skɑːf], *pl* **~s** [~fs], **scarves** [~vz] sciarpa *f*

scarlet ['skɑːlit] scarlatto; **~ fever** scarlattina *f*

scatter ['skætə] *v/t, v/i* spargere; sparpagliare

scene [siːn] scena *f*; scenata *f*; **~ry** scenario *m*; panorama *m*; paesaggio *m*

scent [sent] *s* profumo *m*; *v/t* profumare

sceptic ['skeptik] *s, a* scettico *(m)*; **~al** scettico

schedule ['ʃedjuːl], *Am* ['skedʒuːl] *s* lista *f*; programma *m*; *Am* orario *m*; *v/t* schedare

scheme [skiːm] *s* piano *m*; progetto *m*; sistema *m*; *v/i* intrigare

schola|r ['skɔlə] studioso *m*; **~rship** borsa *f* di studio

school [skuːl] scuola *f*; **~ing** istruzione *f*; **~master** maestro *m*; insegnante *m*; **~mate** compagno(a) *m (f)* di scuola; **~teacher** maestro(a) *m (f)*; professore *m*; professoressa *f*

scien|ce ['saiəns] scienza *f*; **~tific** scientifico; **~tist** scienziato *m*

scissors ['sizəz] *pl* forbici *f/pl*

scoff [skɔf]: **~ at** *v/t* deridere

scold [skould] v/t rimproverare

scoop [sku:p] s cucchiaia f; ramaiuolo m; v/t travasare

scope [skoup] libertà f d'azione; campo m (d'attività)

scorch [skɔ:tʃ] v/t bruciare

score [skɔ:] s ventina f; punteggio m; spartito m; v/t segnare

scorn [skɔ:n] s disprezzo m; v/t disprezzare; **~ful** sprezzante

Scot [skɔt] scozzese m, f

Scotch [skɔtʃ], **Scottish** a, s scozzese (m, f)

Scotch|man, **~woman**, **Scotsman**, **Scotswoman** scozzese m, f

scoundrel ['skaundrəl] mascalzone m

scout ['skaut] esploratore m

scowl [skaul] v/i guardare male

scramble ['skræmbl] s precipizio m; v/i precipitarsi; **~d eggs** uova f/pl strapazzate

scrap [skræp] s pezzetto m; rottame m; litigio m; v/t scartare; v/i litigare

scrape [skreip] v/t raschiare

scratch [skrætʃ] s graffio m; v/t graffiare

scream [skri:m] s strillo m; urlo m; v/i strillare; urlare

screech [skri:tʃ] s strillo m (acuto); v/i strillare

screen [skri:n] s paravento m; schermo m (cinematografico); v/t riparare; proteggere

screw [skru:] s vite f; v/t avvitare; **~driver** giravite m

scribble ['skribl] s scarabocchio m; v/t scarabocchiare

script [skript] scrittura f; copione m (di un film); **~ure** scrittura f; **the Holy ~ures** pl la Sacra Scrittura

scrub [skrʌb] v/t strofinare

scrup|le ['skru:pl] scrupolo m; **~ulous** ['~pjuləs] scrupoloso

scrutinize ['skru:tinaiz] v/t scrutinare

sculpt|or ['skʌlptə] scultore m; **~ure** scultura f

scum [skʌm] schiuma f; feccia f

scurvy ['skə:vi] scorbuto m

scythe [saið] s falce f; v/t falciare

sea [si:] mare m; **at ~** sul mare; **~gull** gabbiano m

seal [si:l] s zool foca f; sigillo m; v/t sigillare

sea level livello m del mare

sealing-wax ceralacca f

seam [si:m] s cucitura f; giacimento m

seaport porto m di mare

search [sə:tʃ] s. ricerca f; v/i cercare; **~light** riflettore m

seasick: be ~ avare il mal di mare; **~ness** mal m di mare

seaside costa f; lido m

season ['si:zn] s stagione f; v/t condire; **~able** di stagione; **~ing** condimento m; **~ticket** biglietto m d'abonnamento m

seat [si:t] s posto m (a sedere); panchina f; sede f; fondello

sense

m (*del calzone*); *v/r* ~ **o.s.**
sedersi; ~**belt** cintura *f* di
sicurezza

seaweed alga *f*

seclu|ded [si'klu:did] appartato; ~**sion** solitudine *f*; ritiro *m*

second ['sekənd] *a* secondo;
2~**class** di seconda classe; *s.*
secondo *m*; *v/t* appoggiare;
assecondare; ~**ary** secondario; ~**ary school** scuola *m*
media; ~ **floor** *Am* primo
piano; ~**rate** di qualità minore

secre|cy ['si:krisi] segretezza
f; ~**t** *a*, *s* secreto (*m*)

secretary ['sekrətri] segretario *m*

secret|e [si'kri:t] *v/t med* secernere; ~**ion** secrezione *f*

sect [sekt] setta *f*

sect|ion ['sekʃ(ə)n] sezione *f*;
~**or** ['sektə] settore *m*

secular ['sekjulə] secolare

secur|e [si'kjuə] *a* sicuro; *v/t*
assicurare; ~**ity** sicurezza *f*

sedative ['sedətiv] *a*, *s* sedativo (*m*)

sediment ['sedimənt] sedimento *m*

seduc|e [si'dju:s] *v/t* sedurre; ~**tion** [~'dʌkʃən] seduzione *f*

see [si:] *v/t*, *v/i*, *irr* vedere; ~ **off**
accompagnare; ~ **to** provvedere a

seed [si:d] seme *m*

seek [si:k] *v/t*, *irr* cercare

seem [si:m] *v/i* sembrare

seep [si:p] *v/i* trasudare

seesaw ['si:sɔ:] altalena *f*

segregate ['segrigeit] *v/t* segregare

seismograph ['saizməgra:f]
sismografo *m*

seiz|e [si:z] *v/t* afferrare;
~**ure** presa *f*; *med* attacco *m*

seldom ['seldəm] raramente

select [si'lekt] *a* scelto; *v/t*
scegliere; ~**ion** selezione *f*

self [self], *pl* **selves** [~vz] *a*
stesso; *s* se stesso; ~**command** padronanza *f* di se
stesso; ~**confidence** fiducia *f* in se stesso; ~**contained** riservato; ~**ish** egoista; ~**made man** uomo *m*
fatto da sè; ~**possessed** padrone *m* di se stesso; ~**reliant** conscio del proprio
valore; ~**sacrificing** che
sacrifica se stesso; ~**service** autoservizio *m*; ~**timer**
phot autoscatto *m*

sell [sel] *v/t*, *irr* vendere; *v/i*
vendersi; ~**er** venditore *m*;
~**ing** vendita *f*

semblance ['sembləns] apparenza *f*

semester [si'mestə] semestre *m*

semicolon ['semi'koulən]
punto *m* e virgola

senate ['senit] senato *m*; ~**or**
senatore *m*

send [send] *v/t*, *irr* mandare;
spedire; ~**back** rimandare

senior ['si:njə] maggiore di
età; più anziano

sensation [sen'seiʃən] sensazione *f*; ~**al** sensazionale

sens|e [sens] *v/t* accorgersi
di; *s.* senso *m*; buon senso

m; significato *m*; **~less** senza significato; assurdo; **~ible** sensato; **~itive** sensibile; sensato; **~uality** sensualità *f*

sentence ['sentəns] *s* sentenza *f*; frase *f*; *v/t* condannare

sentiment ['sentimənt] sentimento *m*; **~al** [~'mentl] sentimentale

sentry ['sentri] sentinella *f*

separate ['sepərit] *a* separato; ['sepəreit] *v/t* separare; *v/i* separarsi; **~ion** [ˌsepə'reiʃən] separazione *f*

September [səp'tembə] settembre *m*

septic ['septik] settico

sequel ['siːkwəl] seguito *m*; **~nce** successione *f*; serie *f*

serenade [ˌseri'neid] serenata *f*

serene [si'riːn] sereno

sergeant ['saːdʒənt] sergente *m*

serial ['siəriəl] romanzo *m* a puntate

series ['siəriːz] *pl* serie *f*

serious ['siəriəs] serio; grave

sermon [səːmən] predica *f*

serpent ['səːpənt] serpente *m*; **~ine** serpentino

serum ['siərəm] siero *m*

serv|ant ['səːvənt] domestico(a) *m* (*f*); **~e** *v/t*, *v/i* servire; **~ice** servizio *m*

serviette [ˌsəːvi'et] tovagliolo *m*

servile ['səːvail] servile

session ['seʃən] sessione *f*

set [set] . partita *f*; serie *f*; servizio *m*; **hair ~** messa *f* in

piega; *v/t*, *irr* disporre; mettere; regolare; fissare; **~ aside** mettere da parte; **~ on fire** incendiare; **~ up** stabilire; mettere su; *v/i* tramontare (*del sole*); solidificarsi; **~back** contrattempo *m*

sett|er compositore *m*; **~ing** ambiente *m*; messa *f* in scena

settle ['setl] *v/t* sistemare; accomodare; stabilire; *comm* saldare; pagare; *v/i* sistemarsi; accomodarsi; **~ment** sistemazione *f*; colonia *f*; *comm* saldo *m*

sever ['sevə] *v/t* separare; *v/i* separarsi

several ['sevrəl] vari; diversi

sever|e [si'viə] severo; **~ity** severità *f*

sew [sou] *v/t*, *irr* cucire

sew|age ['sjuː(ˀ)idʒ] acque *f/pl* luride; **~er** fogna *f*

sewing ['souiŋ] cucito *m*; **~-machine** macchina *f* da cucire

sex [seks] sesso *m*

sexton ['sekstən] sacrestano *m*

sexual ['seksjuəl] sessuale

shabby ['ʃæbi] logoro; malandato

shad|e [ʃeid] *s.* ombra *f*; paralume *m*; sfumatura *f*; *v/t* dare ombra; **~ow** ['ʃædou] ombra *f*

shaft [ʃɑːft] asta *f*; raggio *m* (*di luce*); pozzo *m* (*di miniera*)

shake [ʃeik] *s.* scossa *f*; *v/t*

scuotere; agitare; **~ hands with** stringere la mano a; *v/i* tremare

shall [ʃæl] *v/d* dovere; *or: future tense of verb*

shallow [ˈʃælou] poco profondo; *fig* superficiale

sham [ʃæm] *a* finto; falso; *s* finzione *f*

shame [ʃeim] vergogna *f*; **what a ~!** che peccato!; **~ful** vergognoso; **~less** svergognato

shampoo [ʃæmˈpuː] shampoo *m*

shank [ʃæŋk] gamba *f*; stinco *m*; *mech* asta *f*

shape [ʃeip] *s* forma *f*; *v/t* formare; modellare; **~less** informe; **~ly** ben fatto

share [ʃɛə] *s* parte *f*; porzione *f*; *comm* azione *f*; (con)dividere; **~holder** azionista *m, f*

shark [ʃɑːk] pescecane *m*

sharp [ʃɑːp] *a* acuto; affilato; vivace; penetrante; piccante; *s mus* diesis *m*; *adv* in punto; **four o'clock ~** alle quattro in punto; **~en** *v/t* affilare; aguzzare; **~ener** temperalapis *m*

shatter [ˈʃætə] *v/t* frantumare; *v/i* andare in frantumi; frantumarsi

shave [ʃeiv] *v/t, v/i, irr* far la barba

shawl [ʃɔːl] scialle *m*

she [ʃiː] lei, ella, essa; (*in nomi composti*) femmina; **~cat** gatta *f*; **~goat** capra *f*

sheaf [ʃiːf], *pl* **sheaves** [~vz]

fascio *m*

shear [ʃiə] *v/t, irr* tosare

sheath [ʃiːθ] astuccio *m*; guaino *m*

shed [ʃed] *s* capanna *f*; *v/t* togliersi

sheep [ʃiːp], *pl* ~ pecora *f*; **~dog** cane *m* pastore; **~ish** vergognoso

sheer [ʃiə] puro; fine

sheet [ʃiːt] lenzuolo *m*; foglio *m* (*di carta*); lastra *f*

shelf [ʃelf], *pl* **shelves** [~vz] scaffale *m*; ripiano *m*

shell [ʃel] conchiglia *f*; guscio *m* (*dell'uovo*); proiettile *m*

shelter [ˈʃeltə] rifugio *m*; asilo *m*; riparo *m*; *v/t* riparare; *v/i* ripararsi; rifugiarsi

shepherd [ˈʃepəd] pastore *m*

shield [ʃiːld] *s* scudo *m*; protezione *f*; *v/t* proteggere

shift [ʃift] *s* cambiamento *m*; turno *m*; *v/t* cambiare; spostare

shilling [ˈʃiliŋ] scellino *m*

shin(-bone) [ˈʃin(-)] *anat* stinco *m*

shine [ʃain] *s* lustro *m*; splendore *m*; *v/i, irr* brillare; splendere

shingle [ˈʃiŋgl] assicella *f*

shingles [ˈʃiŋglz] *pl* fuoco *m* di Sant'Antonio; erpete *m*

ship [ʃip] *s* nave *f*; *v/t* spedire; **~load** carico *m*; **~ment** spedizione *f*; **~owner** armatore *m*; **~ping agent** spedizioniere *m* marittimo; **~ping company** compagnia *f* di navigazione; **~wreck** naufragio *m*; **~yard** cantiere *m* navale

shire [ˈʃaiə] *s* contea *f*

shirk [ʃəːk] *v/t, v/i* evitare; sottrarsi a

shirt [ʃəːt] *s* camicia *f*

shiver [ˈʃivə] *s* brivido *m*; *v/i* rabbrividire

shock [ʃɔk] *s* cozzo *m*; colpo *m*; *v/t* scandalizzare; **~ing** scandaloso

shoe [ʃuː] *s* scarpa *f*; ferro *m* (*da cavallo*); *v/t* calzare; ferrare; **~lace** laccio *m*; **~maker** calzolaio *m*; **~shop** calzoleria *f*

shoot [ʃuːt] *bot* germoglio *m*; tiro *m*; *v/t, irr* fucilare; *v/i* germogliare; sparare; andare a caccia; **~ing** caccia *f*

shop [ʃɔp] *s* negozio *m*; **~assistant** commesso *m*; **~keeper** negoziante *m*; **~ping** compra *f*; **~window** vetrina *f*

shore [ʃɔː] *s* riva *f*; spiaggia *f*

short [ʃɔːt] corto; breve; basso (*di statura*); **~cut** interrompere; abbreviare; **run** essere a corto di; **~age** scarsezza *f*; **~circuit** corto circuito *m*; **~coming** difetto *m*; **~cut** scorciatoia *f*; **~en** *v/t* accorciare; abbreviare; **~hand** stenografia *f*; **~ly** tra poco; **~s** *pl* pantaloni *m/pl* corti; **~sighted** miope; poco accorto; **~term** a breve scadenza

shot [ʃɔt] sparo *m*; tiro *m*

shoulder [ˈʃouldə] spalla *f*;

~blade scapola *f*; **~strap** bretella *f*

shout [ʃaut] *s* grido *m*; *v/t* gridare

shove [ʃʌv] *s* spinta *f*; *v/t* spingere

shovel [ˈʃʌvl] pala *f*

show [ʃou] *s* mostra *f*; esposizione *f*; spettacolo *m*; revista *f*; ostentazione *f*; *v/t*, *irr* mostrare

shower [ˈʃauə] acquazzone *m*; **~bath** doccia *f*

shred [ʃred] *s* pezzetto *m*; *v/t* tagliuzzare

shrew [ʃruː] biscetica *f*; **~d** perspicace

shriek [ʃriːk] *s* strillo *m*; *v/t* strillare

shrill [ʃril] stridulo

shrimp [ʃrimp] gamberetto *m*

shrine [ʃrain] santuario *m*

shrink [ʃriŋk] *v/i, irr* restringersi

Shrove Tuesday [ˈʃrouv-ˈtjuːzdi] martedì *m* grasso

shrub [ʃrʌb] arbusto *m*; cespuglio *m*

shrug [ʃrʌg] *s* alzata *f* di spalle; *v/t* stringersi nelle spalle

shudder [ˈʃʌdə] *s* brivido *m*; *v/i* rabbrividire

shuffle [ˈʃʌfl] *v/t* mescolare (*carte*); *v/i* strascicarsi

shut [ʃʌt] *v/t, irr* chiudere; *v/i* chiudersi; **~ up!** sta zitto!; **~ter** persiana *f*; saracinesca *f*; *phot* otturatore *m*

shy [ʃai] timido; **~ness** timi-

dezza f
sick [sik] malato; **~ of** stanco
di; **be ~** essere malato, vomitare; **~en** v/i ammalare;
ammalarsi
side [said] lato m; parte f;
fianco m; **~ by ~** fianco a
fianco; **take ~s with, ~ with,**
prendere la parte di;
~board credenza f; **~dish**
frammesso m; **~walk** Am
marciapiede m; **~ways** di
lato
siege [si:dʒ] assedio m
sieve [siv] staccio m; vaglio m
sift [sift] v/t stacciare; crivel-
lare
sigh [sai] s sospiro m; v/i
sospirare
sight [sait] vista f; spettacolo
m; **by ~** di vista; **at first ~** a
prima vista; **~seeing** vista f
della città
sign [sain] s segno m; v/t
firmare; far segno a
signal [ˈsignl] s segnale m;
v/t segnalare; fare segnali
signature [ˈsignitʃə] firma f
significance [sigˈnifikəns]
significato m; **~icant** si-
gnificativo; **~y** [ˈsignifai] v/t
significare
silence [ˈsailəns] s silenzio
m; v/t far tacere; **~t** silenzioso
silk [silk] seta f; **~worm** baco m da seta
sill [sil] davanzale m
silly [ˈsili] sciocco
silver [ˈsilvə] argento m; **~**
wedding nozze f/pl d'argento; **~y** aregntino

similar [ˈsimilə] simile; **~ity**
[ˌ~ˈlæriti] somiglianza f
simpl|e [ˈsimpl] semplice;
~ify [ˈfai] v/t semplificare
simulate [ˈsimjuleit] v/t simulare
simultaneous [siməl-
ˈteinjəs] simultaneo
sin [sin] s peccato m; v/i
peccare
since [sins] adv da allora;
conj da che; da quando; prp
da; fino da
sincer|e [sinˈsiə] sincero;
~ity [ˌ~ˈseriti] sincerità f
sinew [ˈsinju:] nerbo m
sing [siŋ] v/t, v/i cantare
singer [ˈsiŋə] cantante m, f
single [ˈsiŋgl] solo; unico;
singolo; **~handed** senza
aiuto
singular [ˈsiŋgjulə] singolare
sinister [ˈsinistə] sinistro
sink [siŋk] s acquaio m; v/t,
irr immergere; affondare
sinner [ˈsinə] peccatore m,
peccatrice f
sip [sip] sorso m
sir [sə:] signore m
sirloin [ˈsə:loin] lombo m
sister [ˈsistə] sorella f; suora
f; **~in-law** cognata f
sit [sit] v/i, irr essere seduto;
~ down sedersi
site [sait] posto m; sito m
sitting [ˈsitiŋ] a seduto; s
seduta f; udienza f; **~**
room salotto m
situated [ˈsitjueitid] situato; **~ion** situazione f; posi-

zione *f*; posto *m*; impiego *m*

size [saiz] grandezza *f*; misura *f*

skat|e [skeit] *s* pattino *m*; *v/i* pattinare; **~ing-rink** pista *f* da pattinaggio

skeleton ['skelitn] scheletro *m*

skeptic [skeptik] *Am for* **sceptic**

sketch [sketʃ] *s* schizzo *m*; abbozzo *m*; *v/t* schizzare; abbozzare

ski [ski] *s* sci *m*; *v/i* sciare

skid [skid] *v/i* sbandare

skier ['ski:ə] sciatore *m*

skil|ful ['skilful] abile; destro; **~l** abilità *f*; **~led** pratico; esperto; **~led worker** operaio *m* specializzato

skim [skim] *v/t* scremare; sfiorare

skin [skin] *s* pelle *f*; *v/t* pelare

skip [skip] *v/i* saltare

skirmish ['skə:miʃ] *s* scaramuccia *f*; *v/i* scaramucciare

skirt [skə:t] *s* gonna *f*; sottana *f*; *v/t* costeggiare

skittles ['skitlz] *sg* birillo *m*

skull [skʌl] *s* cranio *m*; teschio *m*

skunk [skʌŋk] moffetta *f*

sky [skai] cielo *m*; **~scraper** grattacielo *m*

slab [slæb] lastra *f*

slack [slæk] *a* allentato; inattivo; **~en** *v/i* allentarsi; **~s** *pl* pantaloni *m/pl* lunghi (*da donna*); calzoni *m/pl*

slam [slæm] *v/t* sbattere

slander ['slɑ:ndə] *s* calun-

nia *f*; *v/t* calunniare

slang [slæŋ] gergo *m*

slant [slɑ:nt] *s* pendio *m*; punto *m* di vista; *v/i* inclinarsi

slap [slæp] *s* schiaffo *m*; *v/t* schiaffeggiare

slash [slæʃ] *s* sqarcio *m*; *v/t* tagliare

slate [sleit] *s* tegola *f*; lavagnetta *f*

slaughter ['slɔ:tə] *s* macello *m*; massacro *m*; *v/t* macellare; massacrare; **~house** mattatoio *m*

Slav [slɑ:v, slæv] *a*, *s* slavo (*m*)

slave [sleiv] *s* schiavo(a) *m* (*f*); *v/i* lavorare come un negro; **~ry** schiavitù *f*

slay [slei] *v/t*, *irr* ammazzare

sled(ge) [sled(ʒ)] slitta *f*

sleek [sli:k] *a* liscio; *v/t* lisciare

sleep [sli:p] *s* sonno *m*; *v/i* dormire; **~er** cuccetta *f*; **~ing-bag** sacco *m* a pelo; **~ing-pill** sonnifero *m*; **~less** insonne; **~walker** sonnambulo(a) *m* (*f*); **~y** assonnato

sleet [sli:t] nevischio *m*

sleeve [sli:v] manica *f*

sleigh [slei] slitta *f*

slender ['slendə] slanciato

slice [slais] *s* fetta *f*; *v/t* affettare

slide [slaid] *v/i*, *irr* scivolare; **~ rule** regolo *m* calcolatore

slight [slait] leggero

slim [slim] *a* sottile; magro; *v/i* dimagrire

snake

slim|e [slaim] melma *f*; **~y** melmoso

sling [sliŋ] *s* fionda *f*; *v/t, irr* lanciare; scagliare

slip [slip] *s* svista *f*; federa *f*; sottoveste *f*; *v/i* scivolare; sbagliare; **~per** pantofola *f*; **~pery** scivoloso

slit [slit] *s* fessura *f*; *v/t, irr* tagliare

slogan ['slougən] parola *f* d'ordine; motto *m*

slope [sloup] *s* pendenza *f*; *v/i* inclinarsi

sloppy ['slɔpi] trasandato; fradiccio

slot [slɔt] buco *m*

sloth [slouθ] pigrizia *f*

slot-machine distributore *m* automatico

slovenly ['slʌvnli] trasandato; trasurato

slow [slou] lento; **~** *down* *v/t, v/i* rallentare; **~ly** lentamente; adagio; piano; **~-motion** rallentatore *m*

sluice [slu:s] chiusa *f*

slums [slʌmz] quartiere *m* povero; bassofondo *m*

slush [slʌʃ] fanghiglia *f*

slut [slʌt] puttana *f*

sly [slai] astuto; furbo

smack [smæk] *s* pacca *f*; battello *m*; *v/i* schiaffeggiare

small [smɔ:l] piccolo; **~ hours** *pl* ore *f/pl* piccole; **~pox** vaiolo *m*

smart [smɑːt] *a* elegante; sveglio; *s* bruciore *m*; *v/i* bruciare

smash [smæʃ] *s* crollo *m*; scontro *m*; *v/t* frantumare; *v/i* frantumarsi; **~ing** (*germ-go*) bellissimo

smear [smiə] *v/t* macchiare

smell [smel] *s* odore *m*; **nasty ~** puzzo *m*; *v/t* sentire l'odore; *v/i* odorare

smelt [smelt] *v/t* fondere

smile [smail] *s* sorriso *m*; *v/i* sorridere

smith [smiθ] fabbro *m*

smock [smɔk] camiciotto *m*; camice *m*

smoke [smouk] *s* fumo *m*; *v/t* fumare; affumicare; *v/i* emettere fumo; **~ing-compartment** (*s*)compartimento *m* per fumatori; **no ~ing** proibito fumare

smooth [smu:ð] *a* liscio; *v/t* lisciare

smother ['smʌðə] *v/t* soffocare

smo(u)lder ['smouldə] *v/i* bruciare senza fiamma; *fig* covare

smudge [smʌdʒ] *s* macchia *f*; *v/t* macchiare

smug [smʌg] soddisfatto di sè

smuggle ['smʌgl] *v/t* far passare di contrabbando; *v/i* fare il contrabbando; **~er** contrabbandiere *m*; **~ing** contrabbando *m*

smut [smʌt] *s* macchia *f*; **~ty** macchiato; *fig* osceno

snack [snæk] spuntino *m*

snail [sneil] lumaca *f*; **at a ~'s pace** a passo di tartaruga

snake [sneik] serpente *m*; serpe *f*

snap [snæp] *s* rumore *m* secco; *v/t* rompere con rumore secco; *fig* rispondere male; **~fastener** bottone *m* a molla; **~shot** *phot* istantanea *f*

snare [snɛə] rappola *f*

snarl [snɑ:l] *s* ringhio *m*; *v/i* ringhiare

snatch [snætʃ] *v/t* afferrare; strappare

sneak [sni:k] *v/i* fare la spia

sneer [sniə] *s* ghigno *m*; *v/i* sogghignare; ~ **at** disprezzare

sneeze [sni:z] *s* starnuto *m*; *v/i* starnutire

sniff [snif] *v/t* annusare

snivel [ˈsnivl] *v/i* piagnucolare

snore [snɔ:] *v/i* russare

snout [snaut] muso *m*; grugno *m*

snow [snou] *s* neve *f*; *v/i* nevicare; **~drop** bucaneve *m*; **~fall** nevicata *f*; **~flake** fiocco *m* di neve; **~storm** tormenta *f* di neve

snuff [snʌf] tabacco *m* da naso

snug [snʌg] comodo; **~gle** *v/i* rannicchiarsi

so [sou] *adv, pron* così; in questo modo; ~ **far** fino a questo momento; fino a questo punto; ~ **long** tanto tempo; arrivederci; ~ **much** tanto; **I think** ~ credo di sì; **Mr.** ~ **and** ~ Signor Tal dei Tali

soak [souk] *v/t* bagnare; inzuppare

soap [soup] *s* sapone *m*; *v/t* insaponare

soar [sɔ:] *v/i* volare

sob [sɔb] *s* singhiozzo *m*; *v/i* singhiozzare

sober [ˈsoubə] non ubriaco; sobrio; serio

soccer [ˈsɔk] *Am* calcio *m*

socia|ble [ˈsouʃəbl] socievole; **~l** sociale; **~l insurance** assicurazione *f* sociale; **~lism** socialismo *m*; **~list** *a, s* socialista (*m, f*)

society [səˈsaiəti] società *f*

sock [sɔk] calzino *m*

socket [ˈsɔkit] orbita *f*

soda soda *f*; **~water** seltz *m*

sofa [ˈsoufə] sofà *m*

soft [sɔft] morbido; molle; dolce; ~ **drink** bibita *f* non alcoolica; ~ **water** acqua *f* dolce; **~en** *v/t* ammorbidire; *v/i* intenerirsi

soil [sɔil] *s* terreno *m*; suolo *m*; *v/t* sporcare

sojourn [ˈsɔdʒə:n] *s* soggiorno *m*; *v/i* soggiornare

soldier [ˈsouldʒə] soldato *m*; militare *m*

sole [soul] *s* pianta *f* del piede; suola *f* (*della scarpa*); sogliola *f*; *v/t* risuolare

solemn [ˈsɔləm] solenne; grave

solicit [səˈlisit] *v/t* sollecitare; importunare; **~or** avvocato *m*

solid [ˈsɔlid] solido; **~ify** [səˈlidifai] *v/t* solidificare

solit|ary [ˈsɔlitəri] solitario; **~ude** [ˈ-tju:d] solitudine *f*

spare time

solo [ˈsoulou] assolo; **~ist** solista *m, f*

solu|ble [ˈsɔljubl] solubile; **~tion** [səˈluːʃən] soluzione *f*

solve [sɔlv] *v/t* risolvere; **~nt** solvente

some [sʌm, səm] *a* un po' di; qualche; alcuno; alcuni; *pron* qualcuno; alcuni; **~body, ~one** qualcuno; **~body else** qualcun altro; **~how** qualche modo; **~what** piuttosto; **~where** in qualche parte

somersault [ˈsʌməsɔːlt] capriola *f*; salto *m* mortale

son [sʌn] figlio *m*; **~-in-law** genero *m*

song [sɔŋ] canzone *f*; canto *m*

soon [suːn] presto; tra un po'; **as ~ as** appena che; **as ~ as possible** il più presto possibile; **~er or later** presto o tardi

soothe [suːð] *v/t* calmare

soporific [ˌsɔpəˈrifik] *a*, soporifico (*m*)

sorcer|er [ˈsɔːsərə] strega *f*; mago *m*; **~y** stregoneria *f*

sordid [ˈsɔːdid] sordido

sore [sɔː] *a* dolente; **my foot is ~** mi fa male il piede

sorrow [ˈsɔrou] dolore *m*

sorry [ˈsɔri] dispiacente; dispiaciuto; **be ~** dispiacersi

sort [sɔːt] *s* genere *m*; specie *f*; *v/t* scegliere; classificare

soul [soul] anima *f*; **All ~s' Day** Tutti i Santi

sound [saund] *a* solido; profondo; logico; *v/t* suonare;

med ascoltare; *v/i* suonare; **~proof** con isolamento acustico

soup [suːp] minestra *f*; brodo *m*; zuppa *f*

sour [ˈsauə] acerbo; acido

source [sɔːs] fonte *f*; origine *m*

south [sauθ] *s* sud *m*; *a* meridionale; **~ern** meridionale; **~east** sud-est *m*

souvenir [ˈsuːvəniə] ricordo *m*

sovereign [ˈsɔvrin] *a*, *s* sovrano

sow[1] [sau] scrofa *f*

sow[2] [sou] *v/t*, *irr* seminare; spargere; **~ing-machine** seminatrice *f*

spac|e [speis] spazio *m*; **~ious** spazioso

spade [speid] vanga *f*; **~s** *pl* (*a carte*) picche *f/pl*

Spain [spein] Spagna *f*

span [spæn] palmo *m* (*della mano*); periodo *m* (*di tempi*); *v/t* abbracciare

spangle [ˈspæŋgl] lustrino *m*

Spaniard [ˈspænjəd] spagnolo(a) *m* (*f*)

spaniel [ˈspænjəl] spagnolo *m*

Spanish [ˈspæniʃ] spagnolo

spank [spæŋk] *v/t* sculacciare

spanner [ˈspænə] chiave *f* inglese

spar|e [spɛə] *a* di ricambio; di riserva; **~ parts** *pl* parti *f/pl* di ricambio; **~e time** tempo *m* libero; *v/t* risparmiare; **~ing** economo

spark [spɑːk] *s* scintilla *f*; **~ingplug** candela *f* d'accensione; **~le** *v/i* scintillare

sparrow ['spærou] passero *m*

sparse [spɑːs] sparso

spasm ['spæzəm] spasmo *m*; **~odic** [~'mɔdik] spasmodico

spatter ['spætə] *s* spruzzo *m*; *v/t* spruzzare

speak [spiːk] *v/i*, *irr* parlare; **~er** oratore *m*

spear [spiə] lancia *f*

special ['speʃəl] speciale; particolare; **~ity** [~i'æliti] specialità *f*; **~ize** *v/i* specializzarsi; **~ly** specialmente, soprattutto

species ['spiːʃiːz] *pl* specie *f*

specific [spi'sifik] specifico

specimen ['spesimin] campione *m*; esemplare *m*

specta|cle ['spektəkl] spettacolo *m*; **~cles** *pl* occhiali *m/pl*; **~cular** [spek'tækjulə] spettacolare; **~tor** [spek-'teitə] spettatore *m*

speculate ['spekjuleit] *v/t*, *v/i* speculare; **~ion** speculazione *f*

speech [spiːtʃ] discorso *m*; parlare *m*

speed [spiːd] velocità *f*; **at full ~** a tutta velocità; *v/t*, *irr* sfrecciare; **~ up** accelerare; **~ometer** tachimetro *m*; **~y** veloce

spell [spel] *s* incanto *m*; fascino *m*; *v/t*, *v/i*, *irr* scrivere; **~ing** ortografia *f*

spend [spend] *v/t*, *irr* spendere (*danaro*); passare (*tempo*)

sperm [spəːm] sperma *m*

spher|e [sfiə] sfera *f*; **~ical** ['sferikl] sferico

spic|e [spais] spezie *f/pl*; **~y** saporoso

spider ['spaidə] ragno *m*; **~'s web** ragnatela *f*

spike [spaik] chiodo *m*

spill [spil] *v/t*, *irr* rovesciare; *v/i* rovesciarsi

spin [spin] *v/i*, *irr* girare

spinach ['spinidʒ] spinaci *m/pl*

spindle ['spindl] fuso *m*

spine [spain] spina *f* dorsale

spinster ['spinstə] zittella *f*

spiral ['spaiərəl] spirale

spirit ['spirit] spirito *m*; **~s** *pl* alcool *m*; **high ~s** allegria *f*; **low ~s** abbattimento *m*; **~ed** vivace; **~ual** ['~tjuəl] spirituale

spit [spit] *s* spiedo *m*; saliva *f*; *v/t*, *irr* sputare

spite [spait] dispetto *m*; **in ~ of** malgrado; **~ful** dispettoso

spittle ['spitl] saliva *f*

splash [splæʃ] *s* schizzo *m*; *v/t* schizzare

spleen [spliːn] bile *f*

splend|id ['splendid] splendido; **~o(u)r** splendore *m*

splint [splint] *med* stecca *f*; **~er** *s* scheggia *f*; *v/t* scheggiare

split [split] rottura *f*; spaccatura *f*; *v/t*, *irr* spaccare

spoil [spɔil] s bottino m; v/t, irr guastare; v/i guastarsi; **~t child** bambino m viziato

spoke [spouk] raggio m

spokesman portavoce m

sponge [spʌndʒ] s spugna f; v/t sbafare

sponsor ['spɔnsə] garante m

spontaneous [spɔn'teinjəs] spontaneo

spook [spu:k] spettro m

spool [spu:l] bobina f

spoon [spu:n] cucchiaio m; **~ful** cucchiaiata f

sport [spɔːt] sport m; **~sman**, **~swoman** sportivo(a) m (f)

spot [spɔt] luogo m; posto m; macchia f; v/t macchiare; fam vedere; individuare

spout [spaut] becco m

sprain [sprein] s storta f; v/t storcere

sprat [spræt] sardinetta f

sprawl [sprɔːl] v/i sdraiarsi

spray [sprei] s spruzzo m; v/t spruzzare

spread [spred] s distesa f; v/t, irr stendere; v/i stendersi

sprig [sprig] rametto m

spring [spriŋ] s primavera f; fonte f (di acqua); mech molla f; salto m; v/i, irr balzare; nascere; derivare; **~board** trampolino m

sprinkle ['spriŋkl] v/t spruzzare

sprint [sprint] s corsa f; v/i correre a tutta velocità; **~er** velocista m, f

sprout [spraut] germoglio

m; **Brussels ~s** cavolini m/pl di Brusselle

spy [spai] s spia f; v/t, v/i spiare

squad [skwɔd] squadra f

squalid ['skwɔlid] squallido

squander ['skwɔndə] v/t scialacquare

square [skwɛə] a quadrato; s piazza f; quadrato m; v/t quadrare; elevare al quadrato; saldare (i conti)

squash [skwɔʃ] s spremuta f; v/t spremere; schiacciare

squat [skwɔt] v/i accucciarsi

squeak [skwi:k] s cigolio m; v/i cigolare

squeamish ['skwi:miʃ] schizzinoso

squeeze [skwi:z] v/t spremere; strizzare

squint [skwint] s strabismo m; v/i essere strabico

squirm [skwə:m] v/i contorcersi

squirrel ['skwirəl] scoiattolo m

squirt [skwə:t] s schizzetto m; v/t schizzare

stab [stæb] s pugnalata f; v/t pugnalare

stability [stə'biliti] stabilità f; **~ilize** ['steibilaiz] v/t stabilizzare

stable[1] [steibl] stabile

stable[2] [steibl] stalla f; scuderia f

stack [stæk] s pagliaio m; mucchio m; v/t ammucchiare

stadium ['steidjəm] stadio m

staff [stɑːf] bastone *m*; asta *f*; personale *m*

stag [stæg] cervo *m*

stage [steidʒ] *s* palcoscenico *m*; *v/t* mettere in scena

stagger ['stægə] *v/i* barcollare

stagnate ['stægneit] *v/i* stagnare

stain [stein] *s* macchia *f*; *v/t* macchiare; *v/i* macchiarsi; **~ed glass** vetro *m* colorato; **~less** immacolato; **~less steel** acciaio *m* inossidabile

stair [stɛə] gradino *m*; scalino *m*; **~s** *pl* scale *f/pl*

stake [steik] *s* palo *m*; rogo *m*; **be at ~** essere in giuoco; *v/t* rischiare; scommettere

stale [steil] raffermo; stantio

stalk [stɔːk] *s* *bot* stelo *m*; passo *m* maestoso; *v/i* andare maestosamente; *v/t* inseguire

stall [stɔːl] bancherella *f*; edicola *f*; poltrona *f* (*di teatro*)

stallion ['stæljən] stallone *m*

stalwart ['stɔːlwət] robusto

stamina ['stæminə] vigore *m*

stammer ['stæmə] *s* balbuzie *f*; *v/t*, *v/i* balbettare

stamp [stæmp] *s* francobollo *m*; timbro *m*; impronta *f*; *v/t* affrancare; timbrare; *v/i* pestare i piedi

stand [stænd] *s* banco *m*; edicola *f*; sostegno *m*; piedistallo *m*; posizione *f*; *v/i*, *irr* appoggiare; resistere a;

sopportare; *v/i* stare in piedi; **~ up** alzarsi in piedi; **~ up against** ribellarsi contro; **~ for** rappresentare; **~ out** resistere

standard ['stændəd] stendardo *m*; livello *m*

standing ['stændiŋ] riputazione *f*

stand|point punto *m* di vista; **~still: be at a ~still** essere fermo

star [stɑː] stella *f*

starboard ['stɑːbəd] lato *m* destro (*della nave*)

starch [stɑːtʃ] *s* amido *m*; *v/t* inamidare

stare [stɛə] *s* sguardo *m* fisso; *v/i* fissare; guardare fisso

stark [stɑːk] rigido; vero e proprio; **~ naked** nudo del tutto

starling ['stɑːliŋ] stornello *m*

start [stɑːt] *s* principio *m*; soprassalto *m*; partenza *f*; *v/t* iniziare; *v/i* trasalire; partire

start|le ['stɑːtl] *v/t* far trasalire; allarmare; **~ling** allarmante

starv|ation [stɑːˈveiʃən] fame *f*; **~e** *v/i* morire di fame; *v/t* far morire di fame

state [steit] stato *m*; condizione *f*; *v/t* dichiarare; affermare; ♀ **Department** *Am* ministero *m* degli esteri; **~ly** imponente; **~ment** dichiarazione *f*; affermazione *f*; **~sman** uomo *m* di Stato

static ['stætik] statico

station ['steiʃən] stazione f; **~ary** stazionario; **~er** cartolaio m; **~master** capo m stazione

statistics [stə'tistiks] sg statistica f; pl statastiche f/pl

steal [sti:l] v/t, irr rubare

steam [sti:m] vapore m; **~boat** piroscafo m

steel [sti:l] acciaio m

steep [sti:p] erto; ripodo

steeple [sti:pl] campanile m

stem [stem] s bot stelo m; stirpe f; gram radicale f

stench [stentʃ] puzzo m; fetore m

stencil ['stensl] stampino m

step [step] s passo m; scalino m; ~ in entrare; **~brother** fratellastro m; **~father** patrigno m; **~mother** matrigna f

steril|e ['sterail] sterile; **~ize** ['~ilaiz] v/t sterilizzare

sterling ['stə:liŋ] a genuino; s sterlina f

stern [stə:n] a severo; s poppa f

stew [stju:] s stufato m; v/t cuocere a fuoco lento

steward ['stjuəd] amministratore m; cameriere m (sulla nave); **~ess** cameriera f; stewardess f

stick [stik] s bastone m; v/t, irr incollare; affiggere; ficcare; v/i aderire; **~er** etichetta f; **~y** attaccaticcio

stiff [stif] duro; difficile; rigido; **~en** v/t irrigidire; v/i irrigidirsi

stifle ['staifl] v/t soffocare

still [stil] a immobile; calmo; silenzioso; adv ancora; tuttavia; s calma f; quiete f; v/t calmare; **~born** nato morto; **~ness** quiete f

stimul|ant ['stimjulənt] a, s stimolante; **~ate** v/t stimolare; **~us** stimolo m

sting [stiŋ] s puntura f; v/t pungere

stingy ['stindʒi] tirchio

stink [stiŋk] s puzzo m; v/i, irr puzzare

stipulate ['stipjuleit] v/t stipolare

stir [stə:] s agitazione f; movimento m; v/t agitare; girare; v/i muoversi

stirrup ['stirəp] staffa f

stitch [stitʃ] s punto m; v/t cucire

stock [stɔk] s bestiame m; stirpe f; merce f in magazzino; v/t tenere in magazzino; **~breeder** allevatore m di bestiame; **~broker** agente m di cambio; **~exchange** borsa f; **~holder** azionista m

stocking ['stɔkiŋ] calza f

stock-taking inventario m

stocky ['stɔki] tozzo

stoic ['stouik] stoico

stomach ['stʌmək] s stomaco m; v/t mandare giù; tollerare

ston|e [stoun] s pietra f; sasso m; med calcolo m; nocciolo m; v/t lapidare; **~y** pietroso

stool [stu:l] s sgabello m

stoop [stu:p] v/i curvarsi

stop [stɔp] s fermata f; v/t

fermare; v/i fermarsi;
~page arresto m; **~over**
fermata f intermedia; **~per**
tappo m; **~ping** sosta f /

stor|age ['stɔːridʒ] magazzinaggio m; **~e** [stɔː] s grande
magazzino m; provvista f;
v/t immagazzinare; accumulare; **~e-house** magazzino m

storey ['stɔːri] piano m

stork [stɔːk] cicogna f

storm [stɔːm] tempesta f;
temporale m; **~y** tempestoso

story ['stɔːri] storia f; racconto m

stout [staut] forte; robusto;
solido

stove [stouv] stufa f; fornello m

stow [stou] v/t stivare;
~away passeggero m clandestino

straggle ['strægl] v/i dispersi

straight [streit] diritto; retto; **~en** v/t raddrizzare;
~forward franco

strain [strein] s tensione f;
v/i sforzarsi; **~er** colino m

strait [streit] stretto m; **in ~s**
in difficoltà; **~jacket** camicia f di forza

strand [strænd] riva f

strange [streindʒ] strano; **~r**
sconosciuto m

strangle ['stræŋgl] v/t strangolare

strap [stræp] cinghia f

strateg|ic, ~ical [strə'tiːdʒik]
strategico; **~y** ['strætidʒi]

strategia f

straw [strɔː] paglia f; **~berry**
fragola f

stray [strei] smarrito; randagio

streak [striːk] s striscia f; v/t
striare; **~y** striato

stream [striːm] s corrente f;
flume m; v/i scorrere;
~lined aerodinamico

street [striːt] strada f; **~car**
Am tram m

strength [streŋθ] forza f;
~en v/t rinforzare

strenuous ['strenjuəs] strenuo

stress [stres] s tensione f;
enfasi f; v/t mettere l'accento su; mettere in rilievo

stretch [stretʃ] s distesa f; v/t
stendere; v/i stendersi; allargarsi; **~er** barella f

strew [strjuː] v/t, irr cospargere

stricken ['strikən] colpito

strict [strikt] severo

stride [[straid] s passo m
grande; v/i, irr andare a
passi grandi

strife [straif] lotta f

strike [straik] s sciopero m;
v/t colpire; suonare (orologio); **be on ~** fare sciopero;
v/i, irr scioperare;
~breaker crumiro m; **~r**
scioperante m

string [striŋ] s corda f; spago
m; v/t, irr infilare

strip [strip] s striscia f; v/t
spogliare; v/i spogliarsi

stripe [straip] striscia f; riga
f; **~d** a strisce; a righe

strive [straiv] *v/i, irr* sforzarsi

stroke [strouk] colpo *m*; attacco *m*; **~ of luck** colpo di fortuna

stroll [stroul] passeggiata *f*

strong [strɔŋ] forte; robusto

structure [strʌktʃə] struttura *f*

struggle [strʌgl] s lotta *f*; *v/i* lottare

stub [stʌb] mozzicone *m*

stubble [stʌbl] stoppia *f*

stubborn [stʌbən] testardo

stud [stʌd] bottone *m* della camicia

student [stjuːdənt] studente *m*; studentessa *f*; **~io** [stjuːdiou] s studio *m*; **~ious** [stjuːdiou] studioso; **~y** [stʌdi] s studio *m*; *v/t* studiare

stuff [stʌf] s tessuto *m*; materiale *m*; *v/t* imbottire; **~ and nonsense** sciocchezze *f/pl*; **~ing** imbottitura *f*

stumble [stʌmbl] *v/i* inceppare

stump [stʌmp] moncone *m*

stun [stʌn] stordire

stupefy [stjuːpifai] *v/t* stupefare

stupid [stjuːpid] stupido; **~ity** stupidità *f*

sturdy [stəːdi] robusto

stutter [stʌtə] *v/i* balbettare

sty[1] [stai] porcile *m*

sty[2] [stai] orzaiolo *m*

style [stail] stile *m*

subconscious [sʌbkɔnʃəs] *a* subcosciente; **~ness** subcoscienza *f*

subdue [səbdjuː] *v/t* soggiogare

subject [sʌbdʒikt] *a* soggetto; **~ to** soggetto a; *s* soggetto *m*; argomento *m*; suddito *m*; *v/t* sottomettere; esporre; **~ion** soggezione *f*

subjunctive [səbdʒʌŋktiv] *a, s* congiuntivo (*m*)

sublime [səblaim] sublime

sunmarine [sʌbməriːn] sommergibile *m*

submerge [səbməːdʒ] *v/t* sommergere

submi|ssion [səbmiʃən] sottomissione *f*; **~ssive** remissivo; **~t** *v/t* sottomettere

subscri|be [səbskraib] *v/i* abbonarsi; **~ber** abbonato *m*; **~ption** [səbskripʃən] abbonamento *m*

subsequent [sʌbsikwənt] successive

subsid|e [səbsaid] *v/i* abbassare; decrescere; tacere; **~y** [sʌbsidi] sussidio *m*

substan|ce [sʌbstəns] sostanza *f*; **~tial** [səbstænʃəl] sostanziale

substitute [sʌbstitjuːt] *s* sostituto *m*; supplente *m*; *v/t* sostituire; supplire

subtle [sʌtl] sottile; fine

subtract [səbtrækt] sovversivo

subway [sʌbwei] ferrovia *f* sotterranea; metropolitana *f*

succ|eed [səksiːd] *v/i* riuscire a; succedere a; **~ess** [səkˈses] successo *m*; **~essful** riuscito; **~essive** successivo; **~essor** successore *m*

such [sʌtʃ] *a, pron* tale

suck [sʌk] *v/t* succhiare

sudden ['sʌdn] improvviso

suds [sʌdz] *pl* schiuma *f*

sue [sjuː] *v/t* citare

suède [sweid] camoscio *m*

suet [sjuit] lardo

suffer ['sʌfə] *v/t, v/i* soffrire; **~er** vittima *f*; **~ing** sofferenza *f*

suffic|e [sə'fais] *v/i* bastare; **~iency** [sə'fiʃənsi] sufficienza *f*; **~ient** sufficiente

suffocate ['sʌfəkeit] *v/t* soffocare; *v/i* soffocarsi

sugar ['ʃugə] *s* zucchero *m*; *v/t* zuccherare

suggest [sə'dʒest] *v/t* suggerire; **~ion** suggestione *f*; **~ive** suggestivo

suicide ['sjuisaid] (*person*) suicida *n, f*; (*act*) suicidio *m*

suit [sjuːt] *s* vestito *m*; *jur* causa *f*; *v/i* stare bene a; andare bene a; convenire a; **~able** adotto; comodo; **~case** valigia *f*

suite [swiːt] serie *f*; appartamenti *m/pl*

sulk [sʌlk] *v/i* tenere il broncio; **~y** imbronciato

sullen ['sʌlən] cupo; imbronciato

sulphur ['sʌlfə] zolfo *m*

sum [sʌm] *s* somma *f*; *v/t* sommare; **~ up** riassumere

summar|ize ['sʌməraiz] *v/t* riassumere; **~y** sommario *m*

summer ['sʌmə] estate *f*

summit ['sʌmit] cima *f*

summon ['sʌmən] *v/t* citare; convocare; chiamare; **~s** ['~z], *pl* **~s(es)** ['~ziz] citazione *f*; chiamata *f*

sun [sʌn] sole *m*; **~bathe** *v/i* prendere il sole; **~beam** raggio *m* di sole; **~burnt** bruciato dal sole; abbronzatura *f*

Sunday ['sʌndi] domenica *f*

sundries ['sʌndriz] *pl* generi *m/pl* diversi

sun|rise alba *f*; sorgere *m* del sole; **~set** tramonto *m*; **~shine** sole *m*; **~stroke** indolazione *f*

superb [sjuː(ː)'pəːb] splendido

super|ficial [sjuːpə'fiʃəl] superficiale; **~fluous** ['~pəːfluəs] superfluo; **~highway** *Am* autostrada *f*

superintend *v/t* sovrintendere a; **~ent** sovrintendente *m*

supernatural sovrannaturale

superstition [ˌsjuːpə'stiʃən] superstizione *f*

supervis|e ['sjuːpəvaiz] *v/t* sorvegliare; **~or** sorvegliante *m*

supper ['sʌpə] cena *f*

supplement ['sʌplimənt] supplemento *m*

suppl|ier [sə'plaiə] forniture *m*; **~y** *s* provvista *f*; *v/t* fornire

support [sə'pɔːt] *s* appoggio *m*; *v/t* sostenere; appoggiare

suppos|e [sə'pouz] *v/t* supporre; **~ition** [ˌsʌpəˈziʃən] supposizione f

suppress [səˈpres] v/t sopprimere

suprem|acy [sjuˈpreməsi] supremazia f; **~e** [~ˈpriːm] supremo

sure [ʃuə] sicuro; **make ~ of** assicurarsi di; **~ty** garante m

surf [səːf] frangenti m/pl

surface [ˈsəːfis] superficie f

surg|eon [ˈsəːdʒən] chirurgo m; **~ery** chirurgia f; ambulatorio m; **~ical** chirurgico

surly [ˈsəːli] scontroso

surmise [səˈmaiz] v/t congetturare

surmount [səːˈmaunt] v/t sormontare

surname [ˈsəːneim] cognome m

surpass [səːˈpɑːs] v/t sorpassare; superare

surplus [ˈsəːpləs] s sovrappiù m; a in sovrappiù

surprise [səˈpraiz] s sorpresa f; v/t sorprendere

surrender [səˈrendə] s resa f; v/t abbandonare; v/i arrendersi

surround [səˈraund] v/t circondare; **~ings** pl dintorni m/pl

survey [ˈsəːvei] s esame m; [səːˈvei] v/t esaminare; **~or** [səːˈveiə] geometra m

surviv|al [səˈvaivəl] sopravvivenza f; **~e** v/t, v/i sopravvivere

susceptible [səˈseptəbl] suscettibile

suspect [[ˈsʌspekt] a sospet-

to; [səsˈpekt] v/t sospettare

suspen|d [səsˈpend] v/t spendere; **~der** giarrettiera f; **~sion** sospensione f

suspicio|n [səsˈpiʃən] sospetto m; **~us** sospettoso

sustain [səsˈtein] v/t sostenere

swallow [ˈswɔlou] v/t inghiottire; s orn rondinella f

swamp [swɔmp] palude f; **~y** paludoso

swan [swɔn] cigno m

swarm [swɔːm] s sciame m; v/i sciamare

swarthy [ˈswɔːði] di carnagione scura

sway [swei] v/i oscillare

swear [swɛə] v/t, v/i, irr bestemmiare; giurare; **~-word** bestemmia f

sweat [swet] s sudore m; v/i, irr sudare

Swed|e [swiːd] svedese m, f; **~en** Svezia f; **~ish** svedese

sweep [swiːp] v/t, irr spazzare; v/i distendersi

sweet [swiːt] a dolce; s caramella f; **~heart** innamorato(a) m (f); tesoro

swell [swel] a elegante; v/t, irr gonfiare; v/i gonfiarsi; **~ing** gonfiore m

swerve [swəːv] v/i deviare

swift [swift] rapido; veloce; **~ness** rapidità f; velocità f

swim [swim] v/i, irr nuotare; **~ming** nuoto m; **~ming pool** piscina f

swindle [ˈswindl] s truffa f; v/t truffare; **~r** truffatore m

swine [swain], pl **~** maiale m

swing [swiŋ] *s* altalena *f*; oscillazione *f*; *v/t*, *v/i*, irr dondolare

swirl [swə:l] *v/i* trubinare

Swiss [swis] *a*, *s* svizzero (*m*)

switch [switʃ] *s* interruttore *m*; *v/t* cambiare; ~ **on** accendere la luce; ~ **off** spegnere la luce; **~board** quadro *m*

Switzerland ['switsələnd] Svizzera *f*

swollen ['swoulən] gonfio

sword [sɔ:d] spada *f*

syllable ['siləbl] sillaba *f*

symbol ['simbəl] simbolo *m*; **~ic(al)** [~'bɔlik(əl)] simbolico

sympathetic [,simpə'θetik] comprensivo; **~y** ['simpəθi] comprensione *f*

symphony ['simfəni] sinfonia *f*

symptom ['simptəm] sintomo *m*

synonym ['sinənim] sinonimo *m*

syntax ['sintæks] sintassi *f*

synthe|sis ['sinθisis], *pl* **~ses** ['~si:z] sintesi *f*; **~tic** [~'θetik] sintetico

syringe ['sirindʒ] siringa *f*

syrup ['sirəp] sciroppo *m*

system ['sistim] sistema *m*; metodo *m*; **~atic** [,sistə'mætik] sistematico

T

tab [tæb] etichetta *f*

table ['teibl] tavola *f*; **~cloth** tovaglia *f*; **~spoon** cucchiaio *m*

tablet ['tæblit] pasticca *f*; **sleeping ~** sonnifero *m*

tacit ['tæsit] tacito; **~urn** taciturno

tack [tæk] puntina *f*

tact [tækt] tatto *m*; **~ful** discreto; dotto; **~ics** *pl* tattica *f*; **~less** indiscreto; senza tatto

tadpole ['tædpoul] girino *m*

tag [tæg] cartellino *m*

tail [teil] coda *f*

tailor ['teilə] sarto *m*

taint [teint] traccia *f*; *v/t* guastare

take [teik] *v/t*, irr prendere;

portare; ~ **advantage of** approfittare di; ~ **charge of** incaricarsi di; **~off** togliere; (*aeroplane*) decollare; ~ **place** aver luogo; ~ **up** raccogliere; intraprendere

tale [teil] racconto *m*; **fairy-~** favola *f*

talent ['tælənt] talento *m*; **~ed** dotato

talk [tɔ:k] *s* conversazione *f*; discorso *m*; *v/i* parlare; discorrere; **~ative** loquace

tall [tɔ:l] alto; grande

tallow ['tælou] sega *f*

tame [teim] *a* addomesticato; *v/t* addomesticare; **~r** domatore *m*

tamper ['tæmpə]: ~ **with** *v/i* modificare

tan [tæn] *s* concia *f;* abbronzatura *f; v/t* conciare; abbronzare

tangerine [ˌtændʒə'ri:n] mandarino *m*

tangle ['tæŋgl] *s* imbroglio *m; v/t* imbrogliare

tank [tæŋk] serbatoio *m*

tanner ['tænə] conciatore *m*

tantalize ['tæntəlaiz] *v/t* tormentare

tantamount ['tæntəmaunt] equivalente

tap [tæp] *s* rubinetto *m;* chiave *f;* colpetto *m; v/t* battere

tape [teip] nastro *m;* ~ **recorder** registratore *m*

tapestry ['tæpistri] arazzi *m/pl;* tappezzeria *f*

tapeworm tenia *f*

tar [tɑː] catrame *m*

target ['tɑːgit] bersaglio *m;* obiettivo *m*

tariff ['tærif] tariffa *f*

tart [tɑːt] *a* acido; *s* torta *f*

task [tɑːsk] compito *m*

taste [teist] *s* gusto *m;* sapore *m; v/t* assaggiare; *v/i* avere il gusto di; sapere di; **~eful** di buon gusto; **~less** senza gusto; **~y** saporito

tattle ['tætl] *v/i* ciarlare

tattoo [tə'tuː] tatuaggio *m*

tax [tæks] *s* tassa *f;* imposta *f; v/t* tassare; **~free** esente da imposte

taxi ['tæksi] tassi *m;* ~ **driver** tassista *m*

taxpayer contribuente *m;* **~return** dichiarazione *f* delle imposte

tea [tiː] tè *m*

teach [tiːtʃ] *v/t, irr* insegnare; **~er** insegnante *m;* **~ing** insegnamento *m*

team [tiːm] squadra *f;* ~ **work** lavoro *m* collettivo

teapot teiera *f*

tear [tɛə] *s* strappo *m; v/t, irr* strappare

tear[2] [tiə] lacrima *f;* **~ful** lacrimoso

tea-room sala *f* da tè

tease [tiːz] *v/t* prendere in giro; cardare (*lana*)

teat [tiːt] tettarella *f*

technical ['teknikəl] tecnico; **~ician** [~'niʃən] tecnico *m;* **~ique** [~'niːk] tecnica *f*

tedious ['tiːdjəs] noioso

teenager ['tiːnˌeidʒə] adolescente *m, f;* **~s** *pl* dai 13 ai 19 anni

teeth [tiːθ] *pl of* **tooth**

teetotal(l)er [tiː'toutlə] astemio *m* (completo)

telegram ['teligræm] telegramma *m;* **~ph** telegrafo *m;* **~phic** [~'græfik] telegrafico; **~phy** [ti'legrəfi] telegrafia *f*

telephone ['telifoun] *s* telefono *m; v/t, v/i* telefonare; **~call** telefonata *f;* ~ **exchange** centrale *m* telefonica

teleprinter ['teliprintə] telescrivente *m;* **~type-(writer)** telescrivente *f*

televise ['telivaiz] *v/t* trasmettere per televisione; **~ion** televisione *f;* **~ion set** apparecchio *m* televisio

tell [tel] *v/t, v/i, irr* dire; raccontare

temper ['tempǝ] *s* umore *m*; indole *m*; collera *f*; tempera *f* (*metalli*); **lose one's ~** perdere la pazienza; *v/t* temperare (*metalli*); **~ament** temperamento *m*; **~ance** temperanza *f*; astinenza *f* (completa); **~ate** temperato *f*; **~ature** temperatura *f*; febbre *f*

tempest ['tempist] tempesta *f*; **~uous** [~'pestjuǝs] tempio *m*

tempor|al ['tempǝrǝl] temporale; **~ary** temporaneo

tempt [tempt] *v/t* tentare; **~ation** tentazione *f*; **~ing** alettante

tenant ['tenǝnt] inquilino *m*

tend [tend] *v/i* tendere; **~ency** tendenza *f*

tender ['tendǝ] tenero; **~ness** tenerezza *f*

tendon ['tendǝn] tendine *f*

tennis ['tenis] tennis *m*; **~ court** campo *m* da tennis

tens|e [tens] *a* teso; *s gram* tempo *m*; **~ion** tensione *f*

tent [tent] tenda *f*

tepid ['tepid] tiepido

term [tɔ:m] *s* termine *m*; periodo *m*; limite *m*; trimestre *m*; **~s** *pl* condizioni *f/pl*; **be on good ~s with** essere in buoni rapporti con; **come to ~s** venire a un accordo

terminal ['tǝ:minl] terminale

terminus ['tǝ:minǝs] capoli-

nea *m*; termine *m*

terrible ['terǝbl] terribile; spaventoso

terrif|ic [tǝ'rifik] tremendo; **~y** ['terifai] *v/t* spaventare

territory ['teritǝri] territorio *m*

terror ['terǝ] terrore *m*; **~ism** terrorismo *m*; **~ist** terrorista *m, f*; **~ize** *v/t* terrorizzare

test [test] *s* prova *f*; *v/t* provare

testament ['testǝmǝnt] testamento *m*

testify ['testifai] *v/t* testimoniare

testimon|ial [testi'mounjǝl] *a* testimoniale; *s* certificato *m*; **~y** ['~mǝni] testimonianza *f*

text [tekst] testo *m*

textile ['tekstail] *a* tessile; *s* tessuto *m*

texture ['tekstʃǝ] tessitura *f*

than [ðæn, ðǝn] di; che; **more ~ ten** più di dieci; **more ~ once** più di una volta

thank [θæŋk] *v/t* ringraziare; **~ful** grato; **~s** *pl* grazie *f/pl*

that [ðæt, ðǝt], *pl* **those** [ðouz] *a pron* quello, quella; *pron rel, pl* **that** che, il quale, la quale; *conj* che

thatch [θætʃ] tetto *m* di paglia

thaw [θɔ:] *s* disgelo *m*; *v/i* disgelarsi

the [ðǝ, ði] il, lo, la; *pl* i, gli, le

theat|re, *Am* **~er** ['θiǝtǝ] tea-

tro *m*; **~rical** [θiˈætrikəl]
teatrale

theft [θeft] furto *m*

their [ðɛə], *pl adj poss* il loro,
la loro, i loro, le loro; **~s** *pron
poss* il loro, la loro, i loro, le
loro

them [ðem, ðəm] *pl* li, le,
loro

theme [θiːm] tema *m*

themselves [ðəmˈselvz] sè
stessi, sè stesse

then [ðen] allora; poi; quindi; dunque

theological [θiəˈlɔdʒikəl]
teologico; **~y** teologia *f*

theoretic(al) [θiəˈretik(əl)]
teorico; **~y** [ˈ~ri] teoria *f*

therapeutic(al) [θerə-
ˈpjuːtik(əl)] terapeuti-
co; **~s** *pl* terapeutica *f*

therapy [ˈθerəpi] terapia *f*

there [ðeə] ivi; là; **~ is** c'è; **~
are** ci sono; **~ was** c'era;
~fore quindi

thermometer [θəˈmɔmitə]
termometro *m*; **~s flask** ter-
mos *m*

these [ðiːz] *pl of* **this**

thesis [ˈθiːsis], *pl* **~es** [ˈ~iːz]
tesi *f*

they [ðei] *pl* essi, esse, loro

thick [θik] spesso; denso;
folto; fitto

thief [θiːf], *pl* **thieves** [~vz]
ladro *m*

thigh [θai] coscia *f*

thimble [ˈθimbl] ditale *m*

thin [θin] magro; fine; sottile

thing [θiŋ] cosa *f*

think [θiŋk] *v/t, v/i, irr* pen-

sare; **~er** pensatore *m*

thirst [θəːst] sete *f*; **~y** assetato

this [ðis], *pl* **these** [ðiːz] *a,
pron* questo, questa

thistle [ˈθisl] cardo *m*

thorax [ˈθɔːræks] torace *m*

thorn [θɔːn] spina *f*

thorough [ˈθʌrə] completo;
approfondito; perfetto; mi-
nuzioso; **~fare** arteria *f* (*di
grande traffico*); strada *f*
principale

those [ðouz] *pl of* **that**

though [ðou] sebbene,
benchè

thought [θɔːt] pensiero *m*;
~ful pensieroso; **~less** sconsiderato

thousand [ˈθauzənd] mille
m

thrash [θræʃ] *v/t* battere;
bastonare

thread [θred] *s* filo *m*; *v/t*
infilare

threat [θret] *s* minaccia *f*;
~en *v/t* minacciare

three [θriː] tre; **~fold** triplice

threshold [ˈθreʃhould] so-
glia *f*

thrift [θrift] economia *f*; fru-
galità *f*; **~y** economo; frugale

thrill [θril] *s* brivido *m*; *v/i*
rabbrividire; **~er** romanzo
m giallo; **~ing** emozionante

thrive [θraiv] *v/i, irr* prosperare

throat [θrout] gola *f*

throb [θrɔb] *v/i* palpitare

throne [θroun] trono *m*

throng [θrɔŋ] *s* folla *f*; *v/t*
affollare

throttle ['θrɔtl] s valvola f; v/t strangolare

through [θru:] a diretto; prp attraverso; **~out** prp in tutto; adv dappertutto; **go ~**, **pass ~** attraversare; **~ train** diretto m

throw [θrou] s lancio m; v/t irr lanciare; gettare; buttare

thrust [θrʌst] s spinta f; v/t, irr cacciare

thud [θʌd] tonfo m

thumb [θʌm] pollice m

thump [θʌmp] s botta f; v/t dare pugni a

thunder ['θʌndə] s tuono m; v/i tuonare; **~bolt** fulmine m; **~storm** temporale m

Thursday ['θə:zdi] giovedì m

thus [ðʌs] così; in questo modo

thwart [θwɔ:t] v/t frustare

thy [ðai] eccl, poet tuo

thyroid gland ['θairɔid] tiroide f

tick [tik] fare tic-tac

ticket ['tikit] biglietto m; etichetta f; **~ office** biglietteria f

tickle ['tikl] v/t solleticare

tidy ['taidi] a ordinato; v/t mettere in ordine

tie [tai] s cravatta f; v/t legare

tier [tiə] fila f

tiger ['taigə] tigre f

tight [tait] stretto; **~en** v/t stringere; v/i stringersi

tile [tail] mattonella f; piastrella f

till[1] [til] prp fino a; conj finché

till[2] v/t lavorare; coltivare

till[3] cassetto m

tilt [tilt] s inclinazione f; v/t inclinare; v/i inclinarsi

timber ['timbə] legname m

time [taim] s tempo m; volta f; ora; **have a good ~** divertirsi; **what ~ is it?** che ore sono?; v/t cronometrare; **~less** eterno; **~ly** opportuno; **on ~** in orario; in tempo; **~table** orario m

tim|id ['timid] timido; **~orous** timoroso

tin [tin] stagno m; latta f; scatola f

tinge [tindʒ] v/t sfumare; s sfumatura f

tin|ned in scatola, **~opener** apriscatole m

tint [tint] tinta f

tiny ['taini] minuscolo

tip [tip] s punta f; mancia f; v/t dare la mancia

tipsy ['tipsi] brillo

tiptoe ['tiptou] v/i andare in punta dei piedi

tir|e[1] ['taiə] v/t stancare; **~ed** stanco; **~esome** noioso

tire[2] ['taiə] pneumatico m

tissue ['tiʃu:] tessuto m; **~ paper** carta f velina

titbit ['titbit] boccone m delicato

title ['taitl] titolo m

to [tu:, tu, tə] prp a; verso; **it is five minutes ~ ten** sono le dieci meno cinque; **~ and fro** avanti e indietro; **have ~** dovere

toad [toud] rospo m

toast [toust] s pane m abbrustolito; brindisi *m*; *v/t* abbrustolire; fare un brindisi a; *v/i* brindare

tobacco [tə'bækou] tabacco *m*; **~nist** tabaccaio *m*

today [tə'dei] oggi

toe [tou] dito *m* del piede

together [tə'geðə] insieme

toil [tɔil] *s* fatica *f*; *v/i* affaticare

toilet ['tɔilit] toeletta *f*; gabinetto; **~paper** carta *f* igienica

token ['toukən] segno *m*

tolera|ble ['tɔlərəbl] tollerabile; **~nce** tolleranza *f*; **~nt** tollerante

tomato [tə'mɑːtou, *Am* tə-'meitou], *pl* **~es** pomodoro *m*

tomb [tuːm] tomba *f*; **~stone** lapide *f* sepolcrale

tomcat ['tɔm'kæt] gatto *m*

tomorrow [tə'mɔrou] domani; **~ night** domani sera; **the day after ~** dopodomani

ton [tʌn] tonnellata *f*

tone [toun] tono *m*

tongs [tɔŋz] *pl* mollette *f/pl*

tongue [tʌŋ] lingua *f*

tonic ['tɔnik] tonico *m*

tonsil ['tɔnsl] tonsilla *f*; **~litis** [.~si'laitis] tonsillite *f*

too [tuː] troppo; **~ much** troppo

tool [tuːl] arnese *m*; strumento *m*

tooth [tuːθ], *pl* **teeth** [tiːθ] dente *m*; **~ache** mal *m* di denti; **~brush** spazzolino *m* da denti; **~less** senza den-

ti; **~paste** dentifricio *m*

top [tɔp] *s* cima *f*; il **~ of ~** in testa; **from ~ to bottom** da capo in fondo; **~ hat** cilindro *m*

topic ['tɔpik] argomento *m*; **~al** del giorno

topsy-turvy ['tɔpsi'təːvi] sottosopra

torch [tɔːtʃ] torcia *f*; lampadina *f* elettrica

torment ['tɔːment] *s* tormento *m*; *v/t* tormentare

torrent ['tɔrənt] torrente *m*

tortoise ['tɔːtəs] tartaruga *f*

torture ['tɔːtʃə] *s* tortura *f*; *v/t* torturare

toss [tɔs] *v/t* buttare in aria; buttare; *v/i* agitarsi

total ['toutl] *a*, *s* totale (*m*)

totalitarian [.toutæli-'tɛəriən] totalitario

totter ['tɔtə] *v/i* traballare

touch [tʌtʃ] *s* tocco *m*; tatto *m*; *v/t* toccare; commuovere; **get in ~ with** mettersi in contatto con; **~ing** commuovente; **~y** permaloso; suscettibile

tough [tʌf] difficile; resistente; duro; tenace

tour [tuə] *s* giro *m*; viaggio *m*; *v/t* viaggiare; **~ist** turista *m*, *f*; **~ist agency**, **~ist office** agenzia *f* (di) viaggi

tournament ['tuənəmənt] torneo *m*; concorso *m*

tow [tou] *v/t* rimorchiare

toward(s) [tə'wɔːd(z)] verso

towel ['tauəl] asciugamano *m*

tower ['tauə] torre *f*

town [taun] città *f*; ~ **hall** municipio *m*

tow-rope cavo *m* da rimorchio

toy [tɔi] giocattolo *m*

trace [treis] *s* traccia *f*; *v/t* rintracciare

track [træk] pista *f*; sentiero *m*; binario *m*; ~**-and-field events** *pl* atletica *f* leggera

tract|ion [ˈtrækʃən] trazione *f*; ~**or** trattrice *f*

trade [treid] *s* commercio *m*; mestiere *m*; occupazione *f*; *v/t* trattare; ~ **mark** marca *f* di fabbrica; ~ **union** sindacato *m*

tradition [trəˈdiʃən] tradizione *f*; ~**al** tradizionale

traffic [ˈtræfik] *s* traffico *m*; *v/t* trafficare; commerciare; ~**-light(s** *pl*) semaforo *m*; ~ **regulations** *pl* regolamento *m* stradale; ~ **sign** segnale *m* stradale

trag|edy [ˈtrædʒidi] tragedia *f*; ~**ic(al)** tragico

trail [treil] *s* traccia *f*; scia *f*; *v/t* trascinare; *v/i* trascinarsi; ~**er** rimorchio *m*; (*cinema*) presentazione *f*

train [trein] *s* treno *m*; seguito *m*; serie *f*; *v/t* ammaestrare; allenare; ~**er** allenatore *m*; ~**ing** allenamento *m*

trait [trei, *Am* treit] caratteristica *f*

traitor [ˈtreitə] traditore *m*

tram [træm] tram *m*

tramp [træmp] *s* vagabondo *m*; *v/i* calpestare; vagabondare

trample [ˈtræmple] *v/t* calpestare

trance [trɑːns] catalessi *f*; estasi *f*

tranquil [ˈtræŋkwil] tranquillo; ~**(l)ity** tranquillità *f*; ~**(l)ize** *v/t* tranquillizzare

transact [trænˈzækt] *v/t* trattare; ~**ion** transazione *f*

transcend [trænˈsend] *v/i* trascendere

transcri|be [trænsˈkraib] *v/t* trascrivere; ~**ption** trascrizione *f*

transfer [ˈtrænsfəː] *s* trasferimento *m*; [trænsˈfəː] *v/t* trasferire

transform [trænsˈfɔːm] *v/t* trasformare; ~**ation** trasformazione *f*

transfusion [trænsˈfjuːʒən] trasfusione *f*

transgress [trænsˈgres] *v/t* tragredier; ~**ion** trasgressione *f*

transient [ˈtrænziənt] transitorio; passeggero

transit [ˈtrænsit] transito *m*; ~**ion** [~ˈsiʒən] trasnsizione *f*; ~**ory** [ˈtrænsitəri] transitorio

translat|e [trænsˈleit] *v/t* tradurre; ~**ion** traduzione *f*; ~**or** traduttore *m*, traduttrice *f*

transmi|ssion [trænzˈmiʃən] trasmissione *f*; ~**t** *v/t* trasmettere; ~**tter** trasmettitore *m*

transparent [trænsˈpɛərənt] trasparente

transpire [trænsˈpaiə] *v/i*

traspirare

transport ['trænspɔːt] s trasporto m; [træns'pɔːt] v/t trasportare; **~ation** trasporto m

trap [træp] s trappolo f; v/t prendere in trappola

trapeze [trə'piːz] trapezio m

trash [træʃ] robaccia f; sciocchezze f/pl

travel ['trævl] v/i viaggiare; s viaggiare m; **~ agency** agenzia f viaggi; **~(l)er** viaggiatore m; **~(l)er's cheque** (Am **check**) assegno m turistico; taveller cheque m

tray [trei] vassoio m

treacherous ['tretʃərəs] traditore

tread [tred] v/i, irr camminare; calpestare; passare

treason ['triːzn] tradimento m

treasur|e ['treʒə] s tesoro m; v/t tenere caro; tesorere m; **~y** tesoreria f; **2y-Department** Am Ministero m del Tesoro

treat [triːt] v/t trattare; **~ise** ['~iz] trattato m; **~y** trattato m

treble ['trebl] a triplo; v/t triplicare; v/i triplicarsi

tree [triː] albero m

trefoil ['trefɔil] trifoglio m

tremble ['trembl] v/i tremare

tremendous [tri'mendəs] enorme; tremendo

tremor ['tremə] tremore m; fremito m

trench [trentʃ] trincea f

trend tendenza f

trespass ['trespəs] s trasgressione f; v/i trasgredire; **~er** trasgressore m

trial ['traiəl] prova f; processo m; **on ~** in prova

triangle ['traiæŋgl] triangolo m

tribe [traib] tribù f

tribunal [trai'bjuːnl] tribunale m

tributary ['tribjutəri] affluente m

trick [trik] s trucco m; v/t ingannare

trickle ['trikl] v/i gocciolare

trifle ['traifl] nonnulla m

trigger ['trigə] grilletto m

trim [trim] a ordinato; v/t tagliare; guarnire; **~mings** pl guarnizioni f/pl

trinket ['triŋkit] gioiello m

trip [trip] s gita f; v/i inciampare

tripe [traip] trippa f

triple ['tripl] s triplo m; v/t triplicare; **~ts** ['~its] pl fratelli m/pl trigemini

triumph ['traiəmf] s trionfo m; v/i trionfare

trivial ['triviəl] banale; trascurabile

troll(e)y ['trɔli] carrello m; carretto m; **~bus** filobus m

trombone [trɔm'boun] tromba f; trombone m

troop [truːp] truppa f; banda f

trophy ['troufi] trofeo m

tropic|[al] ['trɔpik(əl)] tropicale; **~s** *pl* paesi *m/pl* tropicali

trot [trɒt] *s* disturbo *m*; *v/i* trottare

trouble [trʌbl] *s* disturbo *m*; seccatura *f*; guaio *m*; *v/t* disturbare; seccare; **~d** preoccupato; **~some** fastidioso; seccante

trough [trɒf] trogolo *m*

trousers ['trauzəz] *pl* pantaloni *m/pl*

trout [traut] trotta *f*

truant ['tru(:)ənt]: **play ~** marinare la scuola; far forca

truce [tru:s] tregua *f*

truck [trʌk] carro *m*; autocarro *m*

trudge [trʌdʒ] *v/i* camminare faticosamente

true [tru:] vero; **~ly** veramente; **yours ~ly** con profonda stima

trumpet ['trʌmpit] tromba *f*

truncheon ['trʌntʃən] bastone *m*

trunk [trʌŋk] tronco *m*; baule *m*; **~call** chiamata *f* interurbana

trust [trʌst] *s* fiducia *f*; *v/t* fidarsi di; **~ee** [~'ti:] fiduciario *m*; **~ful** fiducioso

truth [tru:θ] *pl* **~s** [~ðz] verità *f*

try [trai] *s* prova *f*; tentativo *m*; *v/t*, *v/i* provare; tentare; **~ing** duro; difficile

tub [tʌb] tino *m* tinozza *f*

tube [tju:b] tubo *m*; *fam* metropolitana *f*

tuberculosis [tju(:)bə:kju-'lousis] tubercolosi *f*

tuck [tʌk] piega *f*

Tuesday ['tju:zdi] martedì *m*

tuft [tʌft] ciuffo *m*

tug [tʌg] *v/t* tirare

tulip ['tju:lip] tulipano *m*

tumble ['tʌmbl] *v/i* cadere; **~r** bicchiere *m*

tummy ['tʌmi] *fam* pancina *f*

tumo(u)r ['tju:mə] tumore *m*

tumult ['tju:mʌlt] tumulto *m*; **~uous** [~'mʌltjuəs] tumultuoso

tun [tʌn] tonnellata *f*; botte *f*

tuna ['tu:nə], *pl* **~(s)** tonno *m*

tune [tju:n] *s* motivo *m*; *v/i* armonizzare; **out of ~** scordato

tunnel ['tʌnl] galleria *f*

turban ['tə:bən] turbante *m*

Turk [tə:k] turco(a) *m* (*f*)

turkey ['tə:ki] tacchino *m*

Turkey ['tə:ki] Turchia *f*; **~ish**, *s* turco (*m*)

turmoil ['tə:moil] tumulto *m*

turn [tə:n] *s* turno *m*; volta *f*; giro *m*; cambio *m*; **it is your ~** tocca a te; *v/t* voltare; girare; cambiare; **~ off** spegnere; **~ on** accendere; **~ out** produrre; **~ over** girare; **~ up** comparire; **~ing** svolta *f*; curva *f*

turnip ['tə:nip] rapa *f*

turnover giro *m* d'affari

turpentine ['tə:pəntain] acqua *f* ragia

turquoise ['tə:kwɑ:z] turchese

turtle ['tə:tl] tartaruga *f*

tusk [tʌsk] zanna f
tweezers ['twi:zəz] pl pinzette f/pl
twice [twais] due volte
twilight ['twailait] crepuscolo m
twin [twin] a, s gemello (m)
twine [twain] s spago m; v/t attorcigliare
twinkle ['twiŋkl] s scintillo m; v/i scintillare
twirl [twə:l] v/t girare
twist [twist] v/t torcere
twitter ['twitə] v/i cinguettare
two [tu:] due; **~fold** doppio

~way traffic traffico m contrario
type [taip] s tipo m; v/t scrivere a macchina; **~writer** macchina f da scrivere
typhoid (**fever**) ['taifɔid] febbre f tifoidea
typhus ['taifəs] tifo m
typical ['tipikəl] tipico
typist ['taipist] dattilografo(a) m (f)
tyrann|ical [ti'rænikəl] tirannico; **~ize** [tirənaiz] v/t tiranneggiare; **~y** tirannia f
tyrant ['taiərənt] tiranno m
tyre ['taiə] pneumàtico m

U

udder ['ʌdə] mammella f
ugly ['ʌgli] brutto
ulcer ['ʌlsə] ulcera f
ulterior [ʌl'tiəriə] ulteriore
ultimate ['ʌltimit] ultimo
umbrella [ʌm'brelə] ombrello m
umpire ['ʌmpaiə] s arbitro m; v/t fare da arbitro
unabated [ˌʌnə'beitid] non diminuito
un|able [ʌn'eibl] incapace; **~acceptable** inaccettabile; **~accountable** inspiegabile; **~accustomed** non abituato; insolito; **~affected** naturale; semplice; **~afraid** senza paura
unanimous [ju(:)'næniməs] unanime
un|approachable inaccessibile; **~armed** disarmato

~asked non richiesto; **~assuming** modesto
un|available non disponibile; **~avoidable** inevitabile; **~aware** inconsapevole
un|balanced non equilibrato; **~bearable** insopportabile; **~becoming** sconveniente; **~believer** miscredente m
unbend v/t raddrizzare; **~ing** inflessibile
un|bias(s)ed imparziale; **~bind** v/t sciogliere; slegare; **~broken** intatto; **~button** v/t sbottonare
un|cared (**for**) trascurato; **~ceasing** incessante; **~certain** incerto; **~changeable** immutevole; **~checked** incontrollato
uncle ['ʌŋkl] zio m

un|comfortable scomodo; ~common raro; ~completed incompleto; ~compromising intransigente; ~conditional incondizionale; ~confirmed non confermato

unconscious inconsapevole; senza conoscenza; inconscio; ~ness incoscienza f

un|controllable incontrollabile; ~conventional spregiudicato

un|couth [ʌnˈkuːθ] sgraziato; ~cover v/t scoprire

unction [ˈʌŋkʃən] unzione f

un|cultivated incolto; ~damaged intatto; ~deniable innegabile

under [ˈʌndə] sotto; inferiore; ~ age minorenne; ~ way in corso

under|clothing biancheria f personale; ~done [ˌʌndəˈdʌn] poco cotto; ~estimate v/t sottovalutare; ~go v/t subire

underground [ˌʌndəˈɡraund] a sotterraneo; [ˈʌndə-] s metropolitana f

under|line v/t sottolineare; ~mine v/t minare; ~neath sotto; ~paid mal pagato; ~pass sottopassaggio m; ~rate v/t sottovalutare

undersecretary sottosegretario m

under|signed sottoscritto; ~stand v/t, v/i, irr capire; ~standing a comprensivo; s comprensione f

undertak|e v/t, irr intraprendere; ~er imprenditore m di pompe funebri; ~ing impresa f

under|value v/t sottovalutare; ~wear biancheria f personale; ~wood sottobosco m

underworld inferno m; malavita f

un|deserved immeritato; ~desirable non desiderabile; ~developed sottosviluppato

un|disputed incontestato; ~disturbed indisturbato

undo [ʌnˈduː] v/t, irr disfare; ~dress v/t spogliare; v/i spogliarsi

unemploy|ed disoccupato; ~ment disoccupazione f

unequal disuguale; ~(l)ed ineguagliato

un|erring infallibile; ~even disuguale; ~expected inaspettato; ~failing immancabile; ~fair ingiusto; ~faithful infedele; ~familiar non familiare; ~fasten v/t sciogliere; slacciare; ~favo(u)rable sfavorevole; ~finished incompiuto; ~fit inabile; ~fold v/t aprire; spiegare; ~foreseen imprevisto

unfortunate sfortunato; ~ly sfortunatamente

un|founded infondato; ~friendly non cordiale; ~furnished non ammobiliato; ~generous poco generoso; ~graceful senza grazia; sgraziato; **~gracious** sgarbato; **~grateful** ingrato; **~guarded** non sorvegliato; non attento

un|happy infelice; **~harmed** illeso; **~healthy** non sano; malsano; **~heard (of)** inaudito

unhinge [ʌn'hindʒ] v/t scardinare; sconvolgere

unification [ju:nifi'keiʃən] unificazione f

uniform ['ju:nifɔ:m] a uniforme; s uniforme m; divisa f

unify ['ju:nifai] v/t unificare

un|imaginable inimmaginabile; **~important** non importante; insignificante

uninhabit|able inabitabile; **~ed** inabitato

uninjured illeso

unintelli|gent non intelligente; **~ible** inintelligibile

un|intentional non intenzionale; **~interested** non interessato; disinteressato; **~interrupted** ininterrotto; **~invited** non invitato

union ['ju:njən] unione f; **~ist** sindacalista m, f

unique [ju:'ni:k] unico

unit ['ju:nit] unità f; **~e** [~'nait] v/t unire; unificare; v/i unirsi; **~ed Nations** Nazioni f/pl Unite; **~ed States** Stati m/pl Uniti; **~y** unità f

univers|al [ju:ni'və:səl] universale; **~e** ['~və:s] universo m; **~ity** [~'və:siti] università f

un|just ingiusto; **~kind** cat-

tivo; **~known** sconosciuto; **~lace** v/t slacciare; **~lawful** illecito; illegale

unless [ən'les] a meno che

unlike diverso; **~ly** improbabile

un|limited illimitati; **~load** v/t scaricare; **~lock** v/t aprire (con la chiave); **~lucky** sfortunato; **~mannerly** maleducato; **~married** nubile (di donna); celibe (di uomo); non sposato

unmask v/t smascherare

un|mistakable inconfondibile; chiaro; **~natural** non naturale; **~necessary** non necessario; inutile; **~noticed, ~observed** inosservato; **~official** non ufficiale; **~opposed** incontrastato

unpack [ʌn'pæk] v/t disfare le valigie

un|paid non pagato; **~paralleled** unico; senza pari; **~pardonable** imperdonabile; **~pleasant** spiacevole; **~popular** impopolare; **~practical** non pratico; **~precedented** senza precedenti; **~prejudiced** imparziale; **~prepared** impreparato; **~profitable** senza profitto; **~provided** sprovvisto; **~published** inedito; non pubblicato; **~punished** impunito; **~qualified** incompetente; **~questionable** incontestabile; **~quiet** inquieto; agitato

un|reasonable irragionevole; **~refined** non raffinato; **~reliable** che non dà affidamento; **~reserved** non riservato; senza riserve; **~resisting** senza resistenza; che non oppone resistenza; **~restrained** illimitato; sfrenato; **~ripe** non maturo; immaturo; **~rival(l)ed** impareggiabile; **~ruly** turbolento

un|safe non sicuro; pericoloso; **~said** non detto; **~satisfactory** non soddisfacente; **~screw** v/t svitare; **~scrupulous** senza scrupoli; **~seen** non visto; inosservato; **~selfish** altruista; **~shrinkable** irrestringibile; **~skilled** inesperto; **~solved** insoluto; non risoluto; **~sound** non solido; cattivo; **~speakable** indicibile; **~spoilt** non guastato; (of a child) non viziato; **~stable** instabile; **~successful** non riuscito; senza successo; **~suitable** inadatto; **~thinkable** impensabile; **~tidy** disordinato; **~tie** v/t slegare; disfare

until [ən'til] prp fino a; conj finche ... non

un|timely inopportuno; **~tiring** instancabile; **~touched** non toccato; **~tried** non provato; **~troubled** tranquillo; non turbato; vero falso

un|used non usato; **~varying** invariabile; **~veil** v/t svelare; togliere il velo a;

~warranted ingiustificato; **~well** indisposto; **~willing** maldisposto

up [ʌp] prp su, super; **~ and down** su e giù; **~ to date** moderno; aggiornato; **~ to now** fino ad ora; **what's ~?** che c'è?

up|bringing educazione f; **~hill** in salita; difficile; arduo; **~hold** v/t, irr sostenere

up|holsterer [ʌp'houlstərə] tappezziere m; **~keep** mantenimento m

upon [ə'pɔn] su, sopra

upper ['ʌpə] superiore

up|right diritto; in piedi; fig onesto; **~roar** clamore m; chiasso m; **~root** v/t sradicare

upset v/t, irr rovesciare; turbare; sconvolgere

upside down sottosopra

up|stairs sopra; al piano di sopra; **~wards** in alto

uranium [ju'reinjəm] uranio m

urban ['ə:bən] urbano

urchin ['ə:tʃin] monello m

urge [ə:dʒ] v/t spingere; s spinta f; **~nt** urgente

urin|ate ['juərineit] v/i orinare; **~e** orina f

urn [ə:n] urna f

us [ʌs, əs] noi (ci)

usage ['ju:zidʒ] uso m

use [ju:s] s uso m; impiego m; [ju:z] v/t usare; adoperare; impiegare; **it is no ~** non serve; **what is the ~ of?** a che cosa serve?; **~ up** con-

sumare; **~d to** abituato a; **get ~d to** abituarsi a
usher ['ʌʃə] usciere m; **~ette** [~'ret] maschera f
usual ['juːʒuəl] abituale; usuale; solito
utensil [juː'tensl] utensile m

uterus ['juːtərəs] utero m
utili|ty [juː'tiliti] utilità f; **~ze** v/t utilizzare
utmost ['ʌtmoust] estremo; massimo
utter ['ʌtə] a completo; assoluto; v/t proferire

V

vaca|ncy ['veikənsi] posto m vacante; **~nt** vacante; vuoto; libero; **~te** [və'keit] v/t liberare; **~tion** vacanza f
vaccin|ate ['væksineit] v/t vaccinare; **~ation** vaccinazione f; **~e** ['~iːn] vaccino m
vacuum ['vækjuəm] vuoto m; **~ cleaner** aspirapolvere m
vagabond ['vægəbɔnd] a, s vagabondo (m)
vague [veig] vago
vain [vein] vanitoso; vano; **in ~** invano
valerian [və'liəriən] valeriana f
valet ['vælit] cameriere m
valid ['vælid] valido; **~ity** [və'liditi] validità f
valu|able ['væljuəbl] prezioso; di valore; **~ables** pl oggetti m/pl di valore; **~e** s valore m; v/t valutare; tenersi; **~eless** senza valore
valve [vælv] valvola f
vampire ['væmpaiə] vampiro m
van [væn] camioncino m; furgoncino m
vanish ['væniʃ] v/i sparire
vanity ['væniti] vanità f

vapor|ize ['veipəraiz] v/t vaporizzare; **~ous** vaporoso
vapo(u)r ['veipə] vapore m
varia|ble ['veəriəbl] variabile; **~nt** variante f; **~tion** variazione f
varicose vein ['værikous] varice f; vena f varicosa
var|ied ['veərid] svariato; **~iety** [və'raiəti] varietà f; **~ious** ['veəriəs] vario; diverso
varnish ['vɑːniʃ] s vernice f; v/t verniciare
vary ['veəri] v/t, v/i variare
vase [vɑːz, Am veis, veiz] vaso m
vast [vɑːst] enorme
vat [væt] tino m
Vatican ['vætikən] Vaticano m
vault [vɔːlt] volta f; salto m
veal [viːl] carne f di vitello
vegeta|bles ['vedʒitəblz] pl verdure f/pl; **~rian** [ˌvedʒi-'teəriən] vegetariano m; **~tion** [~'teiʃən] vegetazione f
vehement ['viːəmənt] veemente
vehicle ['viːikl] veicolo m
veil [veil] s velo m; v/t velare

vein [vein] vena *f*

velocity [vi'lɔsiti] velocità *f*

velvet ['velvit] velluto *m*

venal ['vi:nl] venale

vend [vend] *v/t* vendere; **~ing machine** distributore *m* automatico

venera|ble ['venərəbl] venerabile; **~te** [~teit] *v/t* venerare

venereal [vi'niəriəl] venereo

Venetian [vi'ni:ʃən] *a*, *s* veneziano (*m*); **~ blinds** *pl* tende *f/pl* alla veneziana

vengeance ['vendʒəns] vendetta *f*

venom ['venəm] veleno *m*; **~ous** velenoso

vent [vent] *v/t* dare sfogo a; sfogare; **~ilate** ['ventileit] *v/t* ventilare; **~ilator** ventilatore *m*

ventriloquist [ven'triləkwist] ventriloquo *m*

ventur|e ['ventʃə] *s* ventura *f*; rischio *m*; *v/t* rischiare; *v/i* arrischiarsi

veranda(h) [və'rændə] terrazza *f* coperta

verb [və:b] verbo *m*

verdict ['və:dikt] verdetto *m*

verge [və:dʒ] bordo *m*

verify ['verifai] *v/t* verificare

versatility [ˌvə:sə'tiliti] versatilità *f*

vers|e [və:s] verso *m*; **~ed** versato; **~ion** versione *f*

vertebra ['və:tibrə], *pl* **~e** [~i:] vertebra *f*

vertical ['və:tikəl] verticale

vertiginous [və:'tidʒinəs] vertiginoso

very ['veri] molto *f*; **the ~**

best l'ottimo *m*; (*selfsame*) stesso

vest [vest] maglia *f* (*di lana o di cotone*)

vestry ['vestri] sagrestia *f*

vessel ['vesl] recipiente *m*; nave *f*

vet [vet] *fam for* veterinary

veteran ['vetərən] veterano *m*

veterinary (surgeon) ['vetərinəri] *s* veterinario *m*

veto ['vi:tou], *pl* **~es** veto *m*; *v/t* vietare

vex [veks] *v/t* far arrabbiare; dispiacere

vibrat|e [vai'breit] *v/t*, *v/i* vibrare; **~ion** vibrazione *f*

vice [vais] vizio *m*

vice- (*prefix*) vice-; **~president** vicepresidente *m*

vicinity [vi'siniti] vicinanza *f*

vicious ['viʃəs] vizioso; cattivo

victim ['viktim] vittima *f*

victor ['viktə] vincitore *m*; **~ious** [vik'tɔ:riəs] vittorioso; **~y** ['viktəri] vittoria *f*

view [vju:] *s* veduta *f*; panorama *m*; **in ~ of** in vista di; *v/t* considerare; **~point** punto *m* di vista

vigil ['vidʒil] vigilia *f*; veglia *f*; **~ant** vigilante

vigo|rous ['vigərəs] vigoroso; **~(u)r** vigore *m*

vile [vail] vile

village ['vilidʒ] paese *m*

villain ['vilən] mascalzone *m*

vindicate ['vindikeit] *v/t* rivendicare

vindictive [vin'diktiv] vendicativo

vine [vain] *bot* vite *f*; **~gar** ['vinigə] aceto *m*; **~yard** ['vinjəd] vigneto *m*

vintage ['vintidʒ] vendemmia *f*

viol|ate ['vaiəleit] *v/t* violare; **~ation** violazione *f*; contravvenzione *f*; **~ence** violenza *f*; **~ent** violento

violet ['vaiəlit] *s* mammola *f*; *a* viola

violin [vaiə'lin] violino *m*

viper ['vaipə] vipera *f*

virgin ['və:dʒin] vergine *f*; **~ity** [~'dʒiniti] verginità *f*

viril|e ['virail] virile; **~ity** [~'riliti] virilità *f*

virtual ['və:tʃuəl] virtuale; **~e** virtù *f*

virus ['vaiərəs] virus *m*

visa ['vi:zə] visto *m*

visib|ility [vizi'biliti] visibilità *f*; **~le** visibile

vision ['viʒən] visione *f*; **~ary** visionario

visit ['vizit] *s* visita *f*; *v/t* visitare; **~or** visitatore *m*

vital ['vaitl] vitale; **~ity** [~'tæliti] vitalità *f*

vitamin ['vitəmin] vitamina *f*

vivaci|ous [vi'veiʃəs] vivace; **~ty** [~'væsiti] vivacità *f*

vivid ['vivid] vivo; vivace

vocabulary [vou'kæbjuləri] vocabolario *m*

vocation [vou'keiʃən] vocazione *f*

vogue [voug] voga *f*; moda *f*; **in ~** di moda

voice [vois] *s* voce *f*; *v/t* esprimere

void [void] nullo; privo

volcano [vɔl'keinou] vulcano *m*

volley ['vɔli] scarica *f*

volt [voult] volt *m*; **~age** voltaggio *m*

voluble ['vɔljubl] volubile

volum|e ['vɔljum] volume *m*; **~inous** [vɔ'lju:minəs] voluminoso

volunt|ary ['vɔləntəri] volontario; **~eer** [~'tiə] volontario *m*

voluptuous [və'lʌptʃuəs] voluttuoso

vomit ['vɔmit] *v/t, v/i* vomitare

voracious [və'reiʃəs] vorace

vot|e [vout] *s* voto *m*; *v/t, v/i* votare; **~er** votante *m, f*; **~ing** votazione *f*

vouch [vautʃ] *v/t* attestare; **~ for** rispondere di; **~er** buono *m*

vow [vau] *s* voto *m*; *v/t* far voto di; giurare

vowel ['vauəl] vocale *f*

voyage ['vɔiidʒ] *s* viaggio *m* (*per mare*); *v/i* viaggiare (*per mare*); navigare

vulgar ['vʌlgə] volgare; **~ity** [~'gæriti] volgarità *f*

vulnerable ['vʌlnərəbl] vulnerabile

vulture ['vʌltʃə] avvoltoio *m*

W

wad [wɔd] batuffolo *m*; **~ding** ovatta *f*

wade [weid] *v/t* passare a guado

wag [wæg] *v/t* scodinzolare

wage [weidʒ] paga *f*

wail [weil] *s* lamento *m*; *v/t* lamentarsi

waist [weist] *anat* vita *f*; **~coat** panciotto *m*; **~line** vita *f*

wait [weit] *s* attesa *f*; *v/i* aspettare; servire (*a tavola*); **~er** cameriere *m*; **~ress** cameriera *f*

wake [weik] *s* scia *f*; *v/t*, *v/t*, *irr* svegliare; *v/i* svegliarsi; **~n** *v/t* svegliare; *v/i* svegliarsi

walk [wɔːk] *s* passeggiata *f*; **go for a ~, take a ~** fare una passeggiata; *v/i* camminare; **~ing-stick** bastone *m* da passeggio

wall [wɔːl] muro *m*; parete *f*

wallet ['wɔlit] portafoglio *m*

walnut ['wɔːlnʌt] noce *f*

waltz [wɔːls] valzer *m*

wan [wɔn] pallido

wander ['wɔndə] *v/i* vagare; divagare

wane [wein] *v/i* declinare; calare (*della luna*)

want [wɔnt] *s* mancanza *f*; deficienza *f*; *v/t* volere; mancare di; *v/i* mancare

war [wɔːd] guerra *f*; **make ~** far la guerra

ward [wɔːd] corsia *f* (*in ospedale*); collegio *m* elettorale; pupillo *m*; **~en** custode *m*;

~er carceriere *m*; **~robe** guardaroba *m*; armadio *m*

warehouse magazzino *m*; **~s** *pl* merce *f*

warm [wɔːm] *a* caldo; *v/t* riscaldare; **~th** calore *m*

warn [wɔːn] *v/t* ammonire; avvertire; **~ing** ammonimento *m*; avvertimento *m*; avviso *m*

warrant ['wɔrənt] *s* mandato *m*; *v/t* autorizzare

warrior ['wɔriə] guerriero *m*

wart [wɔːt] verruca *f*

wash [wɔʃ] *v/t* lavare; *v/i* lavarsi; **~basin**, *Am* **~bowl** lavabo *m*; lavandino *m*; **~er**, **~ing-machine** lavatrice *f*; **~ing** bucato *m*

wasp [wɔsp] vespa *f*

waste [weist] *s* spreco *m*; *v/t* sprecare; **~paper-basket** cestino *m* della carta straccia

watch [wɔtʃ] *s* guardia *f*; orologio *m*; **be on the ~** stare attento; *v/t* osservare; sorvegliare; guardare; **~ful** vigilante; guardiano *m*

water ['wɔːtə] *s* acqua *f*; *v/t* inaffiare; **~colo(u)r** acquerella *f*; **~fall** cascata *f*; **~proof**, *a*, *s* impermeabile (*m*); **~y** acquoso

watt [wɔt] *elec* watt *m*

wave [weiv] *s* onda *f*; *v/t* agitare; *v/i* agitarsi

waver ['weivə] *v/i* vacillare

whatever

wax [wæks] cera *f*; ceralacca *f*

way [wei] cammino *m*; via *f*; strada *f*; modo *m*; maniera *f*; **by the ~** a proposito; **by ~ of** via; **on the ~** strada facendo; per via; **give ~** cedere; **~ back** ritorno *m*; **~ of life** tenore *m* di vita; **~ out** uscita *f*; **~ward** ['~wəd] capriccioso; ostinato

we [wi:] noi

weak [wi:k] debole; **~en** *v/t* indebolire; *v/i* indebolirsi; **~minded** imbecille; deficiente; **~ness** debolezza *f*

wealth [welθ] ricchezza *f*; **~y** ricco

wean [wi:n] *v/t* svezzare

weapon ['wepən] arma *f*

wear [wεə] *s* uso *m*; **~ and tear** logorìo *m*; *v/t*, *irr* portare; indossare; **~ out** *v/t* consumare; *v/i* consumarsi

weary ['wiəri] *a* stanco; *v/t* stancare

weasel ['wi:zl] donnola *f*

weather ['weðə] tempo *m*; **~forecast** bollettino *m* meteorologico

weav|e [wi:v] *v/t*, *irr* tessere; **~er** tessitore *m*; **~ing** tessitura *f*

web [web] tela *f*; trama *f*

wedding ['wediŋ] nozze *f/pl*; matrimonio *m*

wedge [wedʒ] cuneo *m*

Wednesday ['wenzdi] mercoledì *m*

weed [wi:d] erbaccia *f*

week [wi:k] settimana *f*; **today ~** oggi a otto; **~day** giorno *m* feriale; **~end** fine *f* settimana; **~ly** *a*, *s* settimanale (*m*)

weep [wi:p] *v/t*, *v/i*, *irr* piangere; **~ing** pianto *m*; lagrime *f/pl*

weigh [wei] *v/t*, *v/i* pesare; **~t** peso *m*; **~t-lifting** sollevamento *m* pesi; **~ty** pesante

weird [wiəd] misterioso; strano

welcome ['welkəm] *a* benvenuto; gradito; *s* accoglienza *f*; *v/t* accogliere; **(you are) ~!** prego, non c'è di che

welfare ['welfεə] benessere *m*; **~ state** stato *m* assistenziale

well[1] [wel] pozzo *m*

well[2] [wel] *a* in buona salute; *adv* bene; **I am ~, I feel ~** sto bene; **very ~** molto bene; **~known** ben conosciuto; noto; **~ then!** ebbene!; **~off, ~to-do** benestante

Welsh [welʃ] *a*, *s* gallese (*m*); **the ~** pl i gallesi *m/pl*

west [west] *s* occidentale; *s* occidente *m*; ovest *m*; **~ern** occidentale

wet [wet] *a* bagnato; *v/t*, *irr* bagnare

whale [weil] balena *f*

wharf [wɔ:f] *pl* **~fs** or **~ves** banchina *f*

what [wɔt] *pron* quello che; *interj* quello che; *a rel e interr* che, quale; *pron interr* che soa; **~ever** *a* qualunque; *pron* qualunque cosa

wheat [wiːt] frumento *m*; grano *m*

wheel [wiːl] ruota *f*; volante *m* (*dell'automobile*)

when [wen] quando; ~**ever** ogni volta

where [weə] dove; ~**as** mentre; ~**ver** dovunque

whether ['weðə] se

which [witʃ] *pron rel* che; il quale, la quale, i quali, le quali; *a interr* quale

while [wail] mentre

whim [wim] capriccio *m*

whimper ['wimpə] *v/i* piagnucolare

whine [wain] *v/i* (*del cane*) uggiolare; piagnucolare

whip [wip] *s* frusta *f*; *v/t* frustare

whirl [wəːl] *s* turbine *m*; *v/t* turbinare

whisk [wisk] *v/t* frullare

whiskers ['wiskəz] *pl* basette *f/pl*; baffi *m/pl* (*di gatto*)

whisper ['wispə] *s* bisbiglio *m*; mormorio *m*; *v/t* bisbigliare; mormorare

whistle ['wisl] *s* fischio *m*; *v/t*, *v/i* fischiare

white [wait] bianco; ~**collar worker** impiegato *m*; ~**n** *v/t* imbiancare; ~**wash** intonaco *m*

Whitsuntide [,wit'sʌntaid] Pentecoste *f/pl*

whizz [wiz] *v/i* sibilare

who [huː] *pron rel* che; il quale, la quale, i quali, le quali; *pron interr* chi; ~**dun(n)it** [huː'dʌnit] gial-

lo *m*; ~**ever** chiunque

whole [houl] *a* tutto; intero; intatto; totale; *s* insieme *m*; tutto *m*; totale *m*; ~**sale** *comm* all'ingrosso; *fig* generale; ~**some** sano; salutare

whom [huːm] *pron rel* che; il quale, la quale, i quali, le quali; *pron interr* chi

whooping-cough ['huːpiŋ-] tosse *f* canina; pertosse *f*

whore [hɔː] puttana *f*

whose [huːz] *a rel* il cui, la cui, i cui, le cui; *a e pron interr* di chi

why [wai] *adv interr* perchè; *interj* come!

wicked ['wikid] malvagio; cattivo

wide [waid] largo; esteso; vasto; ~**n** *v/t* allargare; *v/i* allargarsi; ~**spread** diffuso

widow ['widou] vedova *f*; ~**er** vedovo *m*

width [widθ] larghezza *f*

wife [waif], *pl* **wives** [~vz] moglie *f*

wig [wig] parrucca *f*

wild [waild] selvaggio; selvatico

wilful ['wilful] testardo

will [wil] volontà *f*; testamento *m*; ~**ing** disposto

willow ['wilou] salice *m*

wilt [wilt] *v/i* appassire; languire

win [win] *s* vittoria *f*; *v/t*, *irr* vincere; guadagnare; *v/i* vincere

wind[1] [wind] vento *m*

wind[2] [waind] *v/t*, *irr* avvolgere; ~ **up** caricare (*l'orologio*); concludere; *v/i* serpeggiare; **~ing stairs** scala *f* a chiocciola

window ['windou] finestra *f*; **~sill** davanzale *m*

wind|pipe trachea *f*; ~ **screen,** *Am* **~shield** parabrezza *m*; **~screen-wiper** tergicristallo *m*; **~y** ventoso

wine [wain] vino *m*

wing [wiŋ] ala *f*

winner ['winə] vincitore *m*

winter ['wintə] *s* inverno *m*; *a* d'inverno; invernale; *v/i* svernare; passare l'inverno

wipe [waip] *v/t* pulire; asciugare

wir|e ['waiə] *s* filo *m* (*metallico*); telegramma *m*; *v/t* mettere i fili; telegrafare; **~eless** radio *f*; **~eless set** apparecchio *m* radio; **~y** robusto

wis|dom ['wizdəm] saggezza *f*; giudizio *m*; **~dom-tooth** dente *m* del giudizio; **~e** [waiz] saggio; giudizioso

wish [wiʃ] *s* desiderio *m*; augurio *m*; *v/t, v/i* desiderare; augurare

wistful ['wistful] desideroso; pensoso

wit [wit] spirito *m*

witch [witʃ] strega *f*; **~craft** stregoneria *f*

with [wið] con; insieme a

withdraw [wið'drɔ:] *v/t, v/i* ritirare; *v/i* ritirarsi

wither ['wiðə] *v/i* appassire; inaridirsi

withhold [wið'hould] *v/t, irr*

negare; trattenere

with|in [wið'in] dentro; entro; **~out** *prp* senza; **do ~out** fare a meno di; *adv* fuori

withstand [wið'stænd] *v/t* resistere a

witness ['witnis] *s* testimone *m*, *f*; testimonianza *f*; *v/t* assistere a; testimoniare

witty ['witi] spiritoso

wives [waivz] *pl* of **wife**

wizard ['wizəd] stregone *m*; mago *m*

wolf [wulf], *pl* **wolves** [~vz] lupo *m*

woman ['wumən], *pl* **women** ['wimin] donna *f*

womb [wu:m] utero *m*

women ['wimin] *pl* of **woman**

wonder ['wʌndə] *s* meraviglia *f*; *v/t* meravigliarsi; domandarsi; **~ful** meraviglioso

woo [wu:] *v/t* corteggiare; far la corte a

wood [wud] bosco *m*; legno *m*; **~en** di legno

wool [wul] lana *f*; **~(l)en** di lana; **~ly** di lana; lanoso

word [wə:d] parola *f*; **~y** verboso

work [wə:k] *s* lavoro *m*; opera *f*; *v/t* lavorare; *v/i* lavorare; funzionare; **get** (**set**) **to** ~ mettersi al lavoro; **~day** giorno *m* feriale; **~er** operaio *m*; **~less** senza lavoro; **~man** operaio *m*; ~ **of art** opera *f* d'arte; **~s** *pl* officina *f*; **~s council** consiglio *m* di fabbrica; **~shop** laboratorio *m*; officina *f*

world [wə:ld] *s* mondo *m*; **~ly** mondano; terreno; **~ war** guerra *f* mondiale; **~-wide** mondiale

worm [wə:m] *s* verme *m*; baco *m*

worry ['wʌri] *s* preoccupazione *f*; *v/t* preoccupare; *v/i* preoccuparsi

worse [wə:s] *a* peggiore; *adv* peggio

worship ['wə:ʃip] *s* culto *m*; adorazione *f*; *v/t* adorare

worst [wə:st] *a* il peggiore; *adv* il peggio

worsted ['wustid] pettinato *m* di lana

worth [wə:θ] *s* valore *m*; merito *m*; *a* del valore di; **be ~** valere; **~less** senza valore; **be ~while** valere la pena, convenire; *y* degno

wound [wu:nd] *s* ferita *f*; *v/t* ferire

wrangle ['ræŋgl] *s* litigio *m*; *v/i* litigare

wrap [ræp] *v/t* avvolgere; **~per** fascia *f* (*per giornale*); copertina *f* (*di libro, staccabile*); **~ping** involucro *m*

wrath [rɔθ] collera *f*; ira *f*

wreath [ri:θ], *pl* **~s** [~ðz] ghirlanda *f*; corona *f*

wreck [rek] *s* naufragio *m*; rovina *f*; *v/t* distruggere; rovinare; *v/i* naufragare

wren [ren] scricciolo *m*

wrench [rentʃ] *v/t* strappare

wrest [rest] *v/t* strappare

wrestle ['resl] *v/t* lottare; **~ing** lotta *f* libera

wretch [retʃ] *s* disgraziato *m*; sciagurato *m*; **~ed** ['~id] bruttissimo; misero malissimo

wriggle ['rigl] *v/i* contorcersi; dimenarsi

wring [riŋ] *v/t*, *irr* torcere; strizzare; strappare

wrinkle ['riŋkl] ruga *f*

wrist [rist] polso *m*; **~-watch** orologio *m* da polso

writ [rit] mandato *m*

write [rait] *v/t*, *v/i*, *irr* scrivere; **~r** scrittore *m*

writhe [raið] *v/i* contorcersi

writing ['raitiŋ] scrittura *f*; scritto *m*; **in ~** per iscritto; **~-desk** scrivania *f*; **~-paper** carta *f* da scrivere

wrong [rɔŋ] *s* sbagliato; ingiusto; **be ~** sbagliarsi; avere torto; *s* torto *m*; ingiustizia *f*; *v/t* fare un torto a; **be ~** aver torto

wrought [rɔ:t] battuto (*di ferro*); lavorato; **~ up** nervoso

X, Y

Xmas ['krisməs] *cf* **Christmas**

X-ray ['eks'rei] *v/t* fare una radiografia; *s* raggio *m* X

xylophone ['zailəfoun] silofono *m*

yacht [jɔt] panfilo *m*

yard [jɑːd] (*misura*) iarda *f*; cortile *m*

yarn [jɑːn] filo *m*

yawn [jɔːn] *s* sbadiglio *m*; *v/i* sbadigliare

year [jɔː] anno *m*; **~ly** annuale

yearn [jɔːn] *v/i* bramare

yeast [jiːst] lievito *m*

yell [jel] *s* grido *m*; *v/t*, *v/i* gridare

yellow ['jelou] giallo

yes [jes] si

yesterday ['jestədi] ieri; **the day before ~** ieri l'altro

yet [jet] ancora; tuttavia

yield [jiːld] *v/t* rendere; cedere; *v/i* acconsentire; cedere

yoke [jouk] *s* giogo *m*

yolk [jouk] tuorlo *m*

yonder ['jɔndə] laggiù

you [juː] tu; te; voi; Lei; la; lo; Loro

young [jʌŋ] giovane; **~ster** giovane *m*

your [jɔː] tuo; tua; tuoi; tue; vostro(a, i, e); Suo(a, i, e); Loro

yours [jɔːz] (il) tuo, (la) tua, (i) tuoi, (le) tue; (il) vostro, (la) vostra, (i) vostri, (le) vostre; (il) Suo, (la) Sua, (i) Suoi, (le) Sue; (il) Loro, (la) Loro, (i) Loro, (le) Loro

your|self [jɔː'self], *pl* **~selves** [~'selvz] te stesso(a); Lei stesso(a)

youth [juːθ], *pl* **~s** [~ðz] gioventù *f*; **~ful** giovanile; **~ hostel** albergo *m* per la gioventù

Yugoslav ['juːgou'slɑːv] *a*, *s* iugoslavo (*m*); **~ia** Jugoslavia *f*

Z

zeal [ziːl] zelo *m*; **~ous** ['zeləs] zelante

zebra ['ziːbrə] zebra *f*; **~crossing** passaggio *m* pedonale

zero ['ziərou] zero *m*

zest [zest] gusto *m*; entusiasmo *m*

zinc [ziŋk] zinco *m*

zip|code [zip-] *Am* numero *m* di codice postale; **~fastener**, **~per** chiusura *f* lampo

zone [zoun] zona *f*

zoo [zuː] giardino *m* zoologico

zoology [zou'ɔlədʒi] zoologia *f*

A

a *prp* to, at, in; **a Roma** in (to) Rome; **a casa** (at) home; **alle quattro** at four o'clock; *dativo* **l'ho dato ~ lui** I gave it to him

ab|ate *m* abbot; **~adessa** *f* abbess

abbacchio *m* lamb

abbaglio *m* error

abbaiare *v/i* bark

abbaino *m* attic; skylight

abbaio *m* barking

abbandon|are *v/t* abandon; desert; **~ato dai medici** given up by the physicians; **~o** *m* abandonment; desertion

abbass|amento *m* lowering; humiliation; **~are** *v/t* lower; reduce; humble; **~o** down; below

abbastanza enough; quite

abbàtt|ere *v/t* knock down; fell; *aer* shoot down; *fig* depress; **~ersi** *v/r* despair

abbazìa *f* abbey

abbell|imento *m* embellishment; **~ire** *v/t* embellish

abbiamo we have

abbigliamento *m* clothes *pl*

abboccare *v/t* bite; fill to the brim

abbon|amento *m* subscription; **biglietto** *m* **d'~amen-** to season ticket; **~arsi (a)** *v/r* subscribe to; **~ato** *m* subscriber

abbond|ante abundant; plentiful; **~anza** *f* abundance

abbonire *v/t* appease

abbord|aggio *m* *naut* boarding a ship; *fig* approach; *naut* land; **~o** *m* approach; boarding

abbottonare *v/t* button

abbozz|are *v/t* sketch; outline; **~o** *m* sketch; draft

abbracci|amento, **~o** *m* embrace; hug(ging); **~are** *v/t* embrace

abbrevi|amento *m* abbreviation; **~are** *v/t* abbreviate; **~azione** *f* abbreviation

abbronz|are *v/t* bronze, tan, burn; **~arsi** *v/r* become sunburnt

abbrustolire *v/t* toast; (*coffee*) roast

abbuiare *v/t* darken; obscure

abdicare *v/i* abdicate

abete *m* fir-tree

abietto abject

abiezione *f* abjection

àbile clever; skilful; capable

abilità *f* ability, skill; cleverness

abisso m abyss; chasm

abit|ante m, f inhabitant; dweller; resident; **~are** v/i dwell; reside; live; **~azione** f dwelling, residence

àbito m dress, gown; suit; ~ **da lutto** mourning clothes; ~ **da sera** evening dress; ~ **da spiaggia** beach-wear

abitu|ale habitual; customary; **~are** v/t accustom; **~arsi** v/r become used (a to)

abitùdine f habit

abnegazione f abnegation; self-denial

aboli|re v/t abolish; **~zione** f abolition

abominare v/t abominate, detest

aborrire v/t abhor; loathe

abort|ire v/i miscarry; abort; **~o** m miscarriage; abortion

abrogare v/t abrogate

àbside f apse

abus|are (di) v/i abuse (of); **~ivo** abusive; **~o** m abuse

accadèmia f academy; **2mia di Belle Arti** school of Fine Arts; **~èmico** adj academic; m academician

accad|ere v/i happen; take place; **~uto** m event

accampamento m encampment, camping place

accanimento m tenacity

accanto beside; alongside; ~ **a** beside; next to

accaparrare v/t hoard (up); corner

accappatoio m bathrobe

accarezzare v/t caress

accatt|are v/t beg for alms; **~onaggio** m begging

accel|erare v/t accelerate; **~erato** m rail ordinary train; **~eratore** m aut gas pedal; Am accelerator

accèndere v/t light; radio switch on; com open (account); fig kindle

accendisigaro m (cigarette-)lighter

accenn|are v/t, v/i point out; hint; **~o** m hint

accensione f aut ignition

accent|o m accent; stress; **~uare** v/t accentuate; stress

accerchiare v/t encircle; surround

accert|amento m ascertainment; **~are** v/t ascertain

acceso alight

access|ibile accessible; **~o** m access; med fit

accessorio adj accessory; m accessory

accetta f hatchet

accett|àbile acceptable; **~are** v/t accept; approve

acchiapp|amosche m flycatcher; **~are** v/t catch

acciabattare v/t botch

acciai|eria f steel-works pl; **~o** m steel

acciden|tale accidental; **~te** m accident; casualty; med apoplectic stroke

accingersi v/r set about

acciò, acciocché so that

acciottol|are v/t gravel; **~ato** m pavement

acciuffare v/t grasp

acciuga f anchovy

acclam|are v/t acclaim, cheer; ~azione f acclamation

acclimare, acclimatare v/t acclimatize

accl|ùdere v/t enclose; ~usa f enclosure; ~uso enclosed

accoglienza f reception

accògliere v/t receive

accomodamento m arrangement; adjustment

accomod|are v/t adjust; repair; ~arsi v/r take a seat; make o.s. comfortable; si accòmodi! sit down, please

accompagn|amento m accompaniment; ~are v/t accompany; ~arsi v/r match

acconci|are v/t arrange; Am fix; ~atura f hair-do

acconsentire v/i agree (a on)

accontentare v/t content

acconto m instalment; account

accorciare v/t shorten; curtail

accord|are v/t grant; mus tune; ~o m agreement; èssere d'~o agree

accòrgersi v/r be aware (di of)

accórrere v/i run up

accort|ezza f shrewdness; ~o shrewd; prudent

accost|amento m approach; ~are v/t approach; (door) leave ajar; ~o near (by)

accostumare v/t accustom

accreditamento m credit (-ing); ~are v/t (ac)credit

accréscere v/t, v/i increase

accudire (a) v/i attend to, take care of

accumul|are v/t accumulate; ~atore m accumulator

accuratezza f accuracy

accurato accurate

accus|a f accusation; ~are v/t charge; ~are ricevuta acknowledge receipt

acerb|ità f acerbity; ~o sour

àcero m maple

acet|o m vinegar; ~oso acetous

àcido adj sour; m acid

acme f acme

acne f acne

acqua f water; ~ potabile drinking water; ~ santa holy water; ~io m sink; ~ragia f turpentine; ~rio m aquarium

acqua|ta f shower; ~vite f brandy

acquazzone m heavy shower; cloud-burst

acque f/pl (mineral (or: medicinal) spring

acquerello m water-colour

acquietare v/t appease

acqui|stare v/t acquire; ~sto m purchase

acre acrid

acrèdine f acridity

acrobata m, f acrobat

acuire v/t sharpen; stimulate

acùleo m prickle; sting

acume m insight

acùstic|a f acoustics pl; **~o** acoustic

acutezza f acuteness; shrewdness

acuto acute, keen; (*voice*) shrill; *mus* high note

ad = **a** (*before a vowel*)

adagio gently slowly; *mus* adagio

adattamento m adaptation

adatt|are v/t adapt; fit; **~arsi** v/r adapt oneself; suit; **~o** fit, suitable

addaziare v/t put duty on

addebitare v/t debit; **~ di** charge with

addèbito m debit; charge

addens|amento m thickening; **~arsi** v/r thicken; crowd

addentrarsi v/r penetrate

addestr|are v/t (*animal*) train, break in; **~amento** m training

addetto adj assigned; employed; m attaché; **~ al rifornimento** attendant

addietro behind; (*time*) ago

addio good-bye, farewell; m parting

addir|ittura even; and what is more; downright; **~izzare** v/t straighten

addizion|ale additional; **~are** v/t add; **~e** f addition

addobbare v/t decorate

addolc|imento m sweetening; soothing; **~ire** v/t sweeten; soften

addolorare v/t grieve, sadden

addome m abdomen

addomesticare v/t tame; domesticate

addorment|are v/t send to sleep; **~arsi** v/r fall asleep

addossare v/t burden; lay on; *fig* assume

addosso on, upon (one)

addottorarsi v/r graduate (*from a university*)

addurre v/t bring up; adduce

adegu|are v/t equalize; level; **~ato** adequate

ad|émpiere, ~empire v/t accomplish, fulfil; **~empimento** m fulfilment

adenite f adenitis

ader|ente adherent; **~ire** v/i adhere; join; support (*a party*)

adesso now; presently

adiacente adjacent

Adige m Adige; **Alto ~** (*late*) Southern Tyrol

àdito m entrance; *fig* access

adolescen|te adj adolescent; m, f adolescent, youth; **~za** f adolescence; youth

adombrare v/i shade

adoper|àbile usable; **~are** v/t use

ador|are v/t adore; **~azione** f worship

adorn|amento m adornment; **~are** v/t adorn, trim

adottare v/t adopt

adozione f adoption

adrenalina f adrenalin

Adriàtico m Adriatic

adul|are v/t flatter; **~atore** m flatterer; **~terio** m adultery

adulto *adj* adult; *m* adult; grown-up

adun|are *f* meeting; **~are** *v/t* assemble

aerazione *f* aeration

aère|o airy; **ferrovia** *f* **~a** elevated railway; **flotta** *f* **~a** airfleet; **posta** *f* **~a** air mail

aerodinàmico streamlined

aeròdromo *m* aerodrome

aero|nàutica *f* aeronautics *pl*; aviation; **~nave** *f* airship; **~plano** *m* airplane; **~porto** *m* airport

aeròstato *m* aer balloon

afa *f* sultriness

aff|àbile kind; **~abilità** *f* affability

affaccendarsi *v/r* busy oneself

affamare *v/t* starve out

affann|are *v/t* trouble; **~ato** panting; **~o** *m* trouble; shortness of breath; **~oso** gasping; anxious

affar|e *m* business; matter; **ministro** *m* **degli ~i èsteri** minister of foreign affairs

affascinare *v/t* charm; fascinate

affaticare *v/t* fatigue

affatto absolutely; perfectly; **niente ~** not at all

affatturare *v/t* bewitch; adulterate

afferm|are *v/t* affirm; state; **~ativo** affirmative; **~azione** *f* affirmation; statement

afferr|are *v/t* seize; grasp; **~arsi** (**a**) *v/r* cling to

affett|ato affected; sliced (meat); **~o** *m* affection;

love; **~uoso** affectionate

affezion|ato affectionate; fond (of); **~e** *f* affection

affibbiare *v/t* buckle

affid|amento *m* reliance; **~are** *v/t* entrust; **~arsi** *v/r* rely (**a** upon)

affìggere *v/t* affix; stick

affilare *v/t* whet; sharpen

affili|are *v/t* affiliate; **~ato** *m* member

affinché in order that

affine akin, kindred

affinità *f* affinity

affisso *m* bill, poster

affitt|àbile rentable; **~are** *v/t* let; rent; lease; **~o** *m* rent; lease; **dare in ~o** let, lease

affl|ìggere *v/t* afflict; **~izione** *f* affliction

afflu|ente *adj* affluent; *m* affluent, tributary; **~enza** *f* concourse; **~ire** *v/i* flow; flock

afflusso *m* rush; flow

affogare *v/t* suffocate; drown; *v/i* be drowned

affoll|amento *m* crowd; **~are** *v/t* crowd, throng

affondare *v/t* sink; *v/i* sink, go down

affrancare *v/t* enfranchise; set free; stamp (*letter*)

affresco *m* fresco

affrettar|e *v/t* hasten; **~si** *v/r* hurry

affrontare *v/t*: **~ qu.** face s.o.

affronto *m* insult

affum|are, ~icare *v/t* smoke, fumigate

afoso sultry

Àfrica f Africa

africano s/m, adj African

àgave f agave

agenda f note-book

agente m agent; broker; ~ **di cambio** stockbroker; ~ **di polizia, di pùbblica sicurezza** policeman; ~ **investigativo** detective

agenzia f agency; ~ **(di) viaggi** travel agency; ~ **d'informazioni** inquiry office

agevolare v/t facilitate

agévole easy

agevolezza f facility

agganciare v/t hook; fasten

aggettivo m adjective

agghiacciare v/t freeze

aggio m premium

aggiornare v/t adjourn; v/i poet dawn

aggirare v/t encircle; fig deceive; cheat

aggiùngere v/t add

aggiun|ta f addition; **~tare** v/t join; **~to** m assistant

aggiustare v/t adjust; mend

aggranchirsi v/r get benumbed

aggrapp|are v/t grapple; **~si** v/r cling (to)

aggravare v/t aggravate; make worse

aggregare v/t aggregate

aggressi|one f aggression; **~vo** aggressive

aggrinzire v/t wrinkle; shrivel

aggruppare v/t group; assemble

agguato m ambush; **stare in** ~ lie in wait

aghett|are v/t lace up; **~o** m lace

aghifòglia f conifer

aghiforme needle-shaped

agiatezza f comfort; wealth

agiato well off

àgile nimble, agile

agilità f agility

agio m comfort; leisure

agire v/i act; do

agit|are v/t agitate; shake; **~ato** agitated; troubled

aglio m garlic

agnello m lamb

ago m needle; tongue (balance)

agonia f agony; anguish

agosto m (month) August

agr|ario s/m, adj agrarian; **~icoltura** f agriculture; farming

agrifòglio m holly

agrodolce bitter-sweet

agrumi m/pl citrus fruits pl

aguzz|are v/t sharpen; **~o** sharp

ahi! ahimè! alas!

Aia f: **l'~** the Hague

airone m heron

aiuola f flower-bed

aiut|ante m assistant; mil adjutant; **~are** v/t help s.o.; **~o** m help; aid

aizzare v/t instigate

ala f wing

alabastro m alabaster

alacrità f alacrity; zeal

alb|a f dawn; **~eggiare** v/i dawn

albergare v/t lodge; harbour; **~atore** m innkeeper

albergo m hotel; **~ per la gioventù** youth hostel

àlbero m tree; *naut* mast; *aut* shaft

albicocc|a f apricot; **~o** m apricot-tree

albume m white of egg; albumen

alce m elk

àlcole m alcohol

alcòli|ci m/pl alcoholic drinks pl; **~co** alcoholic

àlcool m alcohol

alcun|o anybody; somebody; **~i a** few

alfabètico alphabetical

alfabeto m alphabet

alga f sea-weed

algebra f algebra

àlias alias

àlibi m alibi

alieno alien, strange

aliment|are v/t feed; **gène-ri** m/pl **~ari** food; foodstuffs pl; **~azione** f **di rete** light-mains connection; **~o** m food; **~i** m/pl alimony

àlito m breath; gentle breeze

allacciare v/t lace

allarg|amento m enlarge-ment; **~are** v/t enlarge; widen

allarmare v/t alarm; worry

allarme m alarm, alert; fright; **corda f (segnale m) d'~** communication cord (emergency signal)

allatt|amento m nursing; breast-feeding; **~are** v/t nurse

alle|anza f alliance; **~ato** adj allied; m ally

allegare v/t enclose; allege; **~ato** adj enclosed; m enclo-sure

alleggerire v/t relieve

allegr|ia f mirth; cheerful-ness; **~o** merry, cheerful

allen|amento m training; **~are** v/t coach; train; **~ato-re** m trainer

allent|are v/t loosen; relent; slacken; **~atura** f med hernia

allergia f allergy

allettare v/t allure

allevare v/t breed; rear

allietare v/t cheer; amuse

allievo m pupil; scholar

alligatore m alligator

alline|amento m align-ment; **~are** v/t range; line up

àllodola f lark

alloggi|are v/t lodge; v/i live, stay; **~o** m lodging

allontan|are v/t remove; **~arsi** v/r go away

allora then; **d'~ in poi** from that time on

allorché when; whenever

alloro m laurel

allucin|are v/t hallucinate; dazzle; **~azione** f hallucination

allùdere v/i allude (**a** to), hint (at)

all|ume m alum; **~umina** f alumina; **~uminio** m alu-minium

allung|amento m prolonga-tion; **~are** v/t lengthen,

prolong
allusione f allusion, hint
alluvione f flood, inundation
almeno at least
alpaca m alpaca
alpestre mountainous
Alpi: le ~ f/pl the Alps pl
alpi|nismo m mountain-climbing; **~nista** m, f mountain-climber; **~no** adj Alpine; m mil mountain-soldier
alquant|o somewhat; rather; **~i** several
alt! halt!
altalena f seesaw; swing
altare m altar
alterare v/t alter; forge; irritate
alter|ezza f pride; **~igia** f haughtiness
altern|are v/t alternate; **~ativo** alternative; **~o** alternate
altero proud; haughty
altezza f height; title: Highness
altipiano m plateau
altitudine f altitude, height
alto high; tall; loud; **dall'~** from above; **in** ~ upstairs;
l' **Alta Italia** f Northern Italy
altoparlante m loud speaker
altopiano m plateau
altrettanto as much; equally
altrimenti otherwise
altro other; ~ **che!** rather!;
l'~ **anno** last year; **ieri** l'~ the day before yesterday;

senz'~ certainly; **l'un** l'~ each other
altrove elsewhere
altrui of others
altura f height
alunno m pupil
alveare m beehive
alz|are v/t raise; lift; **~arsi** v/r rise, get up
amàbile amiable
amabilità f amiability; kindness
amaca f hammock
amante m, f lover; f mistress
amare v/t love; like
amar|eggiare v/t embitter; **~ezza** f bitterness; **~o** bitter
ambasciat|a f embassy; **~ore** m ambassador
ambedue both
ambiente m surroundings pl; environment
ambiguità f ambiguity
ambiguo equivocal
ambizi|one f ambition; **~oso** ambitious
ambul|ante travelling; **venditore** m **~ante** pedlar; **~anza** f ambulence; field hospital; **~atorio** adj ambulatory; m dispensary
amen|ità f amenity; **~o** pleasant
Amèrica f America
americano s/m, adj American
ami|ca f lady-friend; **~ché- vole** friendly; **~cizia** f friendship; **~co** m friend
àmido m starch
amìgdala f tonsil
ammaccatura f bruise

ammaestrare v/t train

ammal|are v/i, **~arsi** v/r fall ill; **~ato** adj sick; m patient

ammarare v/i land on water

ammassare v/t pile up; hoard

ammazzare v/t kill; (animals) slaughter

ammenda f fine

amméttere v/t admit; receive

amministr|are v/t manage; administer; **~azione** f administration; management

ammiràbile admirable

ammiraglio m admiral

ammir|are v/t admire; **~azione** f admiration; **~évole** admirable

ammis|sìbile admissible; **~sione** f admission

ammobili|amento m furnishing; **~are** v/t furnish

ammogliare v/t give a wife to (marry)

ammoll|are v/t soak; soften

ammon|imento m warning; admonition; **~ire** v/t warn; admonish

ammont|are v/t heap; pile; v/i amount (**a** to); **~icchiare** v/t heap up

ammort|amento m amortization; **~izzare** v/t amortize; **~izzatore** m (**d'urto**) shock-absorber

ammost|are v/t press (grapes); **~atoio** m winepress

ammucchiare v/t pile up

ammuffire v/i grow mouldy

ammutinamento m mutiny

ammutolire v/i become dumb

amnesia f amnesia

amnist|ia f amnesty; **~iare** v/t grant amnesty

amo m fish-hook; fig bait

amorale amoral

amor|e m love; **~eggiare** v/i flirt; **~évole** loving

amorfo shapeless

amor|ino m paint amoretto; **~oso** loving; amorous

amperaggio m amperage

ampi|ezza f breadth; **~o** ample; wide; spacious

ampli|are, **~ficare** v/t amplify; increase; **~ficatore** m radio: amplifier

ampoll|a f cruet; **~e** f/pl oil and vinegar cruet; **~iera** f cruet-stand

ampolloso bombastic

amput|are v/t amputate; **~azione** f amputation

anacoreta m hermit

anàgrafe f registrar's office

analfabe|ta s/m, f, adj illiterate; **~tismo** illiteracy

analgèsico s/m, adj med anodyne

anàlisi f analysis

analitico analytic(al)

ananasso m pineapple

anarchìa f anarchy

anàrchico adj anarchic(al); m anarchist

anatomìa f anatomy

ànatra f duck

anca f haunch; hip

anche also, too

anchilosi f anchylosis

ancona f altar-piece

ancora still; more; **non ~** not yet

àncora f anchor; **salpare l'~** weigh anchor

and|amento m progress; **~ante** current; mus andante

andare v/i go; walk; ride; **~ a cavallo** ride on horseback; **~ in bicicletta** ride a bicycle; **~ in giro** walk about; **~ in treno** go by train; **come va?** how are you?

andàrsene v/r go away

andata: sémplice ~ f single ticket; **biglietto** m **di ~ e ritorno** return ticket

and|ato gone; **~iamo** we go; let us go!

àndito m corridor; passage

androne m lobby

anèddoto m anecdote

anelare v/i pant

anello m ring; **~ matrimoniale** wedding-ring

an|emìa f anaemia; **~èmico** anaemic

anestesìa f anesthesia

aneto m dill

anfiteatro m amphitheatre

ànfora f amphora; jar

angèlico angelic

àngelo m angel

angherìa f vexation

angina f med angina

angiporto m blind alley

angolare angular

àngolo m angle; corner

angoloso angular

ang|oscia f anguish; **~osciare** v/t grieve; vex; **~oscioso** grievous

anguill|a f eel; **~aia** f eel-pond

anguria f water-melon

angustia f narrowness; fig misery, trouble

ànice m anise

ànima f soul

anim|ale adj animal; m animal; beast; **~are** v/t animate, enliven; **~arsi** v/r take courage; **strada** f **~ata** lively street

ànimo m mind; spirit; courage; **fare ~** give courage

anim|osità f animosity; **~oso** courageous; bold

ànitra f duck

annacquare v/t dilute (wine); fig water down

annaf|fiare v/t water; **~fiatoio** m watering-can

annali m/pl annals pl

annata f year; crop

annebbiare v/t blur; dim

anneg|are v/t drown; v/i get drowned

annerire v/t blacken

anness|ione f annexation; **~o** m annex

annèttere v/t annex

annichilare v/t annihilate

annid|are v/t, **~arsi** v/r nestle

anniversario m anniversary

anno m year; **capo** m **d'~** New Year's Day; **buon anno!** happy New Year!; **quanti anni hai?**

how old are you?

annodare v/t knot; tie

annoi|are v/t annoy; weary; **~ato** annoyed; bored

annoso old

annotare v/t note; annotate

annottare v/t grow dark

annu|ale adj yearly; m anniversary; **~ario** m yearbook; directory

annull|are v/t annul; cancel; **~amento** m annulment; cancellation

annun|ciare, **~ziare** v/t announce; **~ziatore** m, **~ziatrice** f radio: announcer; **~cio**, **~zio** m announcement; advertisement

ànnuo annual

annusare v/t smell; sniff (animals)

annuvolare v/t cloud; fig make gloomy

anòfele f anopheles; gnat

anònim|o anonymous; **società** f **~a** joint-stock company

anormale abnormal

ansa f handle; fig pretext; 2 (the) Hanse

ansare v/i pant

ansia f, **ansietà** f anxiety; eagerness

ansioso anxious; eager

ant. = antimeridiano

antagonismo m antagonism

antàrctico antarctic

ante... before ...

ante|cedente previous; **~cèdere** v/i precede; **~cessore** m predecessor; **~**

guerra m pre-war period; **~nato** m ancestor; **~porre** v/t place before; prefer; **~riore** anterior;(time) former, previous

antenna f antenna; aerial

anti... anti..., counter...

anti|càmera f antechamber; **~chità** f antiquity; ancient times pl; **~co** ancient; old; **&co Testamento** Old Testament

anticip|ato in advance; **~azione** f advance

anticipo m advanced payment; **in ~** beforehand

anticongelante m antifreeze

antidoto m antidote

antifurto m safety-lock

antilope f antelope

antimeridiano before noon

anti|pasto m hors-d'œuvre; appetizer; **~patia** f antipathy; dislike; **~pàtico** disagreeable

antiqua|to antiquated; **~ria** f antiquarianism

antisettico s/m, adj antiseptic

antrace m med anthrax

antracite f anthracite

antro m cave; den

antropòfago m cannibal

anulare adj annular; m ring-finger

anzi rather; on the contrary

anzian|ità f seniority; **~o** adj aged; m senior

anzidetto above-mentioned

anzitutto first of all

apatia f apathy

apàtico apathetic; indifferent

ape f bee

aperitivo m appetizer

aper|to adj open; m open space; **~tura** f opening

apiaio m beekeeper; **~iario** m beehouse; apiary

àpige m apex

apòlide adj stageless; m stateless person

apopl|essia f apoplexy; **~èttico** adj apoplectic; **colpo** m **~èttico** apoplectic fit

apostòlico apostolic

apòstolo m apostle

appacchettare v/t pack together

appaiamento m coupling

appaltare v/t contract

appannare v/i tarnish; dim

apparato m apparatus

apparecchi|are v/t prepare; lay (table); **~o** m device; set; **~o radio** wireless set; **~o a reazione** jet

appar|ente apparent; **~enza** f (outward) appearance

appariamo we appear

appar|ire v/i appear; look; **~isco** I appear; **~isce** he appears

apparso appeared

appart|amento m flat, apartment; **~enenza** f belonging; **~enere** v/i belong; pertain

appassion|arsi v/r be fond (**di** of); be sorry (**di** for); **~ato** passionate

appassire v/i fade, wither

appell|arsi v/r appeal (**a** to);

~o m roll-call; appeal

appena scarcely; hardly; just; **~ che** as soon as

appèndere v/t hang up

appen|dice f appendix; **~dicite** f appendicitis

Appennino m Apennines pl

appetito m appetite; **~so** appetizing

appianare v/t level; smooth

appiattire v/t flatten

appiccare v/t hang up; (fire) kindle; (quarrel) start

appiccic|are v/t paste; stick; fig palm off on s.o.; **~arsi** v/r stick, adhere

appiè at the foot (of)

appieno fully

appigionare v/t let, rent

appigli|arsi v/r take hold (**a** of); **~iglio** m pretext

appiombo perpendicularly

applaud|ire v/t, v/i applaud; cheer; **~so** m applause

applic|àbile applicable; **~are** v/t apply; (law) enforce; **~arsi** v/r devote o.s.; **~azione** f application; fig diligence

appoggi|are v/t support; **~arsi** v/r lean; fig **~arsi** (**a qu**) depend (on s.o.); **~o** m support; fig aid; backing

apportare v/t bring; fetch

apporto m contribution

appòsito special

apposizione f apposition

apposta on purpose

appost|amento m ambush; **~are** v/t lie in wait for

ap|prèndere v/t learn; hear;

~prendista m, f apprentice; ~prendistato m apprentice ship

appren|sione f apprehension; ~sivo timid, fearful

appresso near by

appretto m dressing, finish

apprezz|àbile appreciable; ~amento m appreciation; ~are v/t appreciate; value

appr|odare v/i land; ~odo m landing-place

approfittare v/i profit (di by)

approfondire v/t deepen; fig investigate carefully

approntare v/t make ready

appropri|are v/t adjust; ~arsi v/r (di) appropriate (s.th.); ~ato appropriate

approssimativo approximate

approv|are v/t approve; ~azione f approval; approbation

approvvigionare v/t supply

appunt|amento m appointment; date; ~are v/t sharpen; write down; stick; ~o m note; adv just, precisely; per l'~o exactly

apprurare v/t ascertain

aprile m April

aprire v/t open; unlock

apriscàtole m tinopener

àquila f eagle

àrabo adj Arabic; m Arab

aràchide f peanut

aragosta f lobster

aràldica f heraldry

aran|ceto m orange-grove;

~cia f orange; ~ciata f orangeade; ~cio m orangetree

ar|are v/t plough; ~atro m plough

arazzo m arras; piece of tapestry

arbitr|aggio m arbitration; ~ario arbitrary; ~io m will; libero ~io free will

àrbitro m arbiter; judge; referee

arbusto m shrub

arca f ark; ~ santa ark of the covenant

arcàico archaic

arcàngelo m archangel

arcata f arcade; mus bowing

arche|ologìa f archaeology; ~òlogo m archaeologist

archetto m fret-saw; mus bow

archi|pèndolo m plummet; ~tetto m architect; ~tettura f architecture

arch|iviare v/t file; ~ìvio m archives; file

arcipèlago m archipelago

arci|prete m archpriest; dean; ~vescovado m archbishopric; ~véscovo m archbishop

arc|o m bow; ~obaleno m rainbow; ~uata bent, curved

ardente burning; ardent; fiery

àrdere v/t, v/i burn

ardèsia f slate

ard|ire v/i dare; ~ito bold

ardore m ardour

àrea f area

àrem m harem

aren|a f sand; arena; **~arsi**
v/r get stranded; **~oso**
sandy

argent|are v/t silver; **~iere**
m silversmith

argènt|eo silvery; **~o** m sil-
ver; **~o vivo** mercury

Argentin|a f Argentine; **o**
m Argentine

argil|la f clay; **~loso** clayey

àrgine m dike; embankment

argoment|are v/i argue;
infer; deduce; **~azione** f
argumentation, reasoning;
~o m subject; topic; argument

arg|uto keen, witty; **~uzia** f
shrewdness; witticism

aria f air; mus tune; **all'~**
aperta in the open air; **~**
compressa compressed air

àrido dry, arid

arieggiare v/t look like; air

aringa f herring

arioso airy

àrista f roast loin of pork

aristocr|àtico adj aristocrat-
ic; m aristocrat; **~azia** f aris-
tocracy

aritmètica f arithmetic

Arlecchino m Harlequin

arm|a f weapon; **~a da**
fuoco firearm; **~i** pl **nu-
cleari** nuclear weapons

armadio m wardrobe

arm|amento m armament;
~are v/t arm; **~ata** f army;
fleet; **~e** f weapon; (coat of)
arms pl; **~i** pl troops pl;
~piazza f d'**~i** drill ground;
~eria f arsenal; **~istizio** m

armistice

arm|onia f harmony; **~òni-
ca** f **da bocca** harmonica;
~onioso harmonious

armoraccio m horse-radish

arnese m tool

àrnica f arnica

arom|a m aroma; flavour;
fragrance; **~àtico** aromatic;
~atizzare v/t flavour

arpa f harp

arrab|biarsi v/r get angry;
~biato enraged; rabid (dog)

arraffare v/t snatch, seize

arrampica|rsi v/r climb;
creep; **~tore** m climber

arred|are v/t furnish; equip;
~o m outfit; **~i** pl **sacri** holy
vessels and clothes

arrenare v/i strand

ar|rendersi v/r surrender

arrest|are v/t stop; arrest;
~arsi v/r stop; **~o** m stop; arrest

arretrato adj backward; m
arrears pl

arricchire v/t enrich

arricciare v/t curl; frown;
wrinkle

arrìdere v/i smile

arrivare v/i arrive

arrivederci!, arrivederla!
good-bye

arrivista m, f social climber

arrivo m arrival

arrog|ante arrogant; **~anza**
f arrogance; **~arsi** v/r arro-
gate

arrolamento = **arruola-
mento**

arross|are v/t redden; **~ire**

aspetto

v/i blush

arr|ostire *v/t* roast; grill; **~osto** *adj* roasted; *m* roast

arrot|are *v/t* whet; grind; **~ino** *m* knife-grinder; **~ola~ re** *v/t* roll up

arrotondare *v/t* make round

arrotolare *v/t* roll up; coil

arruffare *v/t* ruffle; entangle

arrugginirsi *v/r* rust, become rusty

arruola|mento *m* enlistment; **~re** *v/t* enlist; enroll

arruvidire *v/t* roughen

arsenale *m* arsenal; *naut* shipyard

arsiccio scorched; dry

arte *f* art; skill; craft; **~fatto** artificial; adulterated

artéfice *m* craftsman

artèria *f* artery

arteriosclerosi *f* arteriosclerosis

àrtico Arctic

articol|are *adj*, *v/t* articulate; **~ato** articulate; jointed; **~azione** *f* articulation; joint

artìcolo *m* article; **~ di fondo** editorial; **~ di prima necessità** commodity

artificiale (**~iziale**) artificial; **fuochi** *m/pl* **~iciali** fireworks *pl*

artigiano *m* artisan; craftsman

artiglier|e *m* gunner; **~ia** *f* artillery; **pezzo** *m* **d'~ia** ordnance piece

artìglio *m* claw

artista *m*, *f* artist

artìstico artistic

arto *m* limb

artrite *f* arthritis

arzillo vigorous; sparkling (*wine*); spry

ascella *f* arm-pit

ascendente upward

ascen|sione *f* ascent; climbing; *eccl* Ascension; **~sore** *m* lift

ascesso *m* abscess

àscia *f* axe

asciuga|capelli *m* hairdryer; **~amano** *m* towel; **carta** *f* **~ante** blottingpaper; **~are** *v/t* dry; wipe

asciutto dry

ascolt|are *v/t* listen (to); **~o** *m* listening; **dare ~o** give ear (to)

ascrìvere *v/t* ascribe; register

ascrizione *f* registration

Asia *f* Asia; **~ Minore** Asia Minor

asiàtico Asiatic

asilo *m* asylum; refuge; **~ infantile** kindergarten

asinaio *m* ass-driver

àsino *m* donkey

asma *f* asthma; **~ del fieno** hay fever

aspàrago *m* asparagus

aspèrgere *v/t* sprinkle; strew

asper|sione *f* (be)sprinkling; **~sorio** *m* holy-water basin

aspett|are *v/t* wait (for); expect; **~o** *m* aspect; look; **sala** *f* **d'~o** waiting-room

aspir|ante *m* applicant, candidate; **~apòlvere** *m* vacuum cleaner; **~are** *v/t* inhale; *v/i:* **~are a qc** aim at s.th.

aspirina *f* aspirin

aspr|ezza *f* harshness; **~o** rough, harsh; sharp

assaggiare *v/t* taste; assay

assai very much; very

assalire *v/t* attack; assault

assalto *m* assault; *mil* attack

assass|inare *v/t* murder; assassinate; **~inio** *m* murder; **~ino** *adj* murderous; *m* assassin

asse *f* board; *m* axis; axle

assedi|are *v/t* besiege; **~o** *m* siege

assegn|amento *m* allotment; allowance; **~are** *v/t* assign; **~azione** *f* assignment; **~o** *m:* **~o bancario** cheque; **contro ~o** cash on delivery

assemblea *f* assembly; meeting

assembrare *v/t* assemble

assennato sensible

assente absent

assent|imento *m* assent; **~ire** *v/i* assent

assenza *f* absence

assenzio *m* absinth

asserire *v/t* assert

assessore *m* alderman; **~ municipale** town councillor

assetato thirsty; *fig* eager

assetto *m* order; arrangement

assicur|are *v/t* assure; fasten; insure; **~arsi** *v/r* se-

cure; make sure; **~ata** *f* money-letter; **~azione** *f* assurance; insurance; **~azione di responsabilità civile** third party insurance; **~azione sulla vita** life assurance

assiderare *v/t* chill

assiduità *f* assiduity

assiduo assiduous; regular

assieme together

assiepare *v/t* hedge

assillo *m* gadfly

assioma *m* axiom

assise *f* Court of Assizes

assist|ente *adj* assisting; *m, f* assistant; **~enza** *f* assistance; attendance; **~enza sociale** social work

assistere *v/t* assist, help

asso *m* ace

associ|are *v/t* associate; unite; affiliate; **~ato** *m* associate; partner; **~azione** *f* association

assoggettare *v/t* subject

assolare *v/t* expose to the sun

assoldare *v/t* enlist

assol|utamente *adv* absolutely; **~uto** absolute; unrestricted; **~uzione** *f* acquittal; *eccl* absolution

assòlvere *v/t* acquit; relieve; (*task*) perform

assomigli|anza *f* resemlance; **~are** *v/t* resemble; *v/t* compare; **~arsi** *v/r* look like

assorbire *v/t* absorb

assord|amento *m* deafening; **~are** *v/t* deafen; **~ire**

v/i become deaf

assort|imento *m* assortment; choice; **~ire** *v/t* assort

assottigliare *v/t* thin

assuefare *v/t* accustom (**a** to); **~fazione** *f* habit

assùmere *v/t* assume; appoint s.o.

Assun|ta *f* Holy Virgin; Assumption Day; **~to** *m* task; **~zione** *f* Assumption

assurdo *adj* absurd

asta *f* rod; staff; *mil* spear; *writing:* stroke; *compasses:* leg; (**~ pùbblica**) auction

astèmio *adj* abstemious; *m* total abstainer

astenersi *v/r* **da** abstain from

asterisco *m* asterisk

àstero *m* aster

astin|ente abstinent; **~enza** *f* abstinence

asti|o *m* grudge; envy; **~osità** *f* spitefulness; **~oso** spiteful

astore *m* goshawk

astrale *m* astral

astr|arre *v/t* abstract; **~atto** abstract; absent-minded

astringente astringent

astringere *v/t* compel; *med* render costive

astr|o *m* star; **~ologia** *f* astrology; **~onave** *f* spaceship; **~onomia** *f* astronomy; **~ònomo** *m* astronomer

astruso abstruse

astuccio *m* case; sheath

ast|uto astute; cunning; **~uzia** *f* slyness; trick

atlante *m geog* atlas; **ocèano** *m* **~ico** Atlantic Ocean

atlèt|a *m, f* athlete; **~ica** *f* athletics *pl*

atmosfera *f* atmosphere

atollo *m* atoll

atòmic|o atomic; **bomba** **~a** atomic bomb

àtomo *m* atom

atrio *m* entrance-hall; porch

atroce atrocious; dreadful

attacc|àbile assailable; **~abrighe** *m* quarrelsome person; **~apanni** *m* coat-hanger; **~are** *v/t* attach; fasten; stick; sew on; (*speech*) begin; *mil* assail

attacco *m* assault; *med* attack; *elec* connection; *ski:* binding

atteggi|amento *m* attitude; **~arsi** *v/r* assume an attitude

attèndere *v/t* expect; *v/i* look after

attendibile reliable

attenersi *v/r* **a qc** conform to, stick to s.th.

attent|are *v/i* attempt *acc*; **~are alla propria vita** attempt one's own life; **~arsi** *v/r* dare; **~ato** *m* attempt; **~o** attentive

attenuare *v/t* attenuate; extenuate

attenzione *f* attention; carefulness

atterr|aggio *m aer* landing; descent; **~are** *v/t* knock down; *v/i aer* land

attesa *f* waiting; **in ~ di** while waiting for

attest|are *v/t* certify; **~ato** *m*

certificate; attestation
atticciato stout
attiguo adjoining
attillato tight fitting
àttimo *m* instant, moment
attin|ente pertaining; **~enza** *f* relation; connection
attingere *v/t* draw; attain
attirar|e *v/t* attract; allure; **~e l'attenzione** draw attention (**su** su); **~si** *v/r* **qc** draw s.th. upon oneself
attitùdine *f* attitude
att|ività *f* activity; **~ivo** *adj* active; busy; *gram* active
attizzare *v/t* stir
att|o *adj* apt; *m* action; deed; **~thea** act; **~i** *m/pl* legal proceedings *pl*
attònito astonished
attorcigliare *v/t* twist
attore *m* actor
attorniare *v/t* surround
attorno about; around
attr|arre *v/t* attract; **~attiva** *f* attraction; charm; **~attivo** *adj* attractive
attraversare *v/t* cross
attraverso across; through
attrazione *f* attraction
attrezz|are *v/t* equip; *naut* rig; **~i** *m* tool; **~i** *pl* tools *pl*; rigging
attribuire *v/t* ascribe
attributo *m* attribute
attrice *f* actress
attrupparsi *v/r* troop
attu|ale present; **~alità** *f* reality; *f/pl* current news *pl*; **~are** *v/t* carry out; realize; **~ario** *m* registrar
aud|ace bold; **~acia** *f* dar-

ing; boldness
auditòrio *m* auditory; auditorium
augur|are *v/t* wish; **~io** *m* wish
augusto august
àula *f* hall; classroom
aument|are *v/t* increase; (*price*) raise; **~o** *m* increase; rise
àureo golden
aurèola *f* halo
aurora *f* dawn
ausili|are auxiliary; **verbo** *m* **~are** auxiliary verb; **~o** *m* aid
auspicato: bene (male) ~ well (ill) promising
àuspice *m* protector
auster|ità *f* austerity; **~o** austere; severe
Australia *f* Australia
Austria *f* Austria
austrìaco *m*, *adj* Austrian
autentic|are *v/t* certify; **~ità** *f* authenticity
autèntico authentic; genuine
autista *m*, *f* driver; chauffeur
auto *f* car
auto... self ...; **~biografia** *f* autobiography; **~bus** *m* bus; **~carro** *m* motor-lorry; **~crazia** *f* autocracy; **~grafare** *v/t* autograph; **~linea** *f* busline
autòma *m* automaton
automàtico automatic
auto|mezzo *m* motor-vehicle; **~mòbile** *f* automobile; car; **~mobilismo** *m* motor-

avvenenza

ing; **~mobilista** m, f motorist; **~motrice** f diesel train
autonomia f autonomy
autoparcheggio m parking area
autopsìa f autopsy; postmortem
autor|e m author; **~évole** authoritative; reliable
autorimessa f garage
autor|ità f authority; influence; pl authorities pl; **~itario** authoritarian; **~izzare** v/t authorize; entitle
auto|scafo m motor-boat; **~strada** f motor-road; highway; **~treno** m lorry; truck; **~veicolo** m motor-vehicle
autunnale autumnal
autunno m autumn; fall
av = avanti
ava f grandmother
avallare v/t guarantee
avam|braccio m forearm; **~posto** m outpost
avana brown, beige
avanguardia f vanguard
avannotto m young fish; fig greenhorn
avanti before; forward; **~ che** sooner than; **~!** come in! forward!; **andare ~** precede; be fast (watch)
avantieri the day before yesterday
avanz|amento m advancement; promotion; **~are** v/i proceed; be left; v/t promote; **~o** m remnant; surplus; **~i** pl remains pl
avarìa f damage; average;

~iato damaged; **~izia** f avarice
avaro adj avaricious; m miser
Ave Maria, avemmarìa f Hail Mary
avemmo we got
avena f oats pl
aver|e v/t have; get; obtain; m property; **~i** m/pl possessions
aveste pl, **~i** sg you got
avete you have (pl)
avev|a he had; **~amo** we had
avévano they had
avevate you had (pl)
avev|i sg you had (sg); **~o** I had
avia|tore m aviator; **~zione** f aviation
avidità f greediness
àvido greedy; eager
avio|getto m jet plane; **~linea** f airline; **~rimessa** f hangar; **~trasportato** airborne
avo m grandfather
avorio m ivory
avr|à he will have; **~ai** you will have (sg); **~anno** they will have; **~emo** we shall have; **~ete** you will have (pl); **~ò** I shall have
avvallamento m depression
avvampare v/i blaze up
avvantaggi|are v/t improve; **~arsi** v/r: **~arsi di qc** draw advantage from, profit by s.th.
avvedersi v/r (**di**) notice, perceive (s. th.)
avvelenare v/t poison
avven|ente lovely; **~enza** f

prettiness

avven|imento m event; **~ire** v/i occur; m future

avvent|are v/t hurl; **~arsi** v/r rush (upon); **~ato** rash; reckless; **~izio** adventitious

avvento m advent

avvent|ore m customer; **~ura** f adventure; **~urare** v/t venture; risk; **~uriere** m adventurer; **~uroso** adventurous; enterprising

avverarsi v/r prove true

avverbi|ale adverbial; **~o** m adverb

avver|sario m adversary; **~sione** f aversion; **~sità** f adversity; **~so** adverse; unfavourable

avvert|enza f note; warning; foreword; **~imento** m warning; **~ire** v/t warn; inform

avvezzare v/t accustom

avvi|are v/t start; introduce; **~arsi** v/r set out; **~atore** m starter

avvicinare v/t approach

avvil|imento m dejection;

~ire v/t debase; (price) depreciate; **~irsi** v/r degrade oneself

avviluppare v/t wrap up; entangle

avvis|are v/t inform; warn; **~o** m notice; advice; announcement; warning; **a mio ~o** in my opinion

avvitare v/t screw (up)

avvocato m lawyer; barrister; solicitor

avvòlgere v/ wind; wrap (up)

avvoltare v/t roll up

azalea f azalea

azienda f business; firm; **consiglio** m **d'~** managing board

azion|e f action; share; **~ista** m, f shareholder

azoto m nitrogen; azote

azzard|are v/t risk; **~arsi** v/r venture; **~o** m hazard; risk; **gioco** m **d'~o** game of chance

azzoppire v/i become lame

azzurro blue; **~ chiaro** lightblue; **~ cupo** dark-blue

B

babbo m dad, daddy, pa

babbuino m baboon

babordo m larboard

bac|aio m silk-grower; **~ato** worm-eaten

bacca f berry

baccal|à, ~aro m codfish

bacc|anale m noisy revel; orgy; **~ano** m uproar

bacchetta f rod; wand; (conductor's) baton

Bacco m Bacchus; **per~!** by Jove!

bachicul|tore m silk-worm breeder; **~tura** f silk-worm breeding

baciamano m hand-kissing

baciare v/t kiss

bacillo m bacillus
bacino m basin
bacio m kiss
baco m **da seta** silk-worm
badare v/i mind; pay attention (**a** to); look out
ba|dessa f abbess; **~dìa** f abbey
baffi m/pl moustaches pl
bagagliaio m luggage-van
bagaglio m luggage
bagliore m gleam
bagn|aiuola f, **~aiuolo** m bath-attendant; **~ante** m, f bather; **~are** v/t wet; moisten; sprinkle; **~ato** wet; **~ino** m bath-attendant; lifeguard
bagno m bath; **~ all'aperto** open air bath; **~ di sole** sunbathing; **~ di vapore** the Turkish baths pl; **~lo** m wet pack
baia f geog bay
baionetta f bayonet
balbettare v/i stammer
Balcani m/pl Balkan
balcone m balcony
balena f whale
balen|are v/i lighten; fig flash; **~io** m continual lightning; **~o** m lightning
balìa f power
bàlia f nurse
balla f bale
ball|are v/t, v/i dance; **~ata** f ballad; **~erina** f ballet-girl; orn wagtail; **~erino** m dancer; **~o** m dance; ball; thea ballet
balneario bathing; **stabilimento** m **~** bathing estab-

lishment
balsàmico balmy
bàlsamo m balm
Bàltico m (**mare ~**) Baltic (Sea)
baluardo m bulwark
balz|are v/i spring; jump; leap (heart); **~o** m leap; bound
bambin|a f little girl; **~aia** f nurse-maid; **~o** m little boy
bàmbola f doll
bambù m bamboo
banalità f banality; platitude
banan|a f banana; **~o** m banana-tree
banc|a f bank; **casa** f **~aria** banking house; **~ario** pertaining to banks; **~arotta** f bankruptcy
banch|ettare v/i feast; **~etto** m banquet
banchiere m banker
banchina f pier
banco m bank; table; bench; counter; **~ del lotto** lottery office; **~giro** m com clearing; **~nota** f banknote
banda f band; gang
bandiera f flag; banner
band|ire v/t banish; **~ito** m bandit; outlaw; **~o** m banishment; exile
bar m bar
bara f bier; coffin
baracca f barrack; shack
barba f beard; **~ a punta** pointed beard; **fare la ~ a qu** shave s.o.
barbabiètola f beetroot
bàrbaro adj barbarous; m

barbarian

barbiere *m* barber

barca *f* boat

barca|iuola *m* boatman; **~rola** *f* barcarolle

barella *f* stretcher

barile *m* barrel

barista *m* barman; *f* barmaid

baritono *m,adj* baritone

barlume *m* glimmer, gleam

barocco, *m, adj* baroque

baròmetro *m* barometer

baron|e *m* baron; **~essa** *f* baroness

barr|a *f* bar; rod; **~icare** *v/t* barricade; **~iera** *f* barrier

basare *v/t* base, ground

basco *adj* Basque; *m* Basque; beret

base *f* base; basis; foundation

bassa *f* plain

bassetta *f* whisker

bass|ezza *f* lowness; *fig* meanness; **~o** low; mean; **a voce** in a low voice; **~o** *m* (*mus*) bass; **~ofondo** *m* slum; **~opiano** *m* lowland; **~orilievo** *m* bas-relief

bassoventre *m* abdomen

basta *adv* enough; *f* tuck; hem

bastaio *m* saddler

bastardo *adj* illegitimate; bastard; mongrel

bastare *v/i* suffice; be enough

bastimento *m* ship; vessel

bastione *m* rampart

baston|are *v/t* cane; beat; **~ata** *f* blow; **~e** *m* stick; cane

batista *f* batiste; cambric

battaglia *f* battle

battaglione *m* battalion

battell|iere *m* boatman; **~o** *m* boat; **~o a remi** rowboat; **~o pneumático** rubber boat

battente *m* (*door*) leaf; (*window*) shutter; knocker

battere *v/t, v/i* beat; strike; knock; **~ere le mani** clap hands; **~ersela** run away

batteria *f* battery; **~ a secco** dry battery

batt|ésimo *m* christening; **~tezzando** *m* child to be christened; **~tezzare** *v/t* christen

battibecco *m* squabble

batticuore *m* palpitation

battist|a *m,f* baptist; **~ero** *m* baptistry

battitoio *m* door-knocker

battuta *f* beat; *mus* bar

baule *m* trunk

bavarese *m,f, adj* Bavarian

bàvero *m* collar

Baviera *f* Bavaria

bazàr *m* bazaar

bazzotto softboiled (*egg*)

be' = bene well

beat|itùdine *f* beatitude; blissfulness; **~o** happy; blessed

bébé *m* baby

beccaccia *f orn* woodcock

becc|are *v/t* peck; **~atoio** *m* trough

becchime *m* birdsfood

becco *m* beak; burner; **~ a gas** gasburner

befana *f* old woman who

brings presents on Twelfth
Night

beffa f mockery; **farsi ~ di
qu** make a fool of s.o.

beff|ardo adj mocking; m
mocker; **~arsi** v/r **di qu**
laugh at s.o.

belare v/i bleat

belga m, f, adj Belgian

Belgio m Belgium

belletto m make-up

bellezza f beauty; **salone di
~** beauty parlour

bèllico, bellicoso bellicose;
warlike

bellino pretty; nice

bello adj beautiful; m
beauty; **bell'e fatto** it is
done

beltà f beauty

belva f wild beast

belvedere m belvedere (=
beautiful view)

benchè although

bend|a f bandage; blindfold;
headband; **~aggi** m/pl
dressing material (for
wounds); **~are** v/t bandage;
blindfold

bene adv well; m good

benedetto blessed

bene|dìcite m grace (before
meals); **~dire** v/t bless; **~di-
zione** f blessing

beneducato well bred

bene|fattore m benefactor;
~ficenza f beneficence; **~fi-
cio** m benefit; (del corpo)
relief of the bowels

benèfico beneficent

benemèrito well deserving

benèssere m well-being;

comfort

bene|stante well-to-do;
~volenza f benevolence

benèvolo benevolent; kind-
ly

beni m/pl goods, estate

ben|igno benign; kind; **~ino**
fairly well; **~inteso** provided (that); **~one** very
well; **~portante** healthy

bensì conj but; adv certainly; really

benvenuto adj welcome; m
welcome; **dare il ~ a qu**
welcome s.o.

benzina f petrol; gasoline;
serbatoio m **di ~** gasoline-
tank

bere v/t drink

berlina f salon-car

berlinese adj Berlinese; m, f
Berliner

Berlino f Berlin

Berna f Bern

berr|etta f cap; **~ettaio** m
cap-maker; **~etto** m cap

bersagliere m bersagliere;
sharp-shooter

bersaglio m target

bestemmi|a f curse; blas-
phemy; **~are** v/t, v/i swear;
curse; **~atore** m swearer

bestia f beast; **~ale** beastly;
brutal; **~ame** m cattle; livestock

béttola f tavern; pub

betulla f birch

bevanda f drink; beverage

bev|erino m trough (bird-
cage); **~ìbile** drinkable; **~i-
tore** m drinker; **~uta** f
draught

bezzi|care v/t peck; fig tease

biada f fodder; oats pl

biancastro whitish

bian|cheria f linen; **~cheria da dosso** body-linen; **~chetto** m whitewash; cosmetic; **~chire** v/t bleach

bianco white; **lasciare in ~** leave blank; **girata f in ~** blank endorsement

biancospino m whitethorn

biasim|àbile blamable; **~are** v/t blame; reprove

biàsimo m blame

Bibbia f Bible

bibita f drink

bìblico biblical

bibliografìa f bibliography

bibliotèca f library

bicarbonato m **(di soda)** (sodium) bicarbonate

bicchiere m (drinking-)glass

bicicletta f bicycle

bidello m janitor; usher

bidone m can; tank

bieco sullen; grim

biennio m two-year period

biforc|arsi v/r branch off; **~azione** f bifurcation

biga f two-horsed chariot

bigamìa f bigamy

bigio grey

bigliett|ario, **~inaio** m booking-clerk; ticket-collector; conductor; **~erìa** f ticket-office

biglietto m ticket; note; **~ aèreo** air ticket; **~ d'andata e ritorno** return ticket; **~ circolare** tourist ticket; **~ di vìsita** (visiting-) card; **~ di banca** banknote; **~ di**

prenotazione reserved seat ticket; **~ d'ingresso** platform ticket; **~ di volo** flying-ticket

bigodini mpl haircurlers

bikini m bikini

bilan|cia f scales pl; balance; **~ciare** v/t weigh; balance; **~cio** m budget; balance

bile f bile; gall

biliardo m billiards pl

bìlico m equilibrium

bilingue bilingual

bimb|a f, **o** m small child

bimensile twice a month

bimotore m two-engined plane

binario m railway-track

binòccolo m binoculars pl; **~ da teatro** opera-glasses

biografìa f biography

biògrafo m biographer

biologìa f biology

biond|ino fair-haired; **~o** fair; blond

biplano m biplane

birbone m rogue; rascal

birichino m little rogue; urchin

birillo m skittle

birr|a f beer; **~erìa** f beer-house; brewery

birro m police-spy

bis! once more! encore; **chiedere un ~** call for an encore

bisbètico peevish

bisbigli|are v/t, v/i whisper; **~o** m whisper

bisc|a f gambling-house; **~aiuolo** m gambler; **~azziere** m gambling-house keeper

biscott|erìa f biscuit-shop; **~o** m biscuit; cookie

bisestile: anno m **~** leap-year

bislungo oblong

bisnipote m, f great-grand-child

bisognare v/i be necessary; **mi bisogna(no)** I need; **bisogna** (with infinitive) it is necessary; one ought (to)

bisogno m want; need; **al ~** in case of need; **avere ~ di qc** need s.th.; **~so** needy

bisonte m bison

bistecca f beefsteak

bivio m cross-road

bizza f anger; wrath

bizz|arro odd; queer; **a ~effe** plentifully

blando bland; soft

blatta f cockroach

bleso lisping

blindato armoured; **carro ~** m tank

blocc|are v/t block (up); **~o** m block; blockade

blu blue; **~astro** bluish

blusa f blouse

bobina f coil; bobbin

bocca f mouth; muzzle; **a ~ aperta** open-mouthed

boccetta f phial

bocchino m mouth-piece; cigar-holder; small mouth

bocci|a f decanter; bowl (game); bot bud; **~are** v/t reject; **èssere bocciato** flunk (exams)

bocc|oncino m choice morsel; **~one** m mouthful; **~oni** in

lying on one's face

boia m hangman

boicott|aggio m boycotting; **~are** v/t boycott

boliviano m, adj Bolivian

boll|are v/t stamp; fig brand; **carta** f **~ata** stamped paper

bollente boiling; hot

bollettino m bulletin

boll|icina f small bubble; **~ire** v/t, v/i boil; fig seethe

bollo m stamp

bollore m boiling (-point)

bomba f bomb; **~ all'idrògeno** hydrogen bomb, H-bomb; **~ atòmica** atom bomb

bombard|amento m bombardment; **~iere** m bomber

bòmbice m silkworm

bomboletta nebulizzante f aerosol bomb

bonànima f late; **mio padre ~** my late father

bonario good-natured

bonificare v/t reclaim; refund

bonomìa f kindness

bonsenso m common sense

bontà f goodness

bora f north-east wind

borbottare v/t, v/i grumble; mutter

borchia f metal-work

bordello m brothel

bordo m border; edge; **a ~ di** aboard, on board (of) fig **di alto ~** of high rank

bòreo m north wind

bor|gata f hamlet; **~ghese** adj bourgeois; **in ~ghese** in civilian clothes; *m* middle class person; **~ghesia** *f* bourgeoisie; middle class

borgo *m* village

bòrico *m* boric (acid)

borraccia *f* water-bottle

bors|a *f* purse; briefcase; *com* stock-exchange; **~a di studio** scholarship; **~aiuolo** *m* pickpocket; **~etta** *f* purse; handbag

bos|caiuolo *m* wood-cutter; **~co** *m* wood; **~coso** woody

bòssolo *m* box-wood; dice-box; cartridge-case

botànica *f* botany

bott|a *f* blow; **~aio** *m* cooper; **~e** *f* barrel

bottega *f* shop

botteghino *m* box-office

bottiglia *f* bottle

bottiglieria *f* wine-shop

bottone *m* button; *bot* bud; **~ automàtico** press-stud

bovino bovine

bozz|a *f* sketch; **~e** *f/pl* printer's proof (sheets)

bòzzolo *m* cocoon

bracc|aletto *m* bracelet; **~ata** *f* armful; **~o** *m* arm

braciere *m* brazier

bram|a *f* ardent desire; **~are** *v/t* long (for); **~oso** covetous; eager

branchia *f* gill

branda *f* camp bed

brano *m* passage; excerpt

Brasile *m* Brazil

brasiliano *m, adj* Brazilian

bravo clever; brave

bretelle *f/pl* braces *pl*

brev|e short; **~etto** *m* patent;

~ità *f* brevity

brezza *f* breeze

bricco *m* kettle

briciola *f* crumb; bit

brig|antaggio *m* brigandage; **~ante** *m* brigand

briglia *f* bridle

brill|ante *adj* brilliant; shining; *m* diamond; **~are** *v/i* shine; glitter

brina *f* white frost

brindare *v/i* toast

brìndisi *m* toast

britànnico British

brìvido *m* shiver; chill

brizzolato spotted; slightly grey (*hair*)

brocca *f* jug; pitcher

brodo *m* broth; bouillon; **~ ristretto** consommé

bromuro *m* bromide

bronchi *m/pl* bronchi; **~chite** *f* bronchitis

brontol|are *v/i* grumble; **~one** *m* grumbler

bronz|are *v/t* bronze; **~o** *m* bronze

bruciare *v/t* burn

bruciore di stòmaco *m* heartburn

bruco *m* caterpillar

brulicare *v/i* swarm

brunire *v/t* polish; brown

bruno brown

brusco sharp; harsh

brut|alità *f* brutality; **~o** brute

brutt|ezza *f* ugliness; **~o** ugly

buc|a *f* **delle lèttere** letter-box; **~are** *v/t* pierce

bucato *m* washing; **dare in ~**

send to the wash

buccia f skin; peel

buco m hole

budell|o m bowel; **~a** f/pl bowels pl

budino m pudding

bue m ox; pl buoi

bùfalo m buffalo

bufera f storm

buffè m buffet; refreshment room

buff|o funny; **~one** m buffoon; fool

bugìa f lie

bugiardo adj lying; m liar

bugno m bee-hive

buio dark

Bulgaria f Bulgaria

bùlgaro m,adj Bulgarian

bullett|a f tack; small nail;

~ino m bulletin

bùngalow m bungalow

buongustaio m gourmet

buon|o adj good; m bill; coupon; **~ mercato** f cheapness

burattino m puppet

burl|a f trick; joke; **~arsi** v/r **di qu** make fun of s.o.; **~esco** comical

burocràtico bureaucratic

burrasca f tempest; storm

burro m butter

burrone m ravine

bussare v/t knock

bùssola f compass

busta f envelope

busto m bust; corset

buttare v/t throw; cast; **~ via** throw away

C

c. = corrente, centèsimo, centìmetro

cabina f cabin; **~ telefònica** telephone booth

cablogramma m cablegram

cacao m cocoa

cacci|a f hunting; **~a-mosche** m fly-flap; **~are** v/t, v/i hunt; chase; pursue; **~atore** m hunter; **~avite** m screw-driver

cacio m cheese

cacto, cactus m cactus

cad|àvere m corpse; **stella** f **~ente** shooting star; **~enza** f cadence; mus cadenza; **~ere** v/i fall; **~uta** f downfall

caffè m coffee; coffee-

house; **~ettiera** f coffeepot; percolator; **~eina** f caffeine

cagionare v/t cause

cagn|a f bitch; puppy; **~olino** m little dog; puppy

cala f cove; bay

Calabria f Calabria

calabrone m bumblebee; hornet

calam|aio m inkstand; **~aro** m cuttlefish; **~ità** f calamity; **~ita** f magnet; **~ago** m **~itato** magnetic needle

calapranzi m service-lift

calare v/i go down (prices); fall; ebb; v/t let down; strike (sails)

calca f crowd; throng

calcagno m heel
calce f lime
calciatore m football player
calcina f mortar; **~oso** limy
calcio m kick; *chem* calcium;
  gioco m **del ~** game of football
calco m tracing; cast
calcolare v/t calculate; estimate
càlcolo m calculation; ~ **biliare** gallstone
cald|aia f boiler; kettle; **~eggiare** v/t favour; **~o** adj warm; m warmth; heat; **ho ~o** I feel hot
caleidoscopio m kaleidoscope
calendario m calender
càlice m chalice; cup
calle f path; road; (*water-streets in Venice*)
calligrafia f penmanship; handwriting
callo m callus; corn
callotta f small cap
calm|a f calm; tranquillity; **~o** calm; quiet; **~are** v/t calm; soothe
cal|ore m fire; warmth; **~orifero** m heating apparatus; radiator
caloria f calorie
caloscia f overshoe
calpest|are v/t trample (on); **~io** m trampling
calunni|a f calumny; **~are** v/t slander
Calvario m Calvary
calvo bald(headed)
calz|a f stocking; **far la ~a** knit; **~atoio** m shoe-horn;

~atura f footwear; **~erotto** m, **~ino** m sock; **~olaio** m shoemaker; **~oleria** f bootmaker's shop; **~oni** m/pl trousers pl
cambi|ale f bill of exchange; **~amento** m change; **~are** v/t, v/i change; alter
cambiavalute m moneychanger
cambio m change; exchange; rate of exchange; *mech* change-gear; **in ~ di** instead of; ~ **automàtico dei dischi** automatic record changer; ~ **di velocità** aut change of gear; gearbox
càmera f room; **~da letto** bedroom; ~ **d'aria** airchamber; inner tube
camer|ata m comrade; **~iera** f house-maid; waitress; **~iere** m waiter; **~ino** m dressing-room; lavatory
camiceria f shirt-shop
camicia f shirt; chemise; ~ **spottiva** sport-shirt
camino m chimney
cammello m camel
cammin|are v/i walk; **~ata** f walk; **~o** m road; way
camomilla f camomile
camoscio m chamois; shammy leather
campagna f country; campaign
campan|a f bell; **~accio** m cow-bell; **~ello** m small bell; **~ile** m bell-tower
camp|eggiare v/i camp; **~eggio** m camping (place);

log-wood; **~estre** rural

campionari|o m sample-book; **fiera** f **~a** sample fair

campio|nato m championship; **~ne** m sample; champion

campo m field; camp; *fig* ground; **~ di concentramento** concentration camp; **~ sportivo** sports-field; **~ di tennis** tennis court

camposanto m cemetery, churchyard

Cana|dà m Canada; **2dese** m, f, adj Canadian

canal|e m canal; channel; pipe; **~izzazione** f canalization

cànapa f hemp

cànapo m cable; rope

Canarie f/pl Canary Islands

canarino m canary

cancell|are v/t efface; wipe out; erase; **~eria** f chancery; **oggetti di ~eria** stationary; **~iere** m recorder; *pol* chancellor; **~o** m gate

cancro m *med* cancer

candela f candle; **~a d'accensione** sparking-plug; **~abro** m chandelier; **~iere** m candlestick

candid|ato m candidate; nominee; **~atura** f candidacy

candidezza f whiteness; *fig* innocence

càndido white; candid

candire v/t candy

cane m dog

canestro m basket

cànfora f camphor

cangiamento m change

can|ile m (dog) kennel; **tosse** f **~ina** whooping-cough

canizie f white hair

cann|a f reed; cane; (*gun*) barrel; **~ella** f pipe; spout; cinnamon; **~ello** m small tube; **~occhiale** m telescope; **~one** m gun; cannon

cannuccia di paglia f straw (for drinking)

canònico m canon

canoro melodious

canottiere m rower; oars-man

canotto m **pneumàtico** rubber-boat; **~smontàbile** folding boat

cant|àbile suited for singing; **~ante** m, f singer; **~are** v/t, v/i sing; chant; crow (*cock*); cackle (hen); **~erellare** v/t hum; **~erino** m singing bird

càntico m hymn

cantiere m shipyard

cantin|a f cellar; **~iere** m butler; wine-shop keeper

canto m song; chant; corner; side; **~ popolare** folksong; **dal ~ mio** for my part

cantoniera f corner cupboard

cantoniere m road-mender; rail line-keeper

cantore m singer; chorister

cantuccio m corner; nook

canz|onaccia f vulgar song; **~onare** v/t ridicule; **~one** f song; **~oniere** m song-book

caos m chaos

capac|e capable; able; **~ità** f ability; capacity

capanna f hut; cabin

capell|o m hair; **~uto** hairy

capezzale m bolster; pillow

cap|igliatura f hair; **~illare** capillary

capire v/t understand

capit|ale adj principal; chief; f capital (town); m capital (money); **~alismo** m capitalism; **~alista** m capitalist

capitano m captain; leader

capitare v/i arrive (by chance); happen

capitolo m chapter

capo m head; leader; chief; geog cape; **~ d'anno** New Year's Day; **~ di bestiame** head of cattle; **da ~** once more; **in ~ alla strada** at the end of the street; **~banda** m bandmaster; outlaw chief; **~cameriere** m headwaiter

capocchia f head (of pin, nail)

capo|còmico m head comedian; **~ comitiva** m travel manager; **~danno** m New Year's Day; **~fàbbrica** m foreman; **~giro** m dizziness; **~lavoro** m masterpiece; **~linea** m terminus; **~mastro** m master-builder; **~mùsica** m bandmaster; **~pòpolo** m popular leader; demagogue

capo|rale m mil corporal; **~stazione** m station-master; **~treno** m conductor;

~vòlgere v/t overturn; capsize

cappa f mantle; **~ del camino** chimney mantle

cappella f chapel

cappell|aio m hatter; **~erìa** f hatter's shop; **~iera** f hatbox; **~ino** m small hat

cappello m hat; **~ di paglia** straw hat; **~ duro** bowler; **méttersi il ~** put on one's hat; **tògliersi il ~** take off one's hat

càppero m caper

cappio m knot; loop

cappone m capon

cappotta f aut top

capp|otto m overcoat; **insalata ~uccia** butter lettuce; **~uccino** m capuchin; coffee with a little milk; **~uccio** m hood; cowl

capr|a f goat; **~aio** m goatherd; **~etto** m kid; **~iccio** m caprice; whim; **~iccioso** capricious; **~o** m he-goat

càpsula f capsule; percussion cap

carabina f carbine

carabiniere m carabineer (Italian gendarme)

caraffa decanter

caramell|o m, **~a** f caramel, candy

carato m carat

caràttere m character; disposition; type

carbon|aia f charcoal-pit; **~aio** m charcoal-burner; **~ato** m carbonate; **~e** m coal; **àcido** m **carbònico** carbon dioxide

carburante *m* gas; fuel
carburatore *m* carburettor
carburo *m* carbide
carcer|are *v/t* imprison;
~ato *m* prisoner
càrcere *m* prison; jail
carceriere *m* jailer
carciofo *m* artichoke
cardellino *m* goldfinch
cardiaco *med* cardiac
cardinale *m* cardinal; **nù-mero** *m* ~ cardinal number;
punto *m* ~ cardinal point
càrdine *m* hinge
cardite *f* carditis
cardo *m* thistle
caren|a *f naut* bottom; **~aggio** *m* careenage
carestìa *f* dearth; famine
carezz|a *f* caress; **~are** *v/t* caress
cariato carious; decayed (*tooth*)
càric|a *f* office; charge
caric|are *v/t* load; (*watch*) wind up; *elec* charge; **~arsi** *v/r* overburden oneself; **~a-tura** *f* caricature
càrico *adj* loaded; full; *m* load; cargo; burden
carie *f med* caries; decay
carino nice; dear
cariola *f* wheelbarrow
carità *f* charity; love; **per ~!** for heaven's sake!
caritatévole charitable
carlinga *f* cockpit
carminio *n* carmine
carnagione *f* complexion
carn|e *f* meat; **~e salata** corned beef; **~éfice** *m* exec-utioner; **~evale** *m* carnival;

~oso fleshy
caro dear; expensive
carosello *m* merry-go-round
carota *f* carrot
carovana *f* caravan
carpa *f* carp
carpentiere *m* carpenter
carponi on all fours
carr|aia *f* cart-road; **~ata** *f* cartload; **~eggiata** *f* wheel-track; **~eggio** *m* cartage; freight; **~etta** *f* cart; **~etto** *m* hand-cart; **~iera** *f* career; **~iola** *f* wheel-barrow
carro *m* car; truck; van; wagon; ~ **armato** tank; ~ **fùnebre** hearse
carr|ozza *f* carriage; coach; **~ozza letti** sleeping-car; **~ozza ristorante** diner; **~ozzella** *f* perambulator; cab; **~ozzeria** *f aut* body; **~ozzino** *m* side-car
carruba *f* carob
carrùcola *f* pulley
carta *f* paper; ~ **carbone** carbon paper; ~ **da lèttere** notepaper; ~ **da parati** wall-paper; ~ **d'identità** identity card; ~ **igiènica** toilet paper; ~ **intestata** letterhead; ~ **geogràfica** map; ~ **lùcida** tracing paper; ~ **moneta** paper money; ~ **stradale** street map; ~ **sugante** blotting paper
cartapècora *f* parchment
cart|ella *f* satchel; portfolio; briefcase; **~ellino** *m* ticket; label; **~ello** *m* bill; placard;

~iera f paper-mill
cartilàgine f cartilage
cart|ina f med dose; **~occio** m paper-bag; **~olaio** m stationer; **~oleria** f stationery; **~olina** f card; **~olina illustrata** picture postcard; **~olina con risposta pagata** reply postcard; **~one** m cardboard; **~oni** m/pl animati animated cartoons pl
cartuccia f cartridge
casa f house; **~ di salute** nursing home; **a ~ mia** at (my) home; **~ di campagna** country house; **fatto in ~** homemade; **~le** m hamlet; **~linga** f housewife; **~lingo** homely; **cucina** f **~linga** plain cooking
cascata f (water)fall
cascina f dairy-farm
casco m helmet
casell|a f **postale** post-office box; **~ante** m linesman; **~ario** m filling-cabinet; **~o** gatekeeper's house
caserma f barracks pl
casetta f **per il fine settimana** weekend house
casino m casino
caso m case; **per ~** by chance; **a ~** at random; **~ché** if
cas|olare m (isolated) cottage; **~otto** m cabin; box
càspita! by Jove!
cass|a f case; box; chest; **~a da morto** coffin; **~a di risparmio** savings bank; **~a toràcica** thorax; **~aforte** f safe; **~apanca** f chest

cassare v/t cancel; revoke
casseruola f saucepan
cass|etta f box; case; **~etta postale** letter-box; **~etto** m drawer; **~ettone** m chest of drawers
cassiere m cashier, teller
castagn|a f chestnut; **~eto** m chestnut grove; **~o** adj brown; auburn; m chestnut-tree
castello m castle; mech tower; (watch) train; **~ in aria** castle in Spain; **~ di prua** forecastle
castig|are v/t punish; chastise; **~o** m punishment
cast|ità f chastity; **~o** chaste
castoro m beaver
castr|are v/t castrate, geld; **~one** m gelding
casuale casual; accidental
casùpola f hut
catacomba f catacomb
catàlogo m catalogue
cataplasma m poultice
catapulta f catapult
catarifrangente m reflector stud; cat's eye
catarro m catarrh; cold
catast|a f pile; heap; **~o** m register of landed property
catàstrofe f catastrophe
catechismo m catechism
categoria f category; class
catena f chain; **~ccio** m bolt
cateratta f sluice; waterfall; med cataract
catètere m catheter
catinell|a f basin; **piove a ~e** it rains in torrents
catram|are v/t tar; **~e** m tar

càttedra f desk; chair

cattedrale f cathedral

cattiv|eria f wickedness; **~o** bad; naughty; **mare** m **~o** rough sea

catt|olicismo m catholicism; **~òlico** m, f, adj catholic

cattura f capture; arrest

cau(c)ciù m india-rubber

causa f cause; (law)suit; **far ~** take legal action; **a ~ di** on account of

caus|ale f cuase; motive; **~are** v/t cause; bring about

cautela f caution

cauto cautious

cauzione f bail; security

cav abbr for **cavaliere**

cava f quarry; pit; **~fango** m dredger

cavalc|are v/t ride; v/i ride on horseback; **~ata** f ride; **~atore** m rider

cavalci|one (**~oni**) astride

cavaliere m horseman; knight

cavall|a f mare; **~etta** f grasshopper; **~etto** m trestle; **paint easel**

cavallo m horse; **~ da corsa** race-horse; **~ da sella** saddle-horse; **andare a ~** ride on horseback

cavallo-vapore m horsepower

cavare v/t dig; (tooth) extract

cava|stivali m boot-jack; **~tappi** m cork-screw

caverna f cave

cavezza f halter

cavia f guinea-pig

caviale m caviar

caviglia f plug; ankle

cav|ità f cavity; hole; **~o** adj holow; m cable

cavolfiore m cauliflower

càvolo m cabbage; **~ rapa** m kohlrabi; **~ cappuccio** white cabbage

cazzuola f trowel

C/c = conto corrente

cece m chick-pea

cecità f blindness

Cecoslov|acchia f Czechoslovakia; **2acco** m, adj Czecho-Slovak

cèdere v/t cede; give up; v/i yield; give in

ced|évole yielding; **~ibile** transferable

cèdola f coupon

cedro m cedar

ceffo m snout; muzzle

celare v/t conceal

celebèrrimo cf **cèlebre**

celebr|are v/t celebrate; praise; **~azione** f celebration

cèlebre famous; celebrated

celebrità f celebrity

cèlere rapid; quick

celerità f rapidity; speed

celeste heavenly; sky-blue

celia f jest; joke; **~re** v/i joke

celibato m celibacy

cèlibe adj single; unmarried; m bachelor

cell|a f cell; **~òfane** m cellophane

cèllula f cell

celluloide f celluloid

cèltico Celtic

cement|are v/t cement; fig strenghten; **~o** m cement; **~o armato** reinforced concrete

cen|a f supper; **~àcolo** m supper-room; paint Last-Supper; **~are** v/i dine; sup

cencio m rag; **cappello m a ~** soft hat

cénere f ash; **le Céneri** Ash-Wednesday

cenno m sign; **fare ~** wave; nod

cens|o m wealth; income; **~uare** v/t tax; asses; **~ura** f censure

cent|enario adj centenarian; m centenary; **~èsimo** adj hundredth; m hundredth part; centime; **~ìgrado** m centigrade; **~ìmetro** m centimetre; **~inaio** m hundred

centr|ale adj central; f head-office; **~alino m telefònico** telephone exchange; **~o** m centre

ceppo m stump; block

cera f wax; (boot-)polish; look; **avere buona (cattiva) ~** look well (ill); **~lacca** f sealing-wax

cer|àmica f ceramics pl; **~ata** f oil-cloth

cerc|a f search; quest; **~are** v/t look for; seek; v/i try

cerchi|a f circle; sphere; **~are** v/t hoop; **~atura** f hooping; **~one** m rim; tyre; **~one di ricambio** spare-tyre

cereali m/pl cereals pl

cerebrale cerebral

cèreo waxen; very pale

cererìa f wax-factory; wax-chandler's shop

cerimònia f ceremony; formality

cerimoni|ale ceremonial; **~oso** ceremonious

cer|inaio m match-seller; **~ino** m (wax-)match; **~o** m (church-)candle; **~otto** m plaster; fig bore

cert|ezza f certainly; **~ificare** v/t certify; confirm; **~ificato** m certificate; **~o** certain; sure

cerùleo sky-blue

cervello m brain; fig brains

cervice f cervix

cervo m stag; deer

cespuglio m bush; thicket

cess|are v/t, v/i cease; **~ione** f cession; transfer

cesso m water-closet

cest|aio m basket-maker; **~ino** m small basket; waste-basket; **~o** m hamper; basket; tuft

ceto m order; rank; **~ medio** middle class

cetra f zither

cetriolo m cucumber

che who, which; what; that; **ciò ~** that which ...; conj that; (after comparative) than; **ma ~!** not at all!; **~bell'idea!** what a good idea!

checché whatever

cherubino m cherub

chet|are v/t calm; **~o** quiet

chi who; whom; **di ~?** whose?; **a ~?** to whom?

chiàcchier|a f chat; gossip;

far due ~e have a chat
chiacchier|are v/i chatter; ~ata f chat
chiam|are v/t call; ring up; tel ring up; ~arsi v/r be called; ~ata f telefònica phone-call
Chianti m Tuscan wine
chiappamosche m fly-trap
chiar|ezza f clearness; ~ificare** v/t clarify; ~ire** v/t make clear; ~o clear; bright; evident; m light; ~o di luna** moonlight; ~o d'uovo white of an egg; ~oscuro light and shade; ~oveggenza f clairvoyance
chiasso m noise; **fare ~** fig make a sensation
chiatta f barge
chiave f key (mus); ~e inglese monkey-wrench; aut ~etta d'accensione ignition key; ~istello m bolt
chiazzato spotted; stained
chicco m (coffee-)bean; grain; hailstone
chièdere v/t ask (**di** for); request
chiesa f church
chilo m kilo; **fare il ~** rest a while after dinner; ~gramma m kilogram(me)
chilòmetro m kilometre
chilowatt m kilowatt
chìmic|a f chemistry; ~o adj chemical; m chemist
chimono m Kimono
chin|a f slope; ~are v/t bend; bow; ~arsi v/r stoop; fig submit; ~o bent
chincaglie f/pl knick-knacks pl
chinino m quinine
chiocci|a f brooding-hen; ~are v/i cluck
chiòcciola f snail; **scala** f a ~ winding staircase
chiodo m nail; spike
chioma f mane
chiosco m kiosk; stall
chiostro m cloister; convent
chirurg|ia f surgery; ~o m surgeon
chissà who knows; perhaps
chitarra f guitar
chiùdere v/t close; shut (up); ~ **a chiave** lock
chiunque whoever
chius|a f conclusion; barrier; lock (of canal); ~ura f closing (down); ~ura lampo zipper
ci pron pers us; adv here, there; to it; at it; ~ **penso** I think about it
C.ia = Compagnìa
ciab|atta f slipper; ~attino m cobbler
cialda f waffle
ciambella f doughnut
ciano m cornflower
ciao hallo, hi; so long!
ciarl|a f idle talk; ~are v/i gossip; ~atano m charlatan; mountebank
ciarpa f scarf
ciascuno each (one); everybody
cib|o m food; nourishment (also fig); ~m /pl **vegetariani** a vegetarian diet
cicala f cicada
cicatrice f scar

cicca f cigar-butt; cigarette-end

cicerone m guide

cicl|ismo m cycling; **~ista** m, f cyclist; **~o** m cycle; **~one** m cyclone

cicogna f stork

cicoria f chicory

cieco adj blind; m blind man; **vicolo** m ~ blind alley

cielo m sky; heaven

cifra f figure; **~ d'affari** turnover

ciglio m eyelash

cigno m swan

cigolìo m creaking

ciliegi|a f cherry; **~o** m cherry-tree

cilin|drata f cylinder displacement; **~dro** m cylinder; roller; top-hat

cima f top; summit; **da ~ a fondo** from top to bottom

cimentoso perilous; risky

cimice f (bed)bug; drawing-pin

ciminiera f smoke-stack; funnel

cimitero m cemetery

Cina f China

cine abbr for **cinema**

cinegiornale m news reel

cinema m, **cinematògrafo** m cinema; movies

cinèreo ash-coloured

cinese m, f, adj Chinese

cingere v/t gird; encircle

cinghi|a f strap; belt; **~ale** m wild boar

cinguettare v/i chirp

cìnico adj cynical; m cynic

cinqu|anta fifty; **~antena-**
rio m fiftieth anniversary

cintura f belt; girdle; **~ di salvataggio** life belt; **~ di sicurezza** safety belt

ciò this; that; it; **a ~ for** this purpose

ciocco m log

cioccol|ata f chocolate; **~a-tino** m chocolate drop

cioè, ~ a dire that is to say; namely

ciottolato m cobbled pathway

ciòttolo m pebble

cipoll|a f onion; **~ina** f young onion; chive

cipress|eto m cypress grove; **~o** m cypress

cipria f face-powder

circ|a about; **~o** m circus

circolare v/i circulate; adj circular; **viaggio** m ~ round trip; **biglietto** m ~ return ticket; **(lèttera)** ~ f circular (letter)

circolazione f circulation; traffic

circolo m circle; club; group

circondare v/t surround, encompass

circonvallazione f circumvallation; **linea** f **di ~** roundabout tramway

circostanza f circumstance; occasion

circ|uire v/t surround; **~ùi-to** m circuit; **corto ~ùito** short circuit

cistifèllea f gall-bladder

citare v/t quote; cite; summon

città f town; city; **~ giardino**

garden city; ~ **universitaria** campus; ~ **vecchia** old (part of a) city

cittadin|anza f citizenship; ~**o** adj civic; m citizen

ciuffo m tuft; forelock

ciurm|are v/t cheat

civett|a f owl; ~**are** v/i flirt

civic|o adj civic; civilian; m civilian; **guardia** f ~**a** municipal guard

civile civil; civilized; **guerra** f ~ civil war; **stato** m ~ registrar's office

civiltà f civilization; courtesy

clacson m horn

clam|ore m clamour; ~**oroso** noisy

clandestino clandestine; secret

clarinetto m clarinet

classe f class; **prima** ~ first class; ~ **turistica** tourist class

clàssico adj classic(al); m classic

classificare v/t classify; grade

clàusola f clause

clava f club

clavicola f collar-bone

clem|ente mild; merciful; ~**enza** f clemency

clero m clergy

cliente m, f client; customer; ~ **abituale** regular customer; ~**la** f clientele

clim|a m climate; ~**àtico** climatic; **stazione** f ~**àtica** climatic health-resort

clìnica f clinic

cloaca f sewer; drain

clòrico chloric

cloro m chlorine; ~**si** f chlorosis

c. m. = corrente mese current month

coabitare v/i live together

co|aderente adherent together; ~**adiuvare** v/t help

coagularsi v/r coagulate

coalizione f coalition

cobalto m cobalt

cobra m cobra

cocaina f cocaine

cocchiere m coachman; driver

cocci m/pl earthenware; ~**nella** f ladybug

cocci|o potsherd; ~**uto** obstinate

cocco m coco(nut); fam darling

coccodrillo m crocodile

cocolla f cowl

cocòmero m watermelon

coda f tail; train (dress); line; **piano** m **a** ~ grand piano; **fare la** ~ queue up; ~**rdo** adj cowardly; m coward

codesto this, that

còdice m code; ~ **stradale** highway code

coercitivo coercive; compulsive

coe|rede m co-heir; ~**rente** coherent; consistent; ~**sistenza** f coexistence; ~**sivo** cohesive

coetàneo of the same age

còfano m casket; chest; aut hood

coffa f mar top

cògliere v/t gather; catch; seize (opportunity)

cognàc m cognac; brandy

cogn|ata f sister-in-law; **~ato** m brother-in-law

cògnito known

cognizione f knowledge

cognome m surname; family name

coincidenza f coincidence; rail connection

coinvòlgere v/t involve

cola f strainer; sieve

colà (over) there

col|are v/t strain; cast (metal); v/i drip; **~ata** f cast; lava stream

colazione f breakfast; lunch; **far ~** have breakfast (lunch)

colei she; her

coler|a m cholera; **~ina** f British cholera

còlica f colic

colla f paste; glue

collabor|are v/i collaborate; **~atore** m collaborator

coll|ana f necklace; **~are** m collar; bands pl; **~asso** m collapse

colle m hill

collega m,f colleague

collegare v/t connect; unite

colleg|iale adj collegial; m college boy; **~io** m boarding-school; college; (professional) body

còllera f anger; **andare in ~** fly into a passion

collèrico choleric

collett|a f collection; **~are** v/t collect; **~ivo** collective

joint

colletto m collar

collezion|e f collection; **~ista** m, f collector

collimare v/i coincide; agree

collina f hill

collisione f collision

collo m neck; com parcel

colloc|amento m placement; **agenzia / di ~amento** employment agency; **~are** v/t place; put

collòquio m conversation; talk

colloso sticky

colm|are v/t fill up; **~o** adj full up; m summit

colombo m dove

colonia f colony; settlement; **le** colonial; **gèneri** m/pl **~li** groceries

colonn|a f column; pillar; **~ello** m colonel

color|are v/t colour; **~ato** coloured; **~e** m colour; **~ire** v/t colour; paint; **~itura** f colouring

coloro they; those

colossale colossal

colp|a f fault; guilt; **~évole** guilty; **~etto** m light blow, tap

colpire v/t strike; hit

colpo m blow; stroke; hit; shot; **~ d'aria** draught; **~ di mano** sudden attack; **~ di sole** sun-stroke; **~ di stato** coup d'état; **~so** guilty

colta f harvest

coltell|ata f stab; **~o** m knife;

comodità

~o a serramànico jack-knife

coltiv|are v/t till; grow; fig cultivate; **~azione** f agr farming

colto learned; educated; gathered

coltr|e f coverlet; pall; **~one** m quilt

coltura f cultura; farming

colui m; him

coma m coma

comand|amento m commandment; **~ante** m commander; **~are** v/t command; **~are qc** com order s.th.; **~o** m command; order; mech drive; control

comare f godmother

comb|àttere v/i fight; v/t fight against; **~attimento** m combat

combin|àbile combinable; **~are** v/t combine; **~azione** f agreement; chance

combustìbile adj combustible; m fuel

come how; as; like; ~ **me** like me; ~ **se** as if; ~ **mai** ? why (on earth)?

cometa f comet

còmico comic(al); **poeta** m **~** comic writer

comìgnolo m chimney-top; ridge

cominciare v/t, v/i start; begin

comino m cumin

comit|ato m committee; board; **~iva** f party; company

commèdia f comedy

commedi|ante m, f comedian; **~ògrafo** m playwright

commemor|are v/t commemorate; **~ativo** memorial

commensale m table companion

comment|are v/t comment; **~atore** m commentator; **~o** m comment; commentary

commerci|ale commercial; **società** f **~ale** business concern; **~ante** adj trading; m dealer; business man; merchant; **~are** v/i trade; deal; **~o** m business; **~o èstero** foreign trade

commesso m clerk; employee; **~ viaggiatore** travelling salesman

commestìbili m/pl foodstuffs pl

commèttere v/t (crime) commit; com order

commiss|ariato m **di pùbblica sicurezza** police station; **~ario** m commissary; **~ione** f order; errand; committee; **~ione** f **interna** works council

commisto mixed

committente m,f customer

comm|ovente moving; **~ozione** f commotion; **~uòvere** v/t move; touch; affect

commut|are v/t commute; **~azione** f commutation; elec switching

comò m chest of drawers

comod|are v/i suit; **~ino** m bedside table; **~ità** f comfort; convenience

còmodo comfortable; well off

compaesano m compatriot

compagn|a f female companion; **~ia** f company; **~o** m mate; com partner

compar|àbile comparable; **~are** v/t compare; **~azione** f comparison

compare m godfather

comparire v/i appear

compart|ecipare v/i share (in); **~ecipazione** f share; **~imento** m compartment; department; **~imento per (non) fumatori** (non) smoking compartment

compassi|one f pity; compassion (**di** with); **~onévole** pityful

compasso m compasses pl

compatibile compatible

compatriota m, f compatriot; m fellow-countryman

compatto compact

compendi|are v/t summarize; **~o** m compendium; digest

compens|àbile compensable; **~are** v/t compensate; **~o** m reward; compensation; **stanza di ~o** clearing house

comperare cf comprare

com|petente competent; qualified; **~petenza** f competence; **~pètere** v/i compete

compiac|ente obliging; **~enza** f kindness; complacence; **~ere** v/t please; comply (with)

compiàn|gere v/t lament; pity; **~to** m bemoaned

còmpiere v/t accomplish; fulfil

compilare v/t compile

comp|imento m accomplishment; fulfilment; **~ire** cf **còmpiere**

compit|are v/t spell; **~ezza** f politeness; **~o** m accomplished

còmpito m task

compleanno m birthday

complementare complementary

compless|ione f constitution (health); **~ivo** total; **~o** m whole; complex

complet|are v/t complete; **~o** complete; entire; full (up)

complicare v/t complicate

còmplice adj accessory; m,f accomplice

complim|entare v/t congratulate; compliment (s.o.); **~enti** m/pl: **fare ~enti** stand on ceremony

complotto m plot

comp|onimento m composition; essay; **~orre** v/t compose; arrange; **~orsi di** consist of; **~ositore** m type-setter; composer

comport|àbile tolerable; **~are** v/t bear; tolerate; **~arsi** v/r behave

compos|itore m composer; **~izione** f composition

comp|osta f compote; stewed fruit; **∼ostiera** f dish for compote; **∼osto** composed; settled

compr|a f purchase; **∼are** v/t buy; **∼atore** m buyer

comprèndere v/i comprehend; realize; include

compren|sibile understandable; **∼sione** f comprehension

compreso: tutto ∼ everything included

compress|a f compress; tablet; **∼ione** f compression

comprimere v/t compress

compromettere v/t compromise

comprov|àbile provable; **∼are** v/t prove (by evidence)

compunto repentant

comput|àbile computable; **∼are** v/t compute; reckon

còmputo m computation

comunale municipal; **consiglio** m **∼** city council

comune common; usual; mutual; **in ∼** in common

communic|are v/t communicate; inform; v/i eccl communicate; be in communication; **∼azione** f communication; rail, tel connection

comunione f communion; eccl Communion

comun|ismo m communism; **∼ista** m, f communist

comunità f community

comunque however; anyway

con with; by; to

cònca f tub; shell; **∼vo** hollow

concèdere v/t grant; concede; allow

concentr|are v/t concentrate; **∼arsi** v/r concentrate (attention); gather; **∼azione** f concentration

concep|ibile conceivable; **∼ire** v/t conceive

conceria f tannery

concèrnere v/t concern

concert|are v/t plan; concert; **∼o** m concert

concessione f concession; grant

concetto m conception; idea

conchiglia f shell

conchiùdere cf conclùde

conci|a f tan; tanning; **∼atore** m tanner

concili|are v/t reconcile; **∼arsi** v/r make up; reconcile; **∼azione** f (re)conciliation; eccl **∼o** m council

concime m compost; manure

conciso concise

concitare v/t agitate

concittadino m fellow-citizen

conclave m conclave

concl|ùdere v/t close; v/i draw the conclusion; **∼usione** f conclusion; **∼usivo** conclusive

concomitante concomitant

concord|anza f agreement; **∼are** v/t, v/i agree (upon); **∼ia** f harmony; agreement

concorr|ente m competitor; candidate; **∼enza** f competition

concórrere v/i compete; contribute (**a** to)

concorso m concourse; competition; tournament

concreto concrete

concubina f concubine

concussione f extortion

condanna f condemnation; **~ a morte** death sentence

condann|àbile condemnable; **~are** v/t sentence (**a** to); condemn

condensare v/t condense; thicken

cond|imento m seasoning; **~ire** v/t season

condisc|endente condescendent; indulgent; **~éndere** v/i condescend; comply (with)

condiscépolo m schoolmate

condizion|ale m, adj conditional; **~e** f condition; state; **a ~e che** on condition that

condoglianza f condolence

condolersi v/r: **~ con qu** condole with s.o.

cond|otta f conduct; behaviour; auto: driving; **mèdico ~otto** panel doctor

conducente m driver

cond|urre v/t guide; drive; **~ursi** v/r behave; **~uttore** m leader; rail conductor; manager

confer|ale confederate; **~arsi** v/r unite; confederate; **~ato** m confederate; ally; **~azione** f confederation

confer|enza f lecture; conference; **~enziere** m lecturer; **~ire** v/t confer; bestow

conferm|a f confirmation; **~are** v/t confirm; **mi confermo ... letter:** I remain ...

confess|are v/t confess; admit; **~arsi** v/r go to confession; **~ione** f confession; **~o** pleading guilty; **~ore** m confessor

confett|are v/t candy; **~eria** f confectionary; confectioner's shop; **~i** m/pl candies pl; **~ura** f sweetmeat

confezionare v/t manufacture; make

confid|are v/t confide; v/i confide (**in** in); **~enza** f confidence; **~enziale** confidential

configgere v/t nail; fix (**in** memory)

configurare v/t shape; symbolize

confin|are v/t confine; v/i border (**con** on); **~e** m border; boundary; **~o** m politico political confinement

confisc|a f confiscation; **~are** v/t confiscate

conflitto m conflict

conflu|ente m confluent; **~ire** v/i flow together

confóndere v/t confound; confuse: addle

conform|are v/t conform; **~e** conforming; **~e a** in conformity with; in accordance with

confort|àbile consolable; **~are** v/t encourage; **~o** m comfort; relief

confronto m comparison

conf|usione f confusion; **~u-so** mixed up; confounded

conged|are v/t dismiss; give leave; **~o** m leave; farewell

congegno m device; contraption; gadget

congelarsi v/r congeal; freeze

congènito congenital

congestione f: **~ cerebrale** congestion of the brain

congetturare v/i conjecture; surmise

con|giùngersi v/r join; **~giuntivo** m subjunctive; **~giuntivite** f conjunctivitis; **~giunto** adj joint; m relative; **~giuntura** f juncture; conjuncture; anat joint; **~giunzione** f (con)junction

congiur|a f conspiracy; plot; **~are** v/i plot

congratul|arsi v/r: **~arsi con qu** congratulate s.o. (on); **~azione** f congratulation

congregare v/r congregate

congresso m congress; convention

congruente congruent

coniare v/t coin; fig invent

cònico conical

conifere f/pl conifers pl

coniglio m rabbit

conio m wedge; coin

coniug|are v/t conjugate; **~azione** f conjugation

còniuge m husband; f wife; **còniugi** m/pl X Mr. and Mrs. X

conness|ione f connection; **~o** related

connotato m feature

cono m cone

conosc|ente m,f acquaintance; **~enza** f knowledge; acquaintance

conóscere v/t know; be acquainted with

conoscitore m connoisseur

conqu|ista f conquest; **~istare** v/t conquer; **~istatore** m conqueror

consacr|are v/t consecrate; devote; **~azione** f consecration

consanguíneo adj akin; m kin(sman)

consapévole conscious; aware

conscio conscious; aware

consecutivo consecutive

consegn|a f delivery; consignment; **~a bagagli** cloak-room; **~are** v/t deliver; consign; hand over

conseguente following; **~enza** f consequence; **~itare** v/i result (**di** from)

consenso m consent

consentire v/t consent

conserv|a f preserve(s); **~are** v/t preserve; keep; **~atore** m, adj conservative; **~azione** f conservation; preservation

consider|àbile considerable; **~are** v/t consider; **~azione** f consideration; **~évole** considerable

consigli|are v/t advise; counsel; **~ere** m counsellor; adviser

consiglio m advice; council; board

consistenza f consistency; solidity

consistere v/i consist (**in, di** in, of)

consocio m co-partner

consolare v/t console; comfort; **~ato** m consulate; **~azione** f solace; comfort

console m consul

consolidare v/t consolidate

consommé m broth

consonante adj conforming; f gram consonant

consorte m,f consort; mate

consorzio m syndicate; trust

constare v/i: **~ di** consist of

constatare v/t ascertain

consueto customary; habitual

consuetùdine f habit

consultare v/t consult; **~azione** f consultation

consumare v/t consume; fig wear out; **~o** m consumption; **imposte di ~o** excise tax

consunto consumed; worn out

contàbile m accountant; book-keeper

contabilità f book-keeping

contachilòmetri m speedometer

contadina f peasant-woman; **~ino** adj rustic; m farmer; peasant

contagioso contagious

contaminare v/t contaminate; pollute; **~azione** f dell'aria air pollution

contante m cash; **pagare in ~anti** pay in cash; **~are** v/t, v/i count; **~are su** v/t count on; rely on

contatto m contact; touch

conte m count; earl

conteggiare v/t compute; **~eggio** m reckoning; calculation

contemplare v/t contemplate; **~azione** f contemplation

contemporàneo adj contemporaneous; m contemporary

contèndere v/t contest; v/i contend

contenere v/t contain; **~ersi** v/r restrain oneself

contentare v/t satisfy; **~arsi** v/r be content (**di** with)

contento satisfied (**di** with)

contenuto m contents pl

contesa f contest; strife

contessa f countess

contestare v/t contest

contesto m context

contiguo adjacent

continente adj chaste; m continent; **~enza** f continence

continuare v/t, v/i continue; **~azione** f continuation

continuo continuous; **di ~o** continuously

conto m calculation; bill; account; **rèndere ~ di** account for; **rèndersi ~ di qc** realize s.th.; **in fin dei conti** ultimately; **~ corrente** current account

contòrcere v/t distort

contorno m contour; outline; gast (side-dish) vegetables pl

contorsione f contortion

contrabbando m smuggling

contrac|cambiare v/t return; reciprocate; **~cambio** m equivalent

contrada f region; road

contradd|ire v/t contradict; **~izione** f contradiction

contraf|fare v/t imitate; forge; **~farsi** v/r feign

contrap|peso m counterbalance; **~porre** v/t oppose

contrari|are v/t counteract; vex; **~età** f vexation; obstacle

contrario contrary; adverse; **èssere ~** be against; **al ~** on the contrary

contrarre v/t contract; stipulate; **~si** v/r shrink

contr|astare v/t oppose; v/i be in contrast (with); **~asto** m contrast; opposition; **~attacco** m counter-attack

contratt|are v/t negotiate; bargain; **~o** m contract

contrav|veleno m antidote; **~venire** v/i infringe; **~venzione** f violation; fine

contrazione f contraction

contri|buente m/f taxpayer; **~buire** v/i contribute; **~buto** m contribution; **~buzione** f contribution; tax

contro against; versus; **~ assegno** COD

controll|are v/t control; check; **~o** m control; inspection; **~ore** m controller;

(ticket-) collector

contum|ace for defaulting; **~acia** f for default; quarantine

conturbare v/t disturb

contusione f contusion

convalesc|ente m, f, adj convalescent; **~enza** f convalescence

convalidare v/t validate; confirm

convegno m meeting

conven|évole, ~iente convenient; **~ienza** f convenience; **~ire** v/i meet; agree; suit; **~irsi** v/r be fit; be proper

convento m convent; monastery

convenzion|ale conventional; **~e** f convention

convèrgere v/i converge

convers|are v/i converse; talk; **~azione** f conversation; **~ione** f (eccl, pol) conversion

convert|ire v/t change; convert; **~irsi** be converted; **~ito** m convert

convesso convex

con|vincere v/t convince; **~vinzione** f conviction

conv|ito m banquet; feast; **~itto** m boarding-school

convìvere v/i live together

convocare v/t convoke

convòglio m convoy; **~ fùnebre** funeral procession

convul|sione f convulsion; **~sivo** convulsive

cooper|are v/i cooperate; **~ativa** f cooperative society

coordin|are *v/t* coordinate;
~azione *f* coordination
coperchio *m* lid; cover
copert|a *f* blanket; cover;
naut deck; **~ina** *f* cover (*of books*); **~o** *adj* covered; *fig* masked; **~a** (*table*) cover;
~one *m* tarpaulin; *auto:* tyre
copia *f* abundance; copy;
specimen; **bella ~** fair copy;
~lèttere *m* letter-book;
copying-press
copi|are *v/t* copy; transcribe; **~are qu** imitate s.o.;
lapis *m* **~ativo** copying pencil; **~one** *m* scenario
copioso copious
coppa *f* cup; trophy
coppia *f* couple
copri|fuoco *m* curfew; **~re** *v/t* cover; **~tetto** *m* tile-layer
copulare *v/t* copulate; join
coraggio *m* courage; **~so** brave
corale *m* choral; **società** *f* **~** choral society
corall|aio *m* coral-dealer;
banco *m* **~ífero** coral reef;
~o *m* coral
corano *m* Koran
corazza *f* cuirass
corbell|aio *m* basket-maker;
~o *m* basket
cord|a *f* rope; cord; string;
chord; **~a vocale** vocal chord; **~aio** *m* rope-maker;
~ame *m* cordage; *naut* rigging; **~ellina** *f* small cord;
string
cordial|e hearty; **~ità** *f* cordiality

cordonare *v/t* surround;
girdle
cordone *m* cordon; braid
Corea *f* Korea
coreografia *f* choreography
coriandoli *m/pl* confetti
coricarsi *v/r* lie down; go to
bed; set (*sun*)
corista *m, f* chorus-singer; *m*
tuning-fork
cornamusa *f* bagpipe
cornatura *f* antlers *pl*
còrnea *f* *anat* cornea
corn|eggiare *v/t* butt; **~etta**
f cornet; bugle; *aut* hooter
cornice *f* frame; **~tta** *f* **per
diapositive** slide frame
corniciare *v/t* frame
corno *m* horn; bump (*head*);
corn (*foot*); **~ da scarpe**
shoe-horn
coro *m* chorus
coron|a *f* crown; wreath;
~are *v/t* crown; **~azione** *f*
coronation
corp|etto *m* waistcoat; vest;
~o *m* body; corps; **~orale**
bodily; **~ulenza** *f* corpulence
corred|are *v/t* provide;
equip (**di** with); **~o** *m* outfit;
trousseau
corrègg|ere *v/t* correct; **~er-
si** *v/r* amend
correlazione *f* coreelation
corrente *adj* running; flowing; *f elec* current; stream;
fig trend; **~ alternata** alternating current; **~ continua**
direct current; **~ d'aria**
draught
córrere *v/i* run; flow; be

current (*money*); **~ in aiuto di qu** run to s.o.'s assistance; **~ pericolo** run a risk

corr|ettivo *adj* corrective; *m* corrective agent; **~etto** correct; right; **~ezione** *f* correction

corridoio *m* corridor; passage; lobby

corr|iera *f* mail coach; **~iere** *m* courier; mail; **a volta ~iere** by return of mail

corris|pondente *m, f* correspondent; **~pondenza** *f* correspondence; **~póndere** *v/i* correspond; *v/t* allow; pay

corrivo rash; inconsiderate

corroborare *v/t* corroborate; strenghten

corródere *v/t* corrode

corrómpere *v/t* corrupt; bribe

corrugare *v/t* wrinkle; frown

corruttibile corruptible

corruzione *f* corruption

corsa *f* run; race; **cavallo m da ~** race-horse; **di ~** running

corsaro *m* corsair

corseggiare *v/t, v/i* privateer

corsetto *m* corset

corso *m* course; trend; *com* rate; **~ m**, *adj* Corsican

corte *f* court; **d'assise** court of assize; Court of General Sessions

corteccia *f* bark; crust

corteggi|amento *m* courtship; **~are** *v/t* court

cort|eggio *m*, **~èo** *m* procession; attendance; suite; **~eggio, ~èo fùnebre** funeral procession; **~ese** courteous; polite; **~esia** *f* politeness; **per ~esia** please; kindly

cortezza *f* shortness; **~ di mente** narrow-mindedness

corti|giano *m* courtier; flatterer; **~le** *m* courtyard

cortina *f* curtain

corto short; brief; *fig* shortwitted; **tagliar ~** cut short; **tenersi ~** be brief

corvino jet-black

corvo *m* raven; crow

cosa *f* matter; thing; **(che) ~?** what?; **qualche ~** something; **a che ~?** what for?; **di che ~?** of what?

coscetto *m* leg (*of lamb*)

coscia *f* thigh

coscien|te conscious; aware; **~za** *f* conscience; consciousness; **~zioso** scrupulous

coscri|tto *m* conscript; **~zione** *f* conscription; draft

così so; thus; **~ ~** not too bad

cosicché so that

cosiddetto so called

cosiffatto such

cosm|ètici *m/pl* cosmetics *pl*; **~òpoli** *f* metropolis

cospetto *m*: **al ~ di** in front of; facing

cosp|icuità *f* conspicuousness; **~icuo** prominent

cospir|are *v/i* conspire; **~azione** *f* plot

costa *f* rib; shore; coast

costà (over) there

costan|te constant; firm; **~za** f steadiness; firmness; perseverance

cost|are v/i cost; **~a molto** it's dear

costat|are v/t state; notice; **~azione** f statement

costeggiare v/t coast; skirt; naut sail along

costei she; her

costellazione f constellation

costern|are v/t dismay; **~ato** abashed; **~azione** f consternation

costì there

costiera f coast; shore

costip|ato constipated; having a cold; **~azione** f constipation

costit|uire v/t constitute; form; **~utore** m constitutor; **~uzione** f formation; pol constitution

costo m cost

còstola f rib

costoletta f cutlet; chop; **~ di maiale** pork chop

costoro those

costoso costly; dear; valuable

costringere v/t compel; force; constrain

costr|uire v/t build; **~uttivo** constructive; **~uttore** m constructor; **~uzione** f building; construction

costui he; him

costum|anza f custom; usage; **~ato** well-mannered

costum|e m usage; habit; costume; dress; **~e da ba-gno** bathing suit; **cattivi (buoni) ~i** pl loose (good) morals pl

cote f whetstone

cotidiano daily

cotogna f quince

coton|e m cotton; **~erìe** f/pl cotton goods pl; **~ificio** m cotton-mill

cotta f surplice; fig infatuation

còttimo m job-work; **lavorare a ~** work by the job

cov|a f brood; **~are** v/t brood; hatch; v/i smoulder (hatred)

cov|ile m couch; **~o** m den; lair

covone m sheaf

crampo m cramp

cranio m skull

cràpula f excess; debauch

crapulare v/i revel

cratère m crater

crauti m/pl **acidi** sauerkraut

cravatta f (neck-) tie

creanza f breeding; manners pl

creare v/t create; appoint

crea|to m universe; **~tore** adj creating; m creator; **~tura** f creature; **~zione** f creation

credente m eccl believer

creden|za f pantry; sideboard; belief; com credit; **~iali** f/pl credentials; **~one** m credulous person

crédere v/t, v/i believe (**in** in); think

cred|ibile credible; **~ibilità** f credibility

crédito m credit; fig reputa-

tion; **méttere a ~** credit
cred|itore m creditor; **~o** m faith; credo
crèdulo credulous
crema f cream; **~ caramella** custard; **~ da barba** shaving cream; **~ solare** suntan cream; **~ da scarpe** shoe polish; **~ di gelato** ice-cream; **~ per la pelle** skin cream
crem|are v/t cremate; **~atoio** m, **~atorio** m crematory; **~azione** f cremation
crèmisi m, f crimson
cren(no) m horse-raddish
crepa f crack; fissure; **~cuore** m heart-break
crep|are v/i crack; burst; die; **~atura** f crack
crepit|are v/i crackle; **~io** m, **crèpito** m crackling; rattling
crepùscolo m twilight
crescendo mus growing
créscere v/i grow; increase
créscita f growth
crèsima f eccl confirmation
cresimare v/t confirm
crespa f wrinkle; crease; **~o** adj crisp; m crape
creta f clay; **~àceo** clayey
cricch|e! bang!; **~iare** v/i crack; **~io** m crackling
cricco m lifting-jack
criminale m, f, adj criminal
crimine m crime
criminoso criminal
crin|e m hair; **~iera** f mane; **~o** m horsehair
cripta f crypt
crisi f crisis

cristall|ino crystalline; **~izzare** v/t, v/i crystallize; **~o** m crystal; (window-)pane
cristian|a f Christian; **~ésimo** m Christianity; **~o** m, adj Christian
Cristo m Christ
criterio m criterion; sense
critica f criticism; critique
criticare v/t criticize
critico adj critical; m critic
crivell|are v/t sift; riddle; **~o** m sieve
croccante adj crisp; m almond cake
crocchett|a f meat-ball; croquette; **~o** m small hook
crocchi|are v/t tap; v/i cluck (hen)
croce f cross; **fare il segno della ~** cross o.s.; **~fisso** m crucifix; **~via** m cf **crocicchio**
croci|ata f crusade; **~ato** m crusader; **~icchio** m cross-road; rail junction; **~iera** f cruise; **~ifiggere** v/t crucify; **~ifissione** f crucifixion; **~ifisso** m crucifix
croll|are v/i collapse; v/t shake; **~o** m breakdown; crash
cromo m chrome
cromolitografia f chromolithography
cromosoma m chromosome
cròn|aca f chronicle; review; news; **~ico** adj chronic
cronista m, f reporter; **~ologia** f chronology; **~ològico** chronological

crosciare *v/i* pelt; roar

crost|a *f* crust; *med* scab; **.ata** *f* pie

crucci|are *v/t* worry; vex; **.io** *m* worry; vexation; **.io-so** angry

cruciale crucial

cruciverba *m* cross-word; puzzle

crud|ele cruel; **.eltà** *f* cruelty

crudo crude; raw; harsh

crumiro *m* strike-breaker; scrab

cruna *f* eye of a needle

crusca *f* bran; freckles *pl*

cruscotto *m* instrument panel; dashboard

c. s. = come sopra as above

cùbico cubic

cubiforme cubiform

cubo *adj* cubic; *m* cube

cuccagna *f*, **paese m di .** Utopia; *fam* Lubberland

cucchi|aino *m* tea-spoon; **.aio** *m* spoon; **.aione** *m* ladle

cuccia *f* dog's bed

cuccio *m*, **cucciolo** *m* puppy

cuccò *m*, *v/i* cuckoo

cucin|a *f* kitchen; **libro m di .a** a cookery-book; **.are** *v/t* cook

cuc|ire *v/t* sew; **màcchina f da (per) .ire** sewing machine; **.itrice** *f* seamstress; **.itura** *f* seam

cùculo *m* cuckoo

cuffia *f* cap; bonnet; *thea* prompter's box; *radio*: headphones

cugin|a *f*, **.o** *m* cousin

cui (to) whom; (to) which; **di . whose; il . nome** whose name

culinaria *f* cookery

cull|a *f* cradle; **.are** *v/t* cradle

culminare *v/i* culminate

cùlmine *m* summit; top; climax

culo *m* posterior

culto *m* worship

cult|ore *m* cultivator; **.ura** *f* culture; refinement; **.ura-le** cultural

cumul|are *v/t* (ac)cumulate; **.azione** *f* accumulation

cùmulo *m* heap; pile

cùneo *m* wedge

cunetta *f* road-ditch; gutter

cunìcolo *m* underground passage

cuoc|a *f*, **.o** *m* cook

cuòcere *v/t*, *v/i* cook; bake; rost; *fig* vex

cuoi|aio *m* leather-seller; **.o** *m* leather

cuor|e *m* heart; **di (gran) .e** (most) heartily; **stare a .e** have a heart; **.i** *m/pl* playing-cards hearts

cupid|igia *f*, **.ità** *f* cupidity; greed

cùpido covetous; greedy

cupo dark; gloomy; sullen

cùpola *f* dome

cura *f* care; accuracy; *med* cure; treatment; **. della bellezza** beauty culture; **. del corpo** physical culture

cur|àbile curable; **.are** *v/t* take care of; *med* treat; **.ar-**

si v/r **di qc** mind s.th.
curia f court of justice
curios|ità f curiosity; **~o** curious; odd
curriculum m curriculum; **~ vitae** curriculum vitae
curv|a f curve; bend; **~are** v/t curve; **~arsi** bend; bow; **~o** bent; crooked
cuscinetto m **a sfere** ball bearing; **stato** m **~** buffer state
cuscino m cushion
custod|e m custodian; guardian; **~ia** f custody; case; **~ire** v/t guard; keep
cutàneo cutaneous
cute f skin

D

da from; at; to; by; since; at ...'s (house, shop); **vado dal mèdico** I am going to the doctor; **~ ieri** since yesterday; **tazza** f **~ té** tea-cup
dà he gives
dabbene upright
daccapo once more
dacché conj since
dad|o m die (pl dice); **giocare ai ~i** play at dice
dalia f dahlia
dama f lady; play draughts
damasco m damask
danese m, f, adj Danish
Danimarca f Denmark
dann|are v/t damn; **~azione** f damnation; fig plague; **~eggiare** v/t damage; harm; **~o** m damage; **~oso** harmful
della lamiera bodywork damage; **~oso** harmful
dantesco Dantean
Danubio m Danube
danz|a f dance; **~are** v/t, v/i dance
dappertutto everywhere
dap|prima at first; **~princi-**

pio in the beginning
dardo m dart
dare v/t give; **~ il buon giorno** say good morning; **~ del tu** address familiarly (2nd pers sg); **~darsi** v/r **a qc** devote o.s. to sth.
dat|a f date; **~are** v/t, v/i date; **~o** adj given; **~o che** conj supposing that m datum (pl data); **~ore** m di lavoro employer
dàttero m date; date-tree
dattilograf|are v/t type (-write); **~ia** f typewriting
dattilògrafo m typist
dattiloscritto m type-script
davanti prep before; in front of; adv before; m front; fore part
davanzale m window-sill
davvero really; indeed
dazi|àbile dutiable; **~are** v/t lay duty on; **~o** m customs duty
d. C. = **dopo Cristo** after Christ
dea f goddess
debbo I must

delibitare

debilitare v/t weaken

dèbito adj due; m debt; duty

debitore m debtor

débole weak; feeble

debolezza f weakness

decad|enza f decay; **~ere** v/i decay; decline

decano m dean

decapitare v/t decapitate

decennio m decade

decen|te decent; **~za** f decency

decesso m decease

decid|ere v/t, v/i, **~ersi** v/r decide; resolve; make up one's mind

decifrare v/t decipher; decode

decim|ale: sistema m **~ale** decimal system; **~are** v/t decimate

dècimo tenth

decina: una **~** about ten

decis|ione f decision; **~ivo** decisive; **~o** decided

declam|are v/t declaim; **~azione** f declamation

declin|are v/t, v/i decline; reject; **~azione** f declination; deviation; gram declension

declivio m slope

decoll|are v/i aer take off; **~o** m take off; departure

decomporre v/t decompose; dissolve

decor|are v/t decorate; **~azione** f decoration; badge of honour; **⧖o** m decorum; dignity

decrescenza f decrease

decréscere v/i decrease

decr|etare v/t decree; enact; **~eto** m decree

dèdica f dedication

dedicare v/t dedicate; devote; eccl consecrate

dèdito devoted; given (to)

dedizione f devotion; surrender

ded|urre v/t deduct; infer; **~uzione** f deduction

deferente deferential

defici|ente deficient; **~enza** f deficiency

dèficit m deficit

defin|ire v/t define; settle; **~itivo** conclusive; **~izione** f definition; settlement

deform|are v/t deform; disfigure; **~e** deformed; **~ità** f deformity

defraud|are v/t cheat; **~azione** f defrauding; deceit

defunto deceased

degener|are v/i degenerate; **~azione** f degeneration

degènere degenerate

degente bedridden

degli genitive pl m of the

degn|are v/t deem worthy; **~arsi** v/r deign; **~o** worthy; respectable

degradare v/t degrade

dei genitive pl m of the

deità f deity

del genitive sg m of the

delatore m spy; informer

deleg|are v/t delegate; **~ato** m delegate; deputy; **~azione** f delegation

delfino m dolphin

deliber|are v/t, v/i deliberate; resolve; **~ato** adj deliberate; decided; *m* resolution; **~azione** *f* deliberation

delic|atezza *f* delicacy; discretion; **~ato** delicate

delimitare *v/t* delimit

deline|amento *m* delineation; **~are** *v/t* sketch; outline

delinquen|te *m* delinquent; **~za** *f* delinquency

delirio *m* delirium

delitto *m* crime

delizi|a delice; delight; **~oso** delightful; delicious

dell', della, delle, dello of the

del|udere *v/t* delude; disappoint; **~usione** *f* delusion

demanio *m* state property

demarcare *v/t* trace the boundaries of

demen|te insane; **~za** *f* insanity

demeritare *v/t* forfeit

democràtic|o *adj* democratic; *m* democrat

democrazia *f* democracy

demolire *v/t* demolish; tear down

dèmone *m* demon; devil

demoralizzare *v/t* demoralize

denar|o *m* money; **~i** *pl* **contanti** ready cash

denomin|are *v/t* name; **~atore** *m* denominator; **~azione** *f* denomination

denot|are *v/t* denote; **~azione** *f* signification

dens|ità *f* density; **~o** dense; thick

dent|ario: nervo *m* **~ario**

dental nerve; **~e** *m* tooth; *mech* cog; **~e artificiale** artificial tooth; **~e cariate** dental caries; **mal** *m* **di denti** toothache; **radice** *f* **del ~e** root of a tooth; **strappare un ~e** have a tooth extracted; **~iera** *f* set of artificial teeth; toothed gearing; **acqua** *f* **~ifricia** mouth water; **~ifricio, pasta** *f* **~ifricia** *m* tooth paste; **~ista** *m, f* dentist

dentro *prep* in; within; inside

denudare *v/t* strip; divest

denunci|a *f*, **denunzi|a** *f* denunciation; information; **~are** *v/t* denounce; report; **~are il rèddito** declare one's income; **~atore** *m* denunciator

deodorante *m* deodorant

deperire *v/i* perish; decay

depil|are *v/t* depilate; **~atorio** *m, adj* depilatory

deplor|are *v/t* deplore; **~évole** deplorable

deporre *v/t* lay (down); put (down); depose; depone

deportare *v/t* deport

depositare *v/t* deposit

depòsito *m* deposit; warehouse; depot; **~ bagagli** cloak-room; luggage-office

deposizione *f* deposition; *eccl* Descent from the Cross

depressione *f* depression; dejection

deprezzamento *m* depreciation

deprimere *v/t* depress

depurare v/t purify; cleanse

deputato m deputy

deragli|amento m derailment; **~are** v/i run off the rails

deridere v/t deride; laugh at

deriv|are v/t, v/i derive; **~azione** f derivation; tel extension

dermatologìa f dermatology

derogare v/i derogate; disregard

derubare v/t rob

descr|ivere v/t describe; **~izione** f description

deserto adj uninhabited; desolate; m desert

desider|àbile desirable; **~are** v/t desire; want; **~io** m desire; wish

designare v/t designate; nominate

desinare v/i have lunch; m lunch

desinenza f ending

desistere v/i desist

desol|are t desolate; distress; **~ato** desolate; distressed

dest|are v/t awaken; stir; **~arsi** v/r wake up

destin|are v/t destine; **~atario** m addressee; **~azione** f destination; **~o** m destiny

destitu|ire v/t remove; **~zione** f dismissal

desto awake; fig alert

destra f right (hand), side); **a ~** on the right; **tenere la ~** keep to the right; pol conservative party; naut starboard

destrezza f dexterity; skill

destro right; clever

detergente m, adj detergent

deteriorare v/t deteriorate

determin|are v/t determine; **~arsi** v/r resolve (upon); **~ativo** determinative; **~azione** f determination

detestare v/t detest; loathe

detonazione f detonation

detr|arre v/t deduct; **~azione** f deduction; slander

detronizzare v/t dethrone; depose

dettagli|ante m, f retail dealer; **~ato** detailed; **~o** m detail; particular; **véndere al ~** sell by retail

dettare v/t dictate

detto adj said; m saying

devastare v/t devastate

deve he must

devi|amento m rail derailment; **~are** v/i deviate; depart; **~azione** f deviation

devo I must

devot|issimo very truly (yours); **~o** devout; eccl pious

devozione f devotion; piety

di of; from; **~ buon 'ora** early; **~ ferro** of iron; **io sono ~ Roma** I am from Rome; **~ giorno** by day; **soffrire ~** suffer from; **chi è questo libro?** whose book is this?; comp than

dì m day

diab|ete m diabetes; **~ètico** diabetic

diabòlico diabolic(al)
diàcono *m* deacon
diàfano transparent
diaframma *m* diaphragm
diàgnosi *f* diagnosis
diagnosticare *v/t* diagnose
diagonale diagonal
dialetto *m* dialect
dialogare *v/i* converse
diàlogo *m* dialogue
diamante *m* diamond
diàmetro *m* diameter
diàmine! the deuce!; the dickens!
diari|a *f* daily allowance; **~o** *m* diary
diarrea *f* diarrhoea
diàspora *f* diaspora
diàvolo *m* devil
dibàtt|ere *v/t* debate; argue; **~ersi** *v/r* struggle
dibattimento *m* debate; legal bearing
dibàttito *m* argument
diboscare *v/t* deforest
dice he says
dicembre *m* December
dicerìa *f* gossip; rumour
dichiar|are *v/t* state; declare; **~are ricevuta di** acknowledge receipt of; **~azione** *f* statement; **~azione doganale** customs declaration
diciamo we say
dico I say
didàttico didactic
diecina *f* about ten
dieta *f* diet; assembly
dietètica *f* dietetics *pl*
dietro after; behind; back
difèndere *v/t* defend

difensivo defensive
difesa *f* defence; protection; **legittima ~** self-defence
difett|ivo defective; **~o** *m* defect; lack; **~o di qc** defect in s.th.; **~oso** imperfect
diffamare *v/t* defame; malign
differen|te different; **~za** *f* difference; **~ziare** *v/t* differentiate
differire *v/t* put off; *v/i* differ
difficile difficult
difficoltà *f* difficulty
diffid|a *f* warning; **~are** *v/t* warn; **~are v/i di qu** mistrust s.o.; **~enza** *f* suspicion
diffónd|ere *v/t* diffuse; spread; **~ersi** *v/r* expatiate
diffusione *f* spreading; *radio:* broadcasting; **~uso** widespread; diffuse
difterite *f med* diphteria
diga *f* dike; dam
dige|ribile digestible; **~rire** *v/t* digest; **~stione** *f* digestion; **~stivo** digestive; **di-sturbo** *m* **~stivo** digestive trouble
digiun|are *v/i* fast; **~o** fasting; hungry
dignit|à *f* dignity; **~oso** dignified
digrad|amento *m* descent by degree; **~are** *v/i* diminish; slope (down); *paint* shade off
digrassare *v/t* scour; skim
dilagare *v/i* inundate; spread
dilat|àbile dilatable; **~are**

v/t expand; **~azione** *f* dilatation

dilett|ante *m, f* amateur; **~are** *v/t* amuse; delight; **~arsi** *v/r* take delight (**di** in); enjoy; **~évole** pleasant

dilig|ente diligent; **~enza** *f* diligence; stage-coach

diluvi|are *v/i* rain in torrents; **~o** *m* deluge

dimagr|are *v/t, v/i* grow thin

dimenare *v/t* toss; shake

dimensione *f* dimension; size

dimentic|àggine *f* forgetfulness; **~anza** *f* inadvertence; **~are** *v/t* forget

diméttere *v/t* dismiss; remove; **~si** *v/r* resign; quit

dimezzare *v/t* halve

dimin|uire *v/t* diminish; (*prices*) reduce; **~utivo** *m, adj* diminutive

dimission|are *v/i* resign; **~e** *f* dismissal

dimor|a *f* residence; dwelling; **~ante** *v/i* reside; live

dimostr|are *v/t* demonstrate; show; **~ativo** *adj* demonstrative; **~azione** *f* evidence; demonstration

dinàmica *f* dynamics

dinamite *f* dynamite

dìnamo *f* dynamo

dinanzi *prep* in front of; *adv* before; in front; *m* frontpart

dinastìa *f* dynasty

dindo *m* turkey-cock

diniego *m* denial

dinosàuro *m* dinosaur

dintorn|o *prep* around; *adv* round about; *m* outline; **~i** *pl* surroundings *pl*

Dio *m* God; Lord; *pl* **gli dei** the gods; **grazie a ~!** thank God!; **per amor di ~** for God's sake

dipanare *v/t* wind off

dipart|imento *m* department; **~ire** *v/t* divide; **~irsi** *v/r* leave; **~ita** *f* departure

dipend|ente *adj* depending; *m* dependent; subordinate; **~enza** *f* dependence; dependency

dipèndere *v/i* (**da**) depend (upon)

dipìngere *v/t* paint; *fig* depict

diploma *m* diploma

diplomàtico *adj* diplomatic; *m* diplomat

diplomazìa *f* diplomacy

dire *v/t* say; tell; **vale a ~** that is (to say); **voler ~** mean; **dico sul serio** I am talking in earnest

dir|ettìssimo *m* express train; **~etto** *adj* direct; straight; **treno ~etto** *m* fast train; **~ettore** *m* director; manager; editor; principal; **~ettore d'orchestra** conductor; **~ettrice** *f* directress; headmistress; **~ezione** *f* direction; management; **~igere** *v/t* direct; manage; aim; steem; **~igersi** *v/r* direct one's steps; **~igìbile** *adj* dirigible; *m* airship

dirimpetto (**a**) opposite;

facing

dir|itta f right (hand); **~itti** m/pl **d'autore** copyright; **~itto** adj straight; right; m right; law; a **~ittura** downright; sheer

dirottamente excessively

dirup|ato steep; **~o** m precipice

disabitato uninhabited

disabituare v/t disaccustom

disaccordo m disagreement; discord

disadatto unfit (for)

disaffezionare v/t estrange

disagévole uneasy

disagi|ato uncomfortable; **~o** m discomfort

disappetenza f lack of appetite

disapprov|are v/t disapprove; **~azione** f disapproval

disarm|are v/t disarm; **~o** m disarmament

disar|monìa f disharmony; **~mònico** disharmonious

disastro m disaster; debacle; **~so** disastrous

disatten|to inattentive; **~zione** f inattention

disavanzo m deficit

disavvantaggi|are v/t place at a disadvantage; **~o** m disadvantage

disavventura f mishap

disborso m disbursement

discàrico m unloading

discendenza f descent

discéndere v/i descend

discépolo m disciple; pupil

discèrnere v/t discern

discesa f descent; fall; **strada** f **in ~** downhill road

disciògliere v/t melt; dissolve

disciplina f discipline

disco m disk; discus; record; **~o microsolco** longplaying record; **~òbolo** m discus thrower

disconóscere v/t slight; repudiate

disc|ordanza f disagreement; **~òrdia** f discord

disc|órrere v/i talk; chat; **~orso** m speech; talk

discost|are v/t remove; **~o** distant

discreto discreet; moderate; fair; **~ezione** f discretion

discrimin|are v/t discriminate; **~azione** f discrimination

discussione f discussion

discùtere v/t discuss; argue

disdegn|are v/t disdain; **~ato** angry

disdegno m contempt; scorn; **~so** scornful

disdetta f notice; fig misfortune

disd|ire v/t cancel; **~irsi** v/r contradict o.s.

disegn|are v/t draw; **~o** m drawing; design; fig intention; **~atore** m designer; draftsman

diseredare v/t disinherit

diser|tare v/t, v/i desert; **~tore** m deserter; **~zione** f disertion

dis|fare v/t undo; destroy; disassemble; **~fatta** f defeat

disfida

disfida f challenge
disgrazia f bad luck; accident; **per ~** unfortunately; **~to** adj wretched; unfortunate; m wretch
disgregare v/t disintegrate; dissolve
disgust|are v/t disgust; **~o** m disgust; **~oso** disgusting
disillusione f disappointment
disimparare v/t unlearn; forget
disinf|ettante m disinfectant; **~ettare** v/t disinfect; **~ezione** f disinfection
disinteressato disinterested
disinvolt|o free and easy; **~ura** f ease (of manners)
dismisura f excess
disobbedire = disubbidire
disoccupa|to out of work; unemployed; **~zione** f unemployment
disonest|à f dishonesty; **~o** dishonest
dison|orare v/t dishonour; **~ore** m disgrace; shame
disopra: al ~ di above
disordinare v/t disorder; confuse
disórdine m disorder; litter
disotto under; beneath; **al ~** di below
dispaccio m dispatch; telegram
disparere m dissension
dispari odd; uneven
disparire v/i disappear
disparte: in ~ aside; apart
dispendio m expense; **~so**

costly
dispensa f distribution; exemption; pantry
dispensare v/t exempt
dispepsia f dyspepsia
disper|ar(si) v/i (v/r) di despair of; **~ato** desperate; **~azione** f despair
dis|pèrdere v/t disperse; break up; **~persione** f dispersion
dispetto m spite; vexation; **a ~ di** in spite of; despite; **~so** spiteful
dispiac|ente sorry; mind; m regret; trouble; **mi ~e** I am sorry; **~évole** unpleasant
disponibile available
disp|orre v/t dispose (**di** of); arrange; **~osizione** f arrangement; disposition (**a** for); **méttere a ~osizione di qu.** place at s.o's disposal; **~osto** inclined (**a** to)
disprezz|are v/t despise; **~o** m contempt; scorn
disputa f dispute
disput|àbile questionable; **~are** v/i dispute; argue; **~arsi** v/r **qc.** contend for s.th.
dissenso m dissent
dissenteria f dysentery
disserrare v/t unlock
dissertazione f dissertation
disservizio m bad service
dissetare v/t quench one's thirst
dissid|ente adj dissenting; m dissident; **~io** m dissension
dissìmile unlike

dissimul|are v/t dissemble; conceal; **~azione** f dissimulation

dissip|are v/t dissipate; squander; **~azione** f dissipation

dissociare v/t dissociate

dissol|ùbile dissoluble; **~uzione** f dissolution

dissolvente: ~ m **dello smalto** nail polish remover

dissòlvere v/t dissolve; decompose

dissomigli|ante unlike; **~anza** f unlikeness

dissòn|ante dissonant; **~anza** f dissonance; discord; **~are** v/i be out of tune

dissuadere v/t dissuade

distacc|amento m detaching; **~are** v/t detach; separate; **~o** m separation

dist|ante distant; far; **~anza** f distance; **~are** v/i be distant

distèndere v/t extend; stretch out

distensione f stretching; relaxation

distesa f extension

distillare v/t destill

distinguere v/t distinguish

distinguìbile distinguishable

distint|a f list; note; **con ~i saluti** yours sincerely; **~o** distinct; distinguished

distinzione f distinction

distorsione f distortion

distr|arre v/t distract; divert; **~azione** f distraction

distretto m district; **~ mili-**

tare military district

distribu|ìre v/t distribute; **~tore** m **automàtico** slot-machine; **~tore di benzina** petrol station; **~zione** f distribution; (mail) delivery

distr|ùggere v/t destroy; **~uzione** f destruction

disturb|are v/t disturb; **~o** m trouble; disturbance; **~i** m/pl **circolatori** circulatory disturbance

disubbidi|ènte disobedient; **~ienza** f disobedience; **~re** v/i disobey

disugu|aglianza f inequality; **~ale** unequal

disumano inhuman

disunione f discord

dis|uso m disuse; **~ùtile** useless

dit|ale m thimble; finger-stall; **~o** m finger; **~o (del piede)** toe

ditta f firm; company

dittàfono m dictaphone

ditta|tore m dictator; **~tura** f dictatorship

diurno diurnal; daily

diva f famous singer; diva

divagare v/i ramble; digress

divano m divan; sofa

diven|ìre v/i, **~tare** v/i become

di|vergenza f divergence; disagreement; **~vèrgere** v/i diverge; branch off

divers|ione f diversion; deviation; **~o** different

divert|ente amusing; **~i-mento** m amusement; hobby; recreation; **buon ~i-**

mento! have a good time!; **~irsi** v/r enjoy o.s.

divezz|are v/t wean; **~o** weaned

dividere v/t divide; separate

divieto m prohibition; **~ di parcheggio** no parking; **~ di sorpasso** no overtaking; **~ di sosta** no stopping

divin|are v/t foresee; foretell; **~ità** f divinity; **~o** divine; godlike

divis|a f motto; coat of arms; (hair) parting; uniform; **~e** f/pl foreign exchange; currency; **~ibile** divisible; **~ione** f division (mil); separation

divor|are v/t devour; eat up **divorzi|arsi** v/r be divorced; **~o** m divorce

dizionario m dictionary

do I give

dobbiamo we must

doccia f shower

docente m, f teacher; lecturer

dòcile docile; submissive

docum|entare v/t document; **~entario** m documentary (film); **~entazione** f documentation; **~ento** m document; **~enti** m/pl personale identification (paper); **~enti** m/pl d'automobile car documents

dodicèsimo twelfth

dogan|a f customs pl; costom-house; **~a** liable to duty; **controllo** m **~ale** customs examination; **guardia** f **~ale** cus-

toms agent; **~iere** m customs officer

dogli|a f pain; ache; **~anza** f complaint

dolc|e adj sweet; soft; mild; m sweetmeat; **~i** m/pl sweets pl

dolc|ezza f sweetness; mildness; **~ificare** v/t sweeten

dol|ente aching; grieved; **èssere ~ente** be sorry; **~ere** v/i ache; regret; **~ersi** v/r complain (di about)

dòllaro m dollar

Dolomiti f/pl Dolomites

dolor|e m pain; grief; sorrow; **~oso** painful; grievous

domanda f question; request; application

domandare v/t ask; demand; inquire; **~ a qu.** ask s.o.; **~ di qu.** ask about s.o.; **~ un favore a qu.** ask a favour of s.o.; **~ perdono** beg pardon

domani tomorrow; **l'altro ~** day after tomorrow; **~ sera** tomorrow evening; **~ a otto** tomorrow week

domare v/t tame; subdue

domattina tomorrow morning

domènica f Sunday

do|mèstica f (house-)maid; **~mesticare** v/t tame; **animale** m **~mèstico** domestic animal

domicili|ato resident; **~o** m residence

domin|ante dominant; **~are** v/t dominate; **~io** m rule; dominion

dunque

don|are v/t give; present; **~atore** m donor; **~azione** f donation; gift

donde where; from where

dondolare v/t, v/i rock; sway

dòndolo m pendulum

dondoloni, (a ~) idly

donna f woman; (cardplaying) queen; **~ di servizio** maid

dono m gift; present

donzella f maiden

dopo prep after; adv afterwards; **~domani** day after tomorrow; **~chè** since

dopo|guerra m post-war period; **~pranzo** m afternoon

doppi|are v/t double; film: dub; **~o** double; **~ione** m duplicate

dor|are v/t gild; **~ato** gilt; golden

dòrico Doric; Dorian

dorm|iente sleeping; **~icchiare** v/i slumber; **~iglione** m sleepyhead; **~ire** v/i sleep; **~itorio** m dormitory

dors|ale: spina f **~ale** backbone; spinal chord; **~o** m back

dos|are v/t dose; **~e** f dose

dosso m back

dot|are v/t endow; **~azione** f endowment; outfit; **~e** f dowry

dotto adj learned; m scholar

dottor|a f bluestocking; **~ale** doctoral degree; **~e** (abbr dott.) m doctor; physician; **~essa** f woman doctor

dottrina f doctrine; learning; eccl catechism

dove where

dover|e v/i ought to; have to; must; should; v/t owe; m duty; **~oso** dutiful

dovizi|a f abundance; **~oso** rich

dovunque wherever; anywhere

dovuto due; owing

dozzina f dozen

draga f dredge

drago, ~ne m dragon

dramm|a m drama; **~àtico** dramatic; **~aturgo** m playwright

drappeggiare v/t drape

dràstico drastic

drog|a f spice; drug; **~are** v/t spice; drug

drogh|eria f, m drug-store; chemist's shop; **~iere** m chemist

dubbio m doubt; **mèttere qc. in ~** doubt s.th.; **~so** doubtful; uncertain

dubit|àbile open to doubt; **~are** v/i doubt; distrust

duc|a m duke; **~hessa** f duchess

duce m (Fascist) leader

due two; **a ~ a ~** two by two; **tutt'e ~** both; **~ parole** a few words

duell|are v/i fight a duel; **~o** m duel

duetto m duet

duna f dune; down

dunque then; therefore; well

duomo *m* cathedral
duplic|are *v/t* double; duplicate; **~ato** *m* duplicate
dùplice twofold; double
duplo double
dur|ante during; **~are** *v/i*

last; hold out; **~ata** *f* duration; durabiliity; **~ata di volo** flying time
durévole lasting
durezza *f* hardness; severity; **~o** hard; harsh; **~o d'orecchi** hard of hearing

E

e and; **e ... e ...** both
è he is; **(Lei) ~** *polite form* you are
èbano *m* ebony
ebbe he had
ebbene well then
èbbero they had
ebbi I had
ebr|àico Hebraic; Jewish; **~aismo** *m* Hebraism
ebre|a *f* Jewess; **~o** *m* Jew
ecc = **eccètera** et cetera
eccèdere *v/t* exceed; **~** *v/i* in qc. exaggerate s.th.
eccell|ente excellent; **~enza** *f* excellence; **2enza** *(title)* Excellency
eccess|ivo excessive; **~o** *m* excess; intemperance
eccètera and so forth
eccett|o except(ing); **~o** te except you; **~uare** *v/t* except
eccez|ionale exceptional; **~ione** *f* exception; **per ~ione** exceptionally
eccit|ante *adj* exciting; *m* stimulant; **~are** *v/t* excite; stimulate; stir; **~azione** *f* excitement; excitation
ecclesiàstico *adj* clerical; *m* clergyman

ècco look here; here is (are); **~mi** here I am; **~lo** here he is; **~ccoti il tuo libro** here you have your book
echeggiare *v/i* echo; resound
eco *f* echo
eco|nomia *f* economics *pl*; economy; thrift; **fare ~nomia** save; **~nomia politica** economics; **~nòmico** economic(-al); thrifty; **~nomista** *m,f* economist; **~nomizzare** *v/t* economize; save
econòmo *m* treasurer; bursar
eczema *m* eczema
ed = **e** *(before vowels)*
èdera *f* ivy
edìcola *f* news-stand; kiosk
edificare *v/t* build (up)
edifì|cio *m*, **~zio** *m* building; edifice
edit|ore *m* editor; publisher; **casa** *f* **~rice** publishing house
editto *m* edict
editoriale editorial
edizione *f* edition
educ|are *v/t* bring up; educate; **~ato** well-bred; **~a-**

zione f education; training; manners

effervescente effervescent

effett|ivo real; actual; **~o** m effect; **com ~o cambiario** bill of exchange; **fare un grande ~o** create a sensation; **mandare ad ~o, ~uare** v/t carry out

effic|ace effective; **~acia** f efficacy; effectiveness

effici|ente efficient; **~enza** f efficiency

effig(i)e f effigy; image

effóndere v/t pour out

effusione f effusion; shedding

Egitto m Egypt

egiziano m, adj Egyptian

egli he

ego|ismo m selfishness; **~ista** m, f ego(t)ist; adj selfish

egrègio distinguished; **2 signore!** Dear Sir!

eguagli|amento m equalization; **~anza** f equality; **~are** v/t make equal

eguale equal; alike

elabor|are v/t work out; **~atezza** f elaborateness

elasticità f elasticity

elàstico m, adj elastic

elefante m elephant

eleg|ante elegant; smart; **~anza** f elegance

elèggere v/t elect; appoint (**a** to)

elem|entare elementary; **scuola f ~entare** elementary school; **~ento** m element; **~enti** pl principles pl

elemòsina f alms pl

elemosinare v/i beg for alms

elenco m list; catalogue; inventory; **~ degli indirizzi** address directory; **~ telefònico** telephone directory

elett|a f choice; selection; **~o** chosen; **~ore** m elector; **~rice** f electress

elettricista m electrician

elettricità f electricity

elèttrico electric(al)

elettr|izzare v/t electrify; **~izzazione** f electrization

elettro m amber; **~domèstici** m/pl electric household appliances; **~motrice** f railcar; **~tècnica** f electrical engineering; **~tècnico** m electrical engineer

elev|are v/t raise; lift; **~atezza** f loftiness; nobleness; **~ato** elevated; fig noble; **~azione** f elevation

elezione f election

èlica f screw; propeller

elicòttero m helicopter

elimin|are v/t eliminate; **~azione** f elimination; exclusion

ella she

elmo m helmet

elogi|are v/t praise; **~o** m praise; eulogy

eloqu|ente eloquent; **~enza** f eloquence

eman|are v/i emanate; **~azione** f emanation

emancip|are v/t emancipate; **~azione** f emancipazione

embargo m embargo
emblema m emblem; badge
embrione m embryo
emergenza f emergency
emèrgere v/i emerge
emèrito emeritus
eméttere v/t emit; give out
emicrania f headache
emigr|ante m/f emigrant; **~are** v/i emigrate; **~ato** m refugee; **~azione** f emigration
emin|ente eminent; **~enza** f eminence; **Sua ℒenza** (title) His (Your) Eminence
emisfero m hemisphere
emiss|ario m emissary; **~ione** f emission; **banca** f **di ~ione** bank of issue
emoglobina f haemoglobin
emorragìa f hemorrhage
emorròidi f/pl hemorrhoids pl
emostàtico styptic; staunching
emozione f emotion
émpiere, empìre v/t fill (up)
empio impious; wicked
empìrico empirical
empòrio m trade-centre
emulare v/t emulate
encefalite f encephalitis
enciclopedìa f encyclopaedia
endovenoso intravenous
energìa f energy; **~ nucleàre** nuclear energy
enèrgico energetic; vigorous
ènfasi f emphasis
enigm|a (enimma) m rid-

dle; **~àtico** enigmatic
enorme enormous; huge
ente m **per il turismo** tourist bureau; tourist office
entrambi both
entrare v/i enter; go in; fig meddle
entrata f entrance; admittance; income
entro within; in
entusi|asmare v/t enrapture; **~asmo** m enthusiasm; rapture; **~àstico** enthusiastic
enumer|are v/t enumerate; **~azione** f enumeration
èpic|a f epic; **~o** epic(al)
epidemìa f epidemic
epidèmico epidemic(al)
epidèrmide f epidermis; skin
epìgrafe f inscription
epilessìa f epilepsy
episcop|ale episcopal; **~ato** m episcopate
epìstola f letter; epistle
epitaffio m epitaph
època f epoch
eppure and yet; and still
equ|atore m equator
equi|àngolo equiangular; **~librare** v/t balance; equilibrate; **~librio** m equilibrium; balance; **~nozio** m equinox
equipaggi|amento m equipment; **~are** v/t equip; naut fit out; **~o** m crew
equità f equity
equivalente equivalent
equìvoco adj equivocal; m misunderstanding

equo equitable; fair

era¹ f era; age

era² he was; she was; it was

èrano they were

erava|mo we were; **~te** you were pl

erb|a f grass; herb; **~accia** f weed; **~e** f/pl herbs pl; vegetables pl; **~ivéndolo** m greengrocer

ered|e m heir; f heiress; **~ità** f inheritance; **~itare** v/t inherit; **~itario** hereditary

erem|ita m hermit; **~itaggio** m hermitage

eresia f heresy

erètico sdj heretical; m heretic

erezione f erection

ergàstolo m penitentiary

eri you were (sg)

erig|ere v/t erect; found; **~ersi** v/r pretend to be

ermellino m ermine

ermètico hermetic; airtight

erni|a f hernia; **cinto** m **~ario** truss

ero I was

er|oe m hero; **~oico** heroic(al); **~oina** f heroine; **~oismo** m heroism

érpice m harrow

err|are v/i rove; err; **~ore** m error; mistake

erta f steep ascent; **stare all'~** be on one's guard

erto steep

erud|ito adj learned; m scholar; **~izione** f learning

eruttare v/t eject (lava); v/i belch

eruzione f eruption (volca-

no); rash

esager|are v/t exaggerate; **~azione** f exaggeration

esal|are v/t, v/i exhale; **~azione** f exhalation

esaltato exalted; exultant

esam|e m examination; **~inare** v/t examine

esangue bloodless

esatt|ezza f exactitude; **~o** exact

esaudire v/t grant

esaurire v/t exhaust; wear out

esca f bait; fig allurement

esce he (she) goes out

esclam|are v/i exclaim; **~azione** f exclamation; cry; **punto d'~azione** exclamation mark

esclùdere v/t exclude

esclus|ione f exclusion; **~ivamente** exclusively; **~ivo** exclusive

esco I go out

escoriare v/t excoriate

escursione f excursion; trip

esecut|ore m executor; **~** (**testamentario**) executor (of a will)

esecuzione f execution; thea performance

esegu|íbile executable; **~ire** v/t execute; perform

esempio m example; **per ~** for instance

esemplare adj exemplary; m pattern; copy

esente exempt; immune; **~ da dogana** duty-free

esèquie f/pl obsequies pl; funeral

eserc|ire v/t carry on; run; **~itare** v/t exercise; practise; **~itazione** f practise; drill

esèrcito m army

esercizio m exercise

esib|ire v/t exhibit; offer; **~izione** f exhibition; display

esig|ente exigent; **~enza** f exigence; need

esigere v/t require

esiguo scanty

esili|are v/t exile; **~o** m exile

esistenza f existence; life

esistere v/i exist

esitare v/i hesitate

èsito m issue; result

esòfago m oesophagus

esorbitante exorbitant

esortare v/t exhort

esoso odious

esòtico exotic

espàndere /t expand

espans|ibile expansible; **~ione** f expansion; **~ivo** expansive; fig effusive

espatriare v/i emigrate

espediente m expedient; device

espèllere v/t expel; eject

esper|ienza f experience; **~imentare** v/t experience; try; **~imento** m experiment

esperto adj experienced; m expert

espi|are v/t expiate; atone for; **~atore** m expiator; **~azione** f expiation

espilazione f swindling

espir|are v/i breathe out; **~azione** f expiration

esplìcito explicit

esplòdere v/t shoot; v/i explode

esplor|are v/t explore; investigate; **~atore** m explorer; **~azione** f exploration

esplosi|one f explosion; fig outburst; **~vo** explosive

esponente m exponent

esporre v/t expose; display

esport|are v/t export; **~azione** f export(ation)

esposìmetro m light-meter

esposizione f exposition; show

espress|ione f expression; **~ivo** expressive; **~o** explicit; m special delivery; express train; (**caffè**) **~o** express coffee; **per ~o** by express

esprìmere v/t express; utter

espropri|are v/t expropriate; **~azione** f expropriation

espugnare v/t conquer

espulsione f expulsion

ess|a she; **~e** f/pl they

essènz|a f essence; gasoline; **~iale** adj essential; m main point

èssere v/i be; **~di qu.** belong to s.o.; m being

essi m/pl they

esso he; it

est m east; **all'~ di** east of

èstasi f ecstasy; rapture

estasiarsi v/r be enraptured

estate m summer

estempòraneo unprepared

estènd|ere v/t extend; **~ersi** v/r stretch

fabbro

esten|sione f extension; ~si-vo extensive

estenuare v/t extenuate; weaken

esteriore m, adj exterior

esterminare v/t exterminate

esterno adj external; m outside

èster|o adj foreign; external; ministro m degli (affari) ~i Foreign Secretary; Secretary of the State; m foreign country; all'~o abroad

estètic|a f aesthetics; ~o aesthetic(al)

èstimo m valuation

estinguere v/t extinguish; ~inguersi v/r die (out)

estintore m fire-extinguisher

estivo estival; summer ...

estradizione f extraction

estràneo adj strange; m stranger

estr|arre v/t extract; draw (lots); ~atto m extract; abstract; ~atto di conto statement of account

estr|emità f extremity; end; ~emo extreme

estroverso m extrovert

esuberante exuberant

èsule m exile

esultare v/i rejoice

età f age; ~ massima maximum age

ètere m ether

etern|ità f eternity; ~o eternal; in ~o for ever

ètica f ethics

etichetta f label; etiquette

èttaro m hectare (2.47 acres)

ett|o m hectogram; ~òlitro m hectolitre

Europ|a f Europe; 2eo m, adj European

eucalitto m eucalyptus

eunuco m eunuch

eutanasia f euthanasia

E. V. = Eccellenza (Eminenza) Vostra

evacu|are v/t evacuate; ~azione f evacuation

evàdere v/t dispatch; v/i escape

evangelista m evangelist

evaporarsi v/r evaporate

evasione f evasion; escape

evento m event

eviden|te obvious; ~za f evidence; clearness

evitare v/t avoid

evviva! hurrah! long live

extra extra

F

F = freddo (on water taps) cold

fa he (she) does; 3 anni ~ 3 years ago

fàbbrica f factory

fabbric|ante m manufacturer; ~are v/t manufacture; build; ~ato m make; building; ~atore m manufacturer; ~azione f manufacture

fabbro m (blacks)smith; ~

ferraio locksmith

faccenda f business; matter

facchinaggio m rail porterage; *fig* drudgery

facchino m porter

faccia f face; appearance; **di ~** opposite; **~mo** we do; **~ta** f facade; front

faccio I do

fac|eto witty; **~ezia** f joke; witticism

fàcile easy; **~ a crèdere** credulous

facil|ità f facility; **~itare** v/t facilitate; **~itazione** f facility

facol|tà f faculty; authority; **~tativo** optional

facond|ia f eloquence; **~o** eloquent

fascimile m fasimile

faggio m beech(-tree)

fagiano m pheasant

fagi|olini m/pl French beans; **~uolo** m bean

fagotto m bundle; *mus* basson

falcat|o hooked; **luna** f **~a** sickle moon

falce f scythe; sickle

fal|ciare v/t mow; **~ciatore** m mower; **~ciatrice** f mowing-machine

falco m hawk; **~ne** m falcon

falda f fold; layer; (snow) flake; (hat) brim; geog slope; **~oso** in flakes

falegn|ame m carpenter; **~ameria** f carpentry

fall|ìbile fallible; **~imento** m bankruptcy; failure; **~ire** v/i fail; go bankrupt; **~ito**

unsuccessful; **~o** m fault; **senza ~** without fail

fals|amonete m forger; **~are** v/t alter; forge; **~ariga** f sheet of ruled paper

falò m bonfire

falsific|are v/t adulterate; **~azione** f falsification

fals|ità f falsity; **~o** false; counterfeit

fama f fame; reputation

fame f hunger; **aver ~** be hungry

famigli|a f family; **~are** familiar; acquainted; **~arità** f familiarity

famoso famous

fanal|e m lamppost; lighthouse; auto: (head)light; **~e òttico** headlight flasher; **~e posteriore** auto: taillight; **~i** m/pl **d'arresto** stoplight

fanalino m di posizione auto: parking light; **~ stop** stop light

fanàtico adj fanatic(al); m fanatic

fanatizzare v/t fanaticize

fanciull|a f girl; maiden; **~ezza** f childhood; **~o** m young boy

fanfara f fanfare

fang|o m dirt; mud; **~hi** m/pl mud-bath; **~oso** muddy

fant|asia f fancy; imagination; **di ~asia** fancy; **~asma** m phantom; ghost; **~asticare** v/i fancy; day-dream; **~asticheria** f daydream; **~àstico** fantastic

fant|e m mil infantryman; **~eria** f infantry; **~ino** m jockey

fardello *m* burden

far|e *v/t* make; do; **~e a meno di** go without; **~e finta di** pretend to; **~e il mèdico** be a physician; **~e il pieno** refuel; **~si** *v/r* become; **~si del giorno** at daybreak

farfalla *f* butterfly

farin|a *f* flour; **~ata** *f* porridge

faringite *f* pharyngitis

farinoso floury; mealy

farmac|ia *f* pharmacy; **~ista** *m, f* chemist; pharmacist

faro *m* light; lighthouse; **~ (abbagliante)** full (headlight) beam

farsa *f* farce

fascetta *f* corset

fasci|a *f* band; swaddle; **sotto ~a** under cover; **~are** *v/t* wrap; bandage; swaddle; **~atura** *f surg* dressing

fascicolo *m* issue; number (*of a periodical*)

fascinare *v/t* fascinate

fàscino *m* charm; fascination

fascio *m* bundle; **andare in ~** go to pieces

fascis|mo *m* fascism; **~ta** *m, f, adj* fascist

fase *f* phase; stage

fast|idio *m* annoyance; trouble; **dare ~idio a qu.** give trouble to s.o.; **~idioso** tiresome

fasto *m* pomp

fat|a *f* fairy; **~ale** fatal; **~alità** *f* fatality; **~are** *v/t* bewitch

fatic|a *f* labour; trouble; **~are** *v/i* toil; **~arsi** *v/r* exert s.o.; **~oso** fatiguing; hard

fato *m* fate; destiny

fatto *adj* done; *m* deed; fact; act(ion); **sul ~** in the very act; **di ~** in fact

fatt|ore *m* factor; creator; **~oria** *f* farm; homestead; **~orino** *m* messenger (boy); **~ura** *f* invoice; bill

fàtuo fatuous; silly

fausto happy; lucky

fautore *m* favourer

fàvola *f* fable

favol|oso fabulous

favore *m* favour; kindness; **per ~** please; **fare un ~** do a favour; **prezzo** *m* **di ~** special price

favor|eggiare *v/t* favour; **~évole** favourable; **~ire** *v/t* favour; **~ito** *adj* favoured; *m* favourite

fazzoletto *m* handkerchief; **~ da collo** neckerchief; **~ di carta** tissue handkerchief

febbraio *m* (*abbr* **febb**) February

febbr|e *f* fever; **~icitante** feverish; **~ile** febrile

fècola *f* starch

fecond|ità *f* fertility; **~o** fertile

fede *f* faith; belief; wedding-ring; **prestar ~** give credit (to); **~le** faithful; **~ltà** *f* faithfulness; allegiance

fèdera *f* pillow-case

feder|ale federal; **~ato** federate; **~azione** *f* federation

fégato *m* liver; *fig* courage

fel|ice happy; **~icità** f happiness

felicit|are v/t congratulate; **~azione** f congratulation

felpa f plush

feltro m felt

felza f gondola's cabin

fémmina f biol female

femmin|esco womanly; womanish; **~ile: scuola** f **~ile** school for girls

fèmore m thigh

fèndere v/t cleave; split

fenditura f cleft

fènico carbolic

fenicòttero m flamingo

fenòmeno m phenomenon

feri|a f holiday; **~e** f/pl vacation; **~ale: giorno** m **~ale** working day

fer|ire v/t wound; hurt; **~ita** f wound; **~ita di taglio** cut; **~ito** adj wounded; injured; m wounded person

ferma! stop!

fermaglio m clip; brooch; **~dentario** brace

ferm|are v/t, v/i stop; arrest; fix (a on); **~arsi** v/r stop; halt; **~ata** f a **richiesta, ~ata facoltativa** optional stop; **~ata obbligatoria** obligatory stop; sojourn; mus pause

ferment|are v/i, v/i ferment; **~azione** f fermentation

fermezza f firmness; steadiness

ferm|o firm; steady; still; **terra** f **~a** land; **per ~o** positively; **~o posta** poste restante

fer|oce wild; ferocious; **~ocia** f ferocity

ferraio m blacksmith

ferr|ame m iron ware; **~are** v/t shoe; **~o** m iron; tool; horseshoe; **~o da stiro** flatiron; **ai ~i** gast grilled; roasted

ferrovia f railway; railroad; **~ sotterrànea** underground railway; tube

ferroviere m railway-man

fèrtile fertile

fertil|ità f fertility; **~izzare** v/t fertilize

fèrvere v/i be fervent

fèrvido fervid; ardent

fervore m fervour

fessura f fissure; crack

fest|a f holiday; feast; **buone ~e** f/pl happy holidays; **~a nazionale** public holiday; **~a religiosa** festive day

festeggiare v/t celebrate; **~ival** m festival; **~ivo, ~oso** festive; **giorno ~ivo** holiday

feto m foetus

fetta f slice

feudalismo m feudalism

fiaba f dairy tale

fiac|care v/t break down; tire out; **~hezza** f lassitude

fiàccola f torch

fiamm|a f flame; blaze; naut pennant; **~eggiare** v/i flame; **~ífero** m match

fianc|are v/t support; **~o** m side; flank; **di ~o a** beside; abreast of

fiaschetterìa f wine-shop

fiasco m bottle; fig fiasco;

fino

failure

fiat|are v/i breathe; **~o** m breath; **senza ~o** fig speechless; **tutto d'un ~o** all in one breath

fibbia f buckle

fibr|a f fibre; **~oso** fibrous

fico m fig(-tree)

fidanz|amento m betrothal; engagement; **~are** v/t betroth; **~arsi** v/r become engaged; **~ata** f fiancée; **~ato** m fiancé

fid|are v/i confide; trust; **~arsi** v/r **di qu.** rely upon s.o.; **~arsi di fare qc.** dare to do s.th.

fido adj faithful; m credit

fiducia f confidence; trust

fiele m gall; **vescica del ~** gall-bladder

fien|agione f hay-harvest; **~o** m hay

fiera f wild beast; fair; **~ campionaria** industrial exhibition

fier|ezza f fierceness; pride; **~o** fierce; proud

figgere v/t fix; stick

figli|a f daughter; **~astra** f step-daughter; **~astro** m step-son; **~occia** f god-daughter; **~occio** m god-son; **~uola** f daughter; **~uolo** m son

figura f figure; shape

figur|àbile imaginable; **~are** v/t represent; **~arsi** v/r imagine; suppose; **~ato** figurative

fila f line; row; **fare la ~** queue up; **in ~ indiana** the

Indian file

filanda f spinning-mill

filàntropo m philanthropist

filare v/t spin; v/i run

filatelia f philately

filetto m fillet

film m film; **~ giallo** mystery movie; **~ a colori** coloured picture; **~ muto** silent film; **~ sonoro** sound-film; **girare un ~** shoot a film

filo m thread; yarn; **~ conduttore** lead-in-wire; **~ da cucire** sewing-cotton; **~ di ferro** iron (or steel) wire

filobus m trolley-bus

filòlogo m philologist

filoso stringy

filosofia f philosophy

filòsofo m philosopher

filtr|are v/t filter; strain; **~o** m filter

filugello m silk-worm

filza f string; file

final|e final; **~ità** f finality; purpose; **~mente** finally; at last

finanze f/pl finances; **~iare** v/t finance; **~iario** financial

finché until; as long as

fine adj fine; thin; m purpose; f end; **in ~** at last

finestr|a f window; **~ino** m small window

finezza f daintiness; politeness

fing|ere v/t, v/i pretend; simulate; **~ersi** v/r feign

finire v/t finish; end

fino adj fine; thin; prep until; **~ a** till; up to; as far as; **~ a quando?** how long?; **~ da** ever since; **~ dove?** how far?

finocchio m fennel

finora up to now

finta f feint; **~o** feigned; false; pretended

fiocc|are v/i snow; **~o** m knot; (snow-)flake

fiocina f harpoon

fioco weak

fior|aio m florist; **~e** m flower; **~entino** m Florentine; **~icultura** f floriculture; **~ire** v/i blossom; bloom; fig flourish; **~itura** f bloom

Firenze f Florence

firm|a f signature; **~are** v/t sign; **~atario** m signatory

fisarmònica f accordion

fischi|are v/i whistle; v/t hoot down; **~erellare** v/i, v/t whistle softly; **~o** m whistle; hiss

fisco m exchequer

fisic|a f physics pl; **~o** adj physical; m physicist; anat physique

fisioterapia f physiotherapy

fiss|aggio m fixing-bath; **~are** v/t fix; determine; **~are qu.** stare at s.o.; phot fix

fisso fixed; firm; steady

fitt|a f stitch; **~e** f/pl **al fianco** stitches in the side; **~o** adj thick; dense; m rent; **~izio** fictitious

fiume m river; fig flow

fiutare v/t sniff; smell

flagell|are v/t scourge; whip; **~o** m scourge

flagrante flagrant; **in ~** (be caught) in the very act

flanella f flannel

flaut|ista m, f flutist; **~o** m flute

flemmàtico phlegmatic

fless|ibile flexible; **~ione** f flexion; **~uoso** supple

flirtare v/i flirt

flòrido flourishing

floscio flabby

flotta f fleet; **~ aèrea** airfleet

flùido fluid; fluent

fluire v/i flow

flusso m flux; naut floodtide; med discharge

flutt|o m wave; **~uare** v/i fluctuate; float

fluviale fluvial

fobia f phobia

foca f seal

focaccia f cake

foce f river-mouth

fochista m fireman

focol|aio, ~are m fire-place

focoso fiery

fòdera f lining; cover

foderare v/t line

fòdero m sheath (sword)

fogli|a f leaf; **~a laminata** foil; **~ame** m foliage; **~o** m sheet (paper)

folata f puff; **~ di vento** gust of wind

folclore m folklore

folgorare v/i flash

fólgore m thunderbolt

folla f crewd; throng

follare v/t press

foll|e adj mad; m madman; **~ia** f madness

folto adj thick; m thickness

fomentare v/t foment; fig excite

fondaccio m dregs pl

fondament|ale fundamental; **~o** m foundation; ground; **le ~a** pl foundations pl

fond|are v/t found; establish; **~arsi** v/t rely on; **~tore** m founder; **~azione** f foundation

fóndere v/t, v/i melt; (ore) smelt

fond|erìa f foundry; **~itore** m caster

fondo adj deep; m bottom; background; com fund; naut **dar ~** come to anchor; **a ~** thoroughly

font|ana f fountain; **~e** f source

forare v/t pierce; drill

foratura f puncture

fòrbici f/pl scissors pl; **~ per le unghie** nail scissors

forbire v/t polish; clean

for|ca f (hay-)fork; **~cella** f (bicycle-)fork; **~chetta** f fork; **~cina** f hairpin

forense forensic

foresta f forest

forestiero adj foreign; m foreigner

forma f form; shape; mould

formaggio m cheese; **~ grattugiato** grated cheese

form|ale formal; **~alità** f formality; **~are** v/t form; **~ato** m shape; size; **~azione** f formation; **~ella** f block; briquette

formic|a f ant; **~aio** m ant-hill

formidàbile dreadful

fòrmula f formula

formul|are v/t formulate; **~ario** m formulary

forn|aio m baker; **~ello** m kitchen stove; **~ello a spirito** spirit-stove

forn|ire v/t supply; **~irsi** v/r provide o.s. (**di** with); **~itore** m tradesman; **~itura** f supply; equipment

forno m oven

foro m hole; law-court; forum

forse perhaps

forte strong; hard; **parlare ~** speak aloud

fort|ezza f strenght; fortress; **~ificare** v/t strengthen; fortify; **~ificazione** f fortification

fortùito accidental

fortuna f fortune; luck; **~tamente** fortunately; **~to** lucky

forùncolo m boil; furuncle

forz|a f strength; force; **le ~e** f/pl the (armed) forces; **~are** v/t force; compel

fòsforo m phosphorus

fossa f pit; ditch; **~to** m ditch

fossetta f dimple

foste you were (pl)

fosti you were (sg)

fotocromìa f chromophotography

fotogènico photogenic

fotograf|are v/t photograph; **~ìa** f photography

fotògrafo m photographer

fototipia f phototypy

fra among; between; within; ~ **di noi** between ourselves; ~ **poco** soon

fracasso m uprear

fradiceza f rottenness

fràdicio soaked; rotten

fràgile brittle; fragile

fràgola f strawberry

fragor|**e** m crashing noise; **~oso** noisy

fragr|**ante** fragrant; **~anza** f fragrance

fraintèndere v/t misunderstand

frammento m fragment

fran|**a** f landslide; **~are** v/i collapse

francare v/t stamp (letter)

francese adj French; m Frenchman

franch|**ezza** f frankness; **~igia** f free postage

Francia f France

franco adj free; outspoken; m franc; ~ **svizzero** Swiss Franc; **~bollo** m stamp

frangenti m/pl breakers pl

fràngere v/t break; crush

frangetta f fringe

frant|**oio** m oil-press; **~u-mare** v/t shatter; smash; **~umi** m/pl splinters

frase f phrase; gram sentence

fràssino m ash-tree

frastornare v/t divert; interrupt

frastuono m noise

frate (abbr **fra**) m friar

fratell|**anza** f brotherhood; **~astro** m step-brother; **~o**

m brother

fratern|**ità** f fraternity; **~o** brotherly

frat|**tanto** meanwhile; **nel ~tempo** m meantime; **frata d'un osso** fracture of a bone; **~are** v/t fracture

fraudare v/t defraud

frazion|**are** v/t divide; split; **nùmero ~ario** fractional number; **~e** f fraction

freccia f arrow; ~ **di direzione** auto: direction-indicator

fredd|**arsi** v/r become cold; **~o** adj cold; m cold; **aver ~o** be cold; **far ~o** be cold (weather); **~oloso** chilly

freg|**agione** f friction; **~are** v/t rub; fig cheat; **~arsene** not to care a rap

frèm|**ere** v/i quiver; **~ito** f shudder

frenare v/t restrain; v/i apply the brake

freno m bridle; restraint; mech brake; ~ **a disco** disc brake; ~ **a mano** handbrake; ~ **a pedale** footbrake; ~ **d'allarme** emergency brake; ~ **ad aria compressa** air brake; ~ **contropedale** backpedalling brake

frequ|**entare** v/t frequent; **~ente** frequent; **~enza** f attendance

freschezza f freshness

fresco adj fresh; cool; m coolness

frett|**a** f haste; **in ~a e furia** in a hurry; **~oloso** hurried

frìggere v/t fry

frigorìfero m refrigerator

fringuello m (chaf)finch

fritt|ata f omelet; **~ella** f fritter; pancake; **~o** fried; **~ura** f fry

frìvolo frivolous

frizione f friction; rubbing; *auto* clutch

frod|are v/t cheat; defraud; **~atore** m swindler; **~e** f fraud; per **~e** m smuggling; **~olento** fraudulent

froge f/pl nostrils pl

froll|are v/t soften; **~o** tender

fronte f forehead; m (*also mil*) front; **di ~** opposite; (in comparison (with)

front|iera f frontier; **~one** m pediment

frugare v/t search

frull|are v/t whisk; **~ino** m whisk

frum|ento m wheat; **~entone** m corn

frust|a f whip; **~are** v/t whip

frustrazione f frustration

frutt|a f fruit; **le ~a** f/pl dessert; **~a cotta** stewed fruit; **~are** v/t, v/i bear fruit; pay; **~eto** m orchard; **àlbero** m **~ìfero** fruit-bearing tree; **~ivéndolo** m fruiterer; **~o** m fruit; **~i** m/pl fruits pl; **~i di mare** marine products; **~uoso** fruitful

fu he was

fucil|are v/t shoot; **~ata** f shot; **~e** m gun; rifle

fucina f smithy; forge; **~are** v/t forge

fuga f escape; flight

fuggévole fleeting; fugitive; **~ire** v/i flee

fui I was

fulgente shining

fulìggine f soot

fuligginoso sooty

fulminare v/i lighten

fùlmine m lightning

fum|aiuolo m chimney-pot; **~are** v/t, v/i smoke; **~atore** m smoker; **scompartimento** m **per (non) ~atori** (non-) smoking-compartment

fumett|o m comic strip; **giornalino a ~i** comic book

fummo we were

fum|o m smoke; **~oso** smoky

fune f rope

fùnebre funeral; **carro** m **~** hearse; **messa** f **~** funeral mass

funerale m funeral

fungo m mushroom; fungus

funicolare f cable-railway

funivìa f cable-railway

funzion|are v/i function; work; **~ario** m official

fuoc|o m fire; **~hi** m/pl **d'artifìcio** fireworks

fuori out(side); **~ di** out of; beyond; **di ~** from outside

fuoruscito m pol exile

furbo sly

furgoncino m utility van

furgone m van; freight-car

furi|a f fury; rage; hurry; **~bondo**, **~oso** furious

fùrono they were

furto m theft; robbery

fuscello m twig

fusibile

fusibile m *elec* fuse

fusione f melting; cast; *fig* fusion

fuso m spindle

fusto m shaft; cask

futuro adj coming; m future

G

gabardine f gabardine

gabbia f cage; *naut* top-sail

gabbiano m sea-gull

gabella f tax; duty

gabinetto m cabinet; closet

gaggia f acacia

gagliardo vigorous

gai\|ezza f gaiety; **~o** gay

galantuomo m gentleman

galeotto m galley-slave; convict

galera f galley; jail

galla f gall; **noce f di ~** oak-apple

galleggiare v/i float

galleria f gallery; tunnel; arcade

gàllico Gallic

gallin\|a f hen; **~accio** m turkey-cock; **~aio** m vendor of cocks

gallo m cock

gallone m stripe; gallon

galoppare v/i gallop

galvànico galvanic

gamba f leg

gàmbero m crayfish

gambo m stalk; stem

gamma f gamut; range

gancio m hook

gànghero m hinge

gara f competition; match; race; **~ finale** the Cup Final

garage m garage

garan\|te m guarantor; **~zìa** f guaranty

garb\|are v/i please; suit; **~ato** polite; **~o** m politeness; grace

garbuglio m confusion

gareggiare v/i compete

gargar\|ismo m gargle; **~izzare** v/i gargle

garòfano m carnation; **chiodi** m/pl **di ~** clove

garzone m shop-boy; apprentice

gas m gas; **~òmetro** m gasometer; **~osa** f sparkling drink

gastrite f gastritis

gastronomìa f gastronomy

gatt\|a f (she-)cat; **~ino** m kitten; **~o** m (tom)cat; **~opardo** m leopard

gazza f magpie

gazzetta f newspaper

G. C. = Gesù Cristo

gel\|are v/i, **~arsi** v/r freeze; be frozen; **~ata** f frost; **~terìa** f ice-cream parlour; **~atina** f gelatine; jelly

gelato adj frozen; m ice-cream; **~ di fràgola** strawberry ice-cream; **~ di frutta** sundae

gèlido icy

gel\|o m frost; cold; **~one** m chilblain

gel\|osia f jealousy; Venetian blind; **~oso** jealous (**di** of)

gelso m mulberry(-tree)

~mino *m* jasmin

gemell|o *m, adj* twin; **~i** *m/pl* twins *pl*; (cuff-) links *pl*

gèm|ere *v/i* groan; moan; **~ito** *m* moaning

gemma *f* gem

gener|ale general; **~alità** *f/pl* personal data *pl*

gener|are *v/t* generate; **~atore** *m* generator; **~azione** *f* generation

gènere *m* gender; kind; sort; *paint* genre; **in ~e** generally; **~i** *m/pl* alimentari foodstuffs

gènero *m* son-in-law

gener|osità *f* generosity; **~oso** generous

genetliaco *m* birthday

gengiva *f* gum

geni|ale bright; ingenious; **~o** *m* genius

genitivo *m* genitive

genitori *m/pl* parents

gennaio *m* January

Gènova *f* Genoa

gente *f* people; **c'è ~** there is s.o.

gentil|e gentle; kind; **~e (~ìssima) signora!** (dear) madam!; **~ezza** *f* kindness; **~uomo** *m* nobleman

genuin|ità *f* genuineness; **~o** genuine

genziana *f* gentian

geo|grafia *f* geography; **carta ~gràfica** map

geometria *f* geometry

gerànio *m* geranium

ger|ente *m* manager; **~enza** *f* management

gergo *m* slang

gerla *f* basket

Germàn|ia *f* Germany; **~ico** Germanic; German

germ|e *m* germ; **~inare** *v/i* germinate; **~ogliare** *v/i* sprout; **~oglio** *m* sprout

gess|are *v/t* plaster; **~ino** *m* plaster figure; **~o** *m* chalk; plaster; *sculpture*: plaster cast

gest|ione *f* management; **~ire** *v/i* gesticulate; manage; **~o** *m* gesture

Gesù *m* Jesus

gesuita *m* Jesuit

gett|are *v/t* throw; **~o** *m* throw; (steam-)jet; **~one** *m* counter; token

gheriglio *m* (nut-)kernel

ghiacci|aia *f* (ice-box); **~aio** *m* glacier; **~are** *v/t* freeze; **~ata** *f* iced drink; **~o** *adj* icecold; *m* ice

ghiaia *f* gravel

ghianda *f* acorn

ghign|are *v/i* grin; **~ata** *f* sneer

ghindare *v/t* hoist

ghiott|o gluttonous; *fig* greedy; impatient; **~oneria** *f* delicacy

ghirigoro *m* flourish frills

ghirlanda *f* garland

ghiro *m* dormouse

ghisa *f* cast-iron

già already; formerly

giacca *f* jacket; **~ a maglia** cardigan; **~ di pelle** leatherjacket

giacché since; as

giacchetta *f* jacket

giacere *v/i* lie (down)

giacinto *m* hyacinth

giada f jade

giaguaro m jaguar

gialllastro yellowish; **~o** yellow

giammai never

Giappone m Japan; **~se** m, f, adj Japanese

giardinlaggio m gardening; **~iera** f woman-gardener; flower-stand; **~iere** m gardener; **~o** m garden; **~o d'infanzia** kindergarten; **~o d'inverno** winter garden; **~i** m/pl pùbblici public parks

gigantle m, adj giant; **~esco** gigantic

giglio m lily

gilè m waistcoat

gin m gin

ginecòlogo m gynaecologist

gineprlla f juniper-berry; **~o** m juniper

ginestra f genista

ginnlasio m gymnasium; grammar school; **~àstica** f gymnastics pl

ginocchio m knee; **stare in ~** kneel; **~ni** kneeling

giocare v/t play; v/i gamble; **~ ai dadi** (play) dice; **~ alle carte, al biliardo** play cards, billiards; **~ d'azzardo** gamble; **~ di danaro** gamble for money

giocllatore m player; **~àttolo** m toy

gioco m game; play

giocllondità f mirth; **~ondo** cheerful

giogo m yoke

gioia f joy

gioilelliere m jeweller; **~ello** m jewel; **~elli** m/pl jewel-(le)ry

giornlalaio m newsagent; **~ale** m newspaper; diary; **~ale radio** newscast; **~aliero** daily; **~alista** m, f journalist

giornata f day's work; day's wages

giorno m day; **~ feriale** weekday; workday; **~ festivo** holiday; **sul far del ~** at daybreak; **al ~** daily; **buon ~!** good morning!; **l'altro ~** the other day; **di ~** by day

giostra f tournament; merry-go-round

gióvane adj young; m young man

giovanletto m boy; **~ile** juvenile; **~otto** m young man

giovare v/i be of use

giovedì m Thursday

gioventù f youth

giovallle jolly; **~ità** f joviality

giovinezza f youth

giràbile transferable

giradischi m record-player

giraffa f giraffe

girlare v/t turn; v/i go about; **mi gira la testa** my head spins; **~ata** f turn; com endorsement

girelllla f revolving disk; **~are** v/i stroll about

giro m turn; tour; walk; **prendere in ~** make fun of; **~ turìstico** sightseeing trip

gita f trip; excursion

gitante m, f excursionist

giù down; below; downstairs; **in** ~ downstairs

giubb|a *f* jacket; coat; ~etto *m* di salvataggio life-jacket

giubil|are *v/i* exult; *v/t* pension off; ~azione *f* retirement

giùbilo *m* joy

giudic|are *v/t* judge; ~ato *m* judgement

giùdice *m* judge

giudizio *m* judgement; opinion; common sense

giugno *m* June

giument|a *f* mare; ~o *m* beast of burden

giunco *m* rush; reed

giùngere *v/i* reach; *v/t* join; ~ **a qc.** arrive at s.th.

giunt|a *f* surplus; addition; **per** ~ in addition; ~are *v/t* join; sew together; ~o *m* joint

giuoco = gioco

giuramento *m* oath; ~ **falso** perjury

giurare *v/t*, *v/i* swear

giur|ìdico juridical; legal; ~ista *m*, *f* jurist

giusta according to

giust|ezza *f* justness; ~ificare *v/t* justify; ~ificazione *f* justification; ~ìzia *f* justice; ~o *adj* right; lawful; *m* just man

gl' (*before vowel*) = gli

glaciale icy; ocèano *m* ~ polar sea

gladìolo *m* gladiolus

glàndola *f* gland; ~ salivale salivary gland

glauco sea-green; ~ma *m*

glaucoma

gli *article m/pl* the; *pron pers* him; it

glicerina *f* glycerin(e)

globale total

globo *m* globe; ball; earth; ~ oculare eyeball; ~so globose

gloria *f* glory; fame

glori|are *v/t* praise; ~arsi *v/r* pride o.s.; ~ficare *v/t* glorify; ~oso glorious

glossa *f* gloss

glòttide *f* *anat* glottis

glucosio *m* glucose

glùtine *m* gluten; glue

glutinoso glutinous

gnoc|co *m* dumpling; *fig* simpleton; ~chi *m/pl* small dumplings

gobb|a *f* hunch; ~o *adj* hunchbacked; *m* hunchback

goc|cia *f* drop; ~ce *f/pl* **per il naso** nose drops

gòcciola *f* drop

gocciolare *v/i* drip

godere *v/t* enjoy

godimento *m* enjoyment; use (of)

goffo clumsy

gola *f* throat; gorge; ~ **del camino** flue; **mal** *m* **di** ~ sore throat

golf *m* golf; sweater

golfo *m* gulf; bay

goloso *adj* gluttonous; *m* glutton

gómena *f* cable; rope

gómito *m* elbow; *fig* bend; crank

gomìtolo *m* ball of a thread

gomm|a f gum; rubber; tire; **~a di scorta** spare tire; **~a lacca** shellac; **~apiuma** f foam rubber; **~a senza càmera d'aria** tubeless tire; **~ato** gummed; **~oso** gummy

góndola f gondola

gondoliere m gondolier

gonfi|are v/t inflate; swell; **~arsi** v/r swell; **~atura** f, **~ezza** f swelling; fig exaggeration; **~o** swollen; fig conceited

gonn|a f, **~ella** f skirt

gonorrea f gonorrhea

gonzo m simpleton

gorg|o m whirlpool; **~ogliare** v/i gurgle; purl

gorilla m gorilla

gòtico Gothic

gotta f gout

gotto m goblet

gottoso gouty

govern|ante f nurse; governess; **~are** v/t govern; naut steer; **~arsi** v/r control o.s.; **~ativo** governmental; **~atore** m governor; **~o** m government; administration; naut steering

gozzo m crop; med goitre

gracchi|a f crow; **~are** v/i croak

gracidare v/i croak

gràcile delicate

gradazione f gradation

grad|évole pleasant; **~evolezza** f pleasantness; **~imento** m approval

grad|ino m step; appreciate; **~ire** v/t welcome; like; appreciate;

~ito agreeable; welcome

grado m degree; rank; **di buon** ~ with pleasure; **èssere in** ~ di be able to; **di in** ~ step by step; **mio mal** ~ against my will

graduazione f graduation

graffi|are v/t scratch; **~o** m scratch

grafite f graphite

gramaglia f mourning clothes pl

gramm|a m, **~o** m gram(me)

grammàtica f grammar; **~àtico** grammatical; **~òfono** m grammophone

gran = **grande**

gran|a f grain; **~aio** m barn; granary; **~ata** f broom; grenade; pomegranate; **~ato** m garnet

Gran Bretagna f Great Britain

granchio m crab; cramp; fig mistake; **~lino** m small crab; fig blunder

grand|e great; big; **gran tempo** m long time; **~ezza** f greatness

grandin|are v/i hail; **~ata** f hail-storm

gràndine f hail

grandi|osità f grandiosity; **~oso** grandiose

granduc|a m Grand Duke; **~ato** m Grand Duchy

gran|ello m grain; seed; **~oso** seedy; **~o** m wheat; corn; grain

granocchia f frog

granturco m (Indian) corn; maize

guanciale

grapp|a f brandy; clamp; **~ino** m brandy

gràppolo m bunch; cluster

grass|ello m bit of fat; lime; **~o** adj fat; leshy; m fat; grease

grassoccio plump

grat|a f grate; **~ella** f grill; **~iccio** m trellis work; **~icola** f gridiron; **~icolare** v/t grate

gratificare v/t gratify

gratis free; gratis

gratitùdine f gratitude

grato grateful; agreeable

grattacielo m skyscraper

gratt|are v/t scratch; scrape; **~ino** m eraser; **~ugia** f grater

gratùito gratuitous; free

gravare v/t burden; weigh (on)

grav|e heavy; serious; **~ezza** f heaviness; sadness

gràvida pregnant

grav|idanza f pregnancy; **~ità** f gravity; **~itazione** f gravitation

grazi|a f gracefulness; grace; **~e** f/pl thanks pl; **~e!** thank you!; **~e tante** many thanks; **~oso** gracious, lovely

Grec|ia f Greece; **2o** m, adj Greek

gregge m herd; flock

greggi|o raw; **materia** f **~a** raw material

gremb|iale (**~iule**) m apron; **~o** m lap; bosom

grem|ire v/t fill; **~ito** crowded

greppia f crib; manger

gretto stingy; mean

grid|are v/i shout; scream; **~io** m shouting; **~o** m cry; scream

grifagno ravenous; wild

grifo m snout; **~ne** m griffin

grigio grey

griglia f grate; grill

grignolino m Piedmontese claret

grill|are v/i simmer; **~o** m cricket

grinfia f claw; talon

grinz|a f wrinkle; ripple; **~oso** wrinkled

grond|aia f gutter; **~are** v/i drip; gush

gross|a f gross; **~ezza** f size; bigness; **~ista** m wholesaler; **~o** big; thick; heavy; with child; **mare** m **~o** rough sea; **~olano** coarse

grotta f grotto

groviera f Gruyere (cheese)

gru f crane (also mech); mech derrick

gruccia f crutch

grugn|ire v/i grunt; **~o** m snout

gruma f tartar (of wine)

gruppo m group

grùzzolo m hoard; savings pl

guadagn|are v/t earn; win; **~o** m earnings pl; gain

guadare v/t wade across

guai! woe!; **~** m/pl troubles pl

guaio m mishap; trouble; moaning

gualcire v/t crumple

guanci|a f cheek; **~ale** m

pillow
guanto *m* glove
guarda|barriere *m* gate-keeper; **~boschi** *m* forester; woodman; **~caccia** *m* gamekeeper; **~coste** *m* coast guard; **~freni** *m* brakesman
guard|are *v/t* look at; watch; guard; look after; **~arsi** *v/r* beware
guarda|roba *f* wardrobe; **~robiera** *f* cloak-room attendant
guardia *f* guard; watchman; *mil* sentry; policeman; **~no** *m* guardian; caretaker; **~forestale** forester; **~mèdica** ambulance station; **~notturna** night watchman
guar|ibile curable; **~igione** *f* recovery; cure; **~ire** *v/i* recover; *v/t* cure
guarn|igione *f* garrison; **~ire** *v/t* adorn; equip
guastare *v/t* spoil
guasto *adj* spoiled; out of order; **orologio** *m* **~** broken

clock; **~** *m* **al motore** motor trouble; **~ al cambio** gearbox trouble
guazz|are *v/t* ford; *v/i* wallow; **~etto** *m* stew; ragout
guercio squint-eyed
guerr|a *f* war; **~eggiare** *v/i* wage war; **~iero** *adj* warlike; *m* warrior
gufo *m* owl
guglia *f* spire
guid|a *f* guide; guidebook; directory; guidance; **~a alpina** alpine guide; **~a di conversazione** phrase-book; **~a telefònica** telephone directory; **~àbile** amenable; **~are** *v/t* lead; guide; drive
guidoslitta *f* bobsled
guisa *f* manner; way; **di ~ che** so that
guizzare *v/i* flash
guscio *m* shell; pod
gust|are *v/t* taste; relish; **~o** *m* taste; **~osità** *f* tastiness; **~oso** tasty

H

ha he (she, it) has; **(Lei) ~ forma di cortesia** you have; **hai** you have (*sg*); **hanno** they have
hangar *m* hanger; shed

hascisc *m* hashish
ho I have
hobby *m* hobby
hockey *m* hockey
hostess *f* stewardess

I

i *article m/pl* the
ibrido hybrid
Iddio *m* God
idea *f* idea; notion; **avere**

l'idea di fare qlc have the intention of doing s.th.
idèntico identical
ideologìa *f* ideology

idìllico idyllic; **~o** m idyll
idioma a m idiom; **~àtico** idiomatic
idiota m, f idiot
idolatrare v/t idolatrize; **~atrìa** f idolatry
ìdolo m idol
idoneità f fitness
idòneo fit; qualified
idrante m hydrant
idràulico adj hydraulic; m plumber
idròfobo hydrophobic; **~geno** m hydrogen
idromotore m hydromotor; **~plano** m hydroplane; **~terapìa** f hydrotherapy
ieri yesterday; **~ l'altro** day before yesterday; **~ mattina** yesterday morning
igiene f hygiene; hygienics pl
igiènico hygienic(al)
ignaro ignorant
ignavo lazy; sluggish
ignorante ignorant; **~anza** f ignorance; **~are** v/t ignore
ignoto unknown
il article m the
ìlare cheerful
ilarità f hilarity
illécito illicit
illegale illegal
illegìbile illegible
illegìttimo illigitimate; unlawful
illimitato unlimited
illùdere v/t deceive
illuminante illuminant; **gas** m **~ante** illuminating gas; **~are** v/t illuminate; fig enlighten; **~azione** f illu-

mination
illusione f illusion; **~usorio** illusory
illustrare v/t illustrate; elucidate; make famous; **~azione** f illustration; **~e** illustrious; famous; (letter) **~e signore, illustrìssimo signore** dear Sir
imballàggio m wrapping; **~are** v/t pack
imbalsamare v/t embalm; (animals) stuff
imbandierare v/t flag
imbarazzare v/t obstruct; embarrass; **~ato** embarrassed; **~o** m embarrassment; obstacle
imbarcàdero m wharf; pier; **~are** v/t ship; **~arsi** v/r embark; **~azione** f boat; **~o** m embarkation; landing-stage
imbarilare v/t barrel
imbastire v/t baste; tack; **~itura** f tacking
imbàttersi v/r: **~ in** qu run across s.o.
imbecille adj foolish; m imbecile
imbellettare v/t paint (the face); **~ire** v/t embellish
imbiancare v/t whiten; bleach; whitewash; v/i become white; **~hino** m whitewasher
imbitumare v/t tar
imboccare v/t feed; suggest; enter; **~atura** f mouthpiece; mouth (river)
imborsare v/t pocket
imboscata f ambush

imbott|are v/t put in barrels; **~igliare** v/t bottle (up); **~ire** v/t pad; stuff; **~itura** f padding

imbrodare v/t soil

imbrogli|are v/t entangle; muddle (up); swindle; **~o** m tangle; swindle; **~one** m swindler

imbronci|are, ~re v/i pout

imbrunire v/i grow dark

imbucare v/t post (letter)

imbuto m funnel

imit|àbile imitable; **~are** v/t imitate; **~azione** f imitation

immacolato immaculate

immagin|àbile imaginable; **~are** v/t, **~arsi** v/r imagine; fancy; **~azione** f imagination

immàgine f image

immancàbile unfailing

immane huge; ruthless

immatricol|are v/t matriculate; register; **~azione** f registration

immaturo immature; early (death)

immedi|ato immediate; **~tato** unpremeditated

immens|ità f immensity; **~o** immense; huge

immèrg|ere v/t immerse; soak; **~ersi** v/r plunge

immeritato undeserved

immersione f immersion

immigr|ante m, f, adj immigrant; **~are** v/i immigrate; **~azione** f immigration

immischiarsi v/r meddle; interfere

immissione f letting in; introduction

immòbile motionless; immovable

immoderato immoderate

immodest|ia f immodesty; **~o** immodest

immondizi|a f sweepings pl; **bidone** m **delle ~e** dustbin; garbage-box

immoral|e immoral; **~ità** f immorality

immort|ale immortal; **~ali-tà** f immortality

immoto motionless

immune immune; free

immut|àbile unchangeable; **~ato** unaltered

impaccare v/t wrap up

impacci|are v/t hinder; embarrass; **~o** m impediment; embarrassment

impacco m packing; wet compress

impadronirsi v/r get hold (of)

impagàbile invaluable

impagliare v/t cover with straw

impalcatura f ceiling; scaffold(ing)

impallidire v/i turn pale

impannare v/t line with cloth

imparagonàbile incomparable

imparare v/t learn

impareggiàbile incomparable

impari uneven; odd

imparità f imparity

imparziale impartial

impassìbile impassive

impastare v/t knead; paste

impaurire v/t frighten

impazien|te impatient; eager; **~tirsi** v/r get impatient; **~za** f impatience

impazzire v/i go mad; go crazy

impeccàbile faultless

imped|imento m hindrance; drawback; **~ire** v/t prevent; obstruct

impegn|arsi v/r engage o.s.; **~o** m engagement; commitment

impenetràbile impenetrable; fig inscrutable

impenn|are v/t cover with feathers; **~arsi** v/r rear

impens|àbile unthinkable; **~ato** unexpected; **~ierito** uneasy

imperativo m, adj imperative

impera|tore m emperor; **~trice** f empress

imperdonàbile unforgivable

imperf|etto adj imperfect; m imperfect (tense); **~ezione** f imperfection

imperiale adj imperial; m (car-)top

imperizia f lack of skill

impermeàbile adj impermeable; water-, air-tight; water-proof; m rain-coat

impermutàbile unchangeable

impero m empire; rule

impersonale impersonal

impertin|ente impertinent; **~enza** f impertinence

imperturbàbile imperturbable

impestare v/t infect

ìmpeto m vehemence

impetuoso vehement; violent

impiant|are v/t plant; found; **~ito** m floor; **~o** m installation; plant; **~o d'accensione** ignition system; **~o elèttrico** electric plant; **~o lavacristallo** (wind)-screen washer; **~o m radio** wireless plant

impiccare v/t hang

impicciare v/t obstruct; embarrass

impiccinire v/t make smaller; v/i grow smaller

impiccio m hindrance

impieg|àbile employable; **~are** v/t employ; **~ato** adj employed; m employee; **~o** m employment

impietrire v/t, v/i petrify

impiombare v/t seal; (tooth) fill

implac|àbile unrelenting; **~abilità** f implacability; ruthlessness

implacidire v/t appease

implor|are v/t implore; **~azione** f imploration

impolver|are v/t cover with dust; **~arsi** v/r get dusty

impon|ente imposing; **~enza** f impressiveness

implorre v/t impose; **~orsi** v/r be overbearing

import|ante important; **~anza** f importance; **~are**

v/t import; *v/i* be necessary; **non importa** it does not matter; **~atore** *m* importer; **~azione** *f* import (-ation); **~o** *m* amount

importun|are *v/t* bother; **~o** importunate; annoying

imposs|ibile impossible; **~i-bilità** *f* impossibility

impost|a *f* tax; duty; (window) shutter; **~are** *v/t* mail (letter); state (problem)

impot|ente powerless; impotent; **~enza** *f* impotence

impoverire *v/t* impoverish

prati|càbile impracticable; **~chirsi** *v/t* practise

imprec|are *v/i* curse; **~a-zione** *f* imprecation

impreciso inexact

impres|a *f* enterprise; **~ario** *m* contractor; manager

impression|àbile susceptible; **~are** *v/t* impress; **~e** *f* impression

imprèstito *m* loan

imprevisto unforeseen

imprigionare *v/t* imprison

imprimere *v/t* impress; (im-)print

improb|àbile unlikely; **~a-bilità** *f* improbability

impront|a *f* impression; mark; **~a digitale** fingerprint; **~are** *v/t* mark; **~o** importunate

improprio unbecoming

improvvis|are *v/t* improvise; **~o** sudden; **all'~o** all of a sudden

imprud|ente imprudent; rash; **~enza** *f* imprudence

impud|ente impudent; **~enza** *f* impudence

impugn|àbile impugnable; **~are** *v/t* seize; impugn

impuls|ivo impulsive; **~o** *m* impulse

impun|e, **~ito** unpunished

impunt|are *v/i* stumble; **~arsi** *v/r* be obstinate; **~ato** obstinate; **~ire** *v/t* quilt; **~uale** unpunctual; **~ualità** *f* punctuality; **~itura** *f* stitching

impuro impure

in in; to; **~ Italia** in (to) Italy; **~ italiano** in Italian; **~ treno** by train

in... (prefix with often negative meaning) un...

inàbile unable; unfit

inaccessìbile inaccessible

inaccettàbile unacceptable

inademp|ìbile unrealizable; **~imento** *m* unfulfilment

inal|are *v/t* inhale; **~azione** *f* inhalation

inalterato unaltered

inamidare *v/t* starch

inammissìbile inadmissible

inappellàbile final

inappetenza *f* lack of appetite

inapprezzàbile invaluable

inappuntàbile irreproachable

inargentare *v/t* silver-plate

inaridire *v/t* dry up; wither

inarrivàbile unattainable

inaspettato unexpected

inattendìbile unreliable

inatt|ento unattentive; **~enzione** f carelessness
inatteso unexpected
inatt|ività f inactivity; **~ivo** inactive
inatto unapt
inattuàbile impracticable
inaudito unheard of
inaugur|are v/t inaugurate; **~azione** f inauguration; opening
inavvert|enza f inadvertence; **~ito** unnoticed
incalcolàbile incalculable
incalorire v/t heat; warm
incalzare v/t pursue; fig urge
incanalare v/t canalize
incandescente incandescent
incant|are v/t charm; **~évole** enchanting; **~o** m charm; enchantment; auction; **véndere all'~o** sell by auction
incap|ace incapable (**di** of); **~acità** f incapacity
incarcerare v/t imprison
incaric|are v/t entrust (**di** with); charge; **~arsi** v/r **di qc** take s.th. upon o.s.
incàrico m task; charge
incarn|are v/t embody; **~atino** adj flesh-coloured; m fresh complexion
incart|are v/t wrap (in paper); **~o** m documents pl; **~occiare** v/t put in a paper-bag
incasellare v/t file
inc|assare v/t encase; (money) collect; **~asso** m

takings pl; collection
incastonare v/t set
incatenare v/t chain
incatramare v/t tar
incauto incautious
incav|are v/t hollow out; **~ato** hollow
incendi|are v/t set fire to; **~ario** m incendiary; **~o** m fire; conflagration
inceneri|mento m incineration; **~ire** v/t incinerate
incens|are v/t incense; **~iere** m thurible; **~o** m incense
incerato m tarpaulin
inc|ertezza f uncertainty; **~erto** uncertain; insecure
incessante unceasing
incettatore m forestaller
inchiesta f inquiry
inchin|are v/t incline; **~arsi** v/r bow; **~o** m bow
inchiodare v/t nail
inchiostro m ink
inciamp|are v/i stumble; **~o** m obstacle
incid|entale incidental; **~ente** m incident; **~ente stradale** road accident
incidere v/t incise; med lance; engrave; fig penetrate
incinta pregnant
incipriare v/t powder
incirca: all'~ approximately
incisione f incision; **~ in legno** wood-cut; **~ in rame** copperplate engraving
incisore m engraver
inciv|ile uncivilized; uncivil; **~ilire** v/t civilize
inclem|ente stern; severe;

inclemenza

~enza f severity

inclin|àbile inclinable; **~are** v/t, v/i incline; **~ato** inclined; bent; **~azione** f inclination

incl|ùdere v/t include; enclose; **~usa** f enclosure; **~usivamente, ~usive** inclusively

incoerente inconsistent

incògnito unknown

incollare v/t glue; stick

incol|orarsi v/r (take on) colour; **~ore** colourless

incolp|are v/t accuse; inculpate; **~azione** f accusation; **~évole** innocent

incolto incultured; uncultivated

in|cómbere v/i be incumbent (on); **~combustìbile** incombustible; **~combusto** unburnt

incominciare v/t, v/i begin (**a** with); start

incommutàbile unalterable

incomod|are v/t disturb; **~arsi** v/r trouble o.s.; **non si incòmodi!** don't trouble (yourself)!

incòmodo uncomfortable

imcomparàbile matchless

incompatibile incompatibile

incompetente incompetent

incompiuto unfinished

incomprensìbile incomprehensible

incon|cepìbile inconceivable; **~ciliàbile** irreconcilable

inconfortàbile inconsolable

inconsapévole unaware

inconscio m, adj unconscious

inconseguenza f inconsequence

inconsiderato inconsiderate

inconsolàbile inconsolable

inconsueto unusual

incontent|àbile insatiable; **~abilità** f insatiability

incontestato uncontested

incontrare v/t meet

incontro m encounter; match; adv towards; **all'~** on the contrary

inconveni|ente inconvenient; **~enza** f inconvenience

inconvincìbile inconvincible

incoragg|iamento m encouragement; **~iare** v/t encourage; **~iarsi** v/r take courage

incornic'iare v/t frame

incoron|are v/t crown; **~azione** f coronation

incorporare v/t incorporate

incorr|eggìbile incorrigible; **~ettezza** f incorrectness; **~etto** incorrect; **~otto** incorrupt; **~utìbile** incorruptible

incosciente unconscious

incost|ante fickle; **~anza** f inconstancy; **~ituzionale** inconstitutional

incredìbile incredible

incrèdulo incredulous

incremento m increase

increspare v/t ripple; frown
incroci|are v/t cross; **~atore** m naut cruiser; **~o** m crossing; cross-breeding
incrollàbile unshakeable
incubo m nightmare
incùdine f anvil
incuràbile incurable
incurvare v/t bend
indagare v/t investigate
indàgine f inquiry; research
indebit|arsi v/r get into debt; **~ato** indebted
indebolire v/t weaken
indec|ente indecent; **~enza** f indecency
indec|isione f indecision; **~iso** undecided
indefinito indefinite
indegn|ità f unworthiness; **~o** unworthy; worthless
indelicato indelicate; unscrupulous
indenne unharmed; **~ità** f indemnity; **~izzare** v/t indemnify; **~izzo** m indemnity
indescrivìbile indescribable
indeterminato vague; indetermined
India f India
indiano Indian
indic|are v/t indicate; **~ativo** m, adj indicative; **~atore** m indicator; **~azione** f indication
ìndice m index; forefinger; mech hand
indicìbile unspeakable
indietr|eggiare v/i withdraw; **~o** back; behind;

all'**~o** backwards
indiffer|ente indifferent; **~enza** f indifference
indigeno adj indigenous; m native
indigente needy
indig|erìbile indigestible; **~estione** f indigestion
indignazione f indignation
indipend|ente independent; **~enza** f independence
indire v/t announce
indir|etto indirect; **~izzare** v/t address (a to); **~izzo** m address
indiscreto indiscreet; intrusive
indispensàbile indispensable
indisp|ettito vexed; **~osizione** f indisposition; **~osto** indisposed; unwell
indisputàbile indisputable
indistinto indistinct
indivia f endive
individu|ale individual; **~alità** f individuality
individuo m individual
indiviso undivided
indizio m sign; symptom
indòcile indocile
indocilità f indocility
indolcire v/t sweeten
ìndole f temper
indol|ente indolent; **~enza** f indolence
indomani m: l'**~** the next day
Indonesia f Indonesia
indorare v/t gild
indossare v/t put on; wear
indovin|are v/t guess; **~ello**

m riddle

indubbio undoubted

indugl|are *v/i* delay; **~o** *m* delay

indulg|ente indulgent; **~en-za** *f* indulgence

indurare *v/t* harden

ind|urre *v/t* induce; **~ursi** *v/r* decide

industr|ia *f* industry; manufacture; *fig* diligence; **~ia pesante** heavy industry; **~iale** *adj* industrial; manufacturing; *m* industrialist; **~prodotti,** *m/pl* **~iali** manufactured goods

ineducato ill-bred

ineffàbile ineffable

ineffettuàbile unpracticable

inefficace inefficient

ineguale unequal; uneven

inerte inert

inerudito unlearned

ines|atto inaccurate; **~auribile** inexhaustible

ineseguìbile inexecutable

inesoràbile unrelenting

inesp|erienza *f* inexperience; **~erto** unskilled

inesplicàbile inexplicable

inesprimìbile inexpressible

inetto inept; unqualified

inevitàbile inevitable

inezia *f* trifle

infallìbile infallible

infam|are *v/t* defame; **~e** disgraceful; vile; **~ia** *f* infamy

infant|icidio *m* child-murder; **~ile** childish

infanzia *f* childhood

infarto *m* infarct; **~ miocàrdico** myocardial infarct

infaticàbile indefatigable

infatti in fact; really

infausto ill-omened

infecond|ità *f* barrenness; **~o** sterile

infedel|e *adj* unfaithful; *m* unbeliever; **~tà** *f* infidelity

infelice unhappy

inferi|ore *adj* inferior; *m* subordinate; **~tà** *f* in-eriority

inferm|erìa *f* infirmary; sick-room; **~iere** *m* hospital attendant; **~ità** *f* infirmity; **~o** *adj* sick; *m* invalid

infern|ale infernal; **~o** *m* hell

inferriata *f* grating

infestare *v/t* infest

infett|are *v/t* infect; **~ivo** infectious; **malattia** *f* **~iva** infectious disease

infezione *f* infection

infiamm|àbile inflammable; **~are** *v/t* inflame; *fig* excite; **~azione** *f* inflammation; **~azione agli occhi** inflammation of the eyes

infido untrustworthy

infil|are *v/t* thread; (*beeds*) string; **~arsi** *v/r* qc put sth on

infiltrarsi *v/r* infiltrate; penetrate

infilzare *v/t* pierce

infimo lowest; basest

infin|e finally; **~ità** *f* infinity; **~ito** *adj* infinite; *m* infinitive

infiorare *v/t* adorn with flowers

inflessìbile inflexible; **~ione** f inflection
influ|ente influent(ial); **~enza** f influence; influenza; **~ire** v/t influence
influsso m influx
infoc|are v/t make red-hot; **~ato** red-hot; burning
infondato unfounded
infóndere v/t infuse
inform|arsi v/r inform o.s.; **~azione** f information; **~e** shapeless
infortun|io m accident; **assicurazione f contro gli ~i** accident insurance
inforzare v/t strengthen
infossato sunken; fallen in
infràngere v/t break; infringe
infrazione f infraction; infringement
infredd|are v/i, **~arsi** v/r catch cold; **~atura** f cold; **~olire** v/i shiver with cold
infruttuoso fruitless; unsuccessful
infuori: all'~ di except (for)
infuri|arsi v/r grow furious; **~ato** furious
infusione f infusion
ingann|are v/t deceive; betray; **~atore** m swindler; **~o** m deceit
ingegn|arsi v/r strive; **~ere** m engineer; **~o** m intelligence; talent; **~oso** ingenious
ingènito inborn; innate
inge|nuità f simplemindedness; **~ènuo** ingenious; naive

ingessare v/t plaster
Inghilterra f England
inghiottire v/t swallow; engulf
ingiallito yellowed
inginocchi|arsi v/r kneel down; **~atoio** m kneelingstool; **~oni** adv on one's knees
ingiù downwards; down
ingiuri|a f insult; outrage; **~are** v/t insult
ingiust|izia f injustice; **~o** unjust; unfair
inglese adj English; m Englishman
inglorioso inglorious
ingoiare v/t swallow
ingo|mbrare v/t obstruct; **~mbro** blocked
ingommare v/t gum; paste
ingordo greedy
ingorg|arsi v/r become choked, blocked; **~o** m med congestion
ingran|aggio m mech gear (-ing); **ferrovia f ad ~aggio** cog-wheel railway; **~are** v/i be in gear
ingrand|imento m enlargement; **~ire** v/t enlarge; v/i become larger
ingrass|aggio m lubricating; **~are** v/t fatten; grease; v/i grow fat; **~o** m manure
ingr|atitùdine f ungratefulness; **~ato** ungrateful
ingrediente m ingredient
ingresso m entrance; admittance
ingross|are v/t, v/i enflate; increase; **all'~o** wholesale

inguantarsi

inguantarsi v/r put on gloves

inguaribile incurable

inguinale: ernia ~ inguinal hernia

inguine m anat groin

inibire v/t inhibit

iniettare v/t inject

iniezione f injection

inim|icare v/t estrange (from); **~icizia** f hostility

inimmaginàbile unconceivable

ininterrotto uninterrupted

iniqu|ità f iniquity; **~o** unjust

inizi|ale f initial; **~are** v/t initiate; start; **~ativa** f initiative

innaffi|are v/t sprinkle; **~atoio** m, **~atrice** f watering-cart; watering-can

innalzare v/t raise

innamorarsi di fall in love with ...

innanzi before; forward

innato inborn

innaturale unnatural

innegàbile undeniable

innestare v/t graft; aut **~ la marcia** engage the gear

inno m hymn; **~ nazionale** national anthem

innoc|ente innocent; **~enza** f innocence

innòcuo innocuous

innov|are v/t innovate; **~azione** f innovation

innumerévole innumerable

inodoro odourless

inoltr|are v/t send; (letter) forward; **~e** besides

inond|are v/t flood; **~azione** f inundation

inoperoso idle

inopportuno inopportune

inorridire v/t horrify; v/i be horrified

inospitale inhospitable

inosservato unobserved

inquadrare v/t frame; mil enroll

inquiet|are v/t worry; **~o** uneasy; **~ùdine** f apprehension

inquilino m lodger; tenant

insal|are v/t salt; **~ata** f salad; **~ata di cetrioli** cucumber salad; **~ata di lattuga** lettuce; **~ata di patate** potato-salad; **~atiera** f salad-bowl

insalubre unhealthy

insano insane

insaponare v/t soap; lather

insaputa: all'~ di without the knowledge of

insaziàbile insatiable

inscrivere = iscrivere

insedi|amento m installation; accession to office; **~arsi** v/r enter upon office

insegna f colours pl; sign (-board); **~mento** m teaching; **~nte** adj teaching; m, f teacher; **~re** v/t teach

insegu|imento m pursuit; **~ire** v/t pursue

insens|ato adj rash; m fool; **~ibile** insensible

inseparàbile inseparable

inser|ire v/t insert; put in; **~zione** f insertion; (news-

paper) advertisement
insetticida *m* insecticide
insetto *m* insect
insidi|a *f* snare; *v/t* ~**are** ensnare; ~**oso** insidious
insieme *adv* together; *m* whole
insignificante trifling
insincero insincere
insinu|arsi *v/r* insinuate o.s.; ~**azione** *f* insinuation
insìpido insipid; tasteless
insistente insistent
insìstere *v/i* insist (**in, su** on)
insod(d)isfatto unsatisfied
insolazione *f* sunstroke
insolente insolente; pert
insòlito unusual
insolùbile insoluble
insomma in short; after all
insonn|e sleepless; ~**ia** *f* insomnia
insopportàbile unbearable
insòrgere *v/i* rise (in revolt)
insostenìbile untenable
install|are *v/t* instal; ~**atore** *m* plumber; ~**azione** *f* installation
instancàbile untiring
insù up(wards); above
insuccesso *m* failure
insudiciare *v/t* soil
insuffici|ente insufficient; ~**enza** *f* insufficiency
insulare insular
insulina *f* insulin
insult|are *v/t* insult; abuse; ~**o** *m* insult
insuperàbile insuperable; ~**ato** insurpassed
insurrezione *f* insurrection
intagliatore *m* carver; engraver

intanto meanwhile; ~ **che** while
intarlato worm-eaten
intarsio *m* inlay-work
intascare *v/t* pocket
intatto intact; unimpaired
intavolare *v/t* (*conversation*) start
intavolato *m* planking
integrare *v/t* integrate; complete
intell|etto *m* intellect; ~**ettuale** intellectual; ~**igente** intelligent; ~**igenza** *f* intelligence
intemperante intemperate
intèndere *v/t* hear; understand; mean; intend; **s'intende!** of course!
intenso intense
intento *m* intent (**a** on)
intenzione *f* intention
interamente wholly
inter|cèdere *v/i* intercede; ~**cessione** *f* intercession; **telèfono** *m* ~**comunale** trunkline
interdetto prohibited
interd|ire *v/t* prohibit; ~**ire qu** *for* disable s.o.; ~**izione** *f* interdiction; *for* disqualification
interess|amento *m* interest; sympathy; ~**ante** interesting; ~**are** *v/t* interest; concern; ~**ato** *com* having a share; ~**e** *m* interest; concern; ~**i** *m/pl* (*money*) interest
interiezione *f* interjection
interiore *adj* interior; *m* in-

side

interlocutore m partner in a conversation

interm|ediario m mediator; **~edio** intermediate

intermezzo m interval

intermitt|ente intermittent; **febbre** f **~ente** intermittent fever; **~enza** f intermittence

internare v/t intern; med confine

internazionale international

interno adj internal; inner; m interior; inside

intero entire; whole; **latte** m **~** full-cream milk

interporsi v/r intervene

in|terpretare v/t interpret; **~tèrprete** m interpreter; thea actor

interpunzione f punctuation

interregno m interregnum

interrog|are v/t question; **punto** m **~ativo** question mark; **~atorio** m (cross-)examination; **~azione** f query

interr|ómpere v/t interrupt; **~uttore** m elec switch; **~uzione** f interruption; radio jamming

inter|secare v/t intersect; **~sezione** f intersection; **~vallo** m jamming

interv|enire v/i intervene; interfere; **~ento** m intervention; interference

intervista f interview

intes|a f agreement; pol

entente; **ben~o** well understood

intest|are v/t head; com register (under a name); **~arsi** v/r be obstinate; **~azione** f heading; headline

intestino adj internal; m intestines pl; **~ cieco** appendix

intimare v/t intimate; enjoin

intimidire v/t intimidate

intimità f intimacy

intimo intimate; close

intimorire v/t: **~ qu** frighten s.o.

int|ìngere v/t dip (into); **~ìngolo** m ragout; **~into** adj soaked; m sauce

intirizzire v/t (be)numb

intitolare v/t entitle; name

intoller|àbile intolerable; **~ante** intolerant

intonacare v/t plaster

intònaco m plaster(ing)

intonare v/t intone; tune

intopp|are v/i come across; stumble (**in** over); **~o** m obstacle

intorbidare v/t make muddy

intormentirsi v/r get numb, cramped

intorno prp a (a)round; about; adv around; about

intossic|are v/t intoxicate; **~azione** f intoxication; **~azione alcoolica** alcoholic poisoning; **~azione alimentare** food poisoning

intra =**tra, fra**

intralciare v/t hinder;

entangle
intransitivo intransitive
intrapr|endere v/t undertake; **~esa** f enterprise
intrattàbile unmanageable
intratten|ere v/t entertain; **~ersi** v/r stop; (subject) dwell (su upon)
intrecci|are v/t interlace; **~arsi** v/r be intertwined; **~o** m interlacing; plot
intrig|ante adj intriguing; **~are** v/t plot; **~o** m plot
intrìnseco intrinsic; intimate
intristire v/i fig pine away
introd|urre v/t introduce; **~uzione** f introduction; preface; mus overture
intromét|tersi v/r interfere
intruso m intruder
inturgidir|e v/i, **~si** v/r swell up
inumano inhuman
inumidire v/t moisten
inùtile useless
invàdere v/t invade
invalid|are v/t invalidate; nullify; **~ità** f invalidity
invàlido adj invalid; void; m disabled soldier
invano in vain
invariàbile invariable
invasione f invasion
invecchiare v/t make old; v/i grow old
invece on the contrary; **~ di** instead of; **~ di lui** (**in sua vece**) in his place
invelenire v/t envenom
invendìbile unsaleable
invent|are v/t invent; **~ario**

m inventory; stock-taking
inven|tivo inventive; **~tore** m inventor; **~zione** f invention
invernale wintry
invernici|are v/t varnish; **~atore** m varnisher
inverno m winter; **d'~** in winter time
invero truly; really
inverosìmile unlikely
inversione f inversion; **~o** inverse
investig|are v/t investigate; **~azione** f investigation
invest|imento m investment; rail collision; **~ire** v/t empower (**di** with); run over (car); (money) invest; **~irsi** v/r collide
invetri|are v/t glaze; **~ata** f glass window
invi|are v/t send; **~ato** m speciale correspondent
invìdi|a f envy; **~àbile** enviable; **~are** v/t envy; **~oso** envious
invigor|ire v/t invigorate; **~irsi** v/r get strong
invilire v/t debase; (prices) lower
invil|uppare v/r envelop; **~uppo** m bundle
invincìbile invincible
invìo m mailing; shipment
inviolàbile inviolable
invisìbile invisible
inviso disliked
invitare v/t invite; request
invito m invitation; **~ a presentarsi** summons

invocare v/t invoke; implore

invogliare v/t raise a desire

involontario unintentional

inv|oltare v/t wrap up; **~ò-lucro** m covering; envelope

inzolfare v/t sulphurate

inzuccherare v/t sugar

inzuppare v/t soak; steep

io I

iòdi|co iodic; **~o** m iodine

ipno|si f hypnosis; **~tizzare** v/t hypnotize

ipocondria f spleen

ipocrisia f hypocrisy

ipòcrita m hypocrite

ipoteca f mortgage

ipòtesi f supposition

ippica f horse-racing

ippòdromo m hippodrome; racecourse

ira f anger; wrath

iracond|ia f rage; **~o** hot-tempered

irato angry

iride f iris; rainbow

iris f iris

Irland|a f Ireland; **2ese** Irish

ir|onìa f irony; **~ònico** ironic(al)

irradi|are v/t (ir)radiate; **~azione** f irradiation

irragionévole unreasonable

irrancidire v/i become rancid

irrazionale irrational

irreale unreal

irreconciliàbile irreconcilable

irrefrenàbile unrestrainable

irregol|are irregular; **~arità** f irregularity

irreparàbile irreparable

irreprensìbile irreproachable

irre|quietezza f restlessness; **~quieto** restless

irresistìbile irresistible

irresolutezza f irresolution

irrepons|àbile irresponsible; **~abilità** f irresponsibility

irrevocàbile irrevocable

irrig|are v/t irrigate; **~azione** f irrigation

irrit|àbile irritable; **~abilità** f irritability; **~are** v/t irritate

irruzione f irruption

irsuto shaggy; bristly

irto bristling; standing on end

ischio m hip-joint

iscr|ìvere v/t inscribe; enroll; **~izione** f enrollment; registration

ìsola f isle

isol|amento m isolation; **~ano** m islander; **~are** v/t isolate; **~arsi** v/r live secluded; **~ato** m block of houses

isp|ettore m inspector; **~ezionare** v/t inspect; **~ezione** f inspection

ìspido shaggy

ispir|are v/t inspire; instil; **~arsi** v/r be inspired (by); **~azione** f inspiration

Israele m Israel

issare v/t hoist

istant|ànea f snapshot;

305 **lametta**

~àneo instantaneous; **~e** *m* petitioner; instant, moment
istanza *f* petition
istèrico hysterical
istint|ivo instinctive; **~o** *m* instinct
istitu|ire *v/t* establish; found; **~uto** *m* institute; **~uto di bellezza** beauty shop; **~utore** *m* tutor; **~u-zione** *f* institution
istmo *m* isthmus
istru|ire *v/t* instruct; teach; **~ito** educated

istruttivo instructive
istruzione *f* instruction; teaching; **~ pùbblica** public education; **~ obbli-gatoria** compulsory school-attendance
Italia *f* Italy
italiano *m, adj* Italian
itinerario *m* itinerary
ito gone; **bell' e ~** done for
itterizia *f* jaundice
iuta *f* jute
ivi there

K

ketchup *m* ketchup
kg = **chilogramma**

km = **chilòmetro**
kWh = **chilowattora**

L

L = **lire (italiane)**
l = **litro**
l' (*before vowel*) = **lo, la**
la *article f/sg* the; *pron pers* (*accusative*) she; **♀** *forma di cortesia* you; *m* **mus** la
là there; **di ~** from there; **al di ~** beyond
labbro *m* lip; **~ leporino** hare-lip
labor|atorio *m* laboratory; work-shop; **~ioso** hard-working; toilsome
lacca *f* laquer
laccetto *m* (boot)lace
laccio *m* string; *fig* trap; **~ per le scarpe** shoe-lace
lacerare *v/t* tear; rend
làcero torn; in rags
lacuna *f* gap; blank

lacustre lacustrine; **dimo-ra** *f* **~** lake-dwelling
laddove (there) where; whilst
ladro *m* thief; burglar; **~ne** *m* highwayman
laggiù down there; yonder
lagn|anza *f* complaint; **~arsi** *v/r* complain (**di** of); **~o** *m* lament(ation)
lago *m* lake
làgrima *f* tear
laguna *f* lagoon
làico *adj* laic; *m* layman
laidezza *f* foulness
làido ugly; filthy
lament|are *v/t* lament; **~ar-si** *v/r* complain (**di** of); **~o** *m* moaning; **♀oso** plaintive
lametta *f*: **~ da barba**

razorblade
lamiera f plate; sheet
làmina f (metal) sheet
laminare v/t laminate
làmpada f lamp; **~ ad arco** arc lamp; **~ a raggi ultra-violetti** sunlight-lamp; **~ tascàbile** torch; flash-light
lampad|ario m lustre; **~ina** f torch; electric bulb
lampeggiante m blinking light
lampeggiare v/i lighten; flash; **~eggiatore** m traffic-indicator; **~ione** m street-lamp
lampo m lightning; flash; **treno ~** express-train
lampone m raspberry
lana f wool; **~pura** pura wool; **~ di acciaio** steel wool
lancetta f hand (of a watch)
lanci|a f lance; naut boat; **~are** v/t throw; fling; **~arsi** v/r dash; rush; **~o** m throw; jump; **~o del disco** discus-throw; **~o del giavellotto** javelin-throw; **~o della palla di ferro** shot-put
landa f heath
lanerìa f woollens pl
languidezza f languidness
lànguido languid; weak
languire v/i languish; be stagnant (trade)
lanoso woolly
lanterna f lantern; **~ cieca** dark lantern
lan|ùgine f down; fluff; **~u-to** woolly
làpide f tomb-stone; me-

morial tablet
lapilli m/pl volcanic ashes
lapis m pencil; **~làzzuli** m lapis lazuli
lardo m lard; bacon
larghezza f width; breadth; fig generosity
largire v/t give liberally
largo adj wide; broad; large; m open space; **fare ~** make room
làrice m larch-tree
laring|e f larynx; **~ite** f laryngitis
larva f larva; mask; ghost
lasagn|a f big noodle; **~e** f/pl **verdi** green noodles
lasca f roach
lasciare v/t leave; desert; let
làscito m legacy
lassativo m laxative
lassù up there; there above
lastra f slab; plate; (window-)pane
lastric|are v/t pave; **~ato** m pavement
làstrico m pavement; fig misery
latente latent
laterale lateral; **porta** f **~** side door
latifondo m large estate
latino Latin
latit|ante at large; **~ùdine** f latitude; breadth
lato adj wide; m side
latore m bearer
latrare v/i bark
latrina f lavatory
latta f tin-plate; can
latt|aia f milkmaid; **~ante** m suckling; **~e** m milk; **~erìa** f

milkshop; **~iera** f milk-jug;
~ivéndolo m milkman
lattoniere m plumber
lattuga f lettuce
làurea f academic degree;
doctorate
laur|eto m laurel grove; **~o m**
laurel
lava f lava
lavabiancherìa f washing
machine
lav|àbile washable; **~abo m**
wash-stand; **~aggio** m
washing
lavagna f slate; blackboard
lav|amano m wash-stand;
~anda f lavender; **~andaia**
f laundress; **~anderìa** f
laundry; **~anderìa a secco**
dry-cleaning shop; **~andi-
no** m sink; **~are** v/t wash;
~atoio m wash-house
lavìna f snow-slip
lavor|are v/t, v/i work; **~a-
tore** m worker; **~o** m work;
labour
Lazio m Latium
le article f/pl the; pron pers
(dative f/sg) her; (accusative
f/pl) they; ₂ forma di cortesia
f/pl) you
leal|e loyal; **~tà** f loyalty
lebbra f leprosy
leccare v/t lick
lecc|one m glutton; **~ornia** f
dainty bit
lécito allowed; lawful
lega f union; league; alloy
legàcciolo m boot-lace;
garter
leg|ale legal; **~alizzare** v/t
legalize; **~alizzazione** f

legalization m
legame m bond; tie
leg|are v/t bequeath; tie; fig
join; **~ato** m legacy; **~atore**
m book-binder; **~azione** f
legation
legge f law; **studiar ~** study
(for) the law
leggend|a f legend
lèggere v/t read
legger|ezza f lightness;
frivolity; **~o** light; fig
thoughtless
leggiadr|ìa f grace(fulness);
~o charming
leggibile legible
leggiero = leggero
leggio m reading-desk; mus
music-stand
legisl|atore m legislator; **~a-
zione** f legislation
legittim|are v/t legitimate;
(**carta** f **di**) **~azione** f
identity card
legittimo lawful; legitimate
legn|a f/pl fire-wood; **~aiuo-
lo** m carpenter; **~ame m da
costruzione** building-
timber
legno m wood
legume m vegetable
lei pron pers she; ₂ forma di
cortesia sg you; **dare del** ₂
address formally
lembo m edge; (dress) hem
len|imento m soothing; **~ire**
v/t soothe; **~itivo** soothing
lent|e f lens; **~i d'ingrandi-
mento** magnifying glass; **~i**
f/pl **di contatto** contact
lenses
lentezza f slowness

lenticchia f lentil

lentiggine f freckle

lento slow; tardy; loose

lenz|a f fishing-line; **~uola** f/pl sheets; bedclothes; **~uolo** m (bed-)sheet

leon|e m lion; **~essa** f lioness

leopardo m leopard

lepre f hare

lesso adj boiled; m boiled meat

lesto quick; agile

letizia f joy

lèttera f letter; **~ aèrea** air-mail letter; **~ espresso** special delivery letter; **~ per l'estero** foreign letter; **~ raccomandata** registered letter

letter|ale literal; **~ario** literary; **~ato** adj learned; m man of letters; **~atura** f literature

lett|iera f bedstead; **~iga** f litter; **~ino** m: **~ino da campeggio** camp bed; cot

letto m bed; pp read; **~ da bambino** cot; crib; **~ supplementare** additional bed

lettura f reading

leucemia f leukaemia

leva f lever; **~ di marcia** gear lever

levante m east

lev|are v/t take (off); raise; **~arsi** v/r get up; (sun) rise; take off (hat, dress); **~ata** f collection (of letters); **~atrice** f midwife

lezione f lesson; lecture

li pron pers them

lì there

libbra f pound

liber|ale liberal; **~alità** f munificence; **~are** v/t liberate

libero free

libertà f liberty; freedom

libr|aio m bookseller; **~eria** f library; book-shop; **~etto** m booklet; mus libretto; **~etto di risparmio** savings booklet; **~o** m book

licenz|a f licence; leave; degree; **~esame** m **di ~a** leaving certificate examination; **~iare** v/t dismiss; graduate

liceo m grammar school

lido m beach

lieto glad; happy

liev|e light; slight

lievitare v/t leaven; ferment

lièvito m barm; yeast

lilla m, adj lilac

lim|a f file; **~are** v/t file

limit|are v/t limit; **responsabilità** f **~ata** limited liability; **~azione** f limitation

lìmite m limit

limon|ata f lemonade; **~e** m lemon(-tree)

limpidezza f limpidity

lìmpido limpid

lince f lynx

lindo neat; tidy; trim

linea f line; **~ dell'autobus** bus line; **~ ferroviaria** railway line; **~ secondaria** branch line

line|amenti m/pl features;

~are *adj* linear; *v/t* delineate

linfa *f* lymph

lingua *f* language; tongue; **~ parlata** colloquial language; **~ scritta** literary language

lino *m* flax; linen

liquidare *v/t* liquidate; settle; **~azione** *f* liquidation

lìquido *m, adj* liquid; **~ per i freni idràulici** brake fluid

liquore *m* liquor

lira *f* lira; *mus* lyre

lìrica *f* lyrics *pl*; **~o** *adj* lyric(al); *m* lyric poet

lisca *f* (fish-)bone

lisciare *v/t* smooth

liscio smooth

lisciva *f* lye

lista *f* list; **~ dei prezzi** price-list; **~ dei cibi** bill of fare; menu; **~ dei vini** wine-list

lite *f* quarrel; law-suit

litigare *v/i* quarrel; **~io** *m* quarrel

litografìa *f* lithography

litro *m* litre

littorale *m* (sea-)shore; littoral

liuto *m mus* lute

livellare *v/t* level; **~atrice** *f* bulldozer; **~o** *m* **del mare** sea-level; **~o d'olio** oil-level

lìvido livid

lo *article m/sg* the; *pron pers* (*accusative*) him; it

lòbulo *m* ear-lobe

locale *adj* local; *m* place; room; **~ale da ballo** dance hall; **~alità** *f* locality; **~alità**

balneare watering-place; **~alità di confine** border town; **~anda** *f* inn; **~atario** *m* tenant; lodger

locomotìva *f* (locomotive-) engine

locomotore *m* electric locomotive

locusta *f* locust

lodare *v/t* praise; **~e** *f* praise; **~évole** praiseworthy

lòdola *f* lark

loggia *f* loggia; open gallery

loggiáto *m* covered gallery; **~one** *m thea* upper gallery

lògica *f* logic; **~o** logical

logorare *v/t* wear (out)

lombáta *f* loin-steak; undercut; **~o** *m* loin

lontananza *f* remoteness; **~ano** far; distant; **di (da) ~ano** from far

loquace talkative

lordare *v/t* soil; dirt; **~o** dirty; *com* **peso ~o** gross weight

loro *pron pers* they; them; ♀ (to) you *pl*; *pron poss* their; theirs; ♀ your, yours

lotta *f* struggle; wrestling; **~are** *v/i* fight; strive; **~atore** *m* wrestler

lotterìa *f* lottery; **~o** *m* lot

lozione *f*: **~ da barba** aftershave lotion; **~ per capelli** hair-lotion; **~ per il viso** face-lotion

lubrificante *m* lubricant; **~are** *v/t* lubricate; grease; **~atore** *m* lubricator

lucchetto *m* padlock

luccicare v/i glitter
luccio m pike
lùcciola f fire-fly
luce f light; **~e di magnesio** flash; **~e di posizione** parking light; **~ente** shining
lucèrtola f lizard
lucherino m siskin
lucid|are v/t polish; **~ezza** f brightness
lùcido adj bright; shining; **~** brightness; **~ da scarpa** shoe-polish
lucignolo m wick
lucr|ativo profitable; **~o** m gain
luglio m July
lui he; him; **di ~** of his; **a ~** to him
lumaca f snail
lum|e m light; lamp; **~iera** f chandelier; **~inoso** luminous
luna f moon; fig bad mood; **~ di miele** honeymoon

lunedì m Monday
lung|hezza f length; **~i** far (off); **~o** long; along; **alla ~a** in the long run; **~omare** m seafront
luogo m place; spot; **avere ~** take place; **~ climatico** health-resort; **~ di nascita** birth-place; **in primo ~** in the first place; **in qualche ~** somewhere
lupo m wolf
lùppolo m hop
lusing|a f allurement; **~are** v/t flatter
luss|are v/t sprain; dislocate; **~azione** f dislocation
luss|o m luxury; **~uoso** luxurious
lustr|are v/t polish; **~ascarpe** m, **~astivali** m shoeblack; **~o** adj shining; m polish; lustrum
lutto m mourning

M

m abbr for mare; maschile; metro; minuto; monte
ma but; yet
maccheroni m/pl macaroni
macchi|a f spot; stain; thicket; **~are** v/t stain
màcchina f machine; engine; **~ fotogràfica** camera; **~ da scrivere** typewriter; **~-roulette** trailer
macchin|ale mechanical; **~are** v/t contrive; plot;

~ista m machinist; engineer
macedonia f fruit-salad
macell|aio m butcher; **~are** v/t slaughter; **~eria** f butcher's shop
macerare v/t macerate; (hemp) ret
macerie f/pl ruins pl; rubbish
màcero macerated; fig worn out
macilento emaciated
màcina f mill-stone

macin|are v/t grind; **~ino** m coffee-mill

màdido damp; wet

Madonna f Our Lady

madre f mother; **lingua** f ~ mother tongue; **~perla** f mother of pearl; **~vite** f female screw; screw-nut

madrina f godmother

maest|à f majesty; **~oso** m majestic

maestr|a f (school-) mistress; **~o** adj main; m teacher; master; **~o di cappella** choir-master; **strada** f **~a** main street

maga f sorceress

magari! would to heaven!; even

magazzin|o m warehouse; store; **grandi ~i** m/pl storehouse; department store

maggio m May

maggio|lata f May-song; **~ino** m cockchafer

maggioranza f majority

maggiore adj greater; larger; **il ~** the greatest; elder, eldest

maggior|enne of age; **~ità** f full age; majority

magia f magic

màgico magic(al)

magist|ero m skill; mastery; teaching; **~rale** masterly

magli|a f stitch; undervest; pullover; **fare la ~a** knit; **~eria** f hosiery; **~etta** f light vest

magnano m locksmith

magn|ete m magnet; **~ètico** magnetic; **~etòfono** m tape recorder

magnific|are v/t exalt; **~enza** f magnificence

magnifico magnificent; splendid

magnolia f magnolia

mag|o m magician; **i tre re ~i** the Magi

magr|ezza f leanness; **~o** lean; thin; **giorno** m **di ~o** fast day

mai ever; **non ~** never; **~ più** never more; **come ~?** how so?; **se ~** if ever

maiale m pig; pork

maionese f mayonnaise

maiùscola f capital letter

mal|afede f bad faith; **di ~affare** ill-famed; **~agèvole** difficult

mal|ànimo m ill-will; **a ~apena** hardly

malaria f malaria; marshfever

mal|aticcio sickly; **~ato** adj sick (**di** of); m sick person; **~attìa** f illness; **~attìa contagiosa** contagion; **~attìe** f/pl **vènere** venereal diseases pl

malavita f underworld

mal|contento dissatisfied; **~destro** awkward

mal|e m evil; wrong; suffering; **~ di denti** tooth-ache; **~ di gola** sore throat; **avere ~ di mare** be seasick; **~ di testa** head-ache; adv badly; **capire ~** misunderstand; **di ~e in peggio** from bad to worse

male|detto cursed; **~dire**

maleducato

v/t curse

mal|educato ill-bred; **~efizio** *m* crime; evil spell; **~erba** *f* (noxious) weed

mal|èssere *m* discomfort; **~èvolo** malevolent; **~fido** unreliable; **~governo** *m* misgovernment; **~grado** in spite of

maligno spiteful; malignant

malinco|nìa *f* melancholy; **~ònico** melancholy

mal|inteso *adj* misunderstood; *m* misunderstanding; **~ìzia** *f* malice; **~izioso** malicious

mallèolo *m* ankle-bone

mallevadore *m* bail; guarantor

mal|sano unhealthy; **~sicuro** unsafe; **~tempo** *m* bad weather

malto *m* malt

maltrattare *v/t* illtreat

malumore *m* ill-humour

mal|vagio *adj* wicked; **~**rascal; **~versazione** *f* embezzlement; **~volentieri** unwillingly

mamm|a *f* mother; ma(m)ma; **~ella** *f* (woman's) breast; **~elle** *f/pl* udder; **~ìfero** *m* mammal

manata *f* handful

manc|a *f* left hand; **~anza** *f* lack (**di** of); **~are** *v/i* want; be lacking; **~hévole** defective; faulty

mancia *f* tip

manc|ina *f* left hand; **a ~ina** left; **~ino** left-handed; **~o** *m* deficiency; lack

mandare *v/t* send; **~ a prèndere** send for; **~ giù** swallow

mandarino *m* tangerine

mandato *m* order; mandate; **~ bancario** cheque

mandolino *m* mandolin

màndorl|a *f* almond; **~o** *m* almond-tree

maneg|gévole handy; **~giare** *v/p* handle; **~gio** *m* handling; riding-ground

man|esco ready with one's hands; brutal; **~ette** *f/pl* handcuffs *pl*

manganare *v/t* mangle

màngano *m* mangle

mangi|àbile eatable; **~are** *v/t*, *v/i* eat; corrode; consume; *m* food; **~ime** *m* fodder

mànica *f* sleeve; **la Mànica** the (British) Channel; **~o** *m* handle; shaft

manicomio *m* lunatic asylum

manicotto *m* muff

manicure *f* manicure

manier|a *f* manner; fashion; **di ~a che** so that; **in nessuna ~a** not at all; **~e** *pl* manners *pl*

manieroso well-mannered

manifatt|ore *m* maker; workman; **~ura** *f* manufacture; factory; **~ure** *pl* manufactured goods *pl*

manifest|are *v/t* manifest; show; **~arsi** *v/r* appear; **~azione** *f* manifestation; **~ino** *m* handbill; **~o** *adj* clear; plain; *m* placard; poster

maniglia *f* handle

manipolare *v/t* manipulate; handle

mano *f* hand; **èssere di ~** lead; **cèdere la ~** give precedence; **man ~** gradually; **a ~ a ~** little by little; **~dòpera** *f* labour; manower

manòpola *f* gauntlet; knob

mano|scritto *m* manuscript; **~vella** *f* handle; crank

manovr|a *f* manoeuvre; **~are** *v/t* steer; work; **~atore** *m* (*tram*) driver

mans|uefare *v/t* appease; tame; **~ueto** meek

mant|ellina *f* cape; **~ello** *m* cloak; coat

mantenere *v/t* maintain; support (s.o.); keep

màntice *m* bellows *pl*; (*car*) hood

mantiglia *f* mantilla

manuale *m* handbook; *adj*: **lavoro ~** manual labour

manubrio *m* handle-bar

manzo *m* beef; **~ lesso** boiled beef; **arrosto** *m* **di ~** roastbeef

mappa *f* map

marasca *f* morello cherry

maraviglia = meraviglia

marca *f* mark; brand; **~ di fàbbrica** trade-mark

marcare *v/t* mark; score; stamp

marches|a *f* marchioness; **~e** *m* marquis

marchio *m* brand

marcia *f* march; pus; *auto*:

gear; **~a indietro** reverse (gear)

marci|apiede *m* side-walk; platform; **~are** *v/i* march; **~ata** *f* marching

marcio rotten; putrid

marco *m* (German) mark; **tre marchi** 3 marks

mare *m* sea; **bagno** *m* **di ~** sea-bath; **viaggio** *m* **per ~** sea voyage

marea *f* tide; **alta ~a** flood (-tide); **bassa ~a** ebb

mar|eggiata *f* rough sea; **~emoto** *m* sea-quake

maresciallo *m* marshal

màrgine *m* margin

marin|a *f* sea; coast; navy; *paint* sea-scape; **~aio**, **~aro** *m* sailor

marionetta *f* puppet

marit|àbile marriageable; **~are** *v/t* marry (off)

marito *m* husband

maríttimo marine; maritime, sea ...; **commercio** *m* **~** maritime trade

marmellata *f* jam

marmo *m* marble

marmotta *f* marmot

marrone *adj* brown; *m* chestnut; gross mistake

marsina *f* dress-coat

martedì *m* Tuesday; **~ grasso** Shrove Tuesday

martell|are *v/t* hammer; **~o** *m* hammer; knocker

màrtire *m* martyr

martirio *m* martyrdom

màrtora *f* marten

marzapane *m* marzipan

marzo *m* March

mascalzone m scoundrel

mascell|a f: ~ **inferiore (superiore)** lower (upper) jaw; **dente** m ~**are** back-tooth

màschera f mask; usher; ~ **antigas** gas mask; **ballo** m **in** ~ masked ball

mascherare v/t mask

maschile male; **scuola** f ~ boys' school

maschio adj male; m biol male

massa f mass; heap

massacr|are v/t slaughter; ~**o** m massacre

mass|aggiatore m masseur; ~**aggiatrice** f masseuse; ~**aggio** m massage

mass|aia f housewife; ~**erìa** f farm

massiccio massive

màssima f maxim; rule

màssimo adj greatest; m maximum

masso m block; rock

masticare v/t chew

mastro m master; **libro** m ~ ledger

matemàtica f mathematics

materasso m mattress; ~ **pneumàtico** air-mattress

materi|a f matter; material; ~**a prima** raw material; ~**a-le** m, adj material; ~**ale di pronto soccorso** first-aid kit

matern|ità f maternity; ~**o** motherly; maternal

matita f pencil; ~ **colorata** coloured pencil

matrice f matrix; womb

matrigna f step-mother

matrimoni|ale matrimonial; **letto** m ~**ale** double bed; ~**o** m marriage; mony

mattina f morning; **di** ~ in the morning; **questa** ~ this morning; **domani** ~ tomorrow morning

mattin|ata f morning; matinée; ~**o** m morning; **di buon** ~ early

matto adj mad; m madman

matt|onaia f brick-yard; ~**onato** m brick floor; ~**one** m brick

mattutino m matins pl

matur|are v/i ripen; mature; ~**ità** f ripeness; maturity; ~**o** ripe; fig mature

mazza f (walking-)stick; club

mazzo m bunch; pack; ~ **di fiori** bunch of flowers; ~ **di chiavi** bunch of keys; ~ **di carte** pack of cards; ~**lino** m small bunch

me me; (= **mi** before **lo, la, li, le, ne**) to me; **pòvero** ~! poor me!; **come** ~ like myself; **di** ~ of mine

meccànic|a f mechanics pl; ~**o** adj mechanic(al); m mechanic(ian); ~**o d'automòbile** car-mechanic

meccanism|o m mechanism

mecenate m Maecenas; patron

medaglia f medal

medèsim|o same; self; **il** ~**o, la** ~**a** the same

med|ia f average; mean;

~iano *adj* median; *m football*: half-back; **~iante** by means of; **~iatore** *m* mediator; *com* broker

medic|amento *m* remedy; **~are** *v/t* dress (*wound*); **~astro** *m* quack; **~azione** *f* treatment; dressing; **~ina** *f* medicine; **erba** *f* **~inale** medicinal herb

mèdico *m* physician; doctor

medi|o middle; average; **scuola** *f* **~a** secondary school; **dito** *m* **~o** middle finger

mediocr|e mediocre; **~ità** *f* mediocrity

medio|evale mediaeval; **~evo** *m* Middle Ages

medit|are *v/t, v/i* mediate; ponder; **~azione** *f* meditation

mediterràneo mediterranean; **mare** *m* ☌ = ☌ *m* Mediterranean (*Sea*)

medusa *f* jelly-fish; medusa

meglio *adj* better; **~!** *or* **tanto ~!** so much the better!; *m* best

mela *f* apple

melagran|a *f* pomegranate; **~o** *m* pomegranate-tree

melancon|ia = **malinconia**

melanzana *f* eggplant; *gast* aubergine

mellone *m* melon

melo *m* apple-tree

mel|odia melody; **~òdico** melodious

membrana *f* membrane

membro *m anat* (*pl* **le membra**) limb; *fig* (*pl* **i membri**) member

memor|àbile, **~ando** memorable

mèmore mindful

memoria *f* memory; **a ~** by heart

menadito: **a ~** perfectly

menare *v/t* lead

mendace mendacious

mendic|ante *m, f* beggar; **~are** *v/t, v/i* beg; **~o** *m* beggar

mening|e *f* meninx; **~ite** *f* meningitis

meno less; **fare a ~ di** do without; renounce; **per lo ~** at least

mensa *f* table; cafeteria; mess; **sacra ~** Holy Communion

mensile monthly

mènsola *f* console

menta *f* peppermint

mentale mental; **malattia** *f* **~** mental disorder

mente *f* mind; **avere in ~ di** have a mind to ...; **venire in ~** come into s.o.'s mind

mentire *v/i* lie

mento *m* chin

mentre, **nel ~ che** while

menzion|are *v/t* mention; **~e** *f* mention

menzogna *f* lie

meravigli|a *f* wonder; astonishment; **~are** *v/t* amaze; **~arsi** *v/r* wonder; **~ato** amazed; **~oso** wonderful

mercant|e *m* merchant; dealer; **~ile** mercantile;

commercial; **flotta** f ~ile merchant fleet

mercato m market; ~ coperto covered market; a buon ~ cheap; ~ mondiale world market

merce f merchandise; treno m ~i goods train

mercé f mercy

merc|ede f reward; salary; ~eria f mercery; ~iaio m mercer; ~iaiuolo m pedlar; hawker

mercoledì m Wednesday

mercuri|ale adj mercurial; m market report; ~o m mercury

merenda f afternoon-tea

meridiana f sun-dial

meridionale adj Southern; **Italia** f ~ Southern Italy

meriggio m midday; noon

meringa f meringue

merino m merino (sheep)

meritare v/t deserve

mèrito m merit; **in** ~ **a** concerning

merlett|are v/t trim with lace; ~o m lace

merlo m battlement; blackbird

merluzzo m cod-fish

mesata f monthly pay

méscere v/t pour out; mix

meschino mean; paltry

méscita f bar; pub

mescolare v/t mix

mese m month

messa f eccl mass; ~a in piega setting (hair); ~a in scena thea staging; ~a solenne High Mass; ~aggero

m messenger; ~aggio m message; ~ale m missal

messe f harvest

Mèssico m Mexico

mestic|are v/t paint prime; ~heria f oil and colour shop

mestiere m craft; profession

mest|izia f sadness; ~o sad

mestruazione f menstruation

meta f aim; goal

metà f half; **a** ~ half(way)

metàllico metallic

metall|o m metal; ~urgìa f metallurgy; ~ùrgico m metal worker

meteorològico: bollettino m ~ weather report

meticoloso meticulous

metòdic|a f methodics pl; ~o methodic(al)

mètodo m method

mètrica f metrics pl

metro m meter; ~ **quadrato** square meter; ~ **cubo** cubic meter

metròpoli f metropolis

metropolitana f metropolitan railway

méttere v/t put; place; lay; ~ **in fuga** put to flight; ~ **in scena** stage

mezz|alana f linsey-wolsey; ~aluna f crescent; gast chopping knife; ~anino m mezzanine

mezzanotte f midnight

mezzo adj half; **un** ~ **litro** half a litre; **un litro e** ~ **a** litre and a half; m half; middle; means; **per** ~ **di** by means of; **in** ~ **a** among; **nel**

~ del in the middle of ...;
~busto *m* half-length portrait; **~cerchio** *m* half-circle; **~dì** *m*, **~giorno** *m* noon; *geog* south

mi me; to me; myself

miagolare *v/i* mew

mica: non ... ~ not at all

microbo *m* microbe

micro|càmera *f* miniature camera; **~film** *m* microfilm; **~motore** *m* small motorcycle; **~scopio** *m* microscope

midoll|a *f* crump; marrow; **~o** *m* spinale spinal cord

miei *m*/*pl* my; mine

miele *m* honey

miètere *v/t* mow

mietitore *m* mower; reaper

migliaio *m* thousand

miglio *m* mile

miglior|amento *m* improvement; **~are** *v/t*, *v/i* improve; **~arsi** get better; **~e** better; **il ~e** the best

mignolo *m* little finger; little toe

Milano *f* Milan

miliardo *m* milliard

miliare: pietra *f* ~ mile stone

mili|onario *m* millionaire; **~one** *m* million

militare *adj* military; *m* soldier

milite *m* militiaman

milizi|a *f* militia; army; **~e** *pl* troops *pl*

mille thousand

mill|enne millenary; **~ennio** *m* millennium; **~ime-**

~tro *m* millimetre

milza *f* spleen

mìmica *f* gestures *pl*; mimicry

mimosa *f* mimosa

mina *f* mine; **~ di ricambio** refill

minacci|a *f* menace; threat; **~are** *v/t* threaten; **~oso** threatening

min|are *v/t* (under)mine; **~atore** *m* miner

minchionare *v/t* ridicule

minerale *m* mineral; **acqua** *f* ~ mineral water

minestr|a *f* soup; **~a di verdura** vegetable-soup; **~ina** *f* clear soup; **~one** *m* thick vegetable soup

miniatura *f* miniature

miniera *f* mine; quarry

minigolf *m* mini-golf

minimo smallest; least

minist|eriale ministerial; **crisi** *f* **~eriale** cabinet crisis; **~ero** *m* ministry; office; department; **~ro** *m* minister; secretary of state

minor|anza *f* minority; **~e** minor; less(er); younger; **~enne** under age

minùscolo small (*letter*)

minuto *adj* minute; small; **al ~** detailed; **commercio** *m* **al ~** retail sale; **~** minute; **~ secondo** second

minuzi|a *f* trifle; **~oso** punctilious

mio my; *m* mine; **i miei** my family

miope short-sighted

miopìa *f* myopy

miosotide

miosòtide f forget-me-not

mira f aim; **avere in ~** intend to

miràbile admirable

miràcolo m miracle

miracoloso miraculous

miraggio m mirage

mirare v/t look at; v/i aim (at)

mirino m phot view-finder

mirtillo m crown-berry

mirto m myrtle

misàntropo m misanthropist

miscela f mixture

mischi|a f fight; **~are** v/t mix; blend; **~arsi** v/r meddle; **~o** adj mixed; m mixture

miscredenza f unbelief

miscuglio m mixture; medley

miser|àbile miserable; wretched; **~évole** pitiful

miseria f misery

misericordi|a f compassion; **~oso** merciful

misero wretched

miss|ione f mission; **~iva** f message

mister|ioso mysterious; **~o** m mystery

mistic|a f mysticism; **~o** mystical

mistificare v/t hoax

misto mixed; **treno ~** passenger- and goods-train

mistura f mixture

misur|a f measure; size; **su ~a** made to measure; **~are** v/t measure; **~ato** measured; moderate

mit|e mild; **~ezza** f gentleness

mitigare v/t alleviate

mitra f eccl mitre

mitragliatrice f machine-gun

mittente m sender

mòbile adj movable; m piece of furniture

mobiliare v/t furnish

moca m mocha

moda f fashion; **alla ~** in fashion; **di ~** fashionable; **fuor di ~** out of fashion

modell|are v/t mould; **~o** m model; pattern

moder|are v/t moderate; **~ato** moderate; **~azione** f moderation

mod|estia f modesty; **~esto** modest

modific|are v/t modify; **~azione** modification

modista f milliner

modo m manner; way; mus key; **ad ogni ~** at any rate

mòdulo m blank; form; **~ per telegrammi** telegraph form

mògano m mahogany

moglie f wife; **prènder ~** get married

mola f grindstone

molare v/t grind; **dente m ~** molar tooth

molest|are v/t molest; **~ia** f molestation; **~o** irksome

moll|a f spring; v/t soft; **~eggiare** be springy; **~eggio** m springing; **~ezza** f softness; **~ificare** v/t soften

molo m pier; wharf

mosaico

moltéplice multiple

moltiplic|ità _f_ multiplicity; **~are** _v/t_ multiply; **~arsi** _v/r_ increase

moltitùdine _f_ multitude; crowd

molto much; very

moment|àneo momentary; **~o** _m_ moment

mònaca _f_ nun

monacale: àbito _m_ ~ monk's frock

mònaco _m_ monk

mon|arca _m_ monarch; **~archìa** _f_ monarchy

monastero _m_ monastery

monco maimed; _fig_ incomplete

mond|ano wordly

mondare _v/t_ clean; (_fruit_) peel

mondiale: fama _f_ ~ worldwide renown

mondo _m_ world; **l'altro** ~ the other world

monello _m_ urchin

moneta _f_ coin; **carta** _f_ ~ paper money

mongolfiera _f_ air-balloon

monile _m_ necklace

monitore _m_ monitor

mon|òcolo _m_ monocle; _adj_ one-eyed; **~opolio** _m_ monopoly; **~osìllabo** _m_ monosyllable; **~òtono** monotonous

Monsignore _m_ (Your) Lordship; (Your) Grace

mont|agna _f_ mountain; **~agnoso** mountainous; **~anaro** _m_ highlander; **~are** _v/t_ mount; _mech_ assemble;

~are a amount to

monte _m_ mount(ain); _fig_ heap; ~ **di pietà** pawnbroker's shop

montone _m_ ram

montuoso mountainous

monumento _m_ monument

mora _f_ mulberry; blackberry; negress; delay

moral|e _adj_ moral; _f_ morals _pl_; **~ità** _f_ morality

morbidezza _f_ softness

mòrbido soft; _fig_ feeble

morbillo _m_ measles _pl_

mordace biting

mòrdere _v/t_ bite; sting; corrode

morfina _f_ morphine

mor|ibondo dying; **~ire** _v/i_ die

mormor|are _v/i_ murmur; **~io** _m_ murmur; muttering

moro _adj_ black; _m_ negro; mulberry-tree

moros|a _f fam_ beloved; sweetheart; **~o** _adj_ tardy; _m_ lover

morsa _f_ vice

mors|icare _v/t_ bite; **~o** _m_ bite; sting; (_horse_) bit

mortaio _m_ mortar

mortal|e mortal; deadly; **~ità** _f_ mortality

mort|e _f_ death; **~ificare** _v/t_ mortify; humiliate

morto _adj_ dead; deceased; **stanco** ~ dead tired; _m_ dead man

mort|orio _m_ burial; **annuncio** _m_ **~uario** announcement of death

mosàico _m_ mosaic

mosc|a f fly; **~aiuola** f flynet

mosc|atello m muscatel (vine); **~noce** f **~ata** nutmeg

moschea f mosque

moschetto m rifle

mossa f move(ment); **~ di corpo** med stool

mostard|a f mustard; **~iera** f mustard-pot

mosto m must

mostr|a f show; display; dial-plate; **~are** v/t show; **~o** m monster; **~uoso** monstrous

mota f mud; slime

motiv|are v/t motivate; **~azione** f motivation; **~o** m motive; reason; **a ~o di** because of

moto m motion; **~cicletta** f motor-cycle; **~ciclista** m, f motor-cyclist; **~leggera** f moped; **~nave** f motor-ship; **~re** m motor; engine; **~re a due (quattro) tempi** two- (four-)cycle engine; **~re Diesel** Diesel engine; **~re fuoribordo** outboard motor; **~retta** f scooter; **~scafo** m motor-boat

motrice moving; **forza ~** driving power

motto m motto; device

mov|ente m motive; cause; **~ibile** movable; **~imento** m movement; traffic

mozz|icone m cigar stub; **~o** m cabin-boy

muca f (milk-)cow

mucchio m heap; pile

muc|o m mucus; **~osa** f mucous membrane

muff|are v/i grow mouldy; **~ato** mouldy

mugghi|are v/i (bel)low; moo; **~o** m (bel)lowing; roar(ing)

mughetto m lily of the valley

mugnaio m miller

mulin|ello m whirl; mech windlass; **~o** m mill

mulo m mule

multa f fine

multi|colore many-coloured; **~forme** multiform; **~laterale** multilateral

mùltiplo multiple

mùngere v/t milk; fig squeeze

municipale municipal; **consiglio** m **~** town-council; **palazzo** m **~** town-hall; **guardia** f **~** policeman

municipio m municipality; town hall

mun|ire v/t supply (**di** with); **~izione** f (am)munition

muòvere v/t move; stir

mur|aglia f wall; **~atore** m brick-layer; mason; **~atura** f masonry; **~o** m wall

muschio m musk

musco m moss

muscolatura f muscles pl

mùscolo m muscle

museo m museum; **~ archeològico** archeological museum; **~ dell'arte** arts and crafts museum; **~ etnogràfico** museum of ethnology; **~ nazionale** national museum; **~ delle**

scienze naturali museum of (natural) science
museruola f muzzle
musetto m pretty face
mùsica f music; band; ~ **da càmera** chamber music; **negozio** m di ~ music shop
musicale musical
musicista m, f, **mùsico** m musician
muso m snout; muzzle
mustacchi m/pl moustaches

mutàbile changeable
mut|ande f/pl drawers pl, pants pl; **~andine** f/pl panties pl; **~andine da bagno** bathing-drawers pl
mutare v/t change; alter
mutil|are v/t mutilate; **~ato** m cripple
muto adj dumb; mute; m dumb person
mùtuo adj mutual; m loan

N

nàcchere f/pl castanets pl
nafta f naphta; petroleum
nailon m nylon
nano adj dwarfish; m dwarf
napoletano m, adj Neapolitan
Nàpoli m Naples
nappa f tassel
narciso m narcissus; daffodil
narc|osi f narcosis; **~òtico** m, adj narcotic; **~otizzare** v/t narcotize
narice f nostril
narr|are v/t tell; narrate; **~azione** f tale
nasale adj nasal; f nasal
nàsc|ere v/i be born; zie (a)rise; bot shoot (forth); **~ita** f birth
nasc|òndere v/t hide; conceal; **~ondiglio** m hiding-place
naso m nose
nassa f eel-pot
nastro m ribbon; ~ **isolante** insulating tape; ~ **magnè-**

tico recording tape
Natale m Christmas; **vigilia** f **di** ~ Christmas Eve
nat|ale native; natal; **città** f **~ale** birth-place; **giorno** m **~alizio** birthday
natante floating
nat|ività f nativity; **~ivo** native; **paese** m **~ivo** birth-place
nato born
natura f nature; ~ **morta** paint still life
natur|ale adj natural; m temper; constitution; **~alezza** f naturalness; **scienze** f/pl **~ali** (natural) science; **~alità** f citizenship; **~alizzare** v/t pol naturalize
naufrag|are v/i be shipwrecked; **~io** m shipwreck
nàufrago m shipwrecked person
nàusea f sickness; disgust
nauseare v/t make sick
nàutica f nautical science

navale naval; **cantiere** m ~ dockyard

navata f nave

nave f ship; boat; ~ **mercantile** cargo-ship; freighter; ~ **passeggeri** passenger-steamer; liner

navicella f barge; aer gondola

navigàbile navigable; ~**atore** m navigator; ~**azione** f navigation

navone m turnip

nazionalle national; **prodotto** m ~**e** home product; ~**ità** f nationality; ~**izzare** v/t nationalize

ne of it; its; of them; of that, etc from there

né: ~ ... ~ neither ... nor

neanche not even

nebbila f fog; mist; ~**oso** foggy

necessàrio adj necessary; m needful; ~**ità** f necessity; need

nefrite f nephritis

neglare v/t deny; ~**ativo** negative; ~**azione** f negation

negletto neglected

negli: prep in with article gli

negliglente negligent; ~**enza** f negligence

negozilante m merchant; ~**are** v/t, v/i negotiate; carry on business; ~**azione** f negotiation

negòzio m shop; grande ~ store; ~ **speciale** special shop; ~ **di artìcoli fotogràfici** camera shop; ~ **di**

artìcoli musicali music-shop; ~ **di calzature** shoe-shop; ~ **di gèneri alimentari** food shop; ~ **di oggetti d'arte** fine-art dealers

negrla f negress; ~**o** adj black; m negro

neh? isn't it?

nei, nel, nella, nelle, nello prep in with article i, il, la, le, lo

nemlica f enemy; ~**ico** adj hostile; m enemy

nemmeno not even

neo m mole; ~**nato** m new-born infant

neppure not even

nero black; **vino** m ~ red wine; ~**fumo** m lampblack

nervlino nervine; ~**o** m nerve; ~**osità** f nervousness; ~**oso** nervous

nèspolla f bot medlar; ~**o** m medlar-tree

nessuno no; no one; nobody

nettlapipe m pipe cleaner; ~**are** v/t clean(se); ~**ezza** f pùbblica street-cleaning

netto clean; **guadagno** m ~ net gain

neutrlale neutral; ~**alità** f neutrality; ~**o** neutral; gram neuter

nevle f snow; ~**icare** v/i snow; ~**icata** f snow-fall; ~**ischio** m sleet

nevrlalgia f neuralgia; ~**àlgico** neuralgic; ~**osi** f neurosis; ~**òtico** neurotic

nicchia f niche

nichlel m nickel; ~**elare** v/t nickel(-plate)

nottificare

nido *m* nest

niente *adj, adv* nothing; *m* nothing(ness); **non ho ~ da fare** I have nothing to do; **~ affato** not at all; **per ~** for nothing

nimbo *m* nimbus

ninna nanna *f* lullaby; **~are** *v/t* lull asleep

ninnollo *m* toy; **~i** *pl* knickknacks

nipote *m* nephew; *f* niece; *m, f* grandchild

nitidezza *f* neatness

nitido neat; clear

nitrire *v/i* neigh; **~ito** *m* neigh(ing)

nitro *m* nitre; saltpetre

no no; **se ~** if not; otherwise; **dire di ~** say no

nòbile *adj* noble; *m* nobleman

nobilità *f* nobility

nocca *f* knuckle

nòcciolo *m* (fruit-)stone; kernel

nocciuola *f* hazel-nut; **~o** *m* hazel-tree

noce *m* walnut-tree; walnutwood; *f* walnut; **~ moscata** nutmeg; **~ del piede** ankle; **~lla** *f* wrist

nocivo harmful

nodo *m* knot; bow

noi we; us; **~ altri** we

noia *f* tedium; annoyance; **~oso** tedious; annoying

noleggiare *v/t* hire; *naut* charter; **~o** *m* hire; freight; **~o automòbili** car rental

nolo *m* hire; feight; **prèndere a ~** hire; **dare a ~** let

out on hire

nome *m* name; **~ (di battésimo)** Christian name; **~ di ragazza** maiden name

nòmina *f* appointment

nominare *v/t* appoint; mention; **~arsi** *v/r* be called

non not; **~ ancora** not yet; **già che** not that; **~ ti scordar di me** *m bot* forget-me-not

noncurante careless

nondimeno nevertheless

nonna *f* grandmother; **~o** *m* grandfather; **~i** *m/pl* grandparents; ancestors

nonostante notwithstanding; in spite of

nord *m* north; **mare ~ del ~** North Sea; **~èst** *m* northeast

nòrdico northern

nord-ovest *m* north-west

norma *f* rule; regulation; standard; **a ~ di** according to

normale normal

Norvegia *f* Norway

nossignore no, Sir

nostalgia *f* home-sickness (**di** for); nostalgia

nostrano domestic; **vino ~** home-grown wine

nostro our; ours

nostromo *m naut* boatswain

nota *f* note; bill; list; **~ bene** nota bene

notàbile noticeable

notaio *m* notary

notare *v/t* note; notice; **~arile** notarial; **~évole** noteworthy; remarkable; **~ifi-**

care v/t notify; ~izia f news; (well-)known; far
~o make known; ~orio notorious

notte f night; di ~ at night; buona ~! good night!

notturno nightly

nov|anta ninety; ~antenne ninety years old; ~azione f innovation

novell|a f news; (short) story

novembre m November

nov|ità f novelty; innovation; news; ~iziato m apprenticeship; ~izio adj inexperienced; m beginner; eccl novice

nozione f notion

nozze f/pl wedding

nub|e f cloud; ~ifragio m down-pour

nùbile marriageable (of girls only)

nuca f nape (of the neck)

nucleare nuclear; centrale f ~ nuclear power station; energia f ~ nuclear energy

nud|are v/t bare; ~ità f nudity; ~o adj naked; m paint nude

nulla nothing; per ~ not at all

nullo null; void

numer|àbile numerable; ~ale m numeral; ~are v/t number; count; ~atore m numerator

nùmero m number; fare il ~ tel dial; ~ di casa street number; ~ telefònico telephone number

numeroso numerous

nunzio m eccl nuncio

nuòcere v/i harm; hurt

nuora f daughter-in-law

nuot|are v/i swim; ~atore m swimmer; non ~atore non-swimmer; ~o m swimming

nuov|a f news; ~o adj new; di ~o again; once more

nutr|ice f wet-nurse; ~imento m nourishment; food; ~ire v/t nourish; feed; ~itivo nourishing

nùvola f cloud

nuvoloso cloudy

nuziale nuptial; velo m ~ bridal veil

nylon m nylon

O

o or; either; else; ~ ... ~ either ... or

o! oh!; ~ signore! oh God!

òasi f oasis

obbed|iente, ~ienza, ~ire = ubbid...

obblig|are v/t oblige; compel; ~are a letto confine to one's bed; ~ato obliged;

~atorio compulsory; ~azione f obligation; com bond

òbbligo m obligation; duty

obelisco m obelisk

obeso obese

obiett|are v/t object; ~ivo adj objective; m aim; object-glass

obiezione f objection

oblazione f donation

obliquo oblique

oblungo oblong

òboe m oboe

oca f goose

occasion|ale occasional; **~e** f occasion

occhi|aia f eye-socket; **~ali** m/pl spectacles; **~ali da lettura** reading glasses pl; **~ali da sole** sun-glasses; **~alino** m monocle; **~ata** f glance; **~ello** m button-hole; **~o** m eye

occident|ale western; **~e** m west

occorr|ente adj necessary; m needful; **~enza** f need; occasion

occórrere v/i be necessary; happen

occult|are v/t hide; **~o** occult

occup|are v/t occupy; employ (s.o.); **~arsi** v/r busy o.s. (**di,** in with); **~ato** (seat) taken; occupied; **~azione** f occupation

océano m ocean

ocra f ochre

ocul|ista m oculist; **~ìstica** f ophthalmology

od = o (before vowels)

ode f he hears

odi|are v/t hate; **~ato** hated; **~o** m hatred; **~oso** hateful

odo I hear

odontoligìa f dentistry

odor|are v/t, v/i smell; **~e** m smell; scent; **~e** m smell; **~oso** odorous; scented

offèndere v/t offend; hurt

offerente m bidder; **maggior ~** highest bidder

offerta f offer; bid

offesa f offence

officina f: **~ concessionaria** authorized repairer; **~ di riparazioni** repair-shop

offrire v/t offer

offuscare v/t obscure

oftalmìa f ophthalmia

oggett|ivo adj objective; m objective; **~o** m object; **~i** m/pl **di valore** valuables pl

oggi today; **d'~** today's; **~ a otto** today week; **~dì, ~giorno** nowadays

ogni each; every; **~ giorno** every day; **~ tanto** now and then; **~ sei giorni** every sixth day

Ognissanti m All Saints' Day; **~uno** everybody

oh! oh!; **~ibò!** shame!

Olanda f Holland

olandese Dutch; **formaggio ~** Dutch cheese

ole|andro m oleander; **~ificio** m oil-mill

olezz|are v/i smell sweetly; **~o** m fragrance

oliera f oil-cruet

olio m oil; **~ per il cambio** transmission oil; **~ per il motore** motor oil; **~ d'oliva** olive oil; **~ di ricino** castor oil; **~ solare** sun-oil

oliv|a f olive; **~astro** olive-coloured; **~eto** m olive grove; **~o** m olive-tree

olmo m elm(-tree)

olocàusto m holocaust

oltracciò besides

oltraggiare v/t outrage

oltre beyond; besides; ~**ché** besides; ~**mondo** m the other world; ~**passare** v/t overstep

omaggi|o m homage; **i miei** ~ my respects

ombr|a f shade; shadow; ~**eggiare** v/t shade; ~**ellaio** m umbrella-maker, -seller; ~**ellino** m parasol; ~**ella** m umbrella; ~**ellone** m large parasol; ~**oso** shady

òmero m shoulder

ométtere v/t omit

om|icida adj murderous; m, f murderer; ~**icidio** m homicide; murder

omissione f omission

òmnibus m bus; **treno** m ~ slow passenger-train

omosessuale m, adj homosexual

oncia f ounce

ond|a f wave; ~**ata** f surge; ~**ata di caldo** heat wave; ~**ata di sangue** rush of blood

onde whence; from where; by which; in order to

ondeggiare v/i undulate; waver

ond|oso wavy; ~**ulare** v/t wave

ònere m burden

oneroso burdensome

onest|à f honesty; ~**o** honest

ònice m onyx

onnipotente m almighty

onomàstico m name-day

onor|àbile honourable; ~**a-**

bilità f honorability; ~**ando** venerable; ~**anza** f honour; ~**are** v/t honour

onorario m fee; **membro** m ~ honorary member

onor|e m honour; ~**évole** honourable; ~**ificenza** f honour; title

onta f shame; **ad** ~ **di** in spite of

opaco opaque

òpera f work; mus opera; **mano** f **d'**~ labour

oper|aio m worker; ~**are** v/t med operate; act; work; ~**a-tivo** operative; ~**atore** m operator; ~**azione** f operation; com transaction; ~**etta** f operetta; ~**oso** active; industrious

opinione f opinion

oppio m opium

oppor|re v/t oppose; ~**orsi** v/r be opposed; ~**ortuno** opportune; ~**osizione** f opposition; ~**osto** opposite; **all'~osto** on the contrary

oppr|essione f oppression; ~**imere** v/t oppress

oppure or; or else

opulen|to opulent; ~**za** f opulence

opùscolo m pamphlet

ora f hour; ~ **estiva** summer time; ~ **locale** local time; ~ **di chiusura** closing time; ~ **di partenza** time of departure; ~ **d'ufficio** office-hour; **che** ~ **è?** what time is it?; adv now; at present; **di buon'**~ early; **or** ~ just now; **per** ~ for the present; **d'**~ **in**

poi henceforth
òrafo *m* goldsmith
orale oral
oramai by this time
or|are *v/i* pray; **~azione** *f* oration; prayer
orario *adj* hourly; *m* time-table; **in ~** punctual(ly); **~ di volo** time-table
orat|ore *m* speaker; **~orio** *m* oratory
òrbita *f* orbit; socket
orchestra *f* orchestra
orchidèa *f* orchid
orcio *m* jar; pitcher
ordin|ale ordinal; **nùmero** *m* **~ale** ordinal number; **~mento** *m* arrangement; **~are** *v/t* order; direct; arrange; **~ario** ordinary; on the staff; **~atore** *m* organizer; **~azione** *f* order; *eccl* ordination
órdine *m* order; rank; *thea* tier; *eccl* holy orders *pl*; **~ del giorno** agenda; **fino a nuovo ~** until further orders
ordire *v/t* plot
orecchi|no *m* earring; **~o** *m* ear; **~oni** *m/pl* mumps
oréfice *m* goldsmith; jeweller
oreficeria *f* jeweller's shop
òrfano *m, adj* orphant
orfanotrofio *m* orphanage
organaio *m* organ-builder
orgànico organic
organ|ino *m* barrel-organ; **~ismo** *m* organism; **~ista** *m, f* organist; **~izzare** *v/t* organize; **~izzazione** *f* organ-

ization
òrgano *m* organ
orgogli|o *m* pride; **~oso** proud; haughty
orient|ale *adj* Eastern; Oriental; *m* Oriental; **~mento** *m* orientation; **~mento professionale** vocational guidance; **~are** *v/t* orient(ate); find one's way; **~e** *m* east; Orient
originale original
origine *f* origin
origliare *v/i* eavesdrop
orina *f* urine
orinale *m* chamber-pot
orizzont|ale horizontal; **~e** *m* horizon
orl|are *v/t* hem; **~atura** *f* hemming; **~o** *m* hem; border
orma *f* footstep; trace
ormone *m* hormone
orn|amento *m* ornament; **~are** *v/t* adorn
oro *m* gold; **d'~** golden
orolog|eria *f* watchmaker's shop; **~iaio** *m* watchmaker; **~io** *m* clock; watch; **~io da polso** wrist-watch; **~io da tasca** pocket-watch
oròscopo *m* horoscope
orpello *m* tinsel (*also fig*)
orr|endo dreadful; **~ibile** horrible
òrrido horrid
orrore *m* horror
orso *m* bear
orsù! come on!
ortica *f* nettle
orticultura *f* horticulture
orto *m* kitchen-garden

orto|dosso orthodox; ~gra-
fia f orthography

ortolano m vegetable-
gardener; greengrocer

ortopèdico orthopedic

orzaiuolo m sty(e) (on the
eye)

orzo m barley; ~ perlato
pearl barley

osare v/t, v/i dare

oscur|are v/t darken; dim;
~ità f darkness; ~o dark

ospedale m hospital; ~ militare miltary hospital

ospit|ale hospitable; ~alità f
hospitality; ~are v/t shelter
(guests)

òspite m host; guest; visitor

ospizio m hospice; convent

ossatura f osseous frame

ossequi|o m homage; re-
spect; ~i m/pl regards pl;
~ioso respectful

osservanza f: con perfetta
~ most respectfully Yours

osserv|are v/t observe; ~a-
tore m observer; ~atorio m
observatory; ~azione f
observation

ossesso adj possessed; m
madman

ossia or (rather); that is to
say

ossidare v/t oxidize

ossigenare v/t peroxide
(hair)

ossigeno m oxygen

osso m bone

ost|àcolo m obstacle

ostante: ciò non ~ none-
theless

oste m innkeeper; ~llo m per

la gioventù youth hostel

ostensorio m monstrance

ost|eria f inn; pub; ~essa f
hostess; landlady

ostètrico adj obstetrical; m
obstetrician

ostia f eccl Host; wafer

ostile hostile

ostilità f hostility

ostin|arsi v/r insist on; be
obstinate; ~ato obstinate

òstrica f oyster

ostric|aio, ~aro m oyster-
bed; oyster-seller

ostr|uire v/t obstruct; ~u-
zione f obstruction

otite f otitis

otorinolaringoiatra m ear,
nose and throat specialist

otre m goat-skin bottle

ott|anta eighty; ~antenne
eighty years old

ottavo eighth; m eighth;
octavo

ottenere v/t obtain; get

òttic|a f optics; ~o adj
optic(al); m optician

òttimo very good; best

otto eight; oggi a ~ today
week

ottobre m October

ottone m brass

otturatore m phot shutter

ottuso blunt

ov|aio m egg-seller; ~aiuolo
m egg-cup; ~ale oval

ovatta f cotton-wool

ove where; whereas

ovest m west

ovile m sheepfold

ovunque wherever; every-
where

òvvio obvious

oziare v/i idle; lounge o.s.

ozi|o m idleness; **~oso** adj

idle; m idler

ozònico ozonic; **~o** m ozone

P

pacchetto m small parcel

pacchia f food; good living

pacco m package; parcel

pace f peace; **darsi ~** calm o.s.

paciere m peace-maker

pacific|are v/t appease; **~arsi** v/r **con qu.** get reconciled with s.o.; **~azione** f pacification

pacifico peaceful; **ocèano** m 2 the Pacific

padella f frying-pan; anat knee-pan

padiglione m pavilion; tent; **~ dell'orecchio** outer ear

Pàdova f Padua

padr|e m father; **~ino** m godfather

padron|a f mistress; landlady; **~ale** belonging to the master; private; **~ato** m possession; **~e** m master; employer; owner; principal; **~e di casa** landlord

paes|àggio m landscape; **~ano** adj native; m countryman; **~e** m country; village; **~ista** m, f landscape painter

pag|a f pay; salary; wages pl; **~àbile** payable

pagaia f paddle

pagamento m payment; **~ anticipato** advance payment

pagan|èsimo m paganism;

~o adj pagan; m heathen

pagare v/t pay; **~ a rate** pay by instalments

paggio m page

pàgina f page

paginare v/t paginate

paglia f straw; **cappello** m **di ~** straw-hat; **~ d'acciaio** steel wool

paglino m straw-work

pagliuzza f straw

paio m pair

pala f shovel

palafitta f pile-dwelling

palan|ca f plank; board; fam coin; **~chino** m sedan-chair

palàncola f plank

palato m anat palate

palazzina f country mansion

palazzo m palace; **~ comunale** (also **municipale**) City Hall; **~ di giustizia** law-court; **~ reale** Royal Palace

palchetto m shelf; thea box

palco m scaffold; stand; thea box; **~scènico** m stage

pales|amento m revelation; **~are** v/t disclose; **~e** evident

palestra f gymnasium

paletta f shovel; palette

paletto m door-bolt

palio m race

palla f ball; bullet; **~ a**

mano hand-ball; ~ **di neve** snowball; ~ **dell'occhio** eyeball; **fare alla** ~ play ball; ~**canestro** *m* basket-ball; ~**corda** *f* tennis; ~**maglio** *m* cricket; ~**nuoto** *m* water-ball; ~**ta** *f* blow from a ball

palliativo *m* palliative

pallidezza *f* paleness

pàllido *adj* pale

pallin|a *f* small ball; ~**o** *m* small shot

pall|oncino *m* child's balloon; Chinese lantern; ~**one** *m* football

pallore *m* pallor

pallòttola *f* bullet

pallottoliere *m* (child's) counting-frame

palma *f* palm

palm|eto *m* palm-grove; ~**izio** *m* palm-branch; ~**o** *m* hand's breadth, span

palo *m* post; ~ **del telègrafo** telegraph-pole

palombaro *m* diver

palp|àbile touchable; ~**are** *v/t* touch

pàlpebra *f* eyelid

palpit|are *v/i* throb, pant; ~**azione** *f*, **pàlpito** *m* throbbing

paltò *m* overcoat

palud|e *f* marsh; moor; ~**oso** marshy

palustre marshy; **febbre** *f* ~ marsh fever

panca *f* bench

panchetto *m* (foot)stool

panci|a *f* belly; ~**otto** *m* waistcoat; ~**otto pneu-**

màtico life-jacket; ~**uto** corpulent

pane *m* bread; ~ **bianco** white bread; ~ **bigio** grey bread; ~ **nero** brown bread; ~ **tostato** toast; **un** ~ **a** bread-loaf; ~ **di zùcchero** loaf of sugar; **fare il** ~ bake bread

panett|erìa *f* bakery; ~**iere** *m* baker

panfilo *m* yacht

panforte *m* ginger-bread

pànico *adj* panic; *m* (*also* **~ timor** *m* ~) panic (terror); millet

pan|iera *f* basket; ~**ieraio** *m* basket-maker; ~**iere** *m* basket; ~**ificare** *v/t* bake bread; ~**ificio** *m* bakery

panino *m* roll; ~ **imbottito** sandwich

panna *f* cream; *auto:* breakdown; ~ **montata** whipped cream; **essere in** ~ have a break-down

pann|eggiare *v/t* drape; ~**ello** *m* piece of cloth; panel; ~**o** *m* cloth; **méttersi nei** ~**i di qu.** put o.s. in s.o.'s place; ~**olino** *m* linen cloth

pannòcchia *f* corn-cob

panorama *m* view

pantaloni *m/pl* trousers *pl*

pantòfola *f* slipper

pantomima *f* pantomime

paonazzo violet; purple

papà *m* dad; father

pap|a *m* pope; ~**ale** papal; ~**ato** *m* papacy

papàvero *m* poppy

pappa f pap

pappagallo m parrot

pappare v/t gulp down

pàprica f red pepper

para|brezza m windscreen; **~cadute** m/pl parachute; **~cadutista** m,f parachutist; **~carro** m curbstone; **~cènere** m protector

paradiso m paradise

parafango m auto: mudguard; fender

parafùlmine m lightning-rod

paragon|àbile comparable; **~are** v/t compare; **~e** m comparison

paràlisi f paralysis; **~ progressiva** progressive paralysis

paralitico paralytic

parallel|a f parallel; **~e** pl parallel bars; **~o** parallel

para|lume m lamp-shade; **~mosche** m fly-net; **~petto** m parapet

parare v/t adorn; protect (**da** against); avert

parasole m parasol

parassita m parasite

parata f parade

parato m ornament

paraurti m bumper

parcare v/t park

parcella f bill

parcheggiare v/t park

parcheggio m parking (-place); **divieto** m **di ~** no parking

parchi|metro m, **parcò-metro** parking meter

parco adj sparing; m park

parecch|io a good deal; **~i** m/pl, **~ie** f/pl several

pareggiare v/t level; com balance; **~ qu.** be equal to s.o.

pareggio m balance

parent|ado m kinship; **~e** adj related; m,f relative; **~ela** f relatives pl

parèntesi f parenthesis; f/pl brackets pl

parere v/i seem; **che Le pare?** what do you think?; m opinion; advice

parete f wall

pari like; equal; even; **un ~ tuo** the like of you

pariment|e, **~i** likewise

parità f parity

parlament|are adj parliamentary; m parliamentarian; v/i parley; **~ario** m negotiator; **~o** m parliament

parl|antino gabby; **~are** v/i speak (**a qu.** to s.o.); **lingua f ~ata** colloquial language; **~atore** m speaker; **~atorio** m parlour

parmigiano m Parmesan cheese

parol|a f word; **~e** f/pl **in-crociate** crossword puzzle

parrocchi|a f parish; **chiesa** f **~ale** parish church

pàrroco m parson

parr|ucca f wig; **~ucchiera** f, **~ucchiere** m hairdresser; **~ucchiere per signore** ladie's hairdresser; **~uc-chiere per uomo** men's hairdresser; barber

parsimonia f parsimony

parte

parte f part (*also thea*); side; party; **a ~** part; **da ~** aside; **da mia ~** on my behalf; **in ~** partly; **lo saluti da ~ mia** give him my regards

particip|ante m, f participant; **~are** v/t partake (in); attend; v/t inform; **~azione** f participation; announcement

parteggiare v/i side (with)

partenza f departure; start(ing); sailing

participio m participle

particol|are adj particular; m detail; **~areggiato** detailed; **~arità** f detail; peculiarity

partigiano m partisan

partire v/t divide; v/i leave (**per** for)

partit|a f game; com lot; **~a di calcio** football match; **~a sémplice (doppia)** single (double) entry

partitivo: artícolo m **~** partitive article

partito m party; decision

partizione f partition

parto m delivery, child-birth

partoriente f woman in childbed

parvenza f appearance

parzi|ale partial; **~alità** f partiality

pàscere v/t graze

pascolare v/t, v/i pasture

pàscolo m pasture

Pasqua f Easter

passàbile tolerable

passaggio m passage; trans-

it; **di ~** in passing; **~ a livello** level crossing (**custodito** guarded, **incustodito** unguarded); **~ di confine** frontier crossing point

passante m passer-by

passaporto m passport

passare v/t, v/i pass (along); happen; elapse(*time*); **~ di moda** get out of style; **~ di mente** slip one's memory

pass|ata f passing; glance; shower (*rain*); gast mash; **~atempo** m pastime; **~ato** m, adj past; **~atoia** f stair-carpet

passegero m passenger; traveller

passeggi|are v/i walk; **~ata** f walk; **fare una ~ata in carrozza** take a drive; **~o** m promenade

passeraio m twittering

passerella f gangway

pàssero m sparrow

passion|ato passionate; **~e** f suffering; passion

passiv|ità f inactivity; com liability; **~o** adj passive; m gram passive; com liabilities pl

passo m adj faded; dried; m step; pass; *literary:* passage; **~ falso** false step

pasta f dough; paste; pastry; **~ dentifricia** tooth-paste; **~ al brodo** noodle soup; **~ asciutta** macaroni

pastaio m macaroni seller

pastello m pastel

pastic|ceria f pastry-shop; **~icciere** m pastry-cook;

~iccio *m* pie; **~iccio di fé-gato d'oca** pâté de foie gras; **~ificio** *m* macaroni factory; **~iglia** *f* tablet; **~ina** *f* fine noodles; **~ina in brodo** noodle soup

pasto *m* meal; **vino** *m* **da ~** table-wine

past|orale *adj* pastoral; *m* crozier; *f* pastoral letter; **~ore** *m* shepherd; pastor

pastoso soft; mellow

past|ura *f* pasture; **~urare** *v/t, v/i* pasture

patat|a *f* potato; **~e** *pl* **fritte** fried potatoes

patent|are *v/t* license; **~e** *adj* obvious; *f* certificate; *auto*: driver's license

paterno fatherly

paternostro *m* Lord's Prayer

patimento *m* suffering

patire *v/t, v/i* suffer

patri|a *f* fatherland; **~arca** *f* patriarch; **~gno** *m* step-father; **~monio** *m* patri-mony

patrio native

patriot(t)a *m, f* patriot

patrizio *m* patrician

patr|onato *m* patronage; **~ono** *m* patron (saint); protector

patteggi|are *v/t, v/i* bar-gain; **~atore** *m* negotiator

pattin|aggio *m* skating; **~aggio artìstico** figure skating; **~are** *v/i* skate; **~a-tore** *m* skater

pàttino *m* skate

patto *m* agreement; condi-

tion; **a ~ che** on condition that

pattuglia *f* patrol

patt|ume *m* sweepings *pl*; **~umiera** *f* dustbin

paur|a *f* fear; fright; **avere ~a** be afraid; **~oso** afraid

pausa *f* pause

pav|esare *v/t* deck with flags; **~ese** *m* flag

pàvido timid

pavim|entare *v/t* pave; **~ento** *m* floor

pavon|azzo purple; **~e** *m* peacock

pazi|entare *v/i* have patience; **~ente** *adj* endur-ing; *m* patient; **~enza** *f* patience

pazz|ia *f* insanity; madness; **~o** *adj* mad; insane; *m* mad-man

p. e. = per esempio for instance

pecc|àbile liable to sin; **~are** *v/i*. sin; **~ato** *m* sin; **~ato!** pity!; **che ~ato!** what a pity!; **~atore** *m* sinner

pece *f* pitch

pècora *f* sheep; ewe

pecor|aio *m* shepherd; **~ile** *m* sheepfold; **~ino** *m* cheese from ewe's milk

peculiarità *f* peculiarity

pecuni|a *f* money; **~ario** pecuniary

pedaggio *m* toll

pedagogia *f* pedagogy

ped|alare *v/i* pedal; cycle; **~ale** *m* pedal; **~ale della frizione** clutch pedal; **~ana** *f* footboard

pedante adj pedantic; m pedant

pedata f footprint; kick

pediatra m, f paediatrician

pedicure f pedicure

pediluvio m foot-bath

pedina f man (chess)

pedone m pedestrian

peggi|**o** worse; **il ~o** the worst; **~oramento** m getting worse; **~orare** v/i deteriorate; v/t make worse; **~ore** worse; **il ~ore** the worst

pegno m pawn; token; **méttere qc. in ~** pawn s.th.

pégola f melted pitch

pell|**ame** m hair (animals); fur; **~are** v/t (fowl) pluck; fleece; (fruit) peel; **~arsi** v/r lose one's hair; **~ato** bald, stripped

pellagra f pellagra; **~aio** m tanner; **~ame** m hides pl; skins pl

pelle f skin; hide; peel; **~ di camoscio** suède chamois-leather; **~ di bue** cow-hide

pellegr|**ina** f woman pilgrim; pelerine; **~inaggio** m pilgrimage; **~inare** v/i go on pilgrimage; fig wander; **~ino** m pilgrim

pellerossa m, f red-skin (American) Indian

pelletter|**ia** f leather shop; **~ie** f/pl leather articles

pellicc|**eria** f furrier's shop; **~ia** f fur (coat); **~iaio** m furrier; **~iame** m furs pl

pellicola f phot film; **~ a caricatore** cassette film; **~**

cinematografica film, (moving) picture, movie; **~ a colori** colour film; **~ impressionata** exposed film; **~ a passo ridotto** cinefilm; **~ in ròtolo** roll film

pelo m hair; (animals) fur; **contro ~** against the grain; **~so** hairy

pell|**uria** f down; **~uzzo** m soft hair

pena f penalty; pain; trouble; **sotto ~ di** on pain of; **a mala ~** hardly

penal|**e** penal; **~ità** f penalty

pend|**ente** hanging; pendent; **torre ~ente** leaning tower; **~enza** f slope; fig. pending matter

pèndere v/i hang; lean; slope; (business) be pending

pendìo m slope; declivity

pèndol|**a** f (pendulum) clock; **~o** m pendulum

penetrare v/t penetrate; enter into

penicillina f penicillin

penìsola f peninsula

penit|**ente** adj repentant; m penitent; **~enza** f penitence; **~enziario** m penitentiary; **~enziere** m eccl penitentiary

penn|**a** f feather; pen; **~a a sfera** ball-pointed pen; **~a stilogràfica** fountain-pen; **~ello** m brush; **~ino** m steel pen

penoso painful; toilsome

pens|**àbile** thinkable; **~are** v/t, v/i think; consider; provide (a for); **~atore** m thinker; **~iero** m thought; trouble; **~ieroso** thoughtful

pension|are v/t pension (off); **~ato** m pensioner

pensione f (retiring) pension; **boarding-house** f; **~ completa** room and (full) board; **mezza ~** room with breakfast and one principal meal

pensoso pensive

Pentecoste f Whitsuntide

pent|imento m repentance; **~irsi** v/r repent; be sorry (**di qc.** for s.th.)

pèntola f pot; kettle; **~ a pressione** pressure cooker

penùltimo last but one

penuria f penury (**di** of)

penzol|are v/i dangle; **~oni** dangling

pep|aiuola f pepper-pot; pepper-mill; **~ato** peppered; **pan ~ato** gingerbread; **~e** m pepper; **~erone** m pimento; chilli

per for; through; by; **~ mano** by hand; **~ 3 giorni** for 3 days; **~ mancanza di** for want of; **~ partire** leave for; **~ terra** by land; **~ mare** by sea; **~ esempio** for instance

pera f pear

per|cento m percent; **~centuale** f percentage

perce|pire v/t perceive; **~zione** f perception

perché because; so that; **~?** why?

perci|ò therefore; **~occhè** because; since

perc|órrere v/t run through; **~orso** m distance; journey; **~orso di arresto** aut stopping distance

perc|ossa f blow; stroke; **~uòtere** v/t strike; **~ussione** f percussion

pèrd|ere v/t lose; miss; **~ersi** v/r get lost

perdigiorno m good-for-nothing

pèrdita f loss

perd|itempo m waste of time; **~itore** m loser

perdon|àbile forgivable; **~are** v/t forgive; **~o** m forgiveness

perdurare v/i last; persist

peregr|inare v/i wander; **~ino** foreign; fig. strange

perenne everlasting

perento annulled; extinct

perf|etto adj perfect; m gram perfect tense; **~ezionamento** m completion; **~ezionare** v/t finish; improve; **~ezione** f perfection

perfidia f perfidy

pèrfido wicked; treacherous

perfino even

perfor|are v/t pierce; **~atore** m puncher; **~atrice** (**màcchina** f **~atrice**) f drill; borer; **~azione** f med perforation; rapture

pergamena f parchment

pèrgola f vine-trellis

perìcolo m danger; **~ di valanghe** danger of avalanches

pericoloso dangerous
periferìa f periphery; **~del-
la città** outskirts of the city
perìfrasi f periphrasis
per|iòdico periodic(al); m
magazine; **~ìodo** m period;
gram sentence
peripezìe f/pl vicissitudes pl
perìre v/i perish
peristìlio m peristyle
per|ìto adj versed; m expert;
~ìzia f expert's report; skill
perla f pearl
perlomeno at least
perlustrare v/t reconnoitre
perman|ente adj per-
manent; f permanent
wave (**a freddo** cold);
~enza f permanence; stay
perme|àbile permeable;
~are v/t permeate
perm|esso m permission;
leave; **~esso di soggiorno**
residence permit; **~èttere**
v/t allow, permit; **~issìone** f
permission
permut|are v/t barter; **~a-
tore** m elec switch
pernice f partridge
perniciós|a f malignant
fever; **~o** pernicious
pernott|amento m stay over
night; **~are** v/i spend the
night
pero m pear-tree
però but; yet
perocché because
perpend|icolare perpend-
icular; **~ìcolo** m plummet
perpètuo perpetual; **for** for
life
perplesso perplexed

perquis|ìre v/t search; **~i-
zione** f search
persec|utore m persecutor;
~uzione f persecution
persegui|re, **~tare** v/t
pursue
persever|ante persevering;
~anza f perseverance; **~are**
v/i persevere
persian|a f shutter; Vene-
tian blind; **~o** Persian
persino even
per|sistenza f persistence;
~sistere v/i persist
person|a f person; **~aggio** m
thea character; personage;
~ale adj personal; m staff;
~alità f personality; **~ifi-
care** v/t impersonate
perspic|ace keen; **~icacia** f
shrewdness; **~icuo** per-
spicuous
persu|adere v/t persuade;
~asione f persuasion
pertanto therefore; con-
sequently
pertin|ace stubborn; **~enza**
f pertinence
perturb|are v/t trouble; **~a-
zione** f perturbation
perv|enìre v/i attain; **~erso**
perverse; **~ertire** v/t
pervert
pes|alèttere m letter-bal-
ance; **~ante** heavy; **~are** v/t
weigh; fig consider
pesc|a f peach; fishing; **~a
all'amo** fishing; angling;
~are v/t, v/i fish; **~atore** m
fisher(man)
pesce m fish; **~ pèrsico**

perch; **~ rosso** goldfish; **~cane** m shark; *fig* profiteer

pescheria f fish-market

pescivéndolo m fishmonger

pesco m peach-tree

peso adj heavy; m weight; **~ massimo** heavyweight; **~ lordo** gross weight; **~ a vuoto** dead weight

pèssimo very bad; **il ~** the worst

pestare v/t trample; crush

peste f plague; *fig* pest; **~ilenza** f pestilence

pesto pounded; **carta f ~a** papier mâché

pètalo m petal

petardo m fire-cracker

petente m petitioner; **~izione** f petition

petrièra f stone-quarry; **~ificare** v/t petrify; **~ificazione** f petrification

petrolio m petroleum; oil

pettègola f tattler; **~egolezzo** m gossip; **~égolo** gossipy

pettinare v/t comb; **~atura** f hair-do, hair-style

pèttine m comb

petto m breast; bosom; chest

petulante impertinent; **~anza** f arrogance

pezza f cloth; diaper; **~etta** f small rag

pezzo m piece; **~ di ricambio** spare part

pezzuola f (hand)kerchief

piacente pleasant; pretty; **~ere** v/i like; please; m pleasure; **mi faccia il**

~ere do me the favour; **tanto ~ere!** very pleased!; **per ~ere** please; **~évole** agreeable; pleasant

piaga f sore; wound; **~are** v/t wound

pialla f plane; **~are** v/t plane; **~atrice** f planing-machine

piana f plain; thick plank; **~are** v/t smooth; level; **~eròttolo** m landing

pianeta m planet; f eccl chasuble

piàngere v/i, v/t weep

piangévole lamentable

pianista m f pianist

piano adj level: smooth; adv gently; slowly; quietly; m plain; floor; piano; **~forte** m piano(forte); **~forte a coda** grand piano

pianta f plant; plan; map; **~ della città** map of the town; **~ del piede** sole

piantagione f plantation; **~are** v/t plant; **~are qu.** jilt s.o.

pianterreno m ground floor

pianto m weeping

pianura f plain

piattaforma f platform; **~ino** m small dish; saucer

piatto adj flat; dull; m dish; plate; (meal) course; **~ fondo** soup-plate; **~ di carne** dish of meat; **~ di uova** dish made of eggs; **~ne** m big plate

piazza f square; market (-place); **~le** m large square

piccante piquant; pungent;

gast spicy; **~ato** larded

picche f/pl spades (playing-cards)

picchetto m picket

picchi|are v/t beat; knock; **~ata** f blow

piccino adj small; fig mean; m little boy

picci|onaia f dovecote; thea gallery; **~one** m pigeon, dove

picco m peak; **a ~** perpendicularly; naut **andare a ~** sink

piccolezza f smallness

piccolo adj little; tiny; m youngster

piccozza f ice-axe

pie' = **piede**

pied|e m foot; **a ~i** on foot; **stare in ~** I stand up; **~istallo** m pedestal

pieg|a f fold; pleat; fig buona **~** a turn for the better; **~amento** m bending; **~are** v/t fold (up); bend; fig submit; **~arsi** v/r fig yield

piegh|évole pliable; fig yielding; **sedia ~évole** folding chair; **~evolezza** f pliability

Piemonte m Piedmont

pien|a f flood; crowd; **~ezza** f fullness

pieno adj full; complete; **in ~o giorno** in broad daylight; m fullness; **~otto** plump

pietà f pity (**di** with); mercy; **monte m di ~** pawnbroker's shop

pietoso pitiful; lamentable

pietr|a f stone; **~a preziosa** precious stone; **~ificare** v/t petrify; **~oso** stony

piffero m fife; piper

pigiama m pyjamas

pigi|are v/t press; cram; **~atoio** m wine cellar

pigione f rent

pigliare v/t take; seize

pigna f pine-cone

pignolo m pine-seed; fig pedant

pignorare v/t distrain

pigol|are v/i chirp; **~io** m chirping

pigr|izia f laziness; **~o** lazy; indolent

pil|a f pile; elec battery; eccl font; **~astro** m pillar

pìllola f pill

pilot|a m pilot; steersman; **~are** v/t pilot; drive; fly

pina f = **pigna**

pinacoteca f picture-gallery

pin|astro m pinaster; **~eta** f pine forest

ping-pong m ping-pong

pinna f fin

pinnàcolo m pinnacle

pin|o m pine; **~occhiata** f cake with pine-seeds; **~occhio** m pine-seed

pinz|a f pliers pl; **~are** v/t sting; **~ata** f sting

pio pious; charitable

piogg|erella f drizzle; **~ia** f rain

piomb|are v/t seal; plumb; **~atura** f sealing; filling (tooth); **~ino** m plummet; **~o** m lead; plumb; **a ~o** perpendicular

pioniere m pioneer
pioppo m poplar
piotare v/t sod; turf
piòvere v/i rain
piovoso rainy
pip|a f pipe; **~are** v/i smoke (pipe)
pipistrello m bat
pira f pyre
piràmide f pyramid
pirata m pirate
pir|òscafo m steamship; **~o-si** f pyrosis; **~otècnica** f fireworks pl
piscina f swimming-pool; fish-pond
pis|ello m pea; **~olino** f nap
pisside f pyx
pista f track; aer runway; **~ da ballo** dance floor; **~ da sci** skiing ground; **~ di lancio** runway; landing-strip; **~ per ciclisti** cycle path
pistacchio m pistachio
pist|ola f pistol; **~ola automàtica** automatic pistol; **~olettata** f pistol-shot
pistone m piston
pitale m chamber-pot
pitonessa f fortune-teller
pitt|ore m painter; **~oresco** picturesque; **~rice** f (woman) painter; **~ura** f painting
più more (**di, che** than); plus; **a ~ tardi** see you later; **~ giorni** several days; **di ~** more; (**tutto**) **al ~** at the most; **i ~, le ~** most people
pium|a f down; feather; **~aggio** m plumage; **~ino** m eiderdown; quilt; **~ino per la cipria** powder-puff; **~o-**

so downy
piuttosto rather (**che** than)
pizza f pizza
pizzic|àgnolo m grocer; **~are** v/t pinch; v/i itch; **~he-rìa** f delicatessen-shop
pizzico m pinch; nip
pizzo m lace; goatee; **barba a ~** pointed beard
placare v/t appease
placc|a f plate; **~are** v/t plate
placidezza f placidity
plàcido placid
plan|are v/i aer glide down; **volo** m **~ato** volplane
plancia f naut bridge
planetario planetary
planimetrìa f planimetry
plasma m: **~ sanguino** blood plasma
plasmare v/t mould
plàstica f modelling; plastic (art)
plasticare v/t plasticize
plàstico adj plastic; m model
plàtano m plane-tree
platea f thea pit
plàtino m platinum
plau|sibile plausible; **~so** m applause
pleb|aglia f mob, rabble; **~e** f common people
plebiscito m plebiscite
pleni|lunio m full moon; **~potenza** f full power
pleur|a f pleura; **~ite** f pleurisy
plùmbeo leaden; livid
plur|ale m plural; **~alità** f plurality
pluviòmetro m rain-gauge
pneumàtic|o m tire, tyre;

pompa f ~a air-pump;
posta f ~a pneumatic dispatch
po. = primo; *mus* piano
po' = poco little
poch|ezza f smallness; ~ino adj (very) little; m little bit
poco little; scanty; **senti un po'** now listen; **a ~ a ~** little by little; ~ **fa** a short time ago; ~ **dopo** shortly afterwards; **press'a ~** nearly
poder|e m real property; ~oso powerful
podestà m mayor; f authority
podio m podium
pod|ismo m foot-racing; ~ista m, f runner
poema m poem
poesia f poem; poetry
poet|a m poet; ~are v/i write poetry; ~essa f poet(ess)
poètico poetic(al)
poggi|are v/t, v/i lean on; rest; ~o m hillock
poi then; after(wards); **dalle 8 in ~** from 8 o'clock onwards
poiché since; as
polacc|a f polonaise; ~o adj Polish; m Pole
polca f polka
polenta f polenta
poliambulanza f outpatients department
poliglotto polyglot
poligono m polygon
poligrafare v/t mimeograph
poligrafo m polygraph
polio f, **poliomielite** f polio,
poliomyelitis
politic|a f politics pl; policy; ~o adj politic(al); m politician
polizia f police; ~ **confinaria** border police; ~ **di porto** harbour-police; ~ **sanitaria** sanitary police; ~ **stradale** traffic police
poliziotto m policeman; detective
pòlizza f com policy; ~ **di càrico** bill of lading
poll|aio m poultry-yard; ~ame m poultry; ~astra f teenage girl; ~astro m young fowl; fig youngster; ~erìa f poulterer's shop
pòllice m thumb; big-toe; inch
poll|icultura f poultryfarming; ~o m chicken; fowl; ~o arrosto roast fowl
polmone m lung; ~ite f pneumonia
polo m pole; ~ **nord** North Pole
Polonia f Poland
polpa f pulp; flesh
polp|accio m calf; ~acciuto plump; ~etta f meat ball; ~ettone m gast minced meat; roasted forcemeat; ~oso pulpy; fleshy
pols|ino m cuff; ~o m pulse; wrist
poltr|ire v/i be lazy; ~ona f easy-chair; thea stall; ~ona letto deck chair; ~ona f pit stall; ~one adj lazy; m sluggard
pólvere f dust; powder;

caffè m **in** ~ ground coffee

polver|ificio m powder-factory; **~ina** f med powder; **~izzare** v/t pulverize; **~oso** dusty

pomata f pomade

pomer|idiano afternoon; **~iggio** m afternoon

pometo m (apple-) orchard

pòmice f pumice(-stone)

pomicultura f fruit-growing

pomo m apple; apple-tree; **~doro** m tomato

pomp|a f pomp, splendour; pump; **~a d'aria** air-pump; **~a della benzina** gasoline (or fuel) pump; **~a d'olio** pressure-feed; **~are** v/t pump

pompelmo m grapefruit

pompier|e m fireman; **~i** pl fire-brigade

pomposo pompous; showy

ponce m punch

ponderare v/t ponder

pone he puts

ponente m west

pongo I put

poniamo we put

ponte m bridge; naut deck; **~ di passeggiata** promenade deck; **~ superiore** upper deck

pont|éfice m pontiff; **Stato** m **~eficio** Pontifical State

popol|are adj popular; v/t populate; **~arità** f popularity

pòpolo m people

popoloso populous

popone m melon

poppa f naut stern

popp|ante m suckling baby; **~are** v/t, v/i suck

porca f sow

porcellana f china; porcelain

porc|ellino m sucking pig; **~ile** m pigsty; **~o** m pig; swine; pork

pòrfido m porphyry

pòrgere v/t hand; give

porgitore m bearer

pornografia f pornography

por|o m pore; **~oso** m porous

pórpora f purple

porporino m purple

porre v/t put; place; set

porro m bot leek; med wart

porta f door; gate; **~bagagli** m porter; carrier

portàbile portable

porta|cénere m ash-tray; **~cipria** m compact

porta|flaschi m bottle-rack; **~fogli** m wallet; portfolio; **~le** m portal; **~lèttere** m postman; **~mento** m gait; behaviour; **~monete** m purse; **~penne** m penholder

port|are v/t bring; carry; **~arsi** v/r behave; **~asigarette** m cigarette-case; - holder; **~atore** m bearer

porta|uova m egg-cup; **~voce** m mouthpiece; spokesman

porticato m colonnade

pòrtico m porch; portico

port|iera f door-curtain; door-keeper; **~iere** m goal-keeper; **~inaio** m door-keeper

porto *m* port, harbour; postage; **~ assegnato** cash on delivery; **~ di mare** seaport; **~ franco** free port

Portogallo *m* Portugal

portone *m* gate

porzione *f* share; portion

posa *f* posture; *phot* exposure

pos|are *v/t* lay (down); put; place; *paint* sit; **~ata** *f* cutlery (*knife, spoon*)

poscritto *m* postscript

positivo positive

posizione *f* position

posporre *v/t* postpone

possedere *v/t* possess; (*language*) master

poss|essione *f* possession; belonging; **~essivo** possessive; **~esso** *m* possession; **~essore** *m, f* owner

possiamo we can

possibile possible

possibilità *f* possibility

posso I can

posta *f* post, mail; **~ aèrea** air mail; **~centrale** main post-office; **~le** postal

postare *v/t* place; post

postegg|iare *v/t, v/i* park; **~o** *m* parking(-place)

pòsteri *m/pl* posterity

poster|iore posterior; hind; **~ità** *f* posterity

posticcio sham; false

posticipare *v/t* put off

posto *adj* put; placed; *m* place; room; job; **~ al finestrino** window-seat; **~ a sedere** seat; **~ di primo**

soccorso first-aid post; **fare ~** a make room for; **~ in piedi** standing-room; **~ di rifornimento** service-station; **~ riservato** reserved seat; **~ vacante** vacancy

pòstumo posthumous

potàbile drinkable; **acqua** *f* **~** drinking-water

potassa *f* potash

pot|entato *m* potentate; **~ente** powerful; **~enza** *f* power; might; *mech* efficiency

potere *v/i* can, may; be able to; *m* power

potuto *pp* of **potere**

pover|etto, ~ino *m* poor man; pauper

pòvero *adj* poor; needy; **~ me!** poor me!; *m* poor (man); beggar

povertà *f* poverty

pozzo *m* well

pranz|are *v/i* dine; **~o** *m* lunch; dinner; **dopo ~** after lunch; **~o a prezzo fisso** menu at a fixed price

pràtica *f* practice; training

pratic|àbile practicable; **~are** *v/t* practise; perform

pràtico practical; experienced

prato *m* meadow; lawn; **~ per riposare** meadow for sun-bathing

preavviso *m* preliminary announcement

precauzione *f* (pre)caution

preced|ente *adj* preceding; previous; *m* precedent; **~enza** *f* precedence; priority

precèdere *v/t* precede

precett|are *v/t* summon; cite; **∼o** *m* precept

precipit|are *v/t*, *v/i* precipitate; **∼arsi** *v/r* rush; **∼oso** steep; rash

precipizio *m* precipice

precis|ione *f* precision; **∼o** precise; exact; **alle tre ∼e** at three o'clock sharp

precoce precocious

preconcetto *m* prejudice

pred|a *f* prey; booty; **∼are** *v/t* prey; pillage

predella *f* foot-board

predestin|are *v/t* predestin(at)e; **∼azione** *f* predestination

predetto aforesaid

prèdica *f* sermon

predic|are *v/t*, *v/i* preach; **∼ato** *m* predicate; **∼atore** *m* preacher

predil|etto *adj* favourite; *m* darling; **∼ezione** *f* predilection

pred|ire *v/t* predict; **∼izione** *f* prediction

predomin|are *v/i* prevail; **∼inio** *m* prevalence

prefabbricato prefabricated

prefazione *f* preface

prefer|enza *f* preference; **∼ire** *v/t* prefer

prefett|o *m* prefect; **∼ura** *f* prefecture

prefìggere *v/t* pre-arrange; **∼isso** *m* gram prefix

preg|are *v/t* pray; ask; **∼évole** valuable

preghiera *f* prayer; request

pregi|are *v/t* appreciate; **∼arsi** *v/r* have the pleasure to; **∼o** *m* value; merit

pregiudizio *m* prejudice

prego please

preistoria *f* prehistory

prel|azione *f* pre-emption; **∼evare** *v/t* withdraw (money); **∼udio** *m* mus prelude

prèm|ere *v/t* press; urge; **∼e** urgent!

premi|are *v/t* reward; **∼azione** *f* distribution of prizes; **∼nente** pre-eminent; **∼o** *m* award; premium

prem|ura *f* zeal; solicitude; hurry; **∼uroso** solicitous

prèndere *v/t* take; seize; get; *v/i* catch (cold); **∼benzina** refuel; **andare (venire) a ∼** go (come) for

prendisole *m* sun-suit

pre|nome *m* Christian name; **∼notare** *v/t* book; reserve; **∼notazione** *f* reservation

preoccup|arsi *v/r* worry; **∼ato** worried

prepar|are *v/t* prepare; **∼ativo** *m* preparation; **∼atorio** preparatory; **∼azione** *f* preparation

preponderare *v/t* prevail

prep|orre *v/t* place before; **∼osizione** *f* gram preposition

prepot|ente overbearing; **∼enza** *f* arrogance

presa *f* seizure; *phot* picture; shot; *mil* conquest; **∼ di**

corrente wall plug; socket; **~ di terra** (electrical) earth; **~ in giro** making a fool of s.o.

presagio *m* prognostic

prèsbite long-sighted

prescr|itto *m* ordinance; **~i-vere** *v/t* prescribe; **~izione** *f* prescription

present|are *v/t* present; show; offer; **~arsi** *v/r* introduce o.s.; (*occasion*) arise; **~azione** *f* presentation; **~e** *adj* present; *m* gift; present tense; **~imento** *m* premonition; **~ire** *v/t* have a premonition

presenza *f* presence

presèpe, ~io *m* manger, crib

preservare *v/t* preserve (**da** of)

presid|ente *m* president; chairman; **~enza** *f* presidency; chair; **~io** *m* managing committee

presièdere *v/t, v/i* preside (over)

preso taken

press|a *f* crowd; press; **~are** *v/t* press; urge; **~ione** *f* pressure; **~ione delle gomme** tyre-pressure; **~ione sanguina** blood-pressure (**troppo alta** too high; **troppo bassa** too low)

presso near; close to; by; **~a poco** approximately; **~chè** almost; nearly

prestabilire *v/t* arrange beforehand

prest|are *v/t* lend; **~azione** *f*

loan; tax; **~ezza** *f* quickness

prèstito *m* loan; **dare in ~** lend; **prèndere in ~** borrow

presto quickly; early; **far ~** hurry (up)

presùmere *v/i* presume

presun|tuoso self-conceited; **~zione** *f* presumption

prete *m* priest

pret|endente *m, f* pretender; claimant; **~èndere** *v/t, v/i* pretend; claim; **~enzioso** pretentious; **~esa** *f* pretence; claim

pretesto *m* pretext

pretore *m* judge

pretto pure; mere

pretura *f* court of first instance

prevalere *v/i* prevail

prevedere *v/t* foresee

prevenire *v/t* prevent

preventivo: bilancio *m* **~** estimate

previdente provident

prezi|osità *f* preciousness; **~oso** precious; **pietra** *f* **~o-sa** precious stone

prezzémolo *m* parsley

prezzo *m* price; **a buon (basso)** cheap; **~ di costo** cost price; **~ di favore** special price; **~ del noleggio** *aut* rent; **~ per una notte** overnight expenses *pl*

prigion|e *f* prison; **~iero** *m* prisoner; **fare ~iero** take prisoner

prima before; formerly; **~ di** before; first; **~ che** before; **da** ~ at first; **colazione** f breakfast; **~ visione** f film: first run; premiere; **~rio** adj primary; m head physician; **scuola** f **~ria** primary school

primavera f spring

primitivo primitive

primo first

primordio m beginning; origin

princip|ale adj main; chief; m principal; boss; **~ato** m principality

prìncipe m prince

principessa f princess

principi|ante m, f beginner; **~are** v/t, v/i begin; start; ~ m start; principle

priv|are v/t qu. di qc. deprive s.o. of s.th.; **~arsi (di)** v/r abstain from; renounce; **~ato** private; **scuola** f **~ata** private school; **~azione** f (de)privation; need

privilegi|are v/t privilege; **~o** m privilege

privo deprived; without

prò m benefit; **buon ~!** may it do you good

probàbile probable

probabilità f probability

problema m problem

procèdere v/i proceed; act

process|ione f procession; **~o** m process; trial

procinto: èssere in ~ di be about to

proclam|a m proclamation; **~are** v/t proclaim; **~azione** f proclamation

procur|are v/t procure; get;

~atore m proxy; attorney

prodig|alità f extravagance; **~io** m prodigy; **~ioso** prodigious; wonderful

pròdigo adj prodigal; m spendthrift

prod|otto m product; produce; **~otto nazionale** home product; produce; **~urre** v/t produce; **~uttivo** productive; **~uzione** f production; output

profan|are v/t profane; ~ adj profane; m fig layman

profess|are v/t profess; declare; **~ione** f profession; calling; **~ionista** m, f professional; practitioner; **~o** m (professed) monk; **~orato** m professor-ship; **~ore** m professor; instructor; **~oressa** f woman professor

prof|eta m prophet; **~etizzzare** v/t foretell; **~ezìa** f prophecy

proficuo profitable

profilo m profile; side-view

profitt|are v/i profit; gain; **~are di** benefit from; **~o** m profit; gain

profluvio m overflowing

pro|fóndere v/t lavish; squander; **~fondità** f depth; **~fondo** deep

pròfugo m refugee

profum|are v/t perfume; scent; **~erìa** f perfume-shop; **~iera** f scent-bottle; **~o** m scent; perfume

prog|ettare v/t plan; **~etto** m project; plan

programma m programme; ~ **televisivo** television programme; ~ **d'escursione** excursion programme

progredire v/i progress

progressivo progressive; ~o m progress

proibire v/t prohibit; ~**izione** f prohibition

proiettile m projectile

proiettore m search-light; projector; ~**iezione** f projection

prole f offspring; issue; ~**tariato** m proletariat; ~**tario** m proletarian

prolisso long-winded

pròlogo m prologue

prolungamento m prolongation; ~**are** v/t prolong; extend

promessa f promise; ~ **messi sposi** m/pl betrothed (couple); ~**méttere** v/t promise

prominente prominent

promontorio m headland

promozione f promotion; ~**uòvere** v/t promote; (exam) pass

pronome m gram pronoun

pronosticare v/t forecast

prontezza f promptitude; ~o ready; prompt; quick; ~o **soccorso** m rescue station; tel ~o! or ~i! halloh!

pronuncia f pronunciation; ~**are** v/t pronounce; ~**arsi** v/r express one's opinion

pronunzia f = **pronuncia**

propaganda f: far ~ advertise

propagare v/t spread; diffuse

propizio favourable

proporre v/t propose; ~**orsi** v/r intend

proporzionale proportional; ~ f proportion; ratio

propòsito m purpose; aim; a ~ by the way; **venire a** ~ come at the right time; **di** ~ on purpose

proposta f proposal

propriamente properly; ~**età** f property; propriety; ~**tario** m owner; ~ own; proper; ~o? really?

propulsore m propeller

pròra f naut prow; bow

pròroga f extension; respite

prorogare v/t put off; extend

prosa f prose; ~**àico** prosaic

proscenio m proscenium

prosciugare v/t dry (up); drain

prosciutto m ham; ~ **cotto (crudo)** cooked (uncooked) ham

proscrìvere v/t proscribe, outlaw

proseguire v/i proceed; v/t continue

prosperare v/i thrive; prosper; ~**ità** f prosperity

pròspero thriving

prospettiva f outlook; perspective; ~o m prospect(us); view

prossimità f proximity

pròssimo adj next; near; m

fellow creature

protèggere v/t protect (**da** from)

proteina f protein

protest|ante m, f, adj Protestant; **~are** v/t, v/i protest; **~o** m protest; objection

protetto m protégé; **~orato** m protectorate; **~ore** m protector

protezione f protection; patronage

protocoll|are v/t record; file; **~o** m protocol; minutes pl

prov|a f proof; trial; **~a generale** dress rehearsal; **~are** v/t prove; test; feel; **~ato** tried; tested

proven|ienza f origin; source; **~ire** v/i come from

proverbio m proverb

provinci|a f province; **~ale** provincial

provoc|ante provocative; **~are** v/t provoke; cause; **~azione** f provocation

provv|edere v/t provide; furnish; **~edimento** m measure; step; **~editore** m purveyor; **~idente** provident; **~idenza** f providence

provv|isione f supply; **~isorio** temporary; **~ista** f supply; stock; **~isto di** supplied with

prua f naut prow; bow

prud|ente prudent; **~enza** f prudence; caution

prugn|a f plum; **~o** m plumtree

pruno m thorn-bush

prur|iginoso itchy; **~ito** m itch

P.S. = Poscritto postscript

psichiatra m, f psychiatrist

psichico psychic(al)

psic|ologia f psychology; **~òlogo** m psychologist

pubblic|are v/t publish; **~azione** f publication; **~ità** f publicity; advertising; **~ità luminosa** luminous advertising

pùbblico m, adj public

pudore m modesty; shyness

puer|ile childish; **~izia** f childhood

pugil|ato m boxing; pugilism; **~e** m pugilist

Puglia f Apulia

pugn|a f fight; **~ale** m dagger

pugno m fist; punch

puh! pooh!

pulce f flea; **~inella** m buffoon; **~ino** m chick

pulire v/t clean; polish

pul|ito clean; tidy; **~itura** f clean(s)ing; **~itura a secco** dry cleaning; **~izia** f cleaning; cleanliness

pullman m de luxe bus

pullover m sweater

pùlpito m pulpit

puls|are v/i pulsate; throb; **~azione** f pulsation

pùngere v/t sting; prick

pungitura f sting

pun|ire v/t punish; **~izione** f punishment

punta f point; tip; **~ di terra** spit of land

punt|are v/t, v/i point; level;

stake; **~ata** f thrust; stake; instalment; **~eruolo** m punch

puntina f **da grammòfono** gramophone needle; **~ da disegno** drawing-pin

punto adv not at all; m point; spot; stitch; **~ di vista** point of view; **fino a che ...?** up to where?; **alle dieci in ~** at ten o'clock sharp; **~ e virgola** semicolon

puntuale punctual; **~ualità** f punctuality; **~ura** f puncture; injection; **~ura di zanzara** gnat-bite

può he can

pupilla f pupil; **~o** m pupil;

ward

purché provided (that)

pure also; too; yet

purè m purée; mash; **~ di patate** mashed potatoes

purezza f purity

purga f purge; laxative; **~ante** m purgative; **~are** v/t purge; **~ativo** purgative; **~atorio** m eccl purgatory

purificare v/t purify; cleanse; **~azione** f purification

purità f purity; **~o** pure

purpùreo purple; crimson

purtroppo unfortunately

puzzare v/i stink; **~o** m stink; **~olente** stinking

Q

qua here; **di ~** on this side; **di ~ ... di là ~** to and fro

quàccquero m eccl quaker

quadernaccio m scrapbook; **~erno** m copy-book

quadragèsima f Quadragesima (1st Sunday in Lent); **~àngolo** m quadrangle; **~ante** m quadrant; dial; **~are** v/t square; **~ato** m, adj square; **~ello** m arrow; tile; **~iforme** square

quadro m, adj square; m painting; **~i** m/pl playing-cards: diamonds

quadrùpede adj fourfooted; m quadruped; **~ùplice** fourfold

quaggiù down here

quaglia f quail; **~arsi** v/r curdle

qualche some; any; **~ giorno** a few days; **~ cosa** something; anything; **~ volta** sometimes

qualcheduno = qualcuno; **~cosa** something; anything; **~cuno** somebody; anybody

quale which; what; **il (la) ~** he (she) who; whom; like; as

qualificare v/t qualify; define; **~azione** f qualification

qualità f quality; **~ora** if; when; **~siasi** whatever; any; **~unque** whatever; every; each

quando when; **da ~?** since when? **di ~ in ~** from time to time

quantità f quantity

quanto how much? **tutto ~** all that; **tutto ~ il libro** the whole book; **~ tempo** how long; **quanti ne abbiamo oggi?** what day is today? **~ a me** as for me; **~ prima** as soon as possible; **per ~ ricco tu sia** as rich as you may be

quarant|ena f quarantine; **~enne** forty years old; **~èsimo** fortieth

quar|ésima f eccl Lent; **vitto m ~esimale** Lenten food

quart|etto m quartet; **~iere** m lodgings pl; district (town); quarter

quarto m quarter; forth

quarzo m quartz

quasi nearly; almost

quassù up here

quattrin|o m farthing; **~i** m/pl money

quattro four; **far ~ passi** take a stroll; **~cento** m 15th century

quegli he; those

quei he; they, those

quel, ~la that; **~lo** that; that one

quercia f oak

querel|a f complaint; **~ante** m, f plaintiff; **~are** v/t lodge

a complaint (against)

quest|a this; **~i, ~e** this; these

question|are v/i argue; **~ario** m questionnaire; **~e** f question

questo this; **per ~** therefore; **quest'oggi** today

quest|ore m (police) superintendent; **~ura** f police headquarters; **~urino** m police-officer

qui here; **di ~** from here; **di ~ a un mese** a month from now; **di ~ innanzi** from now on

quietanz|a f receipt; **~are** v/t receipt

quiet|are v/t quiet; **~e** f quiet(ness); **~o** quiet

quindi from there; fig. therefore; then

quindic|èsimo m fifteenth; **~i giorni** fortnight; **una ~ina di giorni** about two weeks

quint|a f fifth (also mus); **~thea** wings pl; **~ale** m quintal (100 kg.); **~o** m fifth; **~ùplice** fivefold

quintuplo m fivefold amount

quivi there; then

quot|a f quota; share; height; aer **prèndere ~a** climb; **~are** v/t assess; quote

quotidiano daily

R

rabàrbaro *m* rhubarb
rabbellire *v/t* embellish anew
rabbia *f* rage; *med* rabies; **fare ~ a qu.** enrage s.o.
rabbino *m* rabbi
rabbioso furious; rabid
rabbrividire *v/i* shudder
rabbuiarsi *v/r* grow dark
raccapezz|are *v/t* understand; collect; **~arsi** *v/r* make out
raccartocciare *v/t* curl up
raccattare *v/t* pick up; collect
racchetta *f* racquet, racket
racchiùdere *v/t* contain; enclose
rac|cògliere *v/t* gather; pick up; **~coglimento** *m* concentration
racc|olta *f* collection; *agr* harvest; **~olto** *m* crop
raccomand|are *v/t* recommend; (*letter*) register; **~ata** *f* registered letter; **~azione** *f* recommendation
raccomod|are *v/t* mend; repair; **~atura** *f* repairing
raccont|are *v/t* tell; narrate; **~o** *m* story
raccorciare *v/t* shorten
rada *f naut* roadstead
raddensare *v/t* thicken
raddolc|imento *m* softening; **~ire** *v/t* sweeten; soothe
raddoppi|amento *m* doubling; **~are** *v/t* (re)double
raddormentarsi *v/r* fall

asleep again
raddrizzare *v/t* straighten
ràdere *v/t* raze; shave
radi|are *v/i* radiate; **~atore** *m* radiator
ràdica *f* root; briar-wood
radic|ale radical; **~are** *v/i* take root
radice *f* root; radish; **~ del dente** root of a tooth
radio *m* radium; *f* radio, wireless; **~ascoltatore** *m* (radio-)listener; **~attivo** radioactive; **~commedia** *f* radio play; **~comunicazione** *f* radio communication; **~diffusione** *f* broadcasting; **~fònico: apparecchio** *m* **~fònico** wireless set; **~fonògrafo** *m* wireless set with recordplayer; **~giornale** *m* newsbroadcast; **~grafia** *f* X-ray; **~grafista** *m*, *f* (wireless) operator; **~gramma** *m* radiotelegram; **~scopia** *f* radioscopy; **~valigia** *f* portable radio
radioso radiant
radiotele|fonia *f* radiotelephony; **~grafia** *f* radiotelegraphy; **~grafista** *m*, *f* wireless operator
rado scattered; rare; **di ~** seldom
radun|anza *f* gathering; **~are** *v/t*, **~arsi** *v/r*, assemble; gather
ràfano *m* radish
rafferma *f* confirmation

ràffica f squall

raffigurare v/t recognize

raffin|amento m refining; **~are** v/t refine; **~ato** refined; subtle; **~erìa** f refinery

rafforzare v/t strengthen; reinforce

raffreddamento m cooling; fig abatement; **~ ad acqua** water-cooling; **~ ad aria** air-cooling

raffredd|are v/t cool; chill; **~arsi** v/r catch a cold; **~ato** cooled off; **èssere ~ato** have a cold; **~atura** f, **~ore** m cold; chill

raffresc|are v/t cool; **~arsi** v/r grow cool

ragazz|a f girl; **~o** m boy; errand-boy

raggi|ante radiant; beaming; **~are** v/i radiate; shine; **~o** m ray, beam

raggiùngere v/t overtake; (goal) reach

raggiustare v/t repair

raggruppare v/t group

ragguagli|are v/t equalize; inform; **~o** m equalization

ragion|amento m reasoning; **~are** v/i reason; argue; **~ato** logical; **~e** f reason; cause; right; **aver ~e** be right; **per ~i di** on grounds of; **a ~e** rightly; **~erìa** f book-keeping; **~évole** reasonable; **~iere** m accountant

ragn|atelo m spider's web; **~o** m spider

ragù m ragout

rallegr|amento m rejoicing; **~arsi** v/r be glad; **~arsi con qu. di qc.** congratulate s.o. on s.th.

rallent|amento m slowing down; **~are** v/t, v/i slow down

rame m copper

ramificarsi v/r branch out

rammaricarsi v/r complain

rammàrico m grief; regret

rammend|are v/t mend; **~atura** f mending

rammentare v/t remind; **~arsi** v/r recall (**di qc.** s.th.)

rammollire v/t soften

ramo m branch; (river) arm; **~ d'affari** line of business; **~laccio** m horseradish; **~scello** m twig

rampicare v/i climb

ramp|ino m hook; prong; **~ollo** m scion

rana f frog

ràncio rancid

rancio m soldier's food; ration

rancore m grudge

randagio stray

rango m rank; degree

rannicchiarsi v/r crouch; cower

ranno m lye

rannuvol|amento m clouding over; **~arsi** v/r cloud over

ranocchio m frog

rantolare v/i rattle (in one's throat)

rap|a f turnip; **~accio** m Swedish turnip

rap|ace rapacious; **~acità** f rapacity

rapidità f rapidity

ràpido adj swift; m express train

rap|ire v/t rape; kidnap; **~ina** f plundering; **uccello** m **di ~ina** bird of prey

rappezz|are v/t patch up; **~o** m patch

rapport|arsi v/r have reference to; be advised by; **~o** m report; reference; **in ~o a** in connexion with

rappresaglia f reprisal; retaliation

rappresent|ante m, f, representative; **~anza** f representation; agency; **~are** v/t represent; thea perform; **~azione** f representation; performance

rar|ità f rarity; **~o** rare

ras|are v/t shave; clip; **~ato** shaven

raschi|are v/t scrape; erase; **~no** m scraper; eraser; **~o** m roughness of the throat

rasentare v/t skim; border upon

ras|o adj shaven, fig naked; m satin; **~oio** m razor; **~oio di sicurezza** safety razor; **~oio elèttrico** electric shaver

rassegn|a f review; mil parade; far **~arsi** v/r resign o.s. (**a** to); **~ato** resigned; **~azione** f resignation

rasserenare v/t cheer up

rassicurare v/t reassure

rassomigli|ante resem-

bling; like; **~anza** f likeness; **~arsi** v/r be like; resemble

rasura f shave

rat|a f rate; instalment; **a ~e** by instalments

rateazione f spacing (of payments)

ratto m rape; zo rat

rattoppare v/t patch up

rattoppo m patch(work)

rattrappito contracted; paralysed

rattrist|are v/t sadden; **~arsi** v/r grow sad

rauc|èdine f hoarseness; **~o** hoarse

ravanello m radish

ravioli m/pl ravioli

ravv|isare v/t recognize; **~ivamento** m revivification; revival; **~ivare** v/t revive

ravvòlgere v/t wrap up

razion|ale rational; **~e** f ration

razza f race; fig kind

razz|o m rocket; **~olare** v/i scrape; fig rummage

re m king

reagire v/i react

reale real; royal

real|ismo m realism; **~izzare** v/t realize; **~izzazione** f realization; **~tà** f reality

reame m kingdom

reazione f reaction; **aèreo** m **a ~** jet plane

rec|are v/t bring; cause; **~arsi** v/r go

recèdere v/i recede; give up

recensione f (book-)review

recent|e recent; new; **~is-sime** f/pl latest news

recesso m recess

recidersi v/r split up

recidiva f relapse

rec|ingere v/t surround; **~into** m enclosure; pen

recipiente m vessel; container

reciprocità f reciprocity

reciproco reciprocal

reciso sharp; decided

rècita f recital; performance

recit|are v/t recite; thea act; **~azione** f recital; acting

reclam|are v/i complain; v/t claim; **~e** f advertising; **~o** m complaint

rècluta f mil recruit

record m record

red|attore m editor; **~azione** f editing; editor's office

rèddito m income

Redentore m Redeemer, Saviour

redìmere v/t redeem

rèduce adj returned; m veteran

refe m thread

refettòrio m refectory; dining-hall

refriger|are v/t refrigerate; refresh; **~io** m refreshment

regal|are v/t make a present; give away; **~e** royal; **~o** m present, gift

regata f regatta

reggente m regent

règgere v/t, v/i bear; support; rule

reggilume m lampstand

reggimento m government; regiment

reggipetto m bra(ssière)

regìa f (stage-)direction

regime m government; gast diet

regì|na f queen (also playing-cards); **~o** royal

regione f region

regista m director; producer

registr|are v/t register; record; **~atore** m **a nastro** tape-recorder; **~atura** f entry; m register; com books pl

regn|ante m ruler; **~are** v/i reign; **~o** m reign; kingdom

règola f rule

regol|amento m regulations pl; settlement; **~amento stradale** traffic regulations; **~are** v/t regulate; settle (accounts); adj regular; **~arità** f regularity; **~atore** m regulator

règolo m ruler; **~ calcolatore** slide-ruler

regr|essivo regressive; **~esso** m regress

relativo relative; pertinent

relazione f report; **in ~a** in relation to

religi|one f religion; **~iosa** f nun; **~iosità** f religiousness; **~ioso** adj religious; pious; m monk

rem|are v/i row; **~are a pagaia** paddle; **~atore** m rower; oarsman

reminiscenza f reminiscence

remissione f remission;

senza ~ without repeal

remo m oar

remoto m remote; **passato** m ~ **gram** past definite

rena f sand

renale: calcolo m ~ renal calculus

rèndere v/t give (back); make; **felice** make happy

rèndita f income; rent

rene m kidney

renit|ente recalcitrant; **~enza** f reluctance

renoso sandy

reo guilty; evil

reparto m department

repentino sudden

repertorio m thea repertory

rèplica f reply; repetition

replicare v/i reply; v/t repeat

repress|ione f repression; **~imere** v/t repress

repùbblica f republic

repubblicano m, adj republican

reput|are v/t, v/i deem; consider; **~azione** f reputation

requis|ire v/t requisition; **~ito** m requisite; **~izione** f requisition

resa f surrender; rendering

rescritto m rescript

reseda f mignonette

resid|ente resident; **~enza** f residence

residuo m remainder

rèsina f resin

resinoso resinous

resist|ente resisting; **~enza** f resistence

resìstere v/i resist

resistore m elec resistor

resoconto m account; report

respìngere v/t repel; reject

respir|are v/t, v/i breathe; **~atore** m snorkel; **~azione** f breathing; **~o** m breath

respons|àbile responsible (**di** for); **~abilità** f responsibility

ressa f crowd; throng

rest|ante remaining; **~are** v/i stay; be left over

restaur|are v/t restore; **~azione** f, **~o** m restoration

restitu|ire v/t give back; restore; **~zione** f restitution

resto m remainder; **del** ~ besides

restringersi v/r restrain o.s.; shrink

ret|e f net; **~e stradale** network of highways; **~icella** f small net; hairnet; **~icella per il bagaglio** luggage-rack

retiforme retiform

rètina f retina (eye)

retòrica f rhetoric

retro|attivo retroactive; **~bottega** f back-shop; **~cèdere** v/i recede; **~marcia** f auto: reverse (gear); **~visivo: specchio** m **~visivo** rear-view mirror

retta f: **dare** ~ listen (to)

rett|angolare rectangular; **~àngolo** m rectangle

rettificare v/t rectify

rettile m reptile

retto straight; right; correct

rèum|a m rheumatism; **~à-**

tico rheumatic; **~atismo** m rheumatism

reverendo (*abbr* **rev.**) *adj* reverend; m priest; 2! Sir; Your Reverence

revisione f revision

revocàbile revocable; **~are** v/t revoke

ri... (*prefix*) mostly again

rialto m ramp

rialzare v/t raise (up); (head) lift

riapertura f reopening; **~poggiare** v/t tel ring off (again); **~rire** v/t reopen

riassùmere v/t sum up

riattamento m restoration; **~are** v/t repair

riavere v/t get back

ribalta f flap; thea footlights pl; **tàvola f a ~** folding table

ribaltare v/t, v/i overturn; capsize

ribassare v/t (price) lower; **~o** m discount; drop

ribellante rebellious; **~are** v/t stir up; **~arsi** v/r refer; **~e** m rebel; **~ione** f rebellion

ribes m gooseberry

ribollimento m ebullition; agitation

ribrezzo m disgust

ricaduta f relapse

ricamare v/t embroider

ricambiare v/t return; reciprocate; **~o** m exchange; **di ~** spare

ricamo m embroidery

ricapitolazione f summary

ricattare v/t blackmail; **~o** m blackmail

ricavare v/t derive; extract; **~o** m proceeds pl

ricchezza f wealth

riccio adj curly; m curl

ricciolo m curl

ricco rich (**di** in)

ricerca f research; **~are** v/t seek (for); investigate; **~atore** m research worker

ricetta f prescription; recipe

ricévere v/t receive

ricevimento m reception; **~itore** m receiver; **~uta** f receipt; **accusare ~uta** acknowledge receipt

ricezione f reception

richiamare v/t call back; **~arsi** v/r refer (**a** to); **~o** m mil call-up

richiedente m applicant

richièdersi v/r be required

richiesta f request; application

ricino m: **olio m di ~** castoroil

ricognizione f recognition

ricompensa f reward; **~are** v/t reward

ricompra f repurchase; **~are** v/t buy back

riconciliare v/t reconcile

ricondurre v/t bring back

riconoscente grateful; **~enza** f gratefulness

riconóscere v/t recognize

riconsegna f handing back; **~are** v/t hand back; redeliver

ricordarsi v/r remember (**di qc.** s.th.); **~o** m recollection; **~o di viaggio** souvenir

ricorrere v/i recur; appeal

ricorso m petition; claim; **fare ~ a** resort to

ricostitu|ire v/t reconstitute; **~uzione** f reconstitution

ricostru|ire v/t rebuild; **~zione** f reconstruction

ricotta f buttermilk curd

ricoverare v/t shelter

ricòvero m shelter; asylum

ricrearsi v/r take recreation

ricuperare v/t recover

ricurvo bent; curved

ricusare v/t refuse

ridente smiling; bright

rid|ere v/i laugh (**di** at); **~ersi** v/i **di qu.** make fun of s.o.

ridìcolo ridiculous

ridòsso m sheltering wall

ridotto adj reduced; m thea foyer

rid|urre v/t reduce (**a** to); (prices) lower; **~uzione** f reduction; discount; **~uzione sul prezzo dei biglietti** reduction on fare

riémpiere v/t fill (up)

riemp|imento m filling; **~ire** v/t (re)fill

rifacimento m remaking; compensation

rifer|ire v/t report; **~irsi** v/r refer (**a** to)

rifiatare v/i take breath

rifin|imento m finish(ing); exhaustion; **~ire** v/t finish; wear out

rifior|imento m reflourishing; **~ire** v/i reflourish; v/t retouch

rifiut|arsi v/r refuse; **~o** m refusal

rifless|ione f reflection; **~ivo** thoughtful; gram reflexive; **~o** m reflex

riflètt|ere v/t reflect; fig concern; **~ersi** v/r be reflected

riflettore m search-light

riflusso m ebb(-tide)

rifòrm|a f reform; eccl Reformation; **~are** v/t reform; improve; **~atore** m reformer; **~azione** f reformation

rifugiarsi v/r take refuge; **~ugiato** m refugee; **~ugio** m refuge; shelter; **~ugio alpino** alpine hut

riga f line; row; stripe; ruler

rig|are v/t rule; **~ato** striped

rigett|are v/t reject; **~o** m rejection

rigidézza f stiffness; austerity

rìgido rigid; strict

rigir|are v/t turn about; **~o** m winding; fig trick

rigògli|o m luxuriance; **~oso** exuberant

rigòr|e m rigour; **di ~e** strictly required; **~oso** strict

rigovernare v/t wash up (dishes)

riguard|are v/t look at; concern; **~arsi** v/r beware (of); **~o** m respect; **~o a** with regard to; **senza ~o** regardless; **aversi ~o** take care of o.s.

rilasciare v/t release; issue (certificate)

rileg|are v/t bind (*book*); refasten; **~atore** m bookbinder; **~atura** f (book-) binding

rilievo m remark; projection; relief; **alto ~** high relief; **basso ~** low (bas) relief

rilucente shining

rilùcere v/i glitter

rima f rhyme

    rimandare v/t send back; postpone

rimane he stays

rimaneggiare v/t remodel

riman|ente m, **~enza** f remainder; **~ere** v/i remain, stay

rimango I stay

rimaniamo we stay

rimar|care v/t notice; **~chévole** remarkable

rimasto remained

rimbombare v/i boom; resound

rimbors|are v/t reimburse; **contro ~o** cash on delivery

rimedi|àbile remediable; **~are** v/t, v/i remedy; cure; **~o** m remedy

rimembr|anza f remembrance; **~are** v/t remember

rimenare v/t bring back; stir

rimescolare v/t blend; shuffle

rimessa f shed; com remittance; garage; aer hangar

riméttere v/t replace; put off; **~ersi** v/r recover; improve (*weather*)

rimodernare v/t modernize; renovate

rimorchi|are v/t tow; haul; **~atore** m tow-boat; **~o** m trailer; **autocarro m con ~o** trailer coupling

rimòrdere v/t bite again; prick (*conscience*)

rimorso m, **~ di coscienza** remorse

rimozione f removal

rimpasto m re-mixing; shuffle

rimp|atriare v/t, v/i repatriate; return to one's country; **~atrio** m repatriation

rimpi|àngere v/t regret; lament s.o.; **~anto** m regret

rimpiatt|are v/t conceal; hide; **~ino** m (game of) hide-and-seek

rimpiazzare v/t replace

rimp|iccinire, ~iccolire v/t, v/i make smaller; grow smaller

rimprover|àbile reproachable; **~are** v/t rebuke (s.o.)

rimpròvero m reproach; rebuke

rinascimento m rebirth; Renaissance

rincarare v/t raise the price of; become dearer

rincaro m rise in price

rinchiùdere v/t shut up

rinc|órrere v/t run after; pursue s.o.; **~orsa** f run; spring

rincréscere v/i be sorry

rincresc|évole regrettably

..imento m regret

rinculare v/i recoil

rinforz|amento m reinforcement; **~are** v/t strengthen; **~o** m support

rinfresc|amento m refreshment; cooling; **~are** v/t cool; refresh; **~arsi** v/r refresh o.s.; **~o** m refreshment

ringhiare v/i snarl

ringhiera f rail(ing)

ringiovan|imento m rejuvenation; **~ire** v/t, v/i rejuvenate; grow younger

ringrazi|amento m thanks pl; **tanti ~amenti** pl many thanks pl; **~are** v/t (**qu. di qc.**) thank (s.o. for s.th.)

rinneg|are v/t disown; abjure; **~ato** m renegade; **~azione** f renegation

rinnov|amento m renewal; **~are** v/t renew; remodel; **~azione** f renovation

rinoceronte m rhinoceros

rinomato renowned

rinserrare v/t shut in; tighten

rintracciare v/t trace (out)

rintronare v/t, v/i resound; deafen

rinunci|a f renunciation; **~are** v/t renounce (**a qc.** s.th.)

rinvenire v/i come to o.s.

rinviare v/t send back; adjourn

rinvigorimento m strengthening

rinvilire v/t lower (prices)

rinvio m dismissal; adjourn-

ment

rione m district (of city)

riordinare v/t rearrange

riorganizz|are v/t reorganize; **~azione** f reorganization

ripagare v/t repay

ripar|abile reparable; **~are** v/t repair; protect (**da** from); v/i remedy; **~azione** f repair; fig amends pl; **~o** m shelter; cover

ripart|ire v/i leave again; v/t distribute; **~izione** f distribution; **~o** m department

ripassare v/i pass again; v/t look over; overhaul

ripensare v/i think over

ripercussione f repercussion

ripètere v/t repeat

ripetizione f repetition

ripian|are v/t level; **~o** m landing; terrace

rìpido steep

ripieg|are v/t fold (again); v/i mil retreat; **~o** m shift; expedient

ripieno adj stuffed; m stuffing

riport|are v/t bring back etc (cf **portare**); report; carry off (prize); **~o** m com amount to be carried forward

ripos|are v/i rest; **~arsi** v/r lie down; **~o** m rest; retirement

ripresa f resumption; revival

riproduzione f reproduction; **~ vietata** all rights

reserved

riprov|a f confirmation; **à- bile** blamable; **~are** v/t try again; reject (*candidate*)

ripudiare v/t repudiate

ripugn|ante repugnant; **~anza** f repugnance; **~are** v/i be repugnant

ripulsione f repulsion

riputazione f reputation

riquadratore m (house-) decorator

risaia f rice-field

risalt|are v/i stand out; **~o** m relief

risan|àbile curable; **~are** v/t heal; cure

risarcire v/t indemnify

riscaldamento m heating; **~ centrale** central heating

riscald|are v/t heat; warm; **~arsi** v/r get hot; fig get excited; **~atore** m heater

riscattare v/t, **riscatto** m ransom

rischiar|amento m brightening; **~are** v/t illuminate; clarify; **~arsi** v/r clear up (*weather*)

rischi|are v/t risk; **~o** m risk; danger; **a ~o di** at the risk of; **a vostro ~o e pericolo** at your own risk; **córrere il ~o di** run the risk of; **~oso** risky

risciacqu|are v/t rinse; **~atura** f rinsing-water; washing-up water

riscontr|are v/t meet; find; check; **~o** m encounter; checking; **~o d'aria** draught

riscuòtere v/t shake; (*money*) collect

risentire v/t feel again; v/i feel the effects (**di** of)

riserbare v/t reserve; keep

riserva f reserve; reservation

riserv|are v/t reserve; **~arsi** v/r reserve (to) o.s.; **~ato** reserved; confidential

riso m laugh(ter); rice

risolare v/t resole

risol|utezza f resoluteness; **~uto** resolute; **~uzione** f resolution; solution; **~uzione d'un contratto** annulment of a contract

risòlv|ere v/t resolve; (dis-) solve; **~ersi** v/r decide

risolvibile solvable

rison|anza f sound; resonance; echo; **~are** v/i resound; ring (again)

risòrgere v/i rise (again)

risorgimento m revival

risorsa f resource

risotto m boiled rice served in the Italian fashion

risparmi|are v/t save; spare

risparmio m savings; **cassa f di ~** savings bank

rispecchiare v/t reflect

rispett|àbile respectable; **~are** v/t respect; **~ivo** respective; **~o** m respect; **~i** m/pl regards pl; **~oso** respectful

risplèndere v/i shine

risp|óndere v/t, v/i answer; reply (**a** to); **~osta** f answer; reply; **~osta pagata** reply paid

rissa f fight; affray
ristabil|imento m re-establishment; restoration; **~ire** v/t re-establish; **~irsi** v/r recover
ristampa f reprint; new impression
ristor|ante m restaurant; refreshment-room; **carozza** f **~ante** dining-car (train); **~are** v/t restore; refresh
ristr|ettezza f narrowness; straitness; **~etto** restricted; limited; **caffè ~etto** very strong coffee
result|are v/i result; **~ato** m result; issue
risurrezione f resurrection
risuscitare v/t, v/i resuscitate
risvegli|are v/t awaken; **~arsi** v/r wake up
ritard|are v/t delay; v/i be late; (watch) go slow; **~atario** m laggard; latecomer; **~o** m delay; **èssere in ~o** be late
ritegno m restraint; **senza ~** unrestrainedly
riten|ere v/t retain; **~ersi** v/r restrain o.s. (from)
ritir|are v/t withdraw; (money) draw; (mail) collect; **~arsi** v/r retire; **~ata** f retreat; lavatory; secluded; **~ato** m retirement; **in ~o** retired
rito m rite
ritoccare v/t retouch
ritornare v/i come back; **~ in sé** come to o.s.; return
ritorno m return; **èssere di**

~ be back
ritorsione f retort; retaliation
ritrarre v/t withdraw; draw (advantage)
ritratt|àbile retractable; **~are** v/t portray; retract; **~azione** f recantation; **~ista** m, f portrait-painter; **~o** m portrait
ritrov|are v/t find again; **~arsi** v/r meet; **~o** m meeting-place; **~o notturno** night club
ritto upright; straight; **star ~** stand (upright)
riun|ione f reunion; meeting; **~ire** v/t (re)unite; gather
riusc|ire v/i succeed; **riesco a fare** or **mi riesce di fare** I succeed in doing; **~ita** f success
rituale m, adj ritual
riva f shore
rivale m, f, adj rival
rived|ere v/t see again; review; **a ~erci, ~erla** good-bye
rivel|are v/t reveal; disclose; **~azione** f revelation
rivénd|ere v/t resell; **~ita** f resale
rivenditore m reseller; retailer
rivenire v/i come back
river|ente reverent; **~enza** f reverence; **~ire** v/t respect; revere; **La riverisco** letter: with kind regards
rivestire v/t cover; line
riviera f coast

rivista f review; mil parade; ~ **della moda** fashion show; ~ **settimanale** weekly (magazine)

rivo m brook; streamlet

rivòlg|ere v/t address; **~ersi** v/r apply (**a** to)

rivolgimento m upheaval; ~ **di stòmaco** sickness; nausea

rivolta f revolt; mutiny

rivolt|are v/t turn (over); overthrow; **~ella** f revolver

rivoltolare v/t roll (over)

rivoluzion|ario m, adj revolutionary; **~e** f revolution

rizz|are v/t erect; (flags) hoist; **~arsi** v/r stand up; bristle

rob|a f stuff; things pl; **~accia** f rubbish; junk

robust|ezza f sturdiness; **~o** sturdy; strong

rocc|a f fortress; distaff; **~forte** f stronghold

rocchetto m reel; bobbin; eccl surplice

rocci|a f rock; **~oso** rocky

rococò m, adj rococo

rodaggio m auto: running-in

ród|ere v/t gnaw; **~ersi** v/r chafe (with rage)

rognone m gast kidney

rollare v/i roll (ship)

Roma f Rome

Romanìa f R(o)umania

rom|ànico Romanic; architecture: Romanesque; **~ano** m, adj Roman; **~anticismo** m Romanticism; **~àntico** adj romantic; m romanticist

romanz|a f romance; **~iere** m novelist; **~o** m novel

rombare v/i rumble; roar

rombo m turbot

romeno m, adj Roumanian

rom|ìto adj solitary; m hermit; **~itòrio** m hermitage

rómpere v/t break; smash

ronc|are v/t weed; **~o** m billhook; fig deadlock

ronda f patrol

róndine f swallow

rondò m rondeau

ronfare snore

ronz|are v/i buzz; hum; **~io** m buzzing

ros|a f rose; **~àceo** rosaceous; **~aio** m rose-bush; **~ario** m eccl rosary

rosbiffe m roast beef

ròseo rosy

ros|eto m rose-garden; **~etta** f rosette

rosmarino m rosemary

rosol|are v/t roast brown; **~ia** f measles pl

rospo m toad

rossetto m (**per le labbra**) lipstick

ross|iccio reddish; **~o** red; **~o chiaro** bright red; **~o cupo** dark-red; **~ore** m blush

rosticc|erìa f cook-shop; **~iere** m cook-shop keeper

rostro m rostrum

rot|àbile carriageable; **~aia** f rail; **~are** v/i rotate; **~azione** f rotation; **~ella** f small wheel; knee-cap

rotolare v/t, v/i roll (up)

ròtolo m roll
rotondo round
rotta f course; rout
rottame m fragment; **~i**
m/pl ruins pl
rotto broken
rottura f fracture
ròtula f kneecap; patella
roulotte f caravan; trailer
róvere m oak
rovesci|a f facing (of sleeves
etc); **alla ~a** inside out; **~are**
v/t overturn; upset; **~o** m
wrong side; reverse; **a ~o**
backhand; reversed; upside
down
rovin|a f ruin; **~are** v/t ruin;
v/i collapse; crumble
rovo m blackberry-bush
rozzo coarse; uncouth
rubare v/t steal
rubinetto m tap; faucet; **~**
d'acqua water-tap
rubino m ruby
rublo m rouble
rubrica f rubric; column
rude rough
rudimenti m/pl rudiments
ruffa f crowd; throng
ruga f wrinkle

rùggine f rust; fig grudge
ruggin|ire v/i get rusty;
~oso rusty
rugg|ire v/i roar; **~ito** m
roar(ing)
rugiada f dew
rugoso wrinkled
rull|are v/i roll; **~o** m roll;
drum; roller; cylinder; **~o**
compressore road roller
rum m rum
rumor|e m noise; **~eggiare**
v/i make noise; rumble; **~o-**
so noisy
ruolo m roll; list; thea part
ruota f wheel; **~ anteriore**
fore wheel; **~ di ricambio**
spare wheel; **~ posteriore**
hind wheel
rupe f rock; cliff
ruscello m brook
russare v/i snore
Russia f Russia
russo m, adj Russian
rùstico rustic
rutto m belch
ruvidezza f roughness
rùvido rough; harsh
ruzz|o m romping; **~olare**
v/i roll; tumble down

S

sa he knows
sàbato m Saturday
sabbi|a f sand; **~oso** sandy
saccheggi|are v/t sack;
plunder; **~o** m sack(ing)
sacc|o m sacking; bag;
quantity; **~o alpino**, **~o da**
montagna rucksack; **~o a**

pelo sleeping-bag; **~one** m
straw mattress
sacerdot|ale priestly; **~e** m
priest; **sommo ~e** high
priest
sacerdozio m priesthood
sacrament|are v/t qu. ad-
minister the sacraments to

salsicciaio

s.o.; **~arsi** v/r receive the
sacraments; **~o** m sacrament

sacr|are v/t consecrate; de-
dicate; **~ario** m sanctuary;
shrine; **~estano** m sexton;
~estia f sacristy; vestry; **~i-
ficare** v/t sacrifice; **~ificio**
m, **~ifizio** m sacrifice

sacro sacred; holy

saettare v/t shoot (arrows);
dart (glances)

sagace shrewd; keen

saggezza f wisdom

saggiare v/t try; test

saggio adj wise; m essay;
test; sample; **~ d'interesse**
com rate of interest; **~ di
vino** wine-test; **numero m
di ~** specimen copy

sagra f (church) festival

sagr|are v/i swear; **~ato** m
curse; churchyard

sagrest|ano m sacristan; **~ia**
f sacristy

sagù m sago

sala f hall; room; biol reed;
mech axle-tree; **~ d'aspetto**
waiting-room; **~ di biliardo** billiard-room; **~ da colazione** breakfast room; **~
da concerti** concert-hall; **~
di lettura** reading-room; **~
da pranzo** dining-room; **~
di soggiorno** lounge

salace lecherous

salam|e m (pork-)sausage;
~oia f pickle; brine; **in ~oia**
salted; pickled

salare v/t salt; dry-salt

salario m wages pl

salat|o salted; **carne** f **~a** salt
meat

salc|eto m willow-thicket;
~io m willow(-tree)

salda f starch

sald|are v/t weld; solder;
com settle; **~atoio** m
soldering-iron; **~o** adj
firm; m balance; settle-
ment

sale he climbs

sal|e m salt; wit; **~gemma** m
rock-salt

salgo I climb

saliamo we climb

sàlice m willow; **~ piangen-
te** weeping willow

salicilato m salicylate

salicilico m salicylate

sal|iera f salt-cellar; **~ifero**
saliferous; **~ina** f salt-pit

salire v/t, v/i climb; go up;
rise; increase

sal|iscendi m latch; **~ita** f
ascension; slope; increase

salito climbed

saliva f saliva, spittle

salma f mortal remains pl

salmiaco m sal ammoniac

salmo m psalm

salmone m salmon

salnitro m saltpetre

sal|one m hall; saloon; **~one
fumatori** smoking room;
~one da parrucchiere
hairdresser's shop; **~otto** m
drawing-room; sitting-
room; **~otto da pranzo**
dining-room

salpare v/i weigh anchor;
set sail

salsa f sauce

salsicci|a f sausage; **~a di
fégato** liver-sausage; **~aio**

m sausage-maker; **~otto** *m* thick sausage

salsiera *f* sauce-boat

salso *adj* salty; *m* saltiness

salt|are *v/t* jump; *fig* skip; **~erellare** *v/i* hop about; **~imbanco** *m* acrobat; mountebank

salto *m* jump; leap; **~ in alto** high jump; **~ in lungo** long jump; **~ mortale** somersault

salubr|e healthy; **~ità** *f* healthiness

salum|aio *m* pork-butcher; **~i** *m/pl* sausages; **~eria** *f* delicatessen shop

salut|are *adj* salutary; *v/t* salute; greet; *int* **~e** *f* health; **alla Sua ~e!** your health!

saluto *m* salute; greeting; **tanti ~i** *pl* kind regards

salva|danaio *m* money-box; **~gente** *m* life-belt; (traffic) island; **~guardia** *f* safeguard; **~mento** *m* rescue

salv|are *v/t* save; rescue; **~ataggio** *m* salvage; **barca** *f* **di ~ataggio** lifeboat; **tela** *f* **di ~ataggio** jumping-sheet

salvatore *m* rescuer; ♀ *eccl* Saviour

salvietta *f* napkin

salvo safe, secure; except; **~ che** unless

sambuco *m* elder(-tree)

San = Santo

san|àbile curable; **~are** *v/t* cure; heal; **~atorio** *m* sanatorium; nursing-home

sancire *v/t* sanction

sàndalo *m* sandal

sangu|e *m* blood; **fare ~e** bleed; **~igno** sanguine; bloody; **gruppo ~igno** blood group; **~inaccio** *m* black-pudding; **~inare** *v/i* bleed; **~inario** bloodthirsty; **~inoso** bloody

sanitario sanitary; **ufficio** *m* **~** health office

sano healthy; **~ e salvo** safe and sound

santificare *v/t* sanctify; canonize

sant|issimo *adj* most holy; *m* Blessed Sacrament; **~ità** *f* holiness

santo *adj* holy; *m* saint; **acqua** *f* **santa** holy water

santuario *m* sanctuary; shrine

sapere *v/t*, *v/i* know; know how to; get to know; learn; **far ~** let know; *m* knowledge

sap|iente *adj* wise; *m* learned person; **~ienza** *f* wisdom

sapon|ata *f* lather; soapsuds *pl*; **~e** *m* soap; **~e da barba** shaving soap; **~eria** *f* soap-works *pl*; **~etta** *f* cake of toilet-soap; **~iera** *f* soapdish

sapor|e *m* flavour; taste; **~ire** *v/t* flavour; relish; **~ito** savoury

sappiamo we know

saputo known; learned

sar|à he will be; **~ai** you will be (*sg*); **~anno** they will be

sarcàstico sarcastic

sarchiare *v/t* weed

sardella *f* pilchard

sbrigarsi

Sardegna f Sardinia

sardina f sardine

sardo m, adj Sardinian

sare|mo we shall be; **~te** you will be (pl)

sarò I shall be

sart|a f dressmaker; **~o** m tailor; **~oria** f tailor's shop; dressmaking

sasso m stone; pebble; **di ~** stony

sàssone m, adj Saxon

Sassonia f Saxony

sassoso stony

satèllite m satellite

satìrico adj satiric(al); m satirist

savio wise

sazi|are v/t satiate; **~o** satiated

sbacchettare v/t dust; beat

sbaciucchiare v/t cover with kisses

sbadato heedless

sbadigliare v/i yawn

sbagli|are v/i, **~arsi** v/r make a mistake; err; **~o** m mistake; error; **per ~o** by mistake

sballare v/t unpack; fig talk big

sballottare v/t toss about

sbalord|imento m bewilderment; **~ire** v/t astonish; bewilder

sbalz|are v/t overthrow; cast out; **~o** m bound

sbandare v/t disband; v/i aut skid

sbandire v/t banish

sbarazz|are v/t clear; **~arsi** v/r get rid (of)

sbarb|are v/t uproot; shave; **~ato** clean shaven

sbarc|are v/t disembark; v/i land; **~atoio** m landing-place; **~o** m landing; unloading

sbarr|a f bar; barrier; **~amento** m obstruction; **~are** v/t bar; block up; (eyes) open wide

sbàttere v/t beat; whip; (door) slam

sbeffare v/t mock

sbendare v/t remove bandages

sbiadito faded

sbiancare v/i grow pale

sbigottire v/t frighten

sbilanci|are v/t put out of balance; **~o** m derangement; deficit

sbocc|are v/i flow into; **~atura** f mouth (of river)

sbocciare v/i open; bloom

sbocco m mouth (of river); com outlet, market; **~ di sangue** blood-spitting; **strada f senza ~** blind alley

sborni|a f intoxication; **~ato** drunk

sbors|are v/t disburse; pay; **~o** m outlay

sboscare v/t deforest

sbottonare v/t unbutton

sbozz|are v/t sketch; outline; **~o** m sketch

sbrattare v/t clear; tide up

sbriciolare v/t crumble

sbrig|are v/t dispatch; finish off; **~arsi** v/r hurry up

sbrinare v/t defrost (*refrigerator*)

sbrogliare v/t disentangle

sbucciare v/t peel; skin

sbuffare v/i puff; snort

scabr|osità f roughness; **~o-so** rough; rugged; uneven

scacchiera f chess-board

scacci|amosche m fly-whip; **~are** v/t drive away; expel

scacc|o m square; **~hi** pl chess; **giocatore di ~hi** chess-player; **giocare a ~hi** play chess; **~o matto** checkmate

scad|ente falling due; inferior (*quality*); **~enza** f maturity; expiration; **a breve ~enza** short-dated; **~ere** v/i expire; fall due; **~uto** expired

scaffale m shelf

scafo m hull

scagionare v/t justify

scaglia f scale; chip

scala f stairs pl; **~ (a pioli)** ladder; **~ci, ~chi** pl

scalare v/t carve (*at table*)

scalciare v/i kick (*horse*)

scalda|bagno m boiler; **~let-to** m hot-water-bottle; **~piatti** m plate-warmer; **~piedi** m foot-warmer

scald|are v/t heat; warm; **~ino** m warming-pan

scal|ea f flight of steps; **~eo** m step; ladder; **~ino** m step

scalo m landing-place; port of call; **~ merci** freight station

scaloppina f cutlet; chop

scalpell|are v/t chisel; **~ino** m stone-cutter; **~o** m chisel

scalp|icciare v/i trample; **~itio** m pawing

scaltro sly; crafty

scalz|are v/t take off (*shoes and stockings*); **~o** barefoot

scambi|are v/t exchange; mistake (for); **~évole** mutual

scambio m exchange; rail switch

scampagnata f trip in the country

scampan|ata f chiming; **~ellare** v/i ring the bell

scamp|are v/t rescue; v/i escape; **~o** m escape

scàmpolo m remnant (*of tissue*)

scancellare v/t cancel

scandaglio m sounding-line

scandalizzare v/t shock

scàndalo m scandal

scansare v/t avoid; shun

scantonare v/i turn the corner

scapato heedless

scapestrato dissolute

scàpito m loss; detriment

scàpola f shoulder-blade; **~o** adj single; m bachelor

scapp|amento m mech exhaust; **~are** v/i escape; flee; **~atoia** f subterfuge; pretext

scappellarsi v/r take off one's hat

scarabocchio m blot

scarcerare v/t release (*from prison*)

scàrica f discharge

scaric|are v/t discharge; unload; **~arsi** v/r relieve o.s.; (clock) run down; **~atoio** m wharf

scàrico adj unloaded; empty; m unloading; mech exhaust

scarlatt|ina f scarlet-fever; **~o** scarlet

scarno lean; meagre

scarp|a f shoe; boot; **~e** f/pl **per bambini** children's shoes pl; **~e da signora** ladies' shoes pl; **~e da spiaggia** sand shoes pl; **~etta** f small shoe; **~ette** f/pl **da bagno** bathing slippers pl

scarrozz|are v/t, v/i drive around; **~ata** f drive

scars|ità f scarcity; **~o** scarce; lacking

scartafaccio m waste-book

scartoccio m paper-bag

scass|are v/t unpack; agr plough up; **~o** m burglary

scatenare v/t unchain

scàtola f box; tin; can

scatto m release (lever); **~ automàtico** phot automatic trigger

scaturire v/i gush out

scavalcare v/t, v/i dismount

scav|are v/t dig out; excavate; **~o** m excavation

scegliamo we choose

sceglie he chooses

scégliere v/t choose; select

scelgo I choose

scellino m shilling

scelta f choice; selection; **fare la ~** choose; select

scelto chosen; exquisite

scem|are v/t lessen; reduce; **~o** m fool

scena f stage; scene

scéndere v/t, v/i descend; go down; lower

sceneggiatura f stage-directions pl

scesa f slope; descent

scèttico adj sceptic(al); m sceptic

scettro m sceptre

scheda f card; (piece of) paper; label

scheggi|a f splinter; **~are** v/t splinter

schèletro m skeleton; fig frame

schema m outline; plan

scherm|a f fencing; **tirare di ~a, ~ire** v/i fence

schermo m (phot, movie etc) screen; defence; **~ giallo** phot yellow filter; **~ gigante** film: wide screen

schern|ire v/t sneer (at); **~o** m sneer

scherz|are v/i joke; **~évole** jesting; **~o** m joke; **~oso** playful; joking

schiacci|anoci m nut-cracker; **~are** v/t crush; squash; squeeze; **~ata** f gast cake

schiaffo m box on the ear; slap

schiamazzare v/i cackle; squawk

schiant|are v/t smash; **~o** m crash; fig pang

schiar|imento m elucidation; **~ire** v/t fig elucidate; **~irsi** v/r become clear

schiav|itù f slavery; **~o** m,

adj slave

schiena *f* back

schier|a *f* group; **~are** *v/t* array

schietto frank; open; genuine

schifo *adj* disgusting; *m* disgust; **~oso** loathsome

schiocco *m* snap; crack

schiodare *v/t* unnail

schioppettata *f* shot; **~o** *m* gun; rifle

schiudere *v/t* open

schium|a *f* foam; lather; **~aiola** *f* skimmer; **~are** *v/t* skim; *v/i* foam; **~oso** frothy

schiv|are *v/t* shun; **~o** averse; shy

schizz|are *v/t* squirt; **~o** *m* sketch

schnorchel *m* snorkel

sci *m* ski; **~ nàutico** water ski

sciàbola *f* sabre

sciacallo *m* jackal

sciacquare *v/t* rinse

sciag|ura *f* disaster; **~urato** unfortunate

scialle *m* shawl

scialuppa *f* sloop; shallop

sciam|are *v/i* swarm; **~e** *m* swarm

sciampagna *f* champagne

sciampo *m* shampoo

sciancato *adj* crippled; *m* cripple

sciare *v/i* ski

sciarpa *f* scarf; sash

sciàtica *f* sciatica

sci|atore *m*, **~atrice** *f* skier

scicche stylish; elegant

scientìfico scientific

scienz|a *f* science; knowl-

edge; **~e** *f/pl* **econòmiche** economics; **~e polìtiche** politics; **~iato** *m* scientist

scimmia *f* ape; monkey; **~iottare** *v/t* ape

scintill|a *f* spark; **~are** *v/i* sparkle

sciocchezza *f* foolishness; stupidity

sciocco *adj* stupid; *m* fool

sciògli|ere *v/t* untie; **~ersi** *v/r* melt (*snow*)

scioltezza *f* ease; **~o** loose

scioper|ante *m* striker; **~are** *v/i* strike; **~atezza** *f* idleness; **~ato** *adj* lazy; *m* never-do-well

sciòpero *m* strike; **fare ~** (go on) strike

sciovia *f* ski-lift

scirocco *m* sultry African wind

sciroppo *m* syrup

sciupare *v/t* waste; spoil

scivolare *v/i* slip; glide

scìvolo *m* chute

scodella *f* porringer

scogliera *f* cliff

scoglio *m* rock; **~so** rocky

scol|ara *f*, **~aro** *m* pupil; **~àstico: anno** *m* **~àstico** school-year

scol|atoio *m* drain; gutter; **~atura** *f* draining

scollato low-necked; décolleté

scolo *m* drain

scolor|are, **~ire** *v/t*, *v/i* discolour; fade; **~irsi** *v/r* grow pale

scolpire *v/t* sculpture; chisel

scombinare *v/t* disarrange

scommessa f bet

scomméttere v/t bet

scomodarsi v/r trouble

scòmodo uncomfortable

scomparire v/i disappear

scompartimento m compartment

scompiacjente unkind; **~enza** f unkindness

scompigliare v/t upset

scompleto incomplete

scomporre v/t decompose

scomùnica f excommunication

sconcertare v/t perturb

sconcijare v/t spoil; mar; **~o** indecent; nasty

sconcordia f discord

sconfinato boundless

sconfitta f defeat

sconfortare v/t discourage

scongiurare v/t beseech; conjure

sconn|esso disconnected; desultory; **~éttere** v/t disjoin

scon|óscere v/t underrate; **~osciuto** unknown

sconsacrare v/t desecrate

sconsiderato rash

sconsigliare v/t dissuade

sconsol|ato disconsolate; **~azione** f grief

scontare v/t deduct; discount; expiate

scontent|ezza f dissatisfaction; **~o** discontent (**di** with)

sconto m discount

scontrino m check; ticket; **~ del bagaglio** luggage-ticket

scontro m collision

convenjiente unbecoming; **~ire** v/i be unsuitable

sconvolgimento m derangement; overturn; **~ di stòmaco** upset stomach

scooter m (motor-)scooter

scop|a f broom; **~are** v/t sweep

scopert|a f discovery; **~o** uncovered

scopo m aim; purpose

scoppiare v/i burst; explode; **~ in una risata** burst out laughing

scoppi|ettare v/i crackle; **~o** m burst; explosion

scoprire v/t discover; uncover

scoraggi|are v/t discourage; **~ato** discouraged

scorciare v/t shorten

scordare v/t mus put out of tune; forget

scòrgere v/t perceive

scórrere v/i flow; elapse; v/t run through

scorretto incorrect

scorso past (year)

scorta f escort

scort|ese impolite; **~esìa** f rudeness

scorticare v/t skin

scorz|a f bark; skin; **~are** v/t peel

scossa f shake; shock; **~ di pioggia** downpour; **~ di terremoto** earthquake shock; **~ elèttrica** electric shock; **~ nervosa** nervous shock

scostarsi v/r go away; fig

wander (*from subject*)

scostumato profligate

scott|**are** v/t, v/i scorch; burn; **~atura** f burn; scald; **~atura del sole** sunburn

scotto m bill; score

scovare v/t dislodge

Scozia f Scotland

scozzese Scottish

screditare v/t discredit

scrédito m discredit

screpol|**arsi** v/r crack; split; **~atura** f crack

scricchiolare v/i creak

scrigno m jewel-box

scriminatura f parting (*hair*)

scritt|**a** f inscription; contract; **~o** m writing; **per iscritto** in writing; **~oio** m writing-desk; **~ore** m writer; **~ura** f (hand-)writing; com entry

scrivania f writing-desk

scrivere v/t, v/i write

scroll|**are** v/t shake; **~o** m shake

scrosciare v/i roar; pelt

scrùpolo m scruple

scrupol|**osità** f scrupulousness; **~oso** scrupulous

scrutare v/t scrutinize

scucire v/t unsew

scuderia f (racing-)stable

scudo m shield; five-lira-piece

scult|**ore** m sculptor; **~ura** f sculpture; **~ura in legno** wood-carving

scuola f school; **~ commerciale** commercial school; **~**

d'aviamento professionale vocational school; **~ d'equitazione** riding-school; **~ media** secondary school; **~ superiore** high school

scuòtere v/t shake; toss

scur|**e** f axe; hatchet; **~etto** m (window-)shutter; **~o** dark

scusa f excuse; pretext; **~bile** excusable; **~are** v/t excuse; **~arsi** v/r apologize

sdaziare v/t pay duty; clear

sdegn|**are** v/t disdain; **~ato** indignant; **~o** m indignation

sdentato toothless

sdrai|**are** v/t stretch (out); **~a** f **~o** deck-chair

sdrucciol|**are** v/i slide; slip; **~évole** slippery

se if; whether; **~ no** otherwise

se = **si** *before* **lo, la, li, le, ne**

sé himself; herself; itself; oneself; themselves; **da ~** (**stesso**) by himself; by oneself

sebbene (al)though

secante f secant

secc|**a** f sand-bank; **~are** v/t, v/i dry (up); fig bother; **~arsi** v/r dry up; be bored

secchia f bucket; pail

secco adj dry; withered; m dryness

seco (= **con sé**) with him, her, them; with oneself

secol|**are** adj century-old; secular; **~** m layman; **~arizzare** v/t secularize

sècolo m century; fig age

seconda: a ~ di according to

second|are v/t support; **~a-rio** secondary; **scuola** f **~a-ria** secondary school; **~o** prep according to; **~o me in** my opinion; m, adj second

secreto = segreto

sèdano m celery

sedare v/t appease; soothe

sede f seat; residence; office; **la Santa ♀** the Holy See

sed|ere v/i sit; **~ersi** v/r sit down

sedia f chair; **~ a sdraio** lounge-chair; **~ a dòndolo** rocking-chair

sedicèsimo sixteenth

sedile m seat; bench

sedurre v/t seduce

seduta f meeting

seduzione f seduction

sega f saw

segalaio m rye-field

ségale f rye

segare v/t saw; agr mow

seggio m seat; throne

sèggiola f seat; chair

seggiol|ino m child's chair; **~one** m easy-chair

seggiovìa f chair-lift

segheria f saw-mill

segnal|are v/t signal; **~atore** m indicator; marker; **~e** m signal; sign; **~e d'allarme** alarm-signal

segn|alibro m book-mark; **~are** v/t mark; note; show; **~o** m mark; sign

sego m tallow; **~oso** tallowy

segregare v/t segregate

segr|etaria f secretary; **~eto** adj secret; private; m secret

seguace m follower

segugio m bloodhound

segu|ire v/t follow; **~itare** v/t continue; literary: **sé-guita** to be continued

séguito m continuation; train; **di ~** continuously; **in ~ a** owing to

sei you are (sg)

seicento m 17th century

selci|are v/t pave; **~ato** m pavement

selettività f selectivity

selezione f selection

sella f saddle; **cavallo m da ~** saddle-horse

sell|aio m saddler; **~are** v/t saddle

seltz m: **acqua** f **di ~** soda (-water)

selva f forest

selv|aggina f game; venison; **~aggio** adj wild; m savage; **~àtico** wild

semàforo m traffic lights pl

sembrare v/t, v/i seem; look like

sem|e m seed; **~enta** f sowing

semestre m half-year

semi|aperto half-open; **~cerchio** m half-circle

semin|are v/t sow; **~ario** m seminary; **~atore** m sower

semi|nudo half-naked; **~tondo** half-round

sémola f fine flour; bran

semolino m semolina

semovente self-propelled

semplice simple; fig naive

semplicità f simplicity

semplific|are v/t simplify; **~azione** f simplification

sempre always; **~verde** *m* evergreen

sènap|a *f,* **~e** *f* mustard

senato *m* senate

sen|ile senile; **~iore** senior; elder

senno *m* sense; **è fuor di ~** he is out of his wits

seno *m* bosom; womb; *naut* bay

senonché only that; but

sensale *m* broker

sens|azione *f* sensation; **~i-bile** sensitive; **~ibilità** *f* sensitivity; **~itivo** sensitive

sens|o *m* sense; feeling; **buon ~o** common sense; **strada a ~o ùnico** one-way street; **~i** *m/pl* sense-organs *pl*

sentenza *f* sentence

sentiero *m* path

sentimental|e sentimental; **~ità** *f* sentimentality

sentimento *m* feeling

sentinella *f* sentry

sent|ire *v/t* feel; hear; smell; **~irsi** *v/r* feel (o.s.)

senza without; **~ difetti** faultless; **~ di me** without me

senzatetto *m* homeless person

separ|àbile separable; **~are** *v/t* separate; sever; **~azione** *f* separation

sep|olcrale sepulchral; **~olcro** *m* tomb; **~olto** buried

seppell|imento *m* burial; **~ire** *v/t* bury

sequestr|are *v/t* sequester;

~o *m* sequestration; **~o di persona** kidnapping

sera *f* evening; **di ~** in the evening; **buona ~** good evening; **dare la buona ~** wish good evening; **~le:** **scuola ~le** evening-school; **~ta** *f* evening

serb|are *v/t* keep; preserve; **~atoio** *m* reservoir; **~atoio di benzina** petrol-tank; fuel-tank; **~atoio di riserva** reserve tank

seren|ata *f* serenade; **~ità** *f* serenity; **~o** serene; bright; clear

serie *f* series; set; **~ di carte** pack of cards; **~ di franco-bolli** issue of stamps

serio *adj* serious; *m* earnest; **sul ~** in earnest

sermone *m* sermon; lecture

serp|eggiare *v/i* wind; meander; **~ente** *m* snake

serr|are *v/t* lock (up); press; **~arsi** *v/r* close up; **~ata** *f* lock-out (*of workers*)

serratura *f* lock; **~ d'accen-sione** ignition lock; **~ della portiera** (*auto*) (door)lock; **~ di sicurezza** safety-lock

serv|ire *v/t, v/i* serve; wait upon; be of use; **~irsi** *v/r* help o.s.

serv|itore *m* servant; **~itù** *f* servants *pl*; slavery

servizio *m* service; duty; **di ~** on duty; **d'emergenza** stand-by service; **~ mili-tare** military service; **~ ri-parazioni** road patrol; **donna *f* di mezzo ~** half-day charwoman

servo *m* (man-)servant

sess|o *m* sex; **~uale** sexual

set|a *f* silk; **~a da cucito** sewing-silk; **~aiuolo** *m* silk-merchant; silk-manufacturer

sete *f* thirst; **aver ~** be thirsty

seteria *f* silk-factory

sétola *f* bristle

setolino *m* little brush

settantenne seventy years old

settecento *m* 18th century

settembre *m* September

settentrion|ale *adj* northern; *m* northerner; **~e** *m* north

settimana *f* week; **~ santa** Holy Week; **~le** weekly

sèttimo seventh

sever|ità *f* severity; **~o** severe

sezione *f* section

sfacciat|àggine *f* impudence; **~o** shameless

sfacelo *m* breakdown

sfarz|o *m* pomp; **~oso** pompous

sfasciare *v/t* unbind; remove the bandages

sfavor|e *m* disfavour; **~évole** unfavourable

sfera *f* sphere; globe

sfèrico spherical

sfiat|arsi *v/r* talk, shout o.s. hoarse; **~ato** out of breath

sfibbiare *v/t* unbuckle

sfid|a *f* defiance; **~are** *v/t* challenge; brave

sfiducia *f* mistrust

sfigurare *v/t* disfigure

sfilare *v/t* unthread

sfinimento *m* exhaustion

sfiorire *v/i* fade

sfogarsi *v/r* give vent to one's feelings

sfoggio *m* display; luxury

sfogli|a *f* foil; **pasta** *f* **~a** puff-paste; **~are** *v/t* strip off (*leaves*); go through (*a book*)

sfolgorare *v/i* shine; flash

sfoll|agente *m* truncheon; **~re** *v/t* evacuate

sfond|ato bottomless; **~o** *m* background

sformare *v/t* deform; *mech* remove from the mould

sfort|una *f* bad luck; **~unato** unlucky

sforz|are *v/t* force; **~o** *m* effort; strain

sfracellare *v/t* smash; shatter

sfrattare *v/t* evict

sfregare *v/t* rub

sfrenato unbridled

sfrontato shameless

sfruttare *v/t* exploit

sfugg|évole fleeting; **~ire** *v/i* escape

sfum|are *v/t* tone down (*colour*); **~atura** *f* shade; nuance

sfuriata *f* outburst; fit

sgabello *m* (foot)stool

sgambettare *v/i* kick

sganciare *v/t* unhook

sgangherare *v/t* unhinge

sgarbato impolite; rude

sgel|are *v/t*, *v/i* thaw; **~o** *m* thaw; **tempo di ~o** thaw

sghembo oblique; slant (-ing)

sghiacciare *v/i* thaw

sgocciolare *v/i* drip; trickle

sgolarsi *v/r* shout o.s. hoarse

sgomb(e)rare *v/t*, *v/i* clear out; remove

sgómbero *m* removal

sgombro *m* mackerel

sgomitolare *v/t* unwind

sgorbio *m* (ink-)blot

sgorgare *v/i* gush forth; flow (*tears*)

sgoverno *m* misgovernment

sgradévole unpleasant; **~ire** *v/t, v/i* displease; dislike

sgraffiare *v/t* scratch

sgranare *v/t* shell; husk

sgranchirle *v/t* stretch; **~si le gambe** stretch one's legs

sgravare *v/t* unburden

sgraziato ungraceful

sgretolare *v/t* grind

sgridlare *v/t* scold; **~ata** *f* scolding

sgualcire *v/t* (c)rumple

sgualdrina *f* strumpet

sguardo *m* look; glance

sguazzare *v/i* splash; wallow

sgusciare *v/t* shell; **~ di mano** slip from the hand

shampoo *m* shampoo

si one; people; oneself, him-, her-, itself; each other; **~ dice** they (people) say

sì yes; so; **dire di ~** say yes

siamo we are

sibilare *v/i* hiss

sibilo *m* hiss(ing); whistle

sicché so that

siccità *f* drought

siccome as; since

Sicilila *f* Sicily; **~ano** *m, adj* Sicilian

sicomoro *m* sycamore

sicurezza *f* security; **púbblica ~** police; **chiusura *f* di ~** safety-lock; **porta *f* di ~** emergency door

sicuro safe; sure; **per ~** for certain

sidro *m* cider

siepe *f* hedge; fence

siesta *f* afternoon nap

siffatto such

sifone *m* siphon

sigaretta *f* cigarette; **~ a filtro** filter cigarette

sigaro *m* cigar

sigilllare *v/t* seal; **~o** *m* seal

significlante significant; **~are** *v/t* mean; **~ato** *m* meaning

signora *f* lady; woman; wife; mistress; **~!** Madam!; **la ~ N. N.** Mrs. N. N.

signorle *m* gentleman; master; mister; **~e! Sir!; ~ia** *f* mastery; **~ile** noble; refined

signorina *f* young lady; **~!** Miss!

signorino *m* young gentleman

silenziatore *m* silencer

silenzio *m* silence; **fare ~** keep silent; **~!** silence!; be quiet!; **~so** silent

sillaba *f* syllable

sillablare *v/t* spell; **~ario** *m* spelling-book

smercio

silòfono *m* xylophone

sil|urare *v/t* torpedo; **~uro** *m* torpedo; *biol* silurus

simbòlico symbolic(al)

simbolo *m* symbol; creed

similare similar

simile *adj* like; *m* neighbour

simm|etria *f* symmetry; **~è-trico** symmetrical

sim|patia *f* liking; **~pàtico** nice; congenial; **~patizza-re** *v/i* take a liking to; get on with

simulare *v/t* feign; sham

sinagoga *f* synagogue

sincer|arsi *v/r* make sure; **~ità** *f* sincerity; **~o** sincere

sinché until; as long as

sindac|alista *m* trade-unionist; **~ato** *m* trade-union

sindaco *m* mayor

sinfonia *f* symphony

singhiozz|are *v/i* sob; **~o** *m* sob

singol|are *adj* singular; peculiar; *m* singular; **~arità** *f* singularity

singolo single

sinistr|a *f* left (hand); **a ~a** on, to the left; **~ato** *m* victim; **~o** left; sinister

sino up to; as far as

sinònimo *adj* synonymous; *m* synonym

sinora up to now

sintassi *f* syntax

sìntesi *f* synthesis

sìntomo *m* symptom

sinuoso sinuous

sipario *m thea* curtain

sirena *f* siren

siroppo = sciroppo

sism|ògrafo *m* seismo-graph; **~ologia** *f* seismology

sistem|a *m* system; **~are** *v/t* arrange; settle; **~àtico** systematic

sito *adj* situated; *m* site

situ|ato situated; **~azione** *f* situation

slanci|arsi *f/t* hurl; **~arsi** *v/r* rush; **~ato** slim; **~o** *m* rush; impetus; élan

slargare *v/t* widen

slavo Slavic

sleale disloyal; unfair

slegare *v/t* unbind

slip(s) *m(/pl)* panties

slitt|a *f* sleigh; sled; **~are** *v/i* sledge; slide; skid; **~ino** *m* toboggan; **pista** *f* **per ~ini** toboggan-run

slog|amento *m* dislocation; **~are** *v/t* dislocate; **~atura** *f* dislocation

sloggiare *v/t* drive out; *v/i* move

smacchi|are *v/t* remove stains; **~atore** *m* cleaner

smagrire *v/i* grow thin

smalt|are *v/t* glaze; **~o** *m* enamel; glaze; **~o per le unghie** nail polish

smani|a *f* eagerness; frenzy; **~are** *v/i* rave; **~erato** ill-mannered

smarr|imento *m* loss; **~ire** *v/t* mislay; lose; **~irsi** *v/r* get lost

smemorato forgetful

smentire *v/t* deny; belie

smeraldo *m* emerald

smerci|are *v/t* sell (off); **~o**

m sale; market

smeriglio *m* emery

smerlo *m* scallop edging

sméttere *v/t, v/i* give up; (dress) cast off; stop

smezzare *v/t* halve

smisurato immeasurable

smobiliato unfurnished

smobilit|are *v/t* demobilize; **~azione** *f* demobilization

smoderato immoderate

smontare *v/i* dismount; alight; *v/t mech* take apart

smorfia *f* grimace

smott|amento *m* landslide; **~are** *v/i* slide

snatur|are *v/t* denaturalize; **~ato** monstrous

snello slender; nimble

snervare *v/t* enervate

snodare *v/t* unknot

snudare *v/t* bare

so I know

soave sweet; gentle

sobbalzare *v/i* jolt

sobborgo *m* suburb

sobri|età *f* sobriety; **~o** moderate

socchiùdere *v/t* half-shut; (door) leave ajar

soccómbere *v/i* succumb; yield

soccórrere *v/t* aid; help; **~orso** *m* help

soci|ale social; **~età** *f* society; company; **~età anònima** joint-stock company; **~età d'aviazione** airline company; **~età di navigazione** navigation company; **~évole** socia-

ble; **~evolezza** *f* sociability; **~o** *m* associate, partner; member; **~ologia** *f* sociology

soda *f* soda

soddisf|acente satisfactory; **~are** *v/t* satisfy; **~azione** *f* satisfaction

sodo solid; hard

sofà *m* sofa

soffer|ente suffering; **~enza** *f* suffering; pain

soffermare *v/t* stop a little

soffi|are *v/t, v/i* blow; puff; **~etto** *m* bellows *pl*; **~o** *m* breath

soffitt|a *f* attic; garret; **~o** *m* ceiling

soffocare *v/t, v/i* suffocate

soffríggere *v/t* fry slightly

soffrire *v/t* bear; *v/i* suffer (di from)

sofisticato sophisticated

sogget|tivo subjective; **~o** *adj* subject(ed); **~o a tasse** liable to taxation; *m* subject

sogghignare *v/i* sneer

soggiogare *v/t* subdue

soggi|ornare *v/i* stay; sojourn; **~orno** *m* stay; **tassa** *f* **di ~orno** visitors' tax

soggiùngere *v/t* add

soggiuntivo *m* subjunctive

sogli|a *f* threshold; **~o** *m* throne

sògliola *f* sole

sogn|are *v/t, v/i* dream; **~o** *m* dream

solaio *m* garret; attic

solamente only; **~ ieri** only yesterday

solata *f* sunstroke

solatura *f* soling (*shoe*);
solc|are *v/t* furrow; plough;
~o *m* furrow
soldato *m* soldier
sold|o *m* penny; pay; **~i** *m/pl*
money
sole *m* sun; **c'è il ~** the sun is
shining
soleggi|are *v/t*, *v/i* sun; **~ato**
sunny
solenn|e solemn; **~ità** *f* so-
lemnity
solere *v/i* be used to (to)
sol|erte assiduous; **~erzia** *f*
industriousness
soletta *f* sole (*of stocking*)
solfa *f mus* gamut
solf|anello *m* sulphurmatch;
~are *v/t* sulphur (-ate); **~o**
m sulphur; **~òrico: àcido ~**
~òrico sulphuric acid
solid|ezza, **~ità** *f* solidity
sòlido solid
sol|ista *m, f* soloist; **~itario**
adj solitary; *m* hermit
sòlito usual; **al ~** as usual
solitùdine *f* solitude
soll|azzare *v/t* amuse; **~azzo**
m amusement
sollecit|are *v/t* hasten; solicit
~o *adj* prompt; eager;
~ecitùdine *f* promptness
solleticare *v/t* tickle; (*ap-*
petite) stimulate
sollevare *v/t* lift; alleviate
sollievo *m* relief; comfort
solo *adj* alone; only; sole;
adv only; *m mus* solo
solstizio *m* solstice
soltanto only
sol|ùbile soluble; **~uzione** *f*
solution; **~vente** solvent

somigli|ante resembling;
~anza *f* resemblance
somigliare *v/i* (**a**) **qu.** look
like, resemble s.o.
somm|a *f* sum; **in ~a** after
all; **~are** *v/t* add up; **~ario**
m, adj summary
sommèrg|ere *v/t* sub-
merge; **~ersi** *v/r* sink; dive
sommergibile *m* subma-
rine
sommesso subdued
sommo *adj* highest; *m* summit
somm|ossa *f* riot; **~uòvere**
v/t stir up
sonare *v/t*, *v/i* play (*instru-*
ment); **~ il campanello**
ring the bell; sound; toll
sond|a *f* sound; *naut* sound-
ing-line; **~aggio** *m* sound-
ing; **~are** *v/t* sound; probe
soner|ia *f* (*clock*) alarm;
chime; **~ elèttrica** electric
bell
sonetto *m* sonnet
sonn|àmbulo *m* sleep-walk-
er; **~ecchiare** *v/i* slumber;
~ellino *m* nap; **~ìfero** *m*
sleeping-draught
sonno *m* sleep; **aver ~** be
sleepy
sonnolento drowsy
sono I am; they are
son|orità *f* sonority; **~oro**
sonorous; **film** *m* **~oro**
sound-film
sontuo|sità *f* luxury; **~oso**
sumptuous
sop|ire *v/t* lull; **~ore** *m*
slumber
soppalco *m* lumber-room

sopport|àbile bearable; **~a-re** v/t endure; **~o** m support

soppress|a f press; **~are** v/t press; **~ione** f suppression;

sopprimere v/t suppress; abolish

sopra (up)on; over; above; **~ tutto** above all

sopr|àbito m overcoat; **~ac-ciglio** m eyebrow; **~affare** v/t overwhelm; **~affino** superfine; **~aggiùngere** v/i turn up; happen; **~ascarpa** f galosh; **~a-scritto** above (written); **~attassa** f additional tax; **~attutto** above all; **~avan-zare** v/t surpass; v/i be left over; **~avvenire** v/i superve-ne; **~avvivere** v/i a qu. outlive s.o.; **~intendente** m superintendent

sorb|etto m ice-cream; **~ire** v/t sip

sòrdido filthy; mean

sord|ità f deafness; **~o** deaf; **~omuto** adj deaf and dumb; m deaf-mute

sorell|a f sister; **~astra** f step-sister

sorgente f spring

sòrgere v/i (a)rise

sor|montare v/t overcome; **~passare** v/t surpass; over-take

sorpr|èndere v/t surprise; **~esa** f surprise

sorrègg|ere v/t sustain; **~er-si** v/r support o.s.

sorr|ìdere v/i smile; **~iso** m smile

sors|eggiare v/t sip; **~o** m sip; draught

sort|a (also **~e**) f sort; kind; **~e** f lot; destiny; **~eggiare** v/t draw by lot; **~eggio** m drawing of lots; **~ire** v/i go out; v/t obtain (by lot)

sorvegliare v/t supervise

sorvolare v/t fly over; fig skip over

sosp|èndere v/t hang up; interrupt; suspend; **~en-sione** f suspension; **~eso** suspended

sosp|ettare v/t suspect; **~et-to** adj suspicious; m suspi-cion; **~ettoso** suspicious

sosp|irare v/i sigh; **~iro** m sigh

sosta f stop; pause; **divieto di ~** no parking

sost|antivo m gram noun; **~anza** f substance; **in ~an-za** essentially; **~anzioso** substantial; **~are** v/i rest; aut park; **~egno** m support; prop; **~enere** v/t sustain; support; **~entare** v/t sup-port (s.o.)

sostit|uire v/t replace; **~uto** m substitute; deputy

sott|acqua underwater; **~a-na** f petticoat; **di ~ecchi** stealthily

sotterr|a adv underground; **~àneo** adj underground; m cave; **~are** v/t bury; hide

sottile thin; subtle

sotto under; below; be-neath; **~aceto** in vinegar; **~ pena** on penalty

sotto|braccio arm in arm; **~esposto** phot under-exposed; **~lineare** v/t underline; **~battello** m **~marino** submarine; **~méttere** v/t subdue; submit; **~minare** v/t undermine; **~passaggio** m underground passage; **~porre** v/t subject; **~posto** adj exposed; m subordinate; **~scrivere** v/t (under-)sign; **~scrizione** f subscription; signature; **~sopra** topsy-turvy; **~tenente** m second lieutenant; **~vaso** m saucer; **~veste** f slip; **~voce** in a low voice

sottr|arre v/t withdraw; mat subtract; deduct; **~azione** f subtraction; theft

sottufficiale m non-commissioned officer

sovente often

soverchi|are v/t overcome; **~o** adj excessive; m surplus

Soviet m Soviet

soviètico Soviet

sovrabbondante superabundant

sovrano adj sovereign; fig supreme; m sovereign

sovrap|peso m overweight; **~pressione** f overpressure

sovrapposto phot over-exposed

sovvenzio|nare v/t subsidize; **~ne** f subsidy

spacc|apietre m stonebreaker; **~are** v/t split; cleave; **~atura** f cleft; split

spacci|are v/t sell (off); m sale; shop; **~o di tabacchi** tobacco shop

spacc|o m cleft; split; **~one** m braggart

spada f sword

spaghetti m/pl spaghetti

Spagna f Spain

spago m string; packthread

spalancare v/t throw open

spalla f shoulder; **stringersi nelle ~e** shrug one's shoulders; **~iera** f (chair) back; bot espalier

spalmare v/t smear

spàndere v/t spread; shed

spàragio = **aspàrago**

spar|are v/t shoot; **~ato** m shirt-front

sparecchiare v/t clear the table

spàrgere v/t spread

spar|ire v/i disappear; **~o** m shot

spart|iacque m watershed; **~ire** v/t divide; distribute; **~ito** m mus score; **~itoio** m water-tower; **~izione** f distribution

spasimare v/i agonize

spàsimo m agony; spasm

spassare v/t amuse

spasso m fun; pastime; **andare a ~** go for a walk; fig **èssere a ~** be unemployed

spaur|acchio m bugbear; scarecrow; **~ire** v/t frighten

spav|entarsi v/r be scared; **~ento** m fright; **~entoso** dreadful

spazi|ale: nave f **~** spaceship; **~are** v/i rove

spazi|o m space; **~o di tempo** period; **~o vitale** living space; **~oso** spacious

spazz|acamino *m* chimney-sweep(er); **~aneve** *m* snow-plough; **~are** *v/t* sweep; **~tura** *f* sweepings *pl*; **~ino** *m* dustman

spàzzola *f* brush

spazzoll|are *v/t*, **dare una ~ata** (a) brush; **~ino** *m* da **denti** tooth-brush; **~ino per le unghie** nail-brush

specchi|arsi *v/r* be reflected; look at o.s. in a mirror; **~era** *f* looking-glass; **~etto** *m* hand-mirror; **~etto retrovisivo** rear-view mirror; **~o** *m* mirror; *fig* example; **~o retroscòpico** *aut* driving mirror

special|e *adj* special; **treno** *m* **~e** extra train; **~ista** *m*, *f* specialist; **~ità** *f* speciality; **~izzare** *v/t* specialize

specie *f* species; kind

specifico *m*, *adj* specific

specul|are *v/t*, *v/i* meditate; *com* speculate (**in** in); **~azione** *f* speculation

sped|ire *v/t* send; ship; **~ito** speedy; prompt; **~itore** *m* sender; **~izione** *f* shipping; **~izione bagagli** dispatch of luggage; **~izioniere** *m* forwarding agent

spegnare *v/t* redeem

spègn|ere *v/t* extinguish; turn out (*light*); **~ersi** *v/r* die (out)

spelarsi *v/r* lose one's hair

spell|are *v/t* skin; **~arsi** *v/r* peel

spèndere *v/t* spend; *fig* employ

spennacchiare *v/t* pluck

spensierato thoughtless

spenzolare *v/i* dangle

sper|anza *f* hope; **~are** *v/i* hope (**in** for)

spèrder|e *v/t* disperse; **~si** *v/r* get lost

spergiuro *adj* perjured; *m* perjury; perjurer

sperimentare *v/t* experiment

spes|a *f* expense; **~e** *pl* expenses *pl*; **fare le ~e** go shopping; **~are** *v/t* pay s.o.'s expenses

spesso *adj* thick; dense; *adv* often

spett|àcolo *m* spectacle; *thea* performance; **~are** *v/i* concern; be due; **~atore** *m* spectator

spettr|ale ghostly; **~o** *m* ghost

spezie *f/pl*, **~rie** *f/pl* spices *pl*

spezz|are *v/t* break; **~atino** *m* ragout; **~ato** chopped

spia *f* spy

spiac|ente sorry; **~ere** *v/i* displease; be sorry; **~évole** unpleasant

spiaggia *f* shore; beach

spian|are *v/t* level; (*dough*) roll out; **~ata** *f* esplanade; **~atoio** *m* rolling-pin

spiant|are *v/t* uproot; *fig* demolish; **~ato** *fig* penniless

spiare *v/t* spy (**upon**)

spiccare *v/t* detach

spicci|are *v/t* dispatch; **~arsi** *v/r* hurry up; **~o** quick

spiccioli *m/pl* change

spiedo m broach; spit; **allo ~ gast** roasted (on a spit)

spieg|are v/t unfold; explain; **~arsi** v/r make o.s. clear; **~azione** f explanation

spietato merciless

spig|a f ear (of corn); **~are** v/t form ears

spigliato easy; free

spigo m lavender

spigol|are v/t glean; **~atura** f gleaning(s)

spigolo m corner-edge

spill|a f tie-pin; brooch; **~o** m pin; **~o di sicurezza** safety-pin

spina f thorn; sting; (fish-) bone; spine; elec plug; **~ doppia** two-pin plug; anat **~ (dorsale)** spine

spinaci m/pl spinach

spìng|ere v/t push; shove; **~ersi** v/r push forward

spin|o m thorn(-tree); **~oso** thorny

spinta f push; shove

spinterògeno m auto: ignition distributor

spion|aggio m espionage; **~are** v/t spy; **~e** m spy

spir|a f coil; spire; **~ale** m, adj spiral; **~are** v/t, v/i breathe (out); expire

spirito m spirit; humour

spirit|oso witty; **~uale** spiritual

splènd|ere v/i shine; **~ido** splendid

splendore m splendour

spogli|are v/t deprive; **~arsi** v/r undress o.s.; divest o.s.;

~o (di) bare; deprived; free of

spola f shuttle

spolver|are v/t dust; **~ino** m featherwhisk; **~izzare** v/t pulverize

sponda f bank; edge

spontàneo spontaneous

spora f spore

sporc|are v/t soil; **~o** dirty

spòrg|ere v/t stretch out; **~ersi** v/r lean out; stand out

sport m sport; **~ invernale** winter sports pl; **~ motociclìstico** motoring; **~ nàutico** aquatic sports pl; **~ scìistico** skiing; **~ della vela** yachting

sport|a f bag; basket; **~ello** m shutter; small door; **~ello per biglietti** ticket-window

sportivo adj sporting; m sportsman

spos|a f bride; (young) wife; **~alizio** m wedding; **~are** v/t marry; **~arsi** v/r get married; **~o** m bride-groom; (young) husband; **~i** m/pl bride and groom; young couple; **promessi ~i** betrothed couple

spossare v/t exhaust

spost|amento m displacement; **~are** v/t displace; shift

spreg|évole despicable; **~iare** v/t despise

sprèmere v/t squeeze

spremilimoni m lemon-squeezer

spremuta f squash

sprigion|are v/t set free; **~arsi** v/r exhale; rise

sprizzare v/t, v/i sprinkle; gush out

sprofond|are v/t sink; **~arsi** v/r sink in

spron|are v/t spur; **~e** m spur

spropòsito: a ~ unopportunely

spruzz|aglia f drizzle; **~are** v/t (be)sprinkle; **~atore** m sprayer; **~atore per i capelli** hair spray

spugn|a f sponge; **~olo** m morel

spum|a f foam; froth; **spumante** m, **vino** m **~ante** sparkling wine; **~are**, **~eggiare** v/i foam

spunt|are v/t break the point (of); v/i sprout forth; (sun) rise; (day) break; **~ino** m snack

sput|acchiera f spittoon; **~are** v/t, v/i spit; **~o** m spittle

squadra f square; mil squad(ron); sport: team; **~volante** flying squad

squagliare v/t melt

squàllido squalid; dreary

squam|a f scale; **~are** v/t scale

squarcio m rent; tear; literary: passage

squart|are v/t quarter; **~atoio** m chopper

squisito exquisite

sradicare v/t eradicate; fig extirpate

sregolato disorderly; licentious

SS. ¹ **Santi** pl Saints; **Sua Santità** His Holiness; **Santa Sede** Holy See

sta he stays

stàbile stable; durable; **bene** m **~** real estate

stabilimento m establishment; factory; **~ balneare, ~ termale** (public swimming) baths pl

stabil|ire v/t establish; **~irsi** v/r settle down; **~izzare** v/t stabilize

stacc|are v/t detach; tel unhook; rail slip; **~arsi** v/r **da qu.** part from s.o.

stacci|are v/t sieve; sift; **~o** m sieve

stadera f steelyard

stadio m stadium; (time) stage

staffa f stirrup

stagione f season; **~ estiva** summer season; **~ invernale** winter season; **alta ~** height of season; **fuor di ~** out of season

stagn|aio m tinker; **~are** v/t tin; (blood) stanch; v/i stagnate; **~o** m tin; pond; **~ola** f tin-foil

stall|a f stable; **~o** m stall

sta|mane, ~mani, ~mattina this morning

stambugio m dark hole; den

stamp|a f print(ing); press; (mostly pl **~e**) printed matter; **libertà f di ~a** freedom of the press; **~are** v/t print; publish; impress; **~ati** m/pl printed matter; **~atore** m printer; **~eria** f printing-house; **~igliare** v/t stamp; **~ino** m stencil

stancare v/t tire; **~hezza** f weariness; **~o** tired

stanga f bar; shaft; pole; **~are** v/t bar

stanotte tonight

stantuffo m mech piston

stanza f room; **~ da bagno** bathroom; **~ da letto** bedroom

stare v/i be; stay; **~ in piedi** stand; **~ seduto** sit; **~ bene** (**male**) be well (ill); (*clothing*) suit; **~ per** be about to; **~ a vedere** wait and see; **stia bene!** keep well!; **come sta?** how are you?

starnutlare, ~ire v/i sneeze

stasera this evening

statale (of the) state

stàtica f statics

statista m statesman

stato pp been; stayed; m state; condition; **~ civile** marital status; registrar's office; **~ maggiore** (general) staff; **èssere in ~ di** be able to

stàtua f statue

statura f stature

statuto m statute; constitution

stazionare v/i stop; stay

stazione f station; **~ balneare** watering-place; **~ climàtica** helath resort; **~ d'autobus** bus-station; **~ di tassì** taxi rank; cab stand; **~ trasmittente** (broadcasting) station

stearina f stearin

steccla f slat; billiard-cue; **~are** v/t fence in; **~hino** m toothpick; **~o** m stick; twig

stella f star; rowel; **~ alpina** edelweiss; **~ cadente** shooting star

stemma m coat of arms; crest

standardo m standard

stèndere v/t spread (out); (*document*) draw up

stenditoio m drying-place

stenodattilògrafa f shorthand-typist

stenlografare v/t write (in) shorthand; **~ògrafo** m stenographer

stentlare v/i a fare qc. have difficulty in doing s.th.; **~ato** to stunted; weak; **~o** m: **a ~o** with difficulty

stèrile barren

sterilizzare v/t sterilize

sterlina f pound sterling

sterminlare v/t exterminate; destroy; **~inato** boundless; **~inio** m extermination

sterzlare v/t steer; **~o** m auto: steering gear

stesso self; same; **lo ~** the same; **oggi ~** this very day

stetoscopio m stethoscope

stiamo we stay

stigmatizzare v/t stigmatize

stille m style; dagger; **~ettare** v/t stab; **~istica** f stylistics

stilogràfica f, **penna** f **~**

fountain-pen

stima f esteem; respect; **con profonda ~** Yours respectfully

stim|àbile respectable; **~are** v/t esteem; appraise; consider

stimmatizzare = stigmatizzare

stimolare v/t stimulate; incite

stinco m shin

stipendi|are v/t pay a salary (to); **~o** m salary; stipend

stipulare v/t (contract) draw up

stiramento m : **~ di tèndine** pulled tendon

stir|are v/t iron; **~atrice** f ironer; presser; **~atura** f ironing; **senza ~atura** non-iron; drip-dry

stirpe f descent; race

stitico constipated

stivale m boot

stizzito cross

sto I stay

stoccafisso m stockfish

stoffa f material; cloth

stoia f (straw-)mat

stolt|ezza f foolishness; **~o** adj silly; m fool

stòmaco m stomach

stomàtico adj stomatic; m stomachic

stoppa f tow; oakum

stoppia f stubble

stòrcere v/t twist; distort

stord|ire v/t stun; daze; **~ito** stunned

stòri|a f history; **~a dell'arte** history of art; **~co** adj

historical; m historian

storione m sturgeon

storm|ire v/i rustle; **~o** m flock; swarm

storpi|ato crippled; **~o** m cripple

stort|a f sprain; bend; retort; **~o** crooked

stoviglie f/pl pottery

stra- prefix extra-

stracàrico overloaded

stracchino m spread cheese

stracci|are v/t tear; rend; **~o** m rag; adj : **carta ~a** waste paper

stra|contento overjoyed; **~cotto** adj overdone; m stew

strada f road; street; way; **~ costiera** coastal street; **~ ferrata** railway; **~ maestra** main road; highway; **~ nazionale** arterial road; **~ strucciolévole** slippery road; **~ facendo** on the way; **~ con precedenza** major road; **~ a senso unico** one-way street

stradone m large road

strage f massacre

stralunare v/t roll the eyes

stramazzare v/i fall heavily

strangol|are v/t strangle; **~azione** f strangling

stran|iare v/t estrange; **~iero** adj foreign; m stranger; alien; foreigner; **lingua ~iera** foreign language; **~o** strange

straordinario extraordinary

strapazz|are v/t ill-treat; **~ato: uova** f/pl **~ate**

sturare

scrambled eggs; **~oso** wearisome

strapp|are v/t tear (out); snatch; **~o** m tear; wrench

straricco extremely rich

strascicare v/t drag; drawl

stràscico m train (of a dress)

strascinare v/t drag along

strato m layer; coating

stravagante extravagant

stra|vecchio very old; **~vòl·gere** v/t roll; twist

strazi|ante heart-rending; **~are** v/t torture; distress; **~o** m torment

streg|a f witch; **~are** v/t bewitch

stremato exhausted

strenna f gift; present

strepitare v/i make noise

strèpito m noise

strepitoso noisy

strett|a f grip; grasp; **~a di mano** handshake; **~ezza** f narrowness; straits pl; **~o** adj narrow; tight; m strait

strid|ere v/i screech; creak; **~o** m shriek

strigliare v/t curry

strill|are v/i scream; **~o** m shriek; **~one** m news-boy

strimpellare v/t, v/i strum

string|a f (shoe-)lace; **~ente** urgent

stringere v/t press; tie; **~ la mano a qu.** shake hands with s.o.

strisc|ia f strip(e); **~ia di carta** paper-strip; **~ia di terra** strip of land; **~e** f/pl pedonali zebra crossing; **a ~e** striped

striscil|are v/t drag; graze; v/i crawl; **~o** m grazing; touching

strizzare v/t squeeze; wring

strof|a, **~e** f strophe; stanza

strofin|accio m duster; **~are** v/t scour

strombettare v/i trumpet

stroncare v/t break off

stronfiare v/i snort

stropicciare v/t rub; shuffle

strozz|a f throat; **~are** v/t choke; **~ino** m fig usurer

strùgg|ere v/t melt; **~ersi** v/r long for

strumento m instrument; mech tool; **~ ad arco** string-instrument; **~ a percussione** percussion instruments pl

strutto m lard

struzzo m ostrich

stucc|are v/t plaster; coat with stucco; **~atore** m plasterer; **~hino** m plaster figure; **~o** m stucco

stud|ente m student; **~entessa** f student (female); **~iare** v/t, v/i study; **~io** m study; studio; office

stuf|a f stove; oven; **~are** v/t stew; **~ato** m stew; **~o di** fed up with

stuoia f (straw-)mat

stupefatto amazed

stupendo wonderful

stupidàggine f foolishness

stùpido adj stupid; m fool

stup|irsi v/r be amazed; **~ore** m astonishment

sturare v/t uncork; (cask) tap

stuzzicadenti

stuzzicadenti *m* toothpick

stuzzicare *v/t* stir; tease

su on; upon; over; above; about; ..! come on!; ~ **e giù** up and down; ~ **per giù** approximately

sub|affittare *v/t* sublet; **-alterno** *m* subordinate

subire *v/t* undergo; ~ **un esame** go in for an exam

sùbito *adj* sudden; *adv* at once

sublime sublime

subordin|are *v/t* subordinate; **-azione** *f* subordination

suburbano suburban

succ|èdere *v/i* succeed; happen; **-essione** *f* succession; **-essivo** following; **-esso** *m* success; **-essore** *m* successor

succhiare *v/t* suck; absorb

succo *m* sap; juice; ~ **d'arancia** orange juice; ~ **di frutta** fruit juice; ~ **di mele** cider; ~ **di pomodori** tomato juice; ~ **d'uva** grape juice

succ|oso, -ulento juicy

succursale *f* branch office

sud *m* south; ~ **est** southeast; **al** ~ southward

sudare *v/i* perspire; sweat

suddetto (afore)said

sùdicio dirty

sudiciume *m* filth

sudore *m* sweat

sufficien|te sufficient; **-za** *f* sufficiency; **a -za** enough

suffragio *m* suffrage; vote

suffumigio *m* fumigation

sugante: carta *f* ~ blotting paper

sugare *v/t* absorb; *agr* manure

sugg|ellare *v/t* seal; **-ello** *m* seal

sùggere *v/t* suck

sugger|ire *v/t* suggest; **-itore** *m thea* prompter

sùghero *m* cork(-tree)

sugli = **su gli**

sugna *f* lard

sug|o *m* juice; gravy; **-oso** juicy

sui on the

suic|idarsi *v/i* commit suicide; **-idio** *m* suicide

suino *adj* of swine; *m* swine

sulfùreo sulphureous

sulla on the

sultano *m* sultan

summenzionato, sunnominato above-mentioned

sunteggiare *v/t* summarize

sunto *m* summary

suo his, her, its

suòcer|a *f* mother-in-law; **-i** *m/pl* in-laws *pl*; **-o** *m* father-in-law

suola *f* sole

suolo *m* soil

suono *m* sound; **-stereofònico** stereophonic sound

suora *f* nun; sister

super *m* super

superàbile surmountable

superare *v/t* overcome; outdo; (*exam*) pass

sup|erbia *f* pride; **-erbo** proud

super|ficiale superficial; **-ficie** *f* surface

superfluità f superfluity

supèrfluo superfluous

super|iora f Mother Superior; **~iore** superior; upper; **labbro** m **~iore** upper lip; **scuola** f **~iore** secondary school; **~iore a** above, beyond; m superior; **~iorità** f superiority

supermercato m supermarket

supèrstite m survivor

superstizi|one f superstition; **~oso** superstitious

superuomo m superman

supino lying on one's back

suppellèttile f household goods pl

suppergiù approximately

suppl|emento m supplement; addition; **rail** extra fare; **~ente** m substitute; **~enza** f substitution; **~etorio** supplementary

supplì m rice with hashed meat

sùpplica f petition; supplication

supplic|are v/t implore; **~azione** f supplication

supplichévole imploring

supplire v/t substitute

supplizio m torture; capital punishment

supp|orre v/t, v/i suppose; presume; **~osizione** f supposition; **~osta** f med suppository; **~osto** supposed

suppur|are v/i suppurate; **~azione** f suppuration

supremo supreme

surriferito above-mentioned

surrog|are v/t replace; **~ato** m substitute; **~azione** f substitution

suscett|ibile susceptible; **~ibilità** f, **~ività** f susceptibility; touchiness

suscitare v/t provoke; rouse

susin|a f plum; **~o** m plumtree

susseguire v/i follow

sussidiare v/t subsidize

sussidio m subsidy

suss|istenza f livelihood; **~istere** v/i subsist

sussult|are v/i start; jump; **~o** m start

suss|urrare v/t, v/i whisper; rustle; **~urro** m murmur

sutura f suture

svag|are v/t entertain; **~o** m recreation

svalut|are v/t depreciate; **~azione** f devaluation

svanire v/i vanish

svantaggi|o m disadvantage; **~oso** detrimental

svaporare v/i evaporate

svariato varied

svedese adj Swedish; m, f Swede

svegli|a f alarm-clock; **~are** v/t awaken; **~arsi** v/r wake up; **~o** awake

svelare v/t fig reveal

svèllere v/t uproot

svelto nimble

svéndere v/t sell out

svéndita f sale

sven|imento m swoon; **~ire** v/i faint

sventolare v/t, v/i fan; wave; fly

svent|ura f misfortune; **~u-rato** unfortunate

svenuto unconscious

svergognare v/t disgrace

svergognato shameless

svern|amento m wintering; **~are** v/i hibernate

sverza f splinter

svestire v/t undress

Svezia f Sweden

svezzare v/t wean

svi|amento m deviation; rail derailment; **~arsi** v/r go astray

svignàrsela v/r sneak away

svilupp|are v/t develop; **~a-tore** m developer; **~o** m development

svisare v/t distort

svista f: **per ~** erroneously

svitare v/t unscrew

Svìzzera f Switzerland

svizzero m, adj Swiss

svogliatezza f listlessness

svolazzare v/i flutter

svòlgere v/t unroll; fig explain

svolgimento m unfolding; fig development

svolt|a f turn; bend; **~are** v/i turn

svuotare v/t empty

T

tabacc|aio m tobacconist; **~heria** f tobacconist's shop; **~o** m tobacco

tabe f tabes; **~ polmonare** pulmonary consumption; **~ dorsale** spinal disease

tabella f table

tabernàcolo m tabernacle

tacchino m turkey

tacco m heel

taccuino m note-book

tacere v/t, v/i keep silent (about)

tachìmetro m speedometer

tàcito tacit; silent

taciturno taciturn

tafano m ox-fly

taffetà m taffeta

taglia f ransom; size; **di mezza ~** middlesized; **~borse** m pickpocket;

~boschi m wood-cutter; **~re** v/t cut; **~telli** m/pl noodles pl

taglio m cut; edge

tailleur m ladies' suit

tale such; **quale ... ~** such ... as; **un ~** a certain man; **il signor ~**, **il signor tal dei tali** Mr So and So

talento m talent

tallone m heel

talmente in such a way

talora sometimes

talpa f mole

talvolta sometimes

tambur|are v/i drum; **~o** m drum; drummer

tampoco even; either

tamponamento m congestion (traffic)

tampone m tampon; plug

tana f den; hole

tanaglia f (mostly **~e** f/pl) pincers pl

tangibile tangible

tànnico: àcido ~ m tannic acid

tant|o so (much); so long; **~i saluti** best regards; **~e grazie** many thanks; **ogni ~o** every now and then; **di ~o in ~o** from time to time; **~o meglio** so much the better

tapioca f tapioca

tappare v/t cork; plug

tappeto m carpet; rug

tappezz|are v/t paper (wall); **~eria** f tapestry; upholsterer's shop; **~iere** m decorator; upholsterer

tappo m stopper; cork

tara f tare

tarchiato square-built

tard|are v/t delay; v/i be late; **~i** late; **al più ~i** at the latest

tardivo late; backward

targa f (name-)plate; tablet; auto: license-plate; **~ della nazionalità** country's identification sign

tariffa f tariff; rate

tarlato worm-eaten

tarm|a f moth; **~are** v/i be moth-eaten

tarsia f marquetry

tartagli|are v/i stutter; **~one** m stutterer

tàrtaro m tartar (from wine, teeth)

tartaruga f tortoise; turtle

tartassare v/t harass

tartina f sandwich

tartufo m truffle

tasc|a f pocket; **~àbile: edizione** f **~àbile** pocket-(-book) edition

tass|a f tax; duty; **~a mìnima** minimum price; **~a d'aeroporto** airport tax; **~a di noleggio** price for the hire; **~a di soggiorno** visitor's tax; **~a di utilizzazione** fee for the use of s.th.; **~are** tax; charge (with duty); **~i** m taxi; cab; **~ista** m, f taxi-driver

tasso m rate (of interest, discount); zoology: badger; bot yew-tree

tast|are v/t touch; feel; **~iera** f keyboard; **~o** m key; touch; **~oni** gropingly

tàttic|a f tactics pl; **~o** tactical

tatto m touch; tact

tatu|aggio m tattoo(ing); **~are** v/t tattoo

taumaturgo m wonder-worker

tavern|a f tavern; pub; **~iere** m inn-keeper

tàvola f table; **~ da allungarsi** pull-out table

tavolino m small table; **~ da giuoco** gaming table

tàvolo m table

tavolozza f palette

tazza f cup

te you; like **~** like you; **di ~** your(s)

tè m tea; **~ di camomilla** camomile tea

teatro m theatre; fig scene; **~ all'aperto** open-air stage; **~**

dei burattini Punch and Judy show

tècnic|a f technics pl; technique; **~o** adj technical; **tèrmine** m **~o** technical term; **~o** m technician

teco with you

tedesco m, adj German

tegame m pan; **uova** f/pl **al ~** fried eggs

teglia f pan

tegolaia f tile-works pl

tégola f tile

teiera f tea-pot

tela f linen; thea curtain; **~ cerata** oil-cloth; **~ di ragno** cobweb; **~ a quadri (a righe)** check (cloth); **~io** m loom; frame

telecomando m tele-starter

tele|ferica f cable-way; **~fonare** v/t (tele)phone; **~fonata** f (tele)phone-call; **~fonata interurbana** longdistance call; **~fonata urbana** local phone-call; **~fonìa** f (senza fili wireless) telephony; **~fònico** telephonic; **~fonista** m, f telephone operator

telèfono m telephone; **~ di càmera** telephone in one's room; **~ pùbblico** public telephone

tele|fotografìa f telephotography; **~giornale** m daily news; **~grafare** v/t telegraph; **~grafìa** f (senza fili wireless) telegraphy; **~gràfico** telegraphic; **~grafista** m, f telegraphist

telègrafo m telegraph

telegramma m telegram; wire; cable; **~ lampo** lightning telegram; **~ lèttera** letter telegram

telèmetro m telemeter

telerìa f linen-drapery

tele|scòpio m telescope; **~scrivente** f teleprinter; **~spettatore** m (tele)spectator; **~visione** f television (abbr TV); **~visione a colori** colour television; **~visore** m television set

telo m arrow

tellina f clam

telone m thea curtain

tema f fear; m theme; composition; gram stem

tem|erario reckless; **~ere** v/t fear; dread; **~erità** f temerity

temperalapis m pencil-sharpener

temper|amento m temper (-ament); mitigation; **~are** v/t mitigate; moderate; (pencil) sharpen; **~ato** temperate; **~atura** f temperature

tempèrie f climate

temperino m penknife

tempest|a f storm; **~a di neve** snow-storm; blizzard; **~oso** stormy

tempia f anat temple

tempio m temple

templare m Templar

tempo m weather; time; gram tense; **a ~, in ~** in time; **di ~ in ~** from time to time; **per ~** early; **~ di volo**

flying time

tempor|ale *adj* secular; *m* storm; **∼àneo** temporary

tenac|e tenacious; **∼ità** *f* tenacity

tenda *f* curtain; tent; awning

tendenza *f* tendency

tèndere *v/t* stretch (out); (*hand*) hold out; *v/i* aim (**a** at)

tendina *f* (window-)curtain

tèndine *m* tendon

tendinoso sinewy

tènebr|a *f* (*mostly pl* **∼e**) darkness

tenebroso dark

tenente *m* lieutenant

tenere *v/t* keep; hold; contain; think

tenerezza *f* tenderness

tènero tender; soft

tengo I hold

teniamo we hold

tennis *m* tennis; **∼ da tàvolo** ping-pong

tenore *m* terms *pl*; *mus* tenor

tensione *f* tension; strain; **alta** (**bassa**) **∼** high (low) voltage

tent|are *v/t* try; attempt; **∼ativo** *m* attempt; **∼azione** *f* temptation

tentennare *v/t* shake; *v/i* waver; stagger

tenton|e, **∼i** gropingly

tenuità *f* smallness

tenuto held; bound

teologia *f* theology

teòlogo *m* theologian

teor|ético theoretic(al); **∼ìa** *f* theory

tepidezza *f* tepidness

teppista *m*, *f* ruffian

tèrgere *v/t* wipe (off)

tergicristallo *m* windscreenwiper

tergo *m* back; rear

termale thermal; **stabilimento** *m* **∼** thermal spa

terme *f/pl* hot springs *pl*

termin|are *v/t/i* terminate; **∼azione** *f* termination; *gram* ending

tèrmine *m* term; limit

termòforo *m* thermophore

termòmetro *m* thermometer

term|os *m* thermos (flask); **∼osifone** *m* radiator; **∼òstato** *m* thermostat

terr|a *f* earth; land; **∼e** *pl* estates *pl*; **di ∼a** earthen; **di questa ∼a** earthly; **a ∼a** to, on the ground; **per ∼a** by land; **prèndere ∼a** land; **∼acotta** *f* terracotta

terraglia *f* pottery

terrapieno *m* embankment

terrazz|a *f* terrace; **∼o** *m* balcony

terr|emoto *m* earthquake; **∼eno** *adj* earthly; *m* ground; soil; **∼estre** terrestrial

terribile terrible

terrina *f* tureen

territorio *m* territory

terr|ore *m* terror; **∼orista** *m*, *f* terrorist

terroso earthy

terzo third

tesa *f* brim (*of hat*)

teschio *m* skull

tesor|eggiare v/t hoard; **~e-ria** f treasury; **~iere** m treasurer; **~o** m treasure

tèssera f card; ticket; **~ d'o-stello per la gioventù** youth hostel card

tesserato m member (of a party)

tèss|ere v/t weave; **~ile: industria** f **~ile** textile industry; **~ili** m/pl textile goods pl

tess|itore m weaver; **~uto** m cloth; fabric; anat tissue

testa f head; **~ di** at the head of ...; **mal di ~** headache

testamento m will, testament

test|ardàggine f stubbornness; **~ardo** headstrong

testata f head(ing); top; **~ del cilindro** mech cylinder head

teste m, f witness

testìcolo m testicle

testimon|e m witness; **~e oculare** eyewitness; **~ian-za** f evidence; **~iare** v/t testify; **~io** m witness

testo m text

testuale textual

testùggine f tortoise

tètano m tetanus

tetro gloomy

tett|o m roof; **~oia** f shed; glass roof (of station)

Tèvere m Tiber

ti you; to you

tibia f shin-bone; tibia

tic tac: fare ~ ~ tick

ticchio m whim

tièpido lukewarm

tifo m typhus

tiglio m lime(-tree); fibre; **~so** fibrous

tigre f tiger

timballo m kettle-drum

timbr|are v/t stamp; **~o** m (rubber-)stamps; mus timbre

timid|ezza, ~ità f bashfulness

tìmido bashful, shy

timon|e m pole; naut rudder; **~eggiare** v/t steer; **~ie-re** m helmsman

tim|ore m fear; awe; **~oroso** timorous

tìmpano m mus kettle-drum; anat ear-drum

tinca f tench

tìngere v/t dye

tino m vat; tub; **~zza** f (bathing-)tub

tinta f dye; colour

tinteggiare v/t tint

tintinnare v/i tinkle

tint|orìa f dye-works; **~ura** f dye; med tincture; **~ura di iodio** tincture of iodine

tìp|ico typical; **~o** m type

tipografìa f printing-office

tipògrafo m printer

tirann|eggiare v/t tyrannize; **~ìa** f tyranny; **~o** adj tyrannical; m tyrant

tir|are v/t draw; pull; shoot; **~arsi** v/r da parte stand aside; **~arsi indietro** draw back; **~astivali** m bootjack; **in una ~ata** in one pull; **~ato** strained; **~atore** m marksman; *sport :* shooter

tirchio stingy

tiretto m drawer

tiro m draught; throw; shot; *fig* **brutto ~** bad trick; **arma** f **da ~** firearm; **campo** f **del ~** shooting-range

tirocinio m apprenticeship

tirolese m, adj Tyrolese

Tirolo m Tyrol

Tirreno: mare m ~ Tyrrhenian Sea

tisi f phtysis

tìsico consumptive

titolare adj titular; regular; m owner

tìtolo m title; *com* security

to' (= togli) look!; hold!

toast m toast

tocc|are v/t touch; hit; concern; **~a me** it is my turn; **~o** m touch; stroke (*bell*); **al ~o** at one o'clock

toeletta f = **toletta**

tògliore v/t take (away); (*dress*) take off; **~ la corrente** cut off the electricity supply; **~ il gas** *aut* release the accelerator

tolda f bridge deck

toletta f toilet(-table)

toller|ante tolerant; **~anza** f tolerance; **~are** v/t tolerate; bear

tomba f grave

tómbola f raffle

tómbolo m lace-pillow

tomo m tome; volume

tònaca f frock

tonalità f tonality

tonare v/i thunder

tondo round; **chiaro e ~** frankly

tonfare v/i plop

tonfo m thump; splash

tònico m tonic

tonnellata f ton; **~ di registro** gross register ton

tonno m tuna(-fish)

tonno m tunny

tono m tone; tune

tonsill|e f/pl tonsils pl; **~ite** f tonsilitis

tonto silly

topaia f rats' nest

topo m mouse; rat; **~lino** m Mickey Mouse

toppa f (door-)lock; patch

toppo m log, block

torba f peat

tórbido turbid

tòrcere v/t twist; wring; distort

torchio m press

torcia f torch

tordo m thrush; *fig* simpleton

Torino f Turin

torlo m (egg-)yolk

torma f swarm

torment|are v/t torment; **~o** m torment

tornaconto m profit

tornare v/i come back; return; **~ a fare qc.** go back to do s.th.; **ben tornato!** welcome!

torn|io m lathe; **~ire** v/t mech turn

toro m bull

torpèdine f torpedo

torpedone m motorcoach

torpore m torpor; lethargy

torre f tower

torrefare v/t roast

torrente m torrent

tòrrido torrid

torrone m nougat

torsione f torsion

torso m trunk; torso

torta f tart; pie; ~ **alla cioccolata** chocolate-cake; ~ **alla crema** cream-cake; ~ **di ciliege** cherry-tart; ~ **di frutta** fruit pie; ~ **di mele** appletart; ~ **di noci** cake with nuts in it

torto m wrong

tórtora f turtle-dove

tortur|a f torture; **~are** v/t torture

tosare v/t shear; clip

toss|e f cough; **~e canina** whooping-cough; **~ire** v/i cough

tostapane m toaster

tost|are v/t toast (bread); roast (coffee); **~ino** m coffee-roaster

tosto soon; ~ **o tardi** sooner or later; ~ **che** as soon as

tot|ale adj total; whole; m total; **~alità** f totality

tovagli|a f table-cloth; **~olo** m napkin

tozzo adj stumpy; m morsel

tra = fra

traballare v/i stagger; rock

trabocchetto m pitfall; thea trap-door

traccia f trace; outline

trachea f windpipe

tracoma m trachoma

trad|imento m betrayal; **alto ~imento** high trea-son; **~ire** v/t betray; **~itore** adj treacherous; m traitor; **~izione** f tradition

trad|otto translated; **~urre** v/t translate; **~uzione** f translation

trae he pulls

trafficare v/i traffic; trade

tràffico m traffic; trade; ~ **circolare** roundabout traffic

traf|orare v/t perforate; pierce; **~oro** m tunnel; **stoffa a ~oro** open-work material

tragèdia f tragedy

traggiamo we pull

traggo I pull

traghetto m ferry(-boat)

tràgico tragic(al)

tragicommèdia f tragicomedy

trag|ittare v/t cross; **~itto** m trip; passage

traguardo m sport: finishing-line

train|are v/t drag; haul; **~o** m sledge; truck

tralasciare v/t omit

tralùcere v/i shine through

tram, tranvai m tram(way)

tramandare v/t hand down

trambusto m bustle

tramenio m fuss

tramestio m muddle

tramezz|a f second sole (shoe); **~are** v/t partition; insert; **~o** adv between; among; m partition wall

tràmite m path; course

tramont|ana f north wind; north; **~are** v/i set; fade; **~o**

m sunset
tramortimento *m* swoon
tramortito unconscious
trampolino *m* spring-board; diving-board
tramutare *v/t* change; alter
trancia *f* slice
tranello *m* trap
tranne except; save
tranquillo calm
transatlàntico *m* Ocean-liner
transigere *v/i* yield
trànsito *m* transit; passage
transitorio transitory
tranvai *m* tram(-car)
trapanare *v/t* drill; *med* trepan
tràpano *m* drill
trapassare *v/t* pierce through; trespass
trapasso *m* transfer; decease
trapelare *v/i* leak out
trapiantare *v/t* transplant
tràppola *f* trap, snare
trappolare *v/t* entrap
trap|unta *f* quilt; **~untare** *v/t* quilt; **~unto** *m* quilting
trarre *v/t* pull; draw
trasalire *v/i* start
trasand|amento *m* negligence; **~are** *v/t* neglect; **~ato** neglected
trasb|ordare *v/t* tranship; **~ordo** *m* transhipment
trascinare *v/t* drag; *fig* carry away
trascòrrere *v/t* spend; (*script*) go through
trascr|ivere *v/t* transcribe; **~izione** *f* transcription
trascur|are *v/t* neglect; **~a-**

tezza *f* carelessness; **~ato** negligent
trasfer|ìbile transferable; **~imento** *m* transfer; **~ire** *v/t* transfer; (re)move; **~irsi** *v/r* move
trasform|are *v/t* transform; **~atore** *m* transformer; **~azione** *f* transformation; change
trasfusione *f* transfusion
trasgr|edire *v/t*, *v/i* transgress; violate; **~essione** *f* transgression
traslato metaphorical; figurative
trasloc|are *v/t*, *v/i* move; **~o** *m* removal; move
trasméttere *v/t* transmit; send; (*radio*) broadcast
trasmissione *f* transmission; ~ **radiofonica** broadcast; ~ **delle ruote posteriori** backwheel drive
trasognato dreamy
traspar|ente transparent; **~enza** *f* transparence; **~ire** *v/i* be transparent
traspirare *v/i* perspire
trasport|are *v/t* carry; transport; **~o** *m* transport (-ation); conveyance
trastullo *m* toy; pastime
trasversale *adj* transversal; *f* side-street
trasvolare *v/t* fly across; fly over
tratta *f* tug; pull; *com* draft; ~ **in bianco** blank bill; ~ **postale** postal collection order
tratt|amento *m* treatment;

~are v/t, v/i treat; handle; deal (with); **si tratta di** it is a matter of; **~ato** m treaty; treatise

tratten|ere v/t detain; entertain; **~ersi** v/r stay; refrain (from)

tratto adj drawn; m tract; stroke; **a un ~** all of a sudden; **di ~ in ~** from time to time; **~ d'unione** hyphen

trattore m tractor

trattoria f restaurant; inn

travagli|are v/t torment; **~o** m **di stòmaco** sickness

travas|are v/t decant; **~o** m decanting; med effusion

trave f beam

travedere v/i catch a glimpse (of)

travers|a f cross-bar; -road; **~are** v/t cross; **~ata** f crossing; **~o** cross; **di ~o** awry; **vie** f/pl **~e** shady methods pl

travestimento m disguise

travestire v/t disguise

travòlgere v/t overthrow

trebbi|a f flail; **~are** v/t thresh

treccia f tress; plait

trecento m 14th century

tredicèsimo thirteenth

trégua f truce; fig rest

tremare v/i tremble (**da** with)

trementina f turpentine

tremolare v/i quiver

trèmulo quivering

treno m train; **~ accelerato** fast local train; **~ autocucette** car sleeper train; **~ diretto** fast train; **~ locale**

suburban train; **~ merci** goods train

Trento f Trent

trèpido trembling

treppiedi m tripod

triangolare triangular

triàngolo m triangle; **~ di avvertimento** warning triangle

tribolare v/t torment

tribordo m starboard

tribù f tribe

trib|una f tribune; **~unale** m law-court; tribunal

tribut|ario tributary; **~o** m tribute; tax

tricheco m zoology: walrus

tri|ciclo m tricycle; **~colore** adj three-coloured; m tricolour (flag)

Trieste f Trieste

trifoglio m clover

triglia f mullet

trill|are v/i trill; **~o** m trill

trimestr|ale quarterly; **~e** m quarter (of year)

trin|a f lace; **~aia** f lacemaker

trincare v/t swill

trincea f trench

trinchetto m foremast; foresail

trinci|apolli m poultry shears pl; **~are** v/t carve; cut up

trinità f trinity

trionf|ale: arco m **~ale** triumphal arch; **~are** v/i triumph (over); **~o** m triumph

triplice threefold

trippa f tripe; paunch

turismo

trist|e sad; **~ezza** f sadness; **~o** wicked

trit|are v/t mince; chop; **~o:**
~ carne f a hashed meat

triv|ellare v/t drill; **~ello** m borer

triviale trivial

trògolo m trough

troia f sow

tromba f trumpet; (auto) horn; biol trunk

tronc|are v/t cut off; **~o** m trunk; rail trunk-line

troneggiare v/i sit on a throne

tronfio conceited

trono m throne

tropicale tropical

troppo too; too much

trota f trout

trott|are v/i trot; **~o** m trot

tròttola f spinning-top; games: top

trov|are v/t find; meet; think; **andare a ~are qu.** call on s.o.; **~arsi** v/r be; feel; **~atello** m foundling

trucco m trick; fig makeup

truce grim; fierce

trucidare v/t massacre

truff|a f cheat; **~are** v/t cheat; **~atore** m swindler

truppa f troop

tu you (sg); **dare del ~** address familiarly

tuba f trumpet; fam tophat; **~zione** f pipe

tubercolosi f tuberculosis

tùbero m bot tuber

tuber|osa f tuberose; **~oso** tuberous

tubetto m small tube

tubo m tube; pipe; **~ d'aria** snorkel; **~ di scàrico** exhaust pipe

tuff|are v/t plunge; **~arsi** v/r dive; **~atore** m diver

tuffo m plunge; dive; **~ in avanti** header

tulipano m tulip

tulle m tulle

tumefa|re v/t, v/i swell; **~zione** f swelling

tùmido swollen

tumore m tumour

tumulare v/t bury

tùmulo m tomb

tumult|o m riot; **~uante** m, f rioter

tumultu|are v/i riot; **~oso** tumultuous

tuo your; yours

tuono m thunder

tuppè m toupee

tuorlo m egg-yolk

turabuchi m stop-gap

turàcciolo m cork; stopper

turb|a f crowd; **le ~e** f/pl mob; **~amento** m disturbance; confusion; **~are** v/t trouble; disturb; **~arsi** v/r become upset; grow murky

turbinare v/i whirl

tùrbine m whirlwind; hurricane

turbol|ento turbulent; **~enza** f turbulence

turchese f turquoise

Turchia f Turkey

turchinetto m washerwoman's blue

turchino adj Turkish; m Turk

tùrgido turgid

tur|ismo m tourist business;

~ista m, f tourist

turno m turn

turpe vile; indecent

tuta f overalls pl; **~ d'allenamento** training overall

tut|ela f guardianship; *pol* trusteeship; **~ore** m guardian

tuttavìa yet; nevertheless

tutt|o all; whole; everything; **~i, ~e** everybody; **~o il libro** the whole book; **innanzi ~o** first of all; **~i e tre** all three; **~o** or **del ~** wholly; entirely

tuttora still

U

ubbìa f superstition; whim

ubbid|iente obedient; **~ienza** f obedience; **~ire** v/t, v/i obey

ubriac|arsi v/r get drunk; **~o** drunk; tipsy; **~one** m drunkard

uccell|agione f fowling; **~o** m bird; **~o di rapina** bird of prey

uccidere v/t kill

udiamo we hear

udibile audible

ud|ienza f audience; hearing; **~ire** v/t hear; listen; **~ito** m hearing; **~itore** m hearer; **~itorio** m audience

ufficiale adj official; m officer

ufficio m office; **~ cambi** exchange office; **~ dogana-le** customhouse; **~ informazioni** information bureau; inquiry office; **~ oggetti smarriti** lost-property office; **~ postale** post office; **~ di turismo** tourist office

ugu|aglianza f equality; **~agliare** v/t equalize; **~ale**

equal; level

ùlcera f ulcer; **~ gàstrica** gastric ulcer

ulteriore further; ulterior

ùltimo last; ultimate; **in ~, da ~** finally

ulul|are v/i howl; **~ato** m howling

uman|ità f humanity; **~o** human

Umbria f Umbria

umidità f humidity

ùmido damp; wet

ùmile humble

umili|are v/t humiliate; **~tà** f humility

umor|e m humour; **~ìstico** humorous

un, una a, *before vowel* an; **~ànime** unanimous

uncin|etto m crochet-hook; **lavorare all'~etto** crochet; **~o** m hook

ùngere v/t anoint; grease

Ungherìa f Hungary

unghia f nail; claw

unguento m ointment; salve; **~ per ferite** healing ointment; **~ per le scotta-**

ture anti-burn ointment;
ùnico unique
unicolore unicoloured
unifica|re v/t unify; **~zione** f
unification
uniforme adj uniform; f
uniform
un|ione f union; **~ire** v/t
unite
unit|à f unity; **~o** united
univers|ale universal; **sto-
ria ~ale** world history;
~ità f university; **~o** m
universe
uno m one; a ~ a ~ one by
one; **l'un l'altro** each other
unto adj greasy; m fat
unzione f ointment; **estre-
ma ~** extreme unction
uomo m man
uovo m egg; **~ affogato**
poached egg; **~ alla coque**
soft boiled egg; **~ al tegame** fried egg; **~ sodo**
hard boiled egg; **~ strapaz-
zato** scrambled eggs pl
uragano m hurricane
uranio m uranium
urbano urban; civil
urètra f urethra
urgente urgent
url|are v/i howl; yell; **~o** m
yell
urna f urn
urt|are v/t push; **~o** m colli-

sion; push
us|àbile usable; **~anza** f
custom; **~are** v/t use; v/i be
used
usciamo we go out
usci|ere m usher; **~o** m door
usc|ìre v/i go out; (book)
come out; **~ita** f exit; **~ita di
sicurezza** emergency
exit; **~ito** gone out
usignuolo m nightingale
uso m use; custom; **in ~** in
use; where l'~ di be in the
habit of; med **per ~ esterno**
for external application
ustione f burn; scald
usuale usual
usufrutt|o m usufruct; **~ua-
rio** m usufructuary
usur|a f usury; **~aio** m
usurer
usurp|are v/t usurp; **~zio-
ne** f usurpation
utensile m tool; implement
utente m tool; tel subscriber
ùtero m womb; uterus
ùtile adj useful; **in tempo ~**
at the right time; m profit;
gain; **~ netto** net profit
util|ità f usefulness; **~izzare**
v/t utilize; **~izzazione** f
utilization
utopìa f utopia
uva f grape; **~ secca** raisin; **~
spina** f gooseberry

V

va he goes
vacan|te vacant; **~za** f vac-
ancy; **~ze** f/pl holidays
pl

vacc|a f cow; **~hetta** f cow-
hide
vaccin|are v/t vaccinate; **~a-
zione** f vaccination; **~azio-**

ne antivaiolosa vaccination against smallpox

vacillare v/i reel

vacuità f vacuity

vàcuo vacuous

vademecum m hand-book

vado I go

vagabond|are v/i rove; **~o** m tramp

vagare v/i wander

vagina f sheath; vagina

vag|ire v/i wail; **~ito** m whimper

vaglia f worth; ability; **~** money-order; cheque; **~ postale** postal order

vagliare v/t sift; fig weigh

vaglio m sieve

vago vague

vagone m wagon; car; **~ letto** sleeping-car; **~ ristorante** dining-car

vainiglia f vanilla

vaiuolo m smallpox

valanga f avalanche

vale it is worth

val|ente able; clever; **~ere** v/i be worth; be valid; **~ersi** v/r avail o.s.; make use (**di qc.** of s.th.)

valeriana f valerian

valévole valid

valgo I am worth

valicare v/t pass; cross

vàlico m pass; passage; **~ alpino** mountain pass

validità f validity; force

vàlido valid

valig|eria f shop for leather goods; **~ia** f suit-case

vall|e f valley; **~igiano** m dalesman; **~o** m rampart;

wall

vallone m large valley

valor|e m value; courage; **~e dichiarato** declared value; **~i** m/pl securities pl; valuables pl; **~i postali** stamps pl; **~izzare** v/t utilize; **~izzazione** f revaluation; **~oso** brave

valso pp was worth

valut|a f value; currency; **~a nazionale** national currency; **~are** v/t value; **~azione** f valuation

vàlvola f valve; (radio) tube; **~ di sicurezza** safetyvalve

valzer m waltz

vampiro m vampire

vang|a f spade; **~are** v/t dig

Vangelo m Gospel

vaniglia f vanilla

vano adj vain; useless; empty; m room

vantaggi|o m advantage; **~oso** profitable

vantare v/t praise

vanto m pride; glory; boast

vapor|are v/i evaporate; **~a-zione** f evaporation; **~e** m steam; steamer; **~izzare** v/t vaporize; spray; **~oso** vaporous

varare v/t launch

varc|are v/t cross; **~o** m passage; **aprirsi il ~o** push one's way through

vari|àbile variable; **~are** v/t, v/i vary; change; **~ato** varied; **~azione** f variation

varice f varicose vein

varicella f chicken-pox

vari|egato variegated; **~età** f

variety; **teatro** m **di ~età** music-hall; **~o** various; different; changeable; **~opinto** manycoloured

varo m launching

vasaio m potter

vasca f basin; tub; **~ da bagno** bath-tub

vascello m ship

vaselina f vaseline

vas|ellame m pottery; **~o** m pot; vase; vessel; **~o da fiori** flower-vase; **~o da notte** chamber-pot

vassoio m tray

vastità f vastness; immensity

vasto vast; huge

ve = vi (before **lo, la, li, le, ne**)

vecchi|aia, ~ezza f old age; **~o** adj old; m old man

vec|e: in ~e sua in his place; **fare le ~i di qu.** act as substitute for s.o.

vede he sees

vedere v/t see; **andare a ~ qu.** call on s.o.; **stare a ~** wait and see

vediamo we see; let us see

vedo I see

védova f widow

vedovile m widow's dower

védovo adj widowed; m widower

veduta f view; sight

veem|ente vehement; **~enza** f vehemence

veget|are v/i vegetate; **~ariano** m, adj vegetarian; **~azione** f vegetation

veglia f watch; wake

vegliare v/t watch over; v/i sit up

veglione m masked ball

veicolo m vehicle

vel|a f sail; **a gonfie ~e** with full sails set

vel|ame m naut sails pl; **~are** v/t veil; **~eggiare** v/i sail; **~eggiata** f sail(ing); **~giatore** m glider

vel|eno m poison; **~enoso** poisonous

velina: carta ~ tissue paper

velluto m velvet

velo m veil; gauze

veloc|e swift; rapid; **~ista** m, f sprinter

velocità f speed; **~ màssima** maximum speed; **merce f a grande ~** express goods pl

velòdromo m cyclingground

veltro m greyhound

ven|a f vein; **~ale** mercenary; **~alità** f venality; **~ato** veined; **~atura** f veining

vend|émmia f vintage; **~emmiatore** m vintager

véndere v/t sell

vendetta f revenge

vendìbile saleable

vendicare v/t avenge

vendicat|ivo revengeful; **~ore** m avenger

véndita f sale

vendit|ore m, **~rice** f seller

vener|ando venerable; **~are** v/t venerate; worship; **~tore** m worshipper; **~azione** f veneration

venerdì m Friday; **~ santo**

Good Friday

Vènere *f* Venus

Venezia *f* Venice

vengo I come

veniamo we come

venire *v/i* come; arrive; happen

ventaglio *m* fan

ventil|are *v/t* air; fan; **~ato- re** *m* fan; **~azione** *f* ventilation

vento *m* wind; **~ di levante** east wind; **~ di ponente** west wind

véntola *f* (fire-)fan

ventoso windy

ventre *m* belly

vent|ura *f* luck; **~uro** next; future

venut|a *f* arrival; **~o** *pp* come; **ben ~o** welcome; *m* comer; **il primo ~o** the first comer

ver|ace truthful; **~acità** *f* truthfulness; **~amente** really; indeed

veranda *f* porch

verbale *adj* verbal; **~** *m* or **processo** *m* **~** minutes *pl*

verbo *m* verb

verd|astro greenish; **~e** green; **~chiaro** light green; **~eggiare** *v/i* grow green; **~erame** *m* verdigris

verd|ógnolo greenish; **~ura** *f* vegetables *pl*; greens *pl*

verg|a *f* rod; **~ato** striped

vèrgin|e, **verginale** *adj* virgin(al); **~e** *f* virgin

vergogn|a *f* shame; disgrace; **~arsi** *v/r* be ashamed; **~oso** ashamed;

disgraceful

verídico truthful

verífica *f* verification

verific|are *v/t* verify; check; **~arsi** *v/r* happen; come true

verità *f* truth

verme *m* worm; **~ solitario** tapeworm

vermicell|o *m* small worm; **~i** *m/pl* thin noodles *pl*

vermiglio vermilion

vermut *m* vermouth

vern|ice *f* varnish; polish; **scarpe** *f/pl* **di ~ice** patent-leather shoes; **~iciare** *v/t* varnish

vero *adj* true; real; *m* truth; **~simile** likely

verruca *f* wart

vers|amento *m* payment; **~are** *v/t* pour (out); spill; (*money*) deposit; **~ione** *f* version; translation; **~o** *prep* towards; about; *m* verse

vèrtebra *f* vertebra

vertebr|ale: colonna *f* **~ale** spinal column; **~ato** *m* vertebrate

verticale vertical

vèrtice *m* vertex; summit

vert|ígine *f* vertigo; **ho le ~ígini** *f/pl* I am feeling giddy; **~iginoso** giddy

verz|a *f*, **~otto** *m* green cabbage

vescica *f* bladder; blister

vescov|ado *m* bishopric; **~ile** episcopal

vèscovo *m* bishop

vespa *f* wasp; motor scooter

vest|aglia f dressing-gown; **~e** f dress; robe; **~iario** m garments pl

vestibolo m entrance-hall

vest|ire v/t dress; wear; **~ito** m dress; suit; **~ito da sera** evening dress

Vesuvio m Vesuvius

veterano m veteran

veterinario m veterinary

veto m veto

vetr|aio m glazier; **~ami** m/pl glassware; **~eria** f glass-works pl; **~erie** f/pl glassware; **~ina** f shopwindow; **~o** m glass; window

vetta f summit

vettovagli|are v/t supply; **~e** f/pl victuals pl

vett|ura f carriage; car; rail **in ~ura!** take your seats!; **~urino** m cabman; driver

vezzeggi|are v/t fondle; **~ativo** m pet-name

vezzoso charming

vi pron pers (to) you (pl); adv there; to it; at it

via f road; street; **~ Mazzini** Mazzini Street; adv away; **andar ~** go away; **e così ~** and so on

viadotto m viaduct

viaggi|are v/i travel; **~atore** m traveler; **~o** m journey; **~o aèreo** air travel; **~o d'affari** business trip; **~o in comitiva** conducted tour; **~o in màcchina** trip by car

vi|ale m avenue; **~avai** m coming and going

vibr|are v/i vibrate; **~azione** f vibration

vicecònsole m vice-consul

vicenda f vicissitude; event; **a ~** one another; in turn

viceversa vice versa

vicin|anza f vicinity; surroundings pl; **~ato** m neighbourhood; **~o** adj near; neighbour

vicissitùdine f vicissitude

vicolo m lane; **~ cieco** blind alley

vidim|are v/t authenticate; visa; **~azione** f visè; visa

viene he comes

vie(p)più more and more

vietare v/t forbid

vigil|ante watchful; **~anza** f vigilance; **~are** v/t watch over; guard

vigile m policeman; **~ del fuoco** fireman

vigilia f eve; **~ di Natale** Christmas Eve

vign|a f vineyard; **~aiolo** m wine-grower; **~eto** m vineyard

vig|ore m vigor; force; **~oroso** vigorous; forceful

vile adj cowardly; vile; m coward

vill|a f country-house; **~aggio** m village; **~ano** rude; **~eggiante** m summer visitor; **~eggiatura** f healthresort

villino m cottage

viltà f lowness; cowardice

vìmine m osier

vinaio m vintner

vìncere v/t, v/i win; conquer

vincìbile conquerable

vìncita f winnings pl

vincitore m winner; victor

vincolo m bond; tie

vino m wine; ~ **bianco** white wine; ~ **caldo** mulled claret; ~ **dolce** sweet wine; ~ **rosso** red wine; ~ **secco** dry wine; ~ **da tàvola** table wine; ~ **di Xeres** Sherry

viola f mus viola; violet; ~ **del pensiero** pansy; ~**cciocca** f wallflower

viol|are v/t violate; ~**entare** v/t force; rape; ~**ento** violent; ~**enza** f violence

violetta f violet; ~**o** violet

viol|inista m, f violinist; ~**ino** m violin; fiddle

viòttola f foot-path

vìrgola f comma

virile manly; masculine

vir|tù f virtue; ~**tuoso** virtuous

vìscer|e f/pl, ~**i** m/pl entrails pl; bowels pl

vischio m mistletoe

vìsciola f wild cherry

viscoso sticky

vis|ibile visible; ~**iera** f visor; ~**ione** f vision

vìsita f visit; inspection; (med) examination

visit|are v/t visit; examine; inspect; ~**atore** m visitor

viso m face

vista f sight; vision; view; **avere buona ~** have good sight; **a prima ~** at first sight; **mus** at sight; **pèrdere qu. di ~** lose sight of s.o.

visto pp seen; m visa; ~ **di entrata** entry visa; ~ **di trànsito** transit visa

vit|a f life; waist; **a ~a** for life; ~**ale** vital; ~**amina** f vitamin

vite f screw; vine

vitello m calf; veal

viticultura f vine-growing

vìtreo glassy

vìttima f victim

vitto m food; board

vittòri|a f victory; ~**oso** victorious

viva! long live!

viv|ace lively; ~**acità** f vivacity; ~**anda** f food

vìv|ere v/i live; ~**eri** m/pl victuals pl

vivo alive; lively

vizi|are v/t spoil; ~**o** m vice; ~**o cardìaco** cardiac defect; bad habit; ~**oso** vicious

vizzo withered

vocabolario m dictionary

vocàbolo m word

vocale adj vocal; f vowel

voce f voice; fig rumour; **a viva ~** orally

vodka f vodka

voga f rowing; fashion; **èssere in ~** be in fashion

vog|are v/i row; ~**atore** m rower

voglia f desire; **di buona ~** willingly

vogliamo we want

voglio I want

voi you (pl)

voll|ano m shuttlecock; ~**ante** m (steering-)wheel; **squadra** f ~**ante** flying squad; ~**are** v/i fly; ~**àtili** m/pl poultry; fowls pl

volent|eroso willingly; ~**ieri**

with pleasure

volere v/t want; wish; ~ **dire** mean (to say); ~ **bene a qu.** love s.o.; ~ m will

volgare vulgar; **lingua** f ~ vernacular

vòlgere v/t, v/i turn

volgo m populace; mob

volo m flight; ~ **diurno** day flight; ~ **notturno** night flight; ~ **sémplice** outward flight; ~ **andata e ritorno** outward and homeward flight

volontà f will; **a** ~ at will; at pleasure

volon|tario adj voluntary; m volunteer; **~tieri = volentieri**

volpe f fox

volta f turn; architecture: vault; time **a** ~ **di corriere** by return of mail; **questa** ~ this time; **una** ~ **per sempre** once and for all; **una** ~ once upon a time; **molte volte** many times; **alle volte** sometimes; **due volte tre** twice three; **tre volte cinque** three times five

voltaggio m elec voltage

volt|are v/t, v/i turn; **~ata** f turn; bend

volto m face

voltolare v/t roll

vol|ume m bulk; volume; **~uminoso** bulky

voluto wanted

volutt|à f voluptuousness; **~uoso** voluptuous

vomit|are v/t vomit; belch out; **~atorio** m vomitive

vòmito m vomiting

vòngola f gast mussel; clam; sallap

vorace voracious

voràgine f gulf; gorge

vòrtice m vortex; whirl (-pool)

vostro your

votare v/t, v/i consecrate; vote

vot|azione f voting; **~o** m vow; pol vote

vulcànico volcanic; **~anizzare** v/t vulcanize; **~ano** m volcano

vuole he wants

vuot|are v/t empty; **~o** adj empty; blank; m emptiness; vacuum

Z

zabaione m hot egg-punch with Marsala wine

zafferano m saffron

zaffiro m sapphire

zaffo m stopper; bung

zàino m knapsack

zampa f paw; claw

zampogna f bagpipe

zampone m pork knuckle

zàngola f churn

zanzar|a f mosquito; **~iera** f mosquito-net

zapp|a f hoe; **~are** v/t hoe; till

zàttera f raft

zavorra f ballast

zebra f zebra

zecca f mint; **zo** tick

zel|ante zealous; **~o** m zeal

zènzero m ginger

zepp|a f wedge; **~are** v/t cram in; **~o** crammed; **pieno ~o** chock-full

zerbino m scraper

zero m zero; nought; cipher

zia f aunt

zibibbo m raisin

zigzag m zig zag

zimb|ellare v/t decoy; **~ello** m decoy-bird; fig laughing-stock

zinc|are v/t zinc; **~o** m zinc

zingaro m gipsy

zio m uncle

zirlare v/i chirp

zit(t)ella f spinster; f old maid

zitto silent; **sta ~!** keep quiet!

zoccol|aio m clog-maker; **~ante** m Franciscan friar

zòccolo m wooden shoe; clog

zolf|anello m sulphur match; **~are** v/t sulphur; **~atara** f sulphur-mine; **~ino** m match; **~o** m sulphur

zolla f clod

zona f zone; belt

zoo|logia f zoology; **~lògico** zoological

zopp|icare v/i limp; **~o** lame

zòtico boorish

zoticone m boor

zucca f pumpkin; fig pate

zuccher|iera f sugar-basin; **~ino** sugary

zùcchero m sugar

zufolare v/i whistle

zùfolo m whistle

zuppa f soup; **~ di fagioli** bean-soup; **~ alla marinara** fish-soup; **~ di verdura** vegetable soup

zuppiera f soup-tureen

Lista dei verbi irregolari inglesi

Irregular English Verbs

abide (*dimorare*) – abode★ – abode★

arise (*sorgere*) – arose – arisen

awake (*svegliare*) – awoke – awoke

be (*essere*) – was – been

bear (*portare; sopportare; partorire*) – bore – *portato*: borne – *partorito*: born

beat (*battere*) – beat – beaten

become (*divenire*) – became – become

begin (*cominciare*) – began – begun

bend (*curvare*) – bent – bent

bet (*scommettere*) – bet★ – bet★

bid (*ordinare*) – bade – bidden

bind (*legare*) – bound – bound

bite (*mordere*) – bit – bitten

bleed (*sanguinare*) – bled – bled

blow (*soffiare*) – blew – blown

break (*rompere*) – broke – broken

breed (*generare, allevare*) – bred – bred

bring (*portare*) – brought – brought

build (*costruire*) – built – built

burn (*bruciare*) – burnt★ – burnt★

burst (*scoppiare*) – burst – burst

buy (*comprare*) – bought – bought

cast (*gettare*) – cast – cast

catch (*acchiappare*) – caught – caught

choose (*scegliere*) – chose – chosen

cling (*aderire a*) – clung – clung

come (*venire*) – came – come

cost (*costare*) – cost – cost

creep (*strisciare*) – crept – crept

cut (*tagliare*) – cut – cut

deal (*trattare*) – dealt – dealt

dig (*vangare*) – dug – dug

do (*fare*) – did – done

draw (*tirare; disegnare*) – drew – drawn

dream (*sognare*) – dreamt★ – dreamt★

drink (*bere*) – drank – drunk

drive (*guidare*) – drove –

driven
dwell (*dimorare*) – dwelt – dwelt
eat (*mangiare*) – ate – eaten
fall (*cadere*) – fell – fallen
feed (*imboccare*) – fed – fed
feel (*sentire*) – felt – felt
fight (*combattere*) – fought – fought
find (*trovare*) – found – found
flee (*fuggire*) – fled – fled
fly (*volare*) – flew – flown
forbid (*vietare*) – forbade – forbidden
forget (*dimenticare*) – forgot – forgotten
forgive (*perdonare*) – forgave – forgiven
forsake (*abbandonare*) – forsook – forsaken
freeze (*gelare*) – froze – frozen
get (*ottenere*) – got – got, *Am* gotten
gild (*dorare*) – gilt – gilt
give (*dare*) – gave – given
go (*andare*) – went – gone
grind (*macinare*) – ground – ground
grow (*crescere*) – grew – grown
hang (*pendere*) – hung – hung
have (*avere*) – had – had
hear (*udire*) – heard – heard
heave (*sollevare*) – hove* – hove*
hide (*nascondere*) – hid – hidden
hit (*colpire nel segno*) – hit – hit
hold (*tenere*) – held – held

hurt (*far male*) – hurt – hurt
keep (*mantenere*) – kept – kept
kneel (*inginocchiarsi*) – knelt* – knelt*
knit (*fare a maglia*) – knit* – knit*
know (*conoscere; sapere*) – knew – known
lay (*porre; stendere*) – laid – laid
lead (*condurre*) – led – led
learn (*imparare*) – learnt* – learnt*
leave (*lasciare*) – left – left
lend (*prestare*) – lent – lent
let (*lasciare*) – let – let
lie (*giacere*) – lay – lain
light (*accendere*) – lit* – lit*
loose (*perdere*) – lost – lost
make (*fare*) – made – made
mean (*significare*) – meant – meant
meet (*incontrare*) – met – met
mow (*falciare*) – mowed – mown*
pay (*pagare*) – paid – paid
put (*mettere*) – put – put
read (*leggere*) – read – read
rid (*liberare*) – rid* – rid
ride (*cavalcare*) – rode – ridden
ring (*suonare*) – rang – rung
rise (*alzarsi*) – rose – risen
run (*correre*) – ran – run
saw (*segare*) – sawed – sawn*
say (*dire*) – said – said
see (*vedere*) – saw – seen
seek (*cercare*) – sought – sought
sell (*vendere*) – sold – sold

send (*mandare*) – sent – sent

set (*porre*) – set – set

sew (*cucire*) – sewed – sewn*

shake (*scuotere*) – shook – shaken

shave (*far la barba*) – shaved – shaven*

shear (*tosare*) – sheared – shorn

shed (*spargere*) – shed – shed

shine (*splendere*) – shone – shone

shoot (*sparare*) – shot – shot

show (*mostrare*) – showed – shown

shred (*tagliuzzare*) – shred* – shred*

shrink (*restringersi*) – shrank – shrunk

shut (*chiudere*) – shut – shut

sing (*cantare*) – sang – sung

sink (*affondare*) – sank – sunk

sit (*sedere*) – sat – sat

slay (*ammazzare*) – slew – slain

sleep (*dormire*) – slept – slept

slide (*scivolare*) – slid – slid

sling (*lanciare*) – slung – slung

slit (*tagliare*) – slit – slit

smell (*odorare*) – smelt* – smelt*

sow (*seminare*) – sowed – sown

speak (*parlare*) – spoke – spoken

speed (*sfrecciare*) – sped* – sped

spell (*compitare*) – spelt* – spelt*

spend (*spendere*) – spent – spent

spill (*rovesciare*) – spilt* – spilt*

spin (*girare*) – spun, span – spun

spit (*sputare*) – spat – spat

split (*spaccare*) – split – split

spoil (*guastare*) – spoilt* – spoilt*

spread (*spargere*) – spread – spread

spring (*balzare*) – sprang – sprung

stand (*stare*) – stood – stood

steal (*rubare*) – stole – stolen

stick (*appiccicare*) – stuck – stuck

sting (*pungere*) – stung – stung

stink (*puzzare*) – stank, stunk – stunk

strew (*cospargere*) – strewed – strewn*

stride (*andare a passi grandi*) – strode – stridden

strike (*percuotere*) – struck – struck, stricken

string (*infilare*) – strung – strung

strive (*sforzarsi*) – strove – striven

swear (*giurare; bestemmiare*) – swore – sworn

sweat (*sudare*) – sweat* – sweat*

sweep (*spazzare*) – swept – swept

swell (*gonfiare*) – swelled – swollen

swim (*nuotare*) – swam – swum

swing (*dondolare*) – swang –

swung
take (*prendere*) – took – taken
teach (*insegnare*) – taught – taught
tear (*strappare*) – tore – torn
tell (*dire*) – told – told
think (*pensare*) – thought – thought
thrive (*prosperare*) – throve* – thriven*
throw (*gettare*) – threw – thrown
thrust (*cacciare*) – thrust – thrust
tread (*camminare*) – trod – trodden

wake (*svegliare*) – woke* – woke(n)*
wear (*indossare*) – wore – worn
weave (*tessere*) – wove – woven
weep (*piangere*) – wept – wept
wet (*bagnare*) – wet – wet
win (*vincere*) – won – won
wind (*girare*) – wound – wound
wring (*torcere*) – wrung – wrung
write (*scrivere*) – wrote – written

* oppure forma regolare

Numerals

Numerali

Cardinal Numbers – Numerali Cardinali

0 zero *naught, zero, cipher*	28 ventotto *twenty-eight*
1 uno; una, *one*	29 ventinove *twenty-nine*
2 due *two*	30 trenta *thirty*
3 tre *three*	40 quaranta *forty*
4 quattro *four*	50 cinquanta *fifty*
5 cinque *five*	60 sessanta *sixty*
6 sei *six*	70 settanta *seventy*
7 sette *seven*	80 ottanta *eighty*
8 otto *eight*	90 novanta *ninety*
9 nove *nine*	100 cento *a* opp *one hundred*
10 dieci *ten*	200 duecento *two hundred*
11 undici *eleven*	300 trecento *three hundred*
12 dodici *twelve*	400 quattrocento *four hundred*
13 tredici *thirteen*	500 cinquecento *five hundred*
14 quattordici *fourteen*	
15 quindici *fifteen*	1000 mille *a* opp *one thousand*
16 sedici *sixteen*	
17 diciassette *seventeen*	1001 mille uno *a* opp *one thousand and one*
18 diciotto *eighteen*	
19 diciannove *nineteen*	1002 mille due *a* opp *one thousand and two*
20 venti *twenty*	
21 ventuno *twenty-one*	2000 duemila *two thousand*
22 ventidue *twenty-two*	100000 centomila *a* opp *one hundred thousand*
23 ventitré *twenty-three*	
24 ventiquattro *twenty-four*	
25 venticinque *twenty-five*	1000000 un milione *a* opp *one million*
26 ventisei *twenty-six*	
27 ventisette *twenty-seven*	

Ordinal Numbers – Numerali Ordinali

1º il primo, la prima *1st, the first*
2º il secondo, la seconda *2nd, the second*
3º il terzo, ecc *3rd, the third*
4º il quarto, ecc *4th, the fourth*
5º il quinto *5th, the fifth*
6º il sesto *6th, the sixth*
7º il settimo *7th, the seventh*
8º l'ottavo *8th, the eight*
9º il nono *9th, the ninth*
10º il decimo *10th, the tenth*
11º l'undicesimo[1] *11th, the eleventh*
12º il dodicesimo[2] *12th, the twelfth*
13º il tredicesimo[3] *13th, the thirteenth*
14º il quattordicesimo[4] *14th, the fourteenth*
15º il quindicesimo[5] *15th, the fifteenth*
16º il sedicesimo[6] *16th, the sixteenth*
17º il diciassettesimo[7] *17th, the seventeenth*
18º il diciottesimo[8] *18th, the eighteenth*
19º il diciannovesimo[9] *19th, the nineteenth*
20º il ventesimo *20th, the twentieth*
21º il ventunesimo[10] *21st, the twenty-first*
22º il ventiduesimo[11] *22nd, the twenty-second*
23º il ventitreesimo[12] *23rd, the twenty-third*
24º il ventiquattresimo[13] *24th, the twenty-fourth*
25º il venticinquesimo[14] *25th, the twenty-fifth*
26º il ventiseesimo[15] *26th, the twenty-sixth*
27º il ventisettesimo[16] *27th, twenty-seventh*
28º il ventottesimo[17] *28th, the twenty-eight*
29º il ventinovesimo[18] *29th, the twenty-ninth*
30º il trentesimo *30th, the thirtieth*
40º il quarantesimo *40th, the fortieth*
50º il cinquantesimo *50th, the fiftieth*
60º il sessantesimo *60th, the sixtieth*
70º il settantesimo *70th, the seventieth*

---

opp [1]undecimo, decimo primo, [2]decimosecondo, [3]decimoterzo, [4]decimoquarto, [5]decimoquinto, [6]decimosesto, [7]decimosettimo, [8]decimoottavo, [9]decimonono, [10]ventesimo primo, [11]ventesimo secondo, [12]ventesimo terzo, [13]ventesimo quarto, [14]ventesimo quinto, [15]ventesimo sesto, [16]ventesimo settimo, [17]ventesimo ottavo, [18]ventesimo nono.

80°	l'ottantesimo *80th, the eightieth*	1000°	il millesimo *1000th, the one thousandth*
90°	il novantesimo *90th, the ninetieth*	1001°	il millesimo primo *1001st, the one thousand and first*
100°	il centesimo *100th, the (one) hundredth*	1002°	il millesimo secondo *1002nd, the one thousand and second*
200°	il du(e)centesimo *200th, the two hundredth*	2000°	il duemillesimo *2000th, the two thousandth*
300°	il trecentesimo *300th, the three hundredth*	10000°	il diecimillesimo *10000th, the ten thousandth*
400°	il quattrocentesimo *400th, the four hundredth*	penultimo	*last but one*
500°	il cinquecentesimo *500th, the five hundredth*	ultimo	*last*
		ultimissimo	*very last*

Fractions and other numerals

Frazioni ed altri numerali

$^1/_2$ (un) mezzo *(one) half*
$^1/_3$ un terzo *one third*
$^1/_4$ un quarto *one fourth*
$^2/_3$ due terzi *two thirds*
$^3/_4$ tre quarti *three fourths*
$^4/_5$ quattro quinti *four fifths*
mezzo miglio *half a mile*
un quarto d'ora *a quarter of an hour*
tre quarti di libbra *three quarters of a pound*
$2 \times 3 = 6$ due per tre uguale sei *twice three are six*
$3 \times 4 = 12$ tre per quattro uguale dodici *three times four are twelve*
$7 + 8 = 15$ sette più otto uguale quindici *seven and eight are fifteen*
$10 - 3 = 7$ dieci meno tre uguale sette *ten less three are seven*
$20 : 5 = 4$ venti diviso cinque uguale quattro *twenty divided by five make four*

Phrases

Frasi

Enquiring one's way – Indicazioni di strada

È questa la strada giusta per ...?	*Is this the right way to ...?*
Si è sbagliato.	*You are going the wrong way.*
Lei va bene.	*You are going the right way.*
Qual'è la strada per ...?	*Which is the way to ...?*
È ... distante da qui?	*Is ... far from here?*
Quanto tempo occorre per ...?	*How long will it take to get to ...?*
Sempre diritto fino a ...	*Straight on as far as ...*
Giri a sinistra (a destra).	*Turn left (right).*
Giri l'angolo.	*Go round the corner.*
La prima strada a sinistra.	*The first street to the left.*
In fondo alla strada.	*At the end of the street.*
Ho smarrito la via.	*I have lost my way.*

The motorcar – L'automobile

Tenere la destra (la sinistra).	*Keep to the right (left).*
Rallentare nelle curve.	*Slow down in the curves.*
Sorpassare a sinistra.	*Overtake on the left.*
Veicoli al passo (d'uomo).	*Vehicles at a slow pace.*
Andare adagio (più adagio).	*Drive slowly (more slowly).*
Con la massima velocità.	*At top speed.*
Moderare la velocità.	*Lessen your speed.*
Proseguire diritto.	*Go straight ahead.*
Dare la precedenza.	*Give way.*
Vada avanti (indietro).	*Drive forward (backward).*
Che velocità è ammessa?	*What is the speed limit here?*
Dall'altra parte.	*On the other side.*
Ci vogliono circa 8 minuti.	*It takes about 8 minutes.*
Quanto dista? È vicino.	*How far is it? It is quite near.*
Dov'è il più vicino garage?	*Where is the nearest garage?*

Un'officina di riparazioni.	*A repair shop.*
Venga con me, prego.	*Please come with me.*
C'è una locanda qui vicino?	*Is there an inn near here?*

Lodgings – Alloggio

Ha camere da affittare?	*Have you any rooms to let?*
Per il giorno? Per la notte?	*For the day? For the night?*
Ne ho parecchie; eccone una.	*There are several. This is one of them.*
Quali altre camere ha?	*What other rooms have you?*
Quanto chiede per questa?	*What do you charge for this one?*
Mi sembra troppo caro.	*That seems rather dear.*
Mi deciderò in seguito.	*I will decide afterwards.*
Dov'è il gabinetto?	*Where is the W.C.?*
Dov'è la cabina telefonica?	*Where is the call box?*

Railway – Ferrovia

A che ora arriva il treno?	*When does the train arrive?*
A che ora parte il treno?	*When does the train leave?*
Il treno è in ritardo.	*The train is late.*
Il treno è in orario.	*The train is on time.*
Il treno sta per partire.	*The train is about to leave.*
Faccia presto! Quale treno?	*Be quick! Which train?*
Biglietto semplice.	*Single ticket.*
Andata e ritorno.	*Return ticket.*
Prima (seconda) classe.	*First (second) class.*
La biglietteria è chiusa.	*The booking office is closed.*
La biglietteria apre alle ...	*The booking office opens at ...*
Si cambia treno per ...	*Change trains for ...*
Dov'è il deposito bagagli?	*Where is the left luggage office?*
Mi procuri un facchino?	*Will you get me a porter?*
Porti il mio bagaglio:	*Take my luggage:*
alla stazione (all'albergo).	*to the station (hotel).*
al deposito (al piroscafo).	*to the left luggage office (steamer).*
a questo indirizzo.	*to this address.*
Ha spiccioli?	*Have you got any change?*
Ritiri il bagaglio dal deposito; ecco lo scontrino.	*Fetch my luggage from the left luggage office; here's the ticket.*

Telegraph – Telegrafo

Quanto si paga per un telegramma di ... parole?	What does a message of ... words cost?
Si pagano ... per ogni parola.	You pay ... for every word.
Ecco il vostro denaro.	Here is your money.
Posso avere la ricevuta?	May I have a receipt?

Mail – Corriere

È arrivata la posta?	Has the postman been yet?
Ci sono lettere per me?	Are there any letters for me?
Imposti questa lettera.	Post this letter for me.
Posso vedere la Sua carta d'identità?	May I see your identity card?
Mi favorisca Suo passaporto.	Show me your passport, please.
Ecco per farmi riconoscere.	This proves my identity.
Riempisca questo modulo.	Please fill in this form.
Alcune cartoline illustrate.	Some picture postcards.
Quanto costa una lettera per ...?	How much is a letter to ...?

Restaurant – Ristorante

Cameriere, la carta!	Waiter, the menu.
Birra scura (chiara).	Dark (light) beer.
Acqua minerale.	Mineral water.
La carne ben cotta.	Well-done meat.
La carne poco cotta.	Underdone meat.
Cameriere, il conto!	Waiter, the bill!
È compreso il servizio?	Is the service included?